김수현 드라마 전집

김수현 드라마 전집

01

단막극 1

솔

1. 대사 문장에는 띄어쓰기 원칙을 적용하지 않았다.

가장 먼저, 김수현 극본의 대사에는 마치 악보처럼 리듬이 존재한다는 것을 알면 이해가 한층 쉬워진다. 대사의 리듬과 더불어 대사의 타이밍, 대사의 전환점, 호흡의 완급, 감정선의 절제 또는 연장 등이 대본 자체에서 표현되고 있다. 따라서 문법적 원칙보다 대사의 리듬, 장단이 우선하는 이유로 띄어쓰기 원칙은 간혹 무시되고 있으며 이러한 작가의 의도를 손상시키지 않기 위해 띄어쓰기 문법을 적용시키지 않고 원본 그대로 실었다.

2. 대사에는 맞춤법을 적용하지 않은 경우가 적지 않다.

김수현 극작품의 대사는 구어체에 가까운 것으로 한글, 곧 '소리 나는 대로 읽기-쓰기'에 충실하다. 사투리가 대사에 적용될 때, 캐릭터의 어투나 억양을 강조하기 위한 수단으로 쓰일 때에도 그러하다. 곧 모든 대사의 바탕은 실제 생활 속 일상 언어의 발성이며, 때문에 공식적인 맞춤법이 적용되지 않은 경우가 많다. 외래어 또한 대부분 표기법을 적용해 사용하지 않았고, 문장부호의 사용 또한 일부 맞춤법을 적용하지 않았다.

> 예) "가께 오빠"(맞춤법 표기로는 "갈게 오빠"이다.) "늘구지 마세요 선생님"("늘리지 마세요 선생님") "택시 타구 갈께요"("택시 타고 갈게요") "어뜩해. 들으셨어요?"("어떡해. 들으셨어요") "잔소리 피할려 그러지."("잔소리 피하려 그러지.") "친구 잘못 사겨 착한 내 아들 버렸다는 거랑 같아"("친구 잘못 사귀어 착한 내 아들…") "납쁜 자식"("나쁜 자식") "이제 여덜시야"("이제 여덟 시야") "근데"("그런데") "키이"("키key")

3. 의성어 및 의태어의 사용은 김수현 작가만의 언어를 반영하여 최대한 수정하지 않은 원문을 싣거나, 부분 삭제하였다.

예) '식닥식닥'(화나거나 흥분해 가만히 있지 못 하고 숨을 헐떡거리
는 상태), '채뜰 듯'(낚아채서 빠르게 들어 올리는 모양)

4. 작품에 쓰인 기호들의 설명은 다음과 같다.

S#: S: Scene의 약자. / #: Number를 의미하는 기호.

E: Effect의 약자.
E는 여러 쓰임새가 있다. 이번 전집에서는 대체로 다음 두 가지로 쓰인다.
　① 화면상에서 A의 얼굴 위로 B의 목소리를 나오게 할 때
　② 특별한 음향효과를 지시할 때
　이번 전집에서는 ①에서처럼 화면 연출상의 기법을 위한 경우로 쓰일 경우에는 전후 문맥상 반드시 필요한 경우를 제외하고 부분 생략하였다. 그러나 ②에서처럼 전화벨이나 음향효과를 위한 장면에서는 원문 그대로 E라고 표기하였다.

예) E 전화벨 울리고 있고 / E 볼륨 줄여놓은 피아노 연주곡.

F: Filter의 약자.
이것은 예를 들면 A와 B가 통화를 할 때, A가 화면에 나와 있는 상태에서 B의 전화 목소리를 들려줘야 하는 경우, 상대방의 목소리를 전화 저편에서 말하는 것처럼 들리게 하는 음향적 효과를 지시하는 부호이다.

/ : 대사 속의 / 부호와 지문 속의 / 부호가 있다.

　①대사 속의 / 부호

　대사 도중에 나오는 / 부호는 말투, 억양을 바꿀 때, 텀term 혹은 호흡을 지시 할 때 쓰인다. 그 길이는 길 수도, 짧을 수도 있으며 바로 전 대사의 호흡을 끊고 바로 다음 대사로 빠르게 연결해야 할 때도 쓰인다.

　　예) **수정**　(일어나 아들 앞으로 가 서며)너 어떻게/어디 아파? 돌았어?

　②지문 속의 / 부호

　연출할 화면을 나열, 혹은 순서대로 지시하는 부호이다.

　　예) **서연**　???(허둥지둥 다른 손으로 무릎에 놓은 가방 휘저으며 전화 찾는/도저히 전화가 손에 안 잡힌다/브러시질 멈추고 아예 가방 내용물을 무릎에 몽땅 쏟아버린다/지갑 수첩 필통 손수건 콤팩트 립스틱 선글라스 두 통약병 등등/그러나 전화는 없다/설마 하는 얼굴로 내용물들 다시 손으로 움직이며 체크/역시 없다)

　③지문과 대사 속의 //

　/ 부호를 겹쳐 사용한 것은 대사와 지문 모두 호흡을 위해 그대로 표기하였다. 행동이나 대사를 완전히 끊고 마무리할 때 사용되었다.

　　예) 지문: (대화 시작되고 유창하게 응답하는 이모//매일 전화로 학습시키는
　　　　　　　영어 회화)
　　　　대사: ……그럼 // 충격받을 준비해.

( ): 배우의 연기에 대한 지시 사항.

[ ]: 작중 정황을 지시하는 지문.
설정, 행동, 환경, 동선 등을 지시하는 부호이다. 원문에서는 @로 표기되어 있으나 편집 과정에서 [ ]로 바꾸었다.

…: 말줄임표
   ① 대사의 말줄임표: 배우의 대사에서의 감정선에 따른 호흡의 길이를 지시하는 부호.
   ② S#의 말줄임표: 도입되는 장면에 대한 연출의 길이를 조절하라는 뜻이다.
   ③ [ ]의 말줄임표: 해당 장면에 대한 추가 연출이 필요하다는 뜻으로 쓰인다.

오버랩: Overlap.
앞의 장면과 뒤에 연결되는 장면이 겹쳐지며 다음 화면으로 넘어가게 할 때 쓰는 부호이다.
대본에서의 오버랩은 앞 사람의 대사가 끝나기 전에 다음 사람의 대사를 겹쳐서 말하게 할 때 주로 쓰이고 있다. 원본에서는 O.L로 표기되어 있으나 편집 과정에서 한국어로 바꾸어 표기하였다.

마침표(.)를 넣지 않은 대사 문장에 대해
마침표의 유무에 따라 호흡과 말투, 대사와 대사와의 연결, 뉘앙스에서 차이가 있음을 지시하는 것으로 원본 그대로 실었다.

인서트: Insert.
일련의 화면에 글자나 필름을 삽입하는 것을 뜻한다. 예를 들어 휴대폰 문자 화면을 화면에 잡는다거나 하는 것도 인서트에 속한다. 그러나 이 대본에서는 대부분의 경우 이 지시 사항은 생략되어 있고 건물의 외경이나 풍경 등의 씬을 삽입할 때 주로 쓰였다.

디졸브: Dissolve.
한 화면의 밀도가 점점 감소되어 사라짐과 동시에 점차 다른 화면의 밀도가 높아져
나타나는 장면 전환 기법 중 하나. 대본에서의 디졸브는 시간이나 장소의 변화를 보
여주기 위해 사용되었다.

페이드 인: Fade in.
영상이 검정색 상태에서 다음 이미지가 점차 선명하게 나타나는 장면 전환 효과를
말하는 것으로 대본에서는 'F.I'로 표기했다.

페이드 아웃: Fade out.
화면이 어두워져 완전히 꺼지는 상태. 장면의 전환, 또는 시간을 건너뛸 때 주로 쓰
인다. 대본에서는 'F.O'로 표기했다.

스니크 인: Sneak in.
해설이나 대사 등이 진행되고 있는 사이에 음악이나 효과음을 서서히 삽입시키면
서 점점 확대해 가는 오디오 연출 용어.

5. 배우의 연기나 대사, 작중 정황 등 대본의 서술과 실제 방영된 드라마 방송분이 다
를 경우 대본을 우선으로 한다.

차례

말희
(1977)

주요 인물

말희   24세. 결혼 적령기의 여자.

철수   말희의 맞선 상대.

말희네 가족

엄마   말희 자매의 어머니.

이모   말희 자매의 이모.

첫째   말희의 첫째 언니.

둘째   말희의 둘째 언니.

셋째   말희의 셋째 언니.

S# 말희의 방

말희 (수화기 들고 눈을 빛내며 기다렸다가 반색) 첫째언니? 깔깔, 나 신
랑감 나타났다? 어머어머 왜 이렇게 괴상망칙한 소음을 내구 이래.
그래 언니 꼴찌 여동생 사람 말희한테 사람 신랑감이 나타났단 말
야…… 멍멍 누렁이한테 사람 신랑감 나타났단 말이 아니니까 제발
그 신경 거슬리는 비명 좀 지르지 마? 그동안에 연앤 무슨 연애야.
연애할 재주가 있었음 지금까지 눈칫밥 먹어가며 이러구 썩었겠
수? 물론 중매지. (사진 들고 보며) 엄마 답답함 심정 이 세상에 이모
말구 누가 더 잘 알겠수. 응 이모가 방금 어떤 사나이 사진 한 장을 갖
구 오셨는데 (사진 거꾸로 했다 바로 했다 하며) 거꾸로 봐두 봐루 봐두
코 붙을 데 코 붙구 눈 붙을 데 눈 붙구 했는데? 응 난 잘몰랐는데 이
모가 내 사진 먼저 그 남자 봬줬대. 이모 이웃집 총각이래. 그 엄마하
구두 얘기가 되구. 응 근데 뭐 궁합이 좋질 않다구 그 엄마가 찜찜해
한대나? 그래두 그 총각은 내 인상이 좋대나? 만나구 싶단대 낄낄
낄낄낄. 응? 낄낄 호호호호. 응 좋아. 되구 안 되구 무슨 상관야. 호

말희   15

홋, 진짜 재밌어 언니. 금년에 상대 졸업하구 남경실크회사에 들어가 있때. 이름 김철수. 오호호호호호,언니 언니 전화 끊어 나 바빠 안녕. 몰라 그 사람이 오늘 전화한대. 만나구 난 뒤에 또 보고할게 안녕. (전화 끊고 부지런히 다시 다이얼 돌린다. 기다렸다가) 둘째언니? 나 말희. 언니 나 신랑감 나타났다?

[여기서부터 타이틀백. 말희 풍부한 표정과 수다. 사진으로/부채질하기도 하고 그러면서 끝내고 다시 전화 다이얼 돌리고 다시 수다 떨고 두 발바닥으로 방바닥을 두드리면서 웃어대기 시작하는 데서 타이틀 끝난다]

말희 (발 구르며) 오호호호 오호호호.

엄마 말희얏! (깜짝 놀랄 정도의 큰 소리로 방문 열고 서서)

말희 (엄마 보며) 얘 전화 끊어. (얼른 수화기 놓는다)

엄마 (달려 들어오듯 들어와 말희 두 발목 때리면서) 시집가 시어머니 앞에서 그러구 웃어라. 시집가 시어머니 앞에서 그러구 웃어.

말희 왜 불른 건데 엄마? (오버랩의 기분으로 명랑하게)

엄마 (노리듯 본다)

말희 엄마 눈이 지금 삼각형이다. (방실방실 웃으며)

엄마 에유에유에유.

말희 (오버랩) 증말.

엄마 자식 여럿 낳다 보면

말희 (오버랩) 아롱이 다롱이라드니.

엄마 (노려본다)

말희 왜 그러는 건데? (소리친다)

엄마 (노려본다)

말희　깍꿍. 엄마 깍꿍.

엄마　(흘기고 전화통 들고 나가면서) 어이 건너와. 이모가 너 좀 보잰다.
　　　(명령조로)

말희　싫은데. (오버랩)

엄마　(돌아본다)

말희　이모가 왜 날 보자는지 내가 벌써 다 아는데 뭐.

엄마　(노리듯 본다)

말희　아냐 엄마. 건너갈께 갈께.

엄마　얼른 일어나.

말희　(오버랩의 기분으로) 사진 한 번만 더 보구.

엄마　어유 끌끌끌끌 끌끌끌끌끌. (문 닫는다)

말희　(혼자 빵끗 웃고 사진 집어 들고) 잇속이 어떻게 생겼는지 알 수
　　　가 있어야지? 여보세요, 아 해보세요. 아니아니 김치이이. 낄낄.

엄마　E 말희야.

말희　(오버랩, 튕겨지듯 일어나며) 네, 엄마. (문 열고 나간다)

S# 마루
　　　[제 방에서 나온 말희, 나와서 뒷발로 문 닫는다. 빠르고도 익숙하게.
　　　안방으로.]

S# 안방

말희　(안방으로 들어오며 버릇대로 발이 뒤로 나가다 말고 손으로 닫고
　　　해쭉 웃는다)

엄마　어유 어유 어유 어유 어유 어유 (돌아앉으며) 저걸 누가 데려
　　　가나 저걸. 눈이 옆구리붙잖았음 누가 저걸 색시루 데려간다 나서
　　　겠니.

말희 (풀썩 털퍼덕 앉으며 오버랩) 걱정 마 엄마. 옆구리에 눈 붙은 사 위 안 얻게 해줄께. (엄마 무릎에 한 손 올리며)

엄마 (말희 손 탁 쳐낸다)

말희 엄마 요즘 신경이 왜 그리 날카롭수? (좀 느물대듯)

엄마 (째려본다)

말희 아부지가 최근에 엄마한테 관심이 좀 없는 것 같애?

엄마 (째려본다)

말희 에유 불쌍한 우리 엄마. 꽃 같은 시절 다 흘러가버리고 어느새 이렇게 주름살 대추가돼버리셨수. 그래서 아부지가 괄시해? 내가 아부지 혼내주까? (아기 달래듯)

이모 (고개 돌리고 소리 내어 웃는다)

엄마 (한심해서) 넌 웃음이 나오니?

이모 말희 앞에 놓고 안 웃을 장사가 어딨수?

엄마 웃음은커녕 야 난 이거 생각을 하믄 밤에 잠이 안 온다. 보통일 이 아니야. 지지배가 어떻게 웃는지 아니 너? (발 구르며 흉내) 아하 하하하하. 이래갖구 누가 눈에 들어 짝맞춰 시집가 사니. 누가 데 려간다구 나서 글쎄.

말희 (오버랩의 기분으로) 누가 내 눈에 드느냐가 문제지 엄만. 나 자 신 있단 말야.

엄마 그렇게 자신 있는 게 여태두 못 팔려가구 이러구 있니?

말희 시장에 내놔보기나 했어 엄만?

엄마 아니 다른 엄마들은 딸 시집보낼 때 제 딸 시장 내놓구 내 딸이 요 내 딸이요 하니?

말희 그게 아니구.

엄마   (오버랩) 오죽 기집애가 오두방정 육모방맹이 털 뽑히다 만 닭새끼 아니 설 삶아논 말 대가리, 어유 내가 난 자식이지만 얘 너두 양심이 있으믄 가슴에 손을 얹고

말희   (오버랩, 냉큼) 눈 똥그랗게 뜨구 보름달 보며 반성하라구?

엄마   (한심해서 본다)

말희   내가 뭐 어디가 어떤데?

엄마   우리 집에 스물넷 넘긴 딸 없다. 초희두 숙희두 난희두 늬 언니셋 다 졸업하기두 전부터 중매 자리가

말희   (화나서 오버랩) 쭈루루루룩 말뚱 줄 맞추듯 한 줄루 섰었구. 엄마 증말 자꾸 이럴 거유?

엄마   ? 왜 딥다 니가 활 내니?

말희   ……(입 꾹 다물고)

엄마   아니 중매 자리가 그렇게 한 줄루 늘어서두 일 년 이 년 다섯 번 일곱 번 만에 짝을 찾는데 너 지금 몇 살이니.

말희   스물넷.

엄마   (버럭) 지지배가 얼마나 소문난 왈패 극성이면 이날 이때 오늘 늬 이모 중매가 첨이니.

말희   오죽 등신들이믄 중매로 시집들을 갈까.

엄마   중매루 시집가는 게 등신이믄 중매 없이 너 데려가겠다는 사람 나서 있니? 있어?

말희   없어요.

엄마   그럼 누가 등신이니.

말희   나 같은 복덩어리를 몰라보는 사람들이 모조리 다 등신이지 뭐.

엄마 (한심해서 본다)

말희 어유 등신들 진짜 눈에다들 오징어 껍질을 붙이구 댕기나.

이모 (소리 내어 웃는다)

엄마 어이구우 화적딸년 같으니라구 어이구우.

말희 걱정 말라구 글쎄 엄만. 형부 셋이 쭈루룩 모두 다 언니들보다
말희 처제가 더 좋단다는데 뭐 할말 있수?

엄마 형부들이 너 좋대서 뭐 할 건데?

말희 장롱 화장대 냉장고 칼갈이 벌어놨잖었겠수? 호호 호호호.
(두 팔로 껴안은 두 다리 번쩍 들었다 놓으며) 참 이모, 그 사람한테 나
대학 안 갔단 소리 했수?

이모 그래.

말희 근데두 만나보재?

이모 그래.

말희 궁둥이 한쪽이 달아나고 없는 사람이든지 아니믄 꽤 똑똑한
남자든지 둘 중에 하나겠다.

이모 궁둥인 반반하드라.

말희 으흐흐흐흐, 금 똘똘한가? 이모 그 사람한테 나 뭐라구 소개
했수?

이모 색시루 데려가기만 하면 살림 잘 하구,

　　　E 전화벨. (오버랩)

말희 (냉큼 전화 받는다. 날아갈 듯) 여보세요. 장충동입니다.

철수 F 실례합니다.

말희 (오버랩) 네 실례하세요.

엄마 (질색하고)

철수 F 김말희 씨 계십니까?

말희 ? 누구신데요?

철수 F 나 네 저 김철수라는 사람

말희 (이모와 엄마에게 바로 그 전화라는 시늉하며) 네 전데요.

엄마 조용히 얌전히.

말희 (오버랩) 네 네…… 네. 근데 참 저 혼자 나오실 건가요 누구 어른 모시구 나오실 건가요…… 네 그럼 저두 혼자 나가겠어요. 네. (손 높이 띄워 떨어뜨리듯 전화 찰칵 놓고 이모, 엄마 본다)

이모 언제 만나자니?

말희 두시 반에요.

이모 애 지금 나가야잖니. (시계 보며)

말희 (오버랩) 오호호호호, 아 재밌어. (벌떡 일어나 나가려다 돌아보며) 엄마 나 기지개 좀 켜구 (하구 두 팔 아래 왼쪽으로 뻗으면서) 으으으으웃. (팔 오른쪽으로) 으으으으웃. 아부지랑 오빠한테 전화 좀 걸어주 엄마. 언니들한테두 응? 나 선보러 나갔다구. (나가며) 호호.

이모 (웃고)

엄마 어유 저 괴물 증말 혼자 보기 아까워, 혼자 보기 아까워. (하며 일어선다)

S# 마루

　　　[나온 엄마, 말희의 방문 연다.]

S# 말희의 방

엄마 (들어오다) 아니 너 그러구 그냥 나갈 참이니?

말희 (핸드백 어깨에 메고 브러시질 하며) 응.

엄마 선보러 나가는 기집애가 그런 차림으루 그냥 나간단 말야?

말희　선보러 나가는 거니까. 선을 뵈러 나가는 게 아니니까.

엄마　선보러 나가는 게 아니구 선을 뵈러 나가는 거야.

말희　선보러 나가는 거야 엄마. 다녀오겠습니다.

엄마　(급해서 딸 잡는다) 얘 얘.

말희　음?

엄마　(침 꿀컥 넘기고) 너 그 사람 만나서두 집에서 하듯 그럴 거니?

말희　집에서 노는 것보다 한술 더 뜰걸 엄마? (심각하게)

엄마　(빽 소리 지르며) 그럴려면 아예 나가지두 마라 나가지두 마. 너
　　　　땜에 죄 없는 이모까지 미친 사람 만들지 말구 아예 그냥 집에 있
　　　　어. 나가긴 어딜 나가니.

말희　엄만 진짜 멀쩡한 사람 미친 딸 만들구 그래요 왜.

엄마　니가 성한 앤 줄 아니 그럼 넌?

말희　화나믄 진짜 안 나가버릴까 부다.

엄마　(노리듯 본다)

말희　(소리친다) 어떻게 하라는 건데?

엄마　(타이르듯) 어떻게 하라는 건지 몰라서 그러니?

말희　얌전히 조용히 차분히 깔깔 바가지 떽데굴 떽데굴 굴러가는
　　　　소리 내며 웃지 말구 죽어가는 사람처럼 말소리 조그맣게 죽이구

엄마　(오버랩) 이 얘기 저 얘기 니가 먼저 씩뚝깍뚝 하지 말구 묻는
　　　　말에나 대답해 묻는 말에나. 알았니? (달래듯)

말희　엄마 내가 시집 못 가구 처녀귀신 될까 그러우? (한심해서)

엄마　(말희 옷 만져주며) 그래 집안에 처녀귀신이 나쁜 되는 일 하나
　　　　두 없다 그 집안.

말희　나 얌전하게만 굴믄 시집갈 가능성이 있기는 있수?

엄마　아 니가 그거 빼놓구 흠이 어딨니.

말희　누굴 닮아서 그렇지?

엄마　(혀 차는 기분으로 본다)

말희　깔깔깔깔, 나 시집가믄 울 엄마 이런 얼굴 못 봐서 어떡하지.

S# 장충동 길 겅정겅정 오는 말희

엄마　E 어유 매친년 어유 매친년. 나가지 마라 나가지 마.

말희　(혼자 웃는다)

엄마　E 입 꼭 다물고 묻는 말에나 대답해.

말희　E 알았어요 네.

엄마　E 여자답게 굴어라 제발. 집안 망신시키지 말구.

말희　E 알았어요 네.

엄마　E 묻는 말에만 대답해.

말희　E 알았어요. 묻는 말에 대답두 안 할게.

엄마　E (빽 소리 지르며) 벙어리냐. 왜 묻는 말에두 대답을 안해!

말희　E 알았어요 알았어요 알았어요. (혼자 킥킥 웃는다)

　　　[터덜터덜]

이모　E 얘 말희야. 너 안경 벗구 가라. 안경 벗은 사진 봬줘서 너 안
　　경 쓰구 나감 그 청년 너 몰라볼 거야.

엄마　E 그래 안경 벗어라 안경.

말희　E 안경 벗구 그 남잘 내가 어떻게 찾으란 말야. 더듬어? 더듬
　　어서 찾아?

　　　[말희 달리듯 뛰어서 버스에 오른다. 뜨는 버스.]

S# 어느 살롱

　　　[들어서는 말희, 두리번거린다. 들고 있는 사진과 손님들 번갈아 보며

문 쪽을 보는 어떤 청년과 잠깐 눈 마주친다.]

청년 (신문으로 시선 돌리고)

말희 (청년 쪽으로 오며 사진과 대조한다. 확신하고 청년 맞은편 자리에 풀썩 앉으며) 안녕하세요?

청년 ?

말희 저 모르시겠어요?

청년 ?

말희 아 미안해요. (하며 얼른 안경 벗고) 저 모르시겠어요?

청년 아, 사진하고 너무 달라서.

말희 안녕하세요? 김말희예요. 제 사진 갖구 나오셨어요? (손 내밀며)

청년 아 네. (말희 보며 주머니에서 말희 사진 꺼내 준다)

말희 (사진 받아 보며) 호호호호호. 이건 삼 년 전 취직할려구 찍었든 사진이에요.

청년 머리두 짧아지구 안경두.

말희 (오버랩) 네 저 안경잽이예요. 머리는 아주 최근에 귀찮아서 짤라버렸구요. 제가 틀림없는 김말희니까 그렇게 관찰하는 눈으로 보지 말아주셨음 좋겠어요. 흐흣, 하긴 선이라는 게 바루 관찰이지만.

철수 (빙그레)

말희 철수라는 이름엔 영이라야 맞잖아요.

철수 (소리 내어 웃는다)

말희 묻는 말에만 대답하랬는데 엄마가.

철수 (웃으며 본다)

말희 (입 다물고 본다)

24

철수 (웃으며 본다)

말희 (배시시 웃는다)

철수 사진을 봐서 그런지,

말희 (오버랩) 초면 같지가 않죠 그쵸?

철수 네.

말희 저두 그래요.

철수 (웃는다)

말희 (생긋 웃는다)

철수 …… (미소로)

말희 …… (보며)

철수 …… (담배 꺼낸다)

말희 (그냥 보고 있다)

철수 (담배 피워 문다)

말희 물어볼 거 있음 물어보세요.

철수 글쎄요.

말희 나 대학 안 갔다는 얘기 들으셨죠?

철수 네.

말희 대학 왜 안 갔는지 안 물어보시겠어요?

철수 ?

말희 안 간 건가요, 떨어져서 못 간 거죠. 난 그런 사람이에요.

철수 (웃는다)

말희 또 뭐 물어볼 거 있음 물어보세요.

철수 아니 저 물어볼 거 있음 물어보세요 먼저.

말희 이이 해주시겠어요?

철수   ?

말희   이이 이이.

철수   (저도 모르게 이이 해 보인다)

말희   됐어요. 사진으룬 잇속이 안 보여서요.

철수   (소리 내어 웃는다)

말희   어떤 성격의 여자를 조아하세요?

철수   글쎄요. 어찌 됐건 여자는 우선,

말희   (오버랩) 여자다워야 한다는 거요?

철수   네.

말희   제가 이 세상에 태어나서 제일 많이 듣는 소리가 그거예요.

철수   (본다)

말희   친구들이 절 뭐라구 부르는지 알구 싶지 않으세요?

철수   알구 싶은데요.

말희   안 보면 보고 싶고 보면 또 보고 싶은, (끊고)

철수   ?

말희   발바닥에 까시 박힌 말.

철수   (소리 내어 웃는다)

말희   담뱃재 터세요.

철수   ?

말희   담뱃재 터시라구요.

철수   아 네.

말희   말 잘 들으시네요. 산 좋아하세요 산?

철수   (어정쩡하니) 네, 조 좋아합니다.

말희   어디어디 가보셨어요? (오버랩의 기분으로)

철수 저기 백운대 북한산,

말희 (오버랩) 그만 하세요.

철수 ?

말희 전요 치악산, 오대산, 지리산, 설악산, 내장산, 울릉산,

철수 (오버랩) 아니 그런 델 다 갔다 왔단 말예요?

말희 네.

철수 누구하구요?

말희 친구들하구요.

철수 집안이 퍽 자유 분위긴가 부죠?

말희 그렇지두 않아요. 대전 사는 친구한테 간다, 전주 사는 친구집
간다, 다 거짓말하구 댕겼죠 뭐.

철수 ?

말희 하지만 갔다 와선 으레 들통나게 돼 있어요. 사진 땜에요.

철수 나중에 그 사진 좀 볼 수 있습니까?

말희 네, 원하신다면.

철수 (오버랩의 기분으로) 혹…… 이성 교제 같은 거?

말희 어떨 것 같애요.

철수 쾌할한 성격으로 봐서

말희 많은 것 같죠?

철수 네.

말희 제가 유도를 좀 하거든요?

철수 (눈 뚱그렇게)

말희 쫓아댕기는 남자 있으믄 둘러메칠려구 배웠는데 불행하게두
아직 한 번두 못 써봤어요. 제가 매력이 없나 봐요.

철수   (소리 내어 웃는다)

말희   담배 끄세요.

철수   (보고 다 탄 담배) 아 네. (끈다)

말희   특기가 뭐냐구 안 물으실래요?

철수   특기가 뭡니까?

말희   밥하기 빨래하기 다림질하기 청소하기.

철수   (본다)

말희   특별 특기두 있는데.

철수   그건 뭡니까.

말희   골난 사람 웃기기. 멀쩡한 사람 골나게 하기.

철수   (큰 소리로 웃는다)

말희   혹시 주머니에 (오버랩) 먼지만 있는 건 아니죠?

철수   ?

말희   우린 아직 차 주문두 안 하구 있어요.

철수   (제 이마 치며) 아 미안합니다.

말희   (오버랩) 괜찮아요. 제 특별 특기 중에 사람 얼빼기두 있걸랑요?

철수   (웃으며 시선은 말희에게) 여보세요.

말희   (크게 소리친다) 여보세요.

S# 안방

    [큰딸·둘째 딸·셋째 딸·이모 어이없이 말희 본다]

말희   왜 모두들 스톱 모션이지?

첫째   너 진짜 그 남자보다 세 배 크게 소리 질렀니?

말희   응. 여보세요.

모두   (말희 본다)

말희 더 계속해 말어?

이모 애 말희야, 아무렴 선보러 나간 애가 생전 처음 만난 남자 앞에서 그럴 수야 있었겠니. 너 우리 재밌게 만드느라구 부러 좀 띄워서 말하는 거지? 그것보다는 덜했지? 그렇지?

말희 아냐. 그 남자랑 한 얘기 고대루 하는 거야 지금.

이모 (멍해서 본다)

말희 고대루야.

이모 (멍해서)

말희 고대루야.

이모 (멍해 보고)

엄마 (맥 떨어져 돌아앉아 있다가) 애, 너 얼른 그 사람한테 전화 걸어서 얘기 해라. 이질녀지만 그냥 성격이 쾌활한 줄만 알았지 미친년 증세가 있는 줄은 정말 몰랐다구. 얘기 들어보니까 도저히 정상적인 처녀라구는 할 수가 없으니 이 노릇을 어떡하면 좋냐구 정말 미안하게 됐다구.

말희 아직두 더 기찬 게 많은데 어떡헐까 하까마까.

엄마 (뻔히 보다가 다가앉으며) 그래 그 담엔 어떡하셨수 아씨?

말희 (신나서) 응 저기. 그 담이 뭐드라.

둘째 (오버랩) 아니 애, 그 사람은 무슨 말 안 했니? 너만 그냥 혼자 계속 떠들었니?

말희 그렇게 얘기하지 마. 그게 같이 떠든 거지 어디 나 혼자 떠든 거야.

셋째 (오버랩) 그래 니가 한 얘기만 들으니까 줄창 너 혼자만 떠든 거 같잖니. 그 남잔 무슨 무슨 얘기 하디?

말희 응 뭐드라, 응 학교 얘기 하드라 참.

S# 어느 살롱

철수 삼학년 때까진 공부 안 하구 놀기만 했어요. 삼학년 끝날 때쯤 되니까 정신이 번쩍 들드군요. 사학년 땐 비교적 착실히 했어요. 대학 생활이라는 게,

말희 잠깐요.

철수 ?

S# 안방

말희 거기서 내가 스톱을 걸었지.

둘째 뭐라구?

S# 어느 살롱

말희 다른 화제는 다 좋은데 대학 얘긴 좀 빼줄 수 없어요?

철수 ? 왜요?

말희 나 아까 시험 못 쳐 떨어져서 대학 못 갔다 소리 했죠?

철수 네.

말희 유치원부터 초등학교 중학교 고등학교 얘기 하는 건 다 괜찮은데 누구든 대학 얘기하믄 난 뱃속이 부글부글 괴고 용트림을 하구 꼬이구 뒤집히구 하다가 마침내는,

　　　[말희, 말 끊고 본다.]

철수 (본다)

말희 (팔짓하며) 유도가 하구 싶어져요.

S# 안방

말희 부탁인데 사람 많은 다방에서 것두 선이랍시구 보러 만난 남잘 업어치기루 메다꽂게는 하지 말아주세요. (코에 내려온 안경 때

30

문에 턱 치켜들고 천연덕스레)

[모두 다 어이없이 본다.]

말희 (보며) <u>호호홋</u>.

첫째 애 말희야, 너 지금 하는 얘기가 전부 다 진짜니? 거짓말 아냐?

말희 (눈 똥그랗게 뜨고) 맹세해 내가? 일어나서 맹세할까? (일어나려 하며)

첫째 (오버랩) 얘얘 관둬. 일어날 거까진 없다. 정말이란 말이지?

말희 정말야.

첫째 (엄마 돌아보며) 이몬 완전히 헛수고하신 거 같애요.

엄마 (화나서) 내보낼 때부터 헛수골 거 알구 있었다, 에민.

말희 (냉큼) 그렇담 내가 이 세상에 있는 것부터 헛수고란 말이잖아!

엄마 그래! 헛수고다, 내가 널 이 세상에 낳아논 거부터가 헛수고 였다.

말희 그렇지! 헛수곤 헛수고였죠! 아들 하나쯤 더 낳을까 해서 낳았 더니 아뿔싸 딸이었다믄서요?

엄마 (무릎걸음으로 다가앉으며) 너 나이가 몇 살이니?

말희 스물네 살 말띠!

엄마 성별이 뭐니?

말희 여어어어자.

엄마 너한테 지금 젤 시급한 일이 뭐냐?

말희 시집가는 거.

엄마 (소리친다. 삿대질하며) 그래갖구 시집 잘 가겠구나. 그래갖구 시집 잘 가겠어.

말희 엄만 내가 뭐 어쨌다구 자꾸 그러우!

엄마 그게 선보러 나간 여자가 할 수 있는 말이며 행동이며 짓거리냐? 응? 집에서보다 한술 더 뜨구 와서…… (보다가 한심해서) 어이구우우 이 왕신단지 이 왕신단지.

말희 (오버랩) 이걸 낳아놓구두 떡국을 먹었

엄마 ……

말희 엄마 속상해서 울라구 그러신다. 고만 해야지.

엄마 어유 어유 어유어유유 유구무언이다 유구무언이야.(돌아앉는다)

말희 엄마.

엄마 왜!

말희 내가 뭘 그렇게 잘못하구 들어왔다구 그러우?

엄마 (기운 빠져서) 오냐 그래 아주 자알하구 들어왔다. 왜 좀더 하구 들어오지 그랬니. 담에 선보러 나갈 일 생기거든, 그런 일이 생길지 안 생길지는 모르지만 암튼 담엘랑 그거보다 쪼그만 더 하구 들어오렴, 응? (버럭) 남자 목말타구 들어왓!

말희 깔깔깔깔깔깔. (두 다리로 방바닥 두드리며 웃어댄다)

　　　[모두 아주 한심한 물건을 보듯 말희 본다.]

말희 (웃다가 뚝 멈추고) 왜 모두들 그런 얼굴루 날 보지?

셋째 넌 말이다. 기분 좋을 때 보믄 쾌활한 아이구 심각하게 보믄 정신병 초기야.

말희 그치만 정신병 쪽이 아닌 건 확실하지?

셋째 모르겠어. 좀더 관찰을 해얄 거 같다.

둘째 (오버랩의 기분으로) 다 틀렸다 응? 오늘 이모님이 꾸미신 일은 완전히 헛수고루 끝난 거구. 그건 그렇구 그 남잔 어떻든?

32

말희   (본다)

둘째   그 남잔 어때?

말희   무슨 뜻으루 묻는 거야?

둘째   니 맘에 어떻드냐구?

말희   …… 으으응 결혼했으면 좋겠드라.

모두   (아연)

말희   (무릎 위에 턱 올려놓고) 사람이 나이에 비해서 으젓하구우? 그
      리구…… 똑똑한 거 같애. 꾸밈이 없구 잘 웃구.

첫째   그 사람두 너처럼 성격이 뭐라구 할까, 쾌활하든?

말희   쾌활한 걸루야 아무두 나 못 따라와 언니.

둘째   (말희 손 잡아 내리며) 그게 아니라 너하구 얘기가 잘 통하드냐구!

말희   언닌 뭐 쭝국 사람하구 만나구 들어왔수, 내가?

셋째   (소리친다) 그 사람두 너한테 호감을 갖는 것 같드냐구!

말희   ……

모두   (말희 주시. 엄마까지)

이모   그래 말희야, 중요한 건 그거야.

말희   ……

이모   말해봐, 어떤 것 같든?

말희   몰라

모두   (긴장들 풀어진다)

셋째   늬들 몇 시간 있다 왔지? 그 사람하구 너하구 몇 시간 얘기했
      냐구?

말희   두 시간.

둘째   별 볼일 없다 했으믄 두 시간씩 상대하구 있었을까, 그 사람?

말희 에이 둘째언니 괜히 희망 걸구 그러지 마. 내가 얼마나 부담없
이 사람 즐겁게 해주는 재주가 있는지 잘 모르는군 그래. 텔레비
코메디 프로 보듯 그렇게 보구 있음 잠깐 흘러간다구, 두 시간.

이모 다시 만나자든지 전화하겠다든지 그런 약속 같은 거.

말희 아니 그런 거 안 했어.

모두 (맥 풀려 말희 본다)

말희 (튕기듯) 응 참, 또 생각났다!

S# 어느 살롱

철수 (담배 피고 있다)

말희 (본다)

철수 (신문 펼쳐 본다)

말희 할 얘기 없어요?

철수 (본다)

말희 할 얘기 없으믄 일어나 집에 가구요. 그렇잖음 그 신문 거기 노
세요.

철수 (시키는 대로 신문 옆자리에 놓는다)

말희 가만 보니까 담밸 많이 피네요.

철수 네. 하루에 한 갑⋯⋯ 반?

말희 (고개 저으며) 많아요. 너무 많아요. 그거 이롭지두 않은데 뭐
하러 그렇게 많이 피세요. 오늘부터 당장 줄이도록 하세요. 갑자기
끊기는 어렵대요. 우선 천천히 줄이도록 해요. 알았어요?

철수 (웃으며) 네.

말희 애기 좋아하세요, 애기?

철수 ?

34

말희 애기요.

철수 네. 굉장히 좋아합니다.

말희 됐어요.

철수 뭐가 됐습니까.

말희 애기 좋은 줄 모르는 사람은 정이 없는 사람같이 생각되거든
요. 맞는지 틀리는지 모르지만.

철수 남자가 넥타이 매구 정장하는 걸 좋아하십니까?

말희 아유 아녜요. 재미없어요. 간편한 차림이 훨씬 보기 좋아요. 자
신 없는 사람들이 정장 좋아하는 것 같애요.

철수 고맙습니다.

말희 ?

철수 의견이 같아서요. 그럴 줄 알았으면 이런 옷 안 입구 나올걸.

말희 아까 전화루 물어보시지 그랬어요, 호홋.

철수 (웃고) ……젤 먼저 말희씨 뭘 봤는지 아세요?

말희 그걸 제가 어떻게 알아요?

철수 화장을 했는지 안 했는지 그걸 봤습니다.

말희 (본다)

철수 (웃으며) 안 했드군요.

말희 좋다는 얘기예요?

철수 예.

말희 고마워요.

철수 전 장남이라선지…… 다른 사람 결혼해서 처하구 어머니하구
문제 땜에 골치 아파하는 게 예사롭게 뵈질 않는데 그 문제에 대해
서 어떻게 생각하십니까?

말희 전 그래요. 도무지 시어머니하구 며느리 사이에 무슨 문제가 있을 수 있다는 건지 알수가 없어요. 특수한 경우만 빼놓구요.

철수 특수한 경우란?

말희 뭐 그런 시어머니 있대잖아요. 아들 며느리 같이 웃는 꼴두 못 보는 사람. 그건 병이구요. 글쎄요…… 전 어른 모시는 건 하나두 겁 안 나요.

철수 자신 있어요?

말희 있구말구요.

철수 (웃고) 그렇게 매사에 다 자신 있어요?

말희 있어요.

철수 지금까지 선 몇 번이나 봤습니까?

말희 생전 첨이에요. 울 엄마 말씀을 빌리믄 대한민국이 온통 뜨르르르 다 알게 소문난 설삶아논 말, 응 있죠 그거 설 삶아논 말 뭐 그 거기 땜에 아무두 절대 중매 같은 거 들려구 들질 않는대나요? 그래서 첨이에요.

철수 (웃는다)

말희 선 몇 번이나 보셨어요.

철수 한 일곱 번, 네 오늘이 여덟번쨉니다.

말희 선보구 난 뒤에 선본 여자에 대해 이러쿵저러쿵하세요?

철수 ?

말희 저에 대해선 뭐라구 하실 건가 어디 한번 이 자리서 말해보세요.

철수 선본 여자에 대해 이러쿵저러쿵 안 합니다.

말희 알았어요. 그 점 굉장히 맘에 들어요.

철수 그 점만 맘에 듭니까?

말희 (해쭉 웃으며) 싫어요. 일이 어떻게 될 줄 알구 그런 얘기 함부루 해요.

철수 (웃는다)

말희 ......너무 잘 떠들죠, 저?

철수 (본다)

말희 집에서 나올 때 엄마가 신신당부하셨는데, 묻는 말에만 대답하라구. 하지만 전 사기라구 생각해요. 난 나 생긴 그대로, 나 갖구 있는 것 그대루 뵈줘야지, 선보인다구 내가 아닌 사람으루 나와 앉아서 내가 아닌 모습 성격 그런 걸 뵈주는 거 그건 연극이구 사기예요. 언제 들통나도 들통 안 나나요 뭐? 그리구 또 그래요. 제가 뭐 어디가 어때서요. 난 그렇게 생각해요. 내가 뭐 어디가 어때요. 나 있는 그대루 생긴 그대루 보구 좋으믄 하구 싫으믄 말자 그거죠. 설마 짚신두 짝이 있구 헌 보석두 짝이 있다는데 내 짝 없을까 봐 미리 겁먹구 떨어요? 그런 건 내 성미에 안 맞아요.

철수 (웃으며 본다)

말희 피차 부담 갖지 말기루 해요, 네?

철수 그럽시다.

말희 언제쯤 결혼하실 작정이세요?

철수 글쎄요. 우리 부장님이 저번에 그런 질문을 하시드군요. 한 삼 년쯤 있다 하겠습니다. 했죠.

말희 어머 그렇담 오늘 (손가락으로 상대 가리키며) 그대는 여기 뭐하러 나왔어요, 사기예요!

철수 (오버랩) 내 말 아직 안 끝났어요.

말희 ?

철수   그렇지만 맘에 드는 여자가 나타나면 내일이라도 결혼하겠습니다, 했죠.

말희   좋아요. 그럼 사기는 아네요.

철수   나가죠. 나가서 좀 걷죠.

말희   싫은데요.

철수   왜요?

말희   봄이라 햇빛 많이 쐬면 주근깨가 드러나거든요.

철수   주근깨가 있어요?

말희   (얼굴 내밀 듯 하며) 있어요오. 눈 나쁘세요? 요기 요기 요기 한 일곱 개쯤 되는데. 봤어요?

철수   네. 아니 그런 데 전혀 신경 안 쓸 것 같은데.

말희   그런 신경조차 쓰지 말라면 절더러 여자하지 말구 남자하란 말씀예요?

철수   (유쾌하게 웃는다)

말희   잠깐 일어나서 기지개 좀 펴구 앉었음 좋겠다.

철수   ?

말희   사람만 없다면.

철수   사람 상관 않을 용긴 없어요?

말희   (고개 살래살래) 없어요, 그만큼까지의 용기는.

철수   (빙긋이 웃는다)

말희   (철수 보며 웃는다)

S# 안방

첫째   …… (생각하는)

둘째   ……

셋째　……

이모　……

엄마　(돌아앉아서)

말희　(눈치 보며) 얘기 다 한 거 같애. 이게 다야. 생각나면 그때 또 얘기
　　　할게. (하며 일어난다)

셋째　(말희 잡으며) 얘, 근데 도무지 어떤 쪽으로 생각해야지 알 수가
　　　없다 응.

말희　뭘 그게 다라니까.

셋째　넌 그 남자 괜찮댔지.

말희　응, 괜찮아.

셋째　(찡그리고 생각하다가) ……잘되지 않을까.

둘째　가능하면 나두 그렇게 생각하구 싶은데,

모두　(둘째 본다)

둘째　이 일은 안 되는 걸루 생각하는 게 좋을 것 같애.

셋째　아니 그렇잖아 언니. 말희 얘기 중간중간 그 사람이 말희한테
　　　호감을 느꼈다는 힌트 같은 거 모르겠어?

둘째　그거야 결혼 상대자로 생각 안 하고 그냥 편안하게 놀게 놔두
　　　구 보면 말희 귀엽게 보일 수 있다구.

셋째　아무렴 선본다구 나와서 상대 여잘 그냥 텔레비 프로 보듯 그
　　　렇게야 봤겠어. 그리구 뭐 말희가 어때서. 단지 좀 지나치게 명랑
　　　하다는 것뿐이지. 지나치게 명랑한 것두 흠인가.

둘째　팔이 안으루 굽으니까 우린 그렇게 얘기하지. 넌 잊어먹었니?
　　　옛날에 오빠 친구가 우리 집 놀러 와서 말희 잠깐 보구 오빠한테
　　　니 동생 혹시 살짝 머리가 간 애 아니냐구 했던 거.

말희 대대루 웬수. (주먹 올리며)

　E 전화벨

엄마 (전화받는다) 여보세요. 네 당신이세요. 네 들어왔어요. 토요일
　　　인데 당신은 왜 안들어오시구 그러세요. 네 네. 묻지두 마세요. 네
　　　네. 오죽하문 여북하겠어요. 우린 지금 그냥 그 사람 목말 안 타구 들
　　　어온 것만 다행으루 알구 있어요. 네 틀렸어요. 저는 뭐 그냥 괜찮은
　　　가 봐요. 아 지가 괜찮아서 뭐 해요, 그쪽이 괜찮아해야죠. 네 그냥
　　　아무 언질두 없이 헤졌대요. 기대하지 마세요. 틀렸어요. (맥 빠져서)
　　　네 애들 다 와 있어요. 일찍 들어오세요 같이 저녁 먹게. 며늘애는 안
　　　왔어요. 네 네 알았어요. 끊어요 그럼. (끊는다)

첫째 (오버랩) 말희야, 그 사람이 너 집에까지 안 바래주든?

말희 아아니.

첫째 이 일은 틀린 거루 치자 그럼.

둘째 그래 틀렸어.

이모 원…… 아무리 그래두 나가서 그런 자리서까지 그렇게 맘놓구 놀
　　　지는 않을 줄 알었지.

엄마 내 뭐랬나, 성한 년이 아니랬잖니.

말희 (크게) 원 별일두 아닌 거 갖구 무슨 대단한 일이라두 난 거처
　　　럼 난리들이유 왜. 이번에 틀리문 담 번 또 있잖어!

엄마 담 번이 어딨니, 너 겉은 거 중매든다구 나설 인물이 어딨어!

말희 이모 있잖어 이모.

이모 얘 이모두 이제 일없다. 아무리 그러구 들어오는 애가 어딨니.

엄마 중매가 들어옴 또 뭐하니. 나가서 그 따위루 초를 치구 들어오
　　　는 게!

40

말희 (소리친다) 신랑감 없어 시집 못 갈까 봐?

엄마 그래.

말희 걱정 말아요. 난 칠팔월엔 문제 없이 결혼할 테니까.

모두 ?

이모 얘 너 그 사람하구 그렇게 얘기하구 들어왔니, 칠팔월에 결혼 하기루?

말희 ?

이모 이런 너 그러구두 시침 뚝 떼구.

말희 (오버랩) 사람 뛰겠네. 아냐 이모! 그 사람하구 한 얘긴 다 했잖어!

엄마 그런데 너 칠팔월에 무슨 재주루 시집을 간단 말이니.

말희 좌우간 난 가!

첫째 너 따루 작정해논 사람 있구나?

말희 작정해논 사람 있으문 선은 뭣 하러 보러 나가!

둘째 금 도대체 니 얘기 뭐니!

말희 토정비결이 그랬단 말야. 칠팔월에.

셋째 (말희 때리며) 얘 얘 관둬라. 관둬라, 관둬 응 관둬.

말희 호호호호호호. (도망치듯 나간다)

엄마 어휴 어유 어유 어유.

말희 (문 열고 소리친다) 나 데려가는 사람은 복 터지는 남잔데 복 터 지는 남자가 그리 흔하겠수?

엄마 복 터져? 재수 옴 붙은 남자가 너 데려가는 남자다.

　　E (오버랩) 전화벨.

엄마 속 뒤집히는데 왠 전화는, 여보세요 네 네. 그런데요 누구시지 요? (어리벙벙한 채 말희에게 건네준다)

말희 누구야?

엄마 받어 빨리. 김철수랜다.

모두 ?

말희 그 사람이 왜 전활 걸었지? (받는다) 여보세요. 네 네. 잘 들어 왔
어요. (아무렇게나)내가 뭐 어린앤가요 집두 못 찾어오게.

  [옆에서 쥐어들 박고 한심해하고.]

말희 놔둬! 내 맘대루 하게 뭘. 네 아네요. 왜 전화하셨어요?

S# 공중전화

철수 (옷 갈아입었다) 내 얘기 잘 들려요?

말희 F 네 잘들려요.

철수 그럼 얘기할께요.

말희 F 네 하세요.

철수 말희씨를 보면서 내가 찾는 여자가 바루 이 여자다 했습니다.

S# 안방

말희 ……

철수 F 말희씨.

말희 ……

철수 F 말희씨.

말희 ……

철수 F 말희씨.

말희 네, 듣구 있어요. (얌전하게)

철수 F 나 편한 옷으루 바꿔 입구 나와 있는데 잠깐 나올래요 말희
씨. 동네 근첩니다.

말희 (얌전하게) 네 저 엄마한테 여쭤보구요. 잠깐요. (수화기 막고 몸

42

돌리고 눈도 제대로 못 뜨고) 저기 엄마.

엄마 뭐래니?

말희 나 잠깐 나갔다 와두 되겠수?

엄마 만나자니?

말희 응

엄마 그래 나갔다 와라, 나갔다 와.

말희 네 어디 계세요. 네 네 알겠어요. (전화 끊고 일어나 나간다)

첫째 얘.

말희 (돌아본다)

첫째 뭐라면서 만나재?

말희 알구 싶어?

첫째 그래!

말희 저기 있지! 으 응 응 뭐래느냐 하문 말야. (부끄럽다) 나를 보면서 지금까지 자기가 찾던 바로 그 여자구나 했대. 호호 아이 부끄러.

　　[하며 손으로 얼굴 가리는 데서, 스톱 모션]

〈끝〉

어디로 가나
(1992)

| 등장인물 |

주요 인물

미숙　이교장의 막내며느리. 영하의 아내.

이교장　영하 남매의 아버지.

미숙네 가족

이영하　이교장의 셋째 아들. 미숙의 남편.

이의식　미숙 부부의 아들.

친정모　미숙의 친정어머니.

윤하네 가족

이윤하　이교장의 첫째 아들.

수진　윤하의 아내. 이교장의 맏며느리.

이현식　윤하 부부의 아들.

준하네 가족

이준하　이교장의 둘째 아들.

인애　준하의 아내. 이교장의 둘째 며느리.

이윤식　준하 부부의 아들.

은비네 가족

이은비　이교장의 막내딸.

송병규　은비의 남편. 이교장의 사위.

제1회

S# 지하철 출입구가 있는 시내 어느 큰길(현재. 출근 시간 무렵)

[완전히 빼곡하게 들어차고 얼크러져 움직일 줄 모르는 차량들.]

[부감으로. 이하, 커트. 커트 처리로.]

S# 지하철 출입구

[토해져 나오는 사람 사람들.]

S# 인도

[출근 시간을 다투며 뛰듯이 부지런히 밀려가고 밀려오는 사람들]

S# 꽉 막힌 길

[길 한가운데서 가벼운 접촉 사고로 멱살잡이하고 있는 신사복 입은 출근길의 남자들.]

[그 옆을 미꾸라지처럼 빠져나가다가 싸우는 남자에게 걸려서 택시로 쓰러지는 자전거 탄 소년. 싸움 구경하다가 눈을 부라리며 택시에서 내린 운전기사, 다짜고짜 소년에게 덤벼들고.]

[신경질적인 클랙슨. 각종 차들이 내는 소음. 거기에 가득한 삶, 삶, 삶]

S# 그 가운데 묻혀 있는 한 대의 영구차와 일행인 몇 대의 자가용

[카메라 영구차로 다가가면, 차창으로 보이는 노인 조객들과 유족들의 머리들. 영구 버스 앞의 손자 손녀들이 탄 자가용.]

S# 자가용 안

[운전석 옆자리에 앉은 윤하의 아들 현식(중2)에게 안겨 있는 이교장의 영정.(훨씬 젊은 시절의 단정하고 깨끗한 모습) 뒷자석의 준하 아들 윤식(초등5), 영하 아들 의식(초등1).]

의식 (손톱 물어뜯으며 뿌우한 얼굴로 윤식 보고 있고)

윤식 (만화책 보면서) 짜자자자자앙! ……오냐, 너 이놈 잘 만났다.
(어쩌고 하면서 보고 있는 만화의 대사를 소리 내어 읽으며 키득거린다. 너무 정식으로 큰 소리 내지는 말고 반은 혼잣소리처럼)

의식 (상체 들어서 뒷유리로 영구 버스 돌아본다)

S# 영구차 안

[버스 뒤편에 모아져 있는 조화들과 한편 좌석에 묵묵히, 거의 무표정하게 앉아 있는 이교장의 친구들을 한꺼번에 한 화면으로 처리. 다른 한편 좌석의 유족들 역시 말없이. 앞에서 둘째 줄, 장남 윤하와 차남 준하.]
[윤하 고개 약간 아래로, 시선은 45도 각도 아래로. 준하 팔짱 끼고 고개 뒤로 젖히고 눈 따악 감고 ……그 뒷줄, 이교장의 딸 은비(만삭), 차창에 옆머리 기대고 멍하니 눈 뜨고 있고, 옆자리의 남편 병규는 성냥알로 귀 후벼대고 있다.]
[그 뒷줄, 맏며느리 수진과 둘째 며느리 인애 나란히 앉아 인애, 수진의 새 손목시계 구경하고 있다.]

인애 (수진 보며 입 모양으로만 얼마 줬느냐는 질문 한다)

수진 (얼굴로 나무라는 시늉 하면서 시계 빼내어 도로 손목에 찬다)
[그 뒷자리의 막내아들 영하, 수첩에 뭔가 적어놓고 있다. 옆자리에 적

50

당히 꺼내져 있는 천 원짜리도 섞인 만 원짜리 지폐들. 그 뒷자리의 막내며느리 미숙.]

미숙 (퉁퉁 부은 얼굴, 소리 없이 줄줄줄 흘러넘치는 눈물이 뺨과 턱 아래로 계속 낙숫물 떨어지듯이 떨어져 상복 저고리 앞섶이 푹 젖어 있다) ……(자신도 모르게 흐으윽 흐느낌 가늘게 들이마셔지는데)

준하 E (미숙 위에 오버랩, 투덜거리며) 어어어 이거 뭐가 어떻게 된 거야. (미움에 찬 시선 그쪽으로 반짝—퉁퉁 부은 눈이기는 하지만—들려진다) 이러다 여기서 해 넘어가는 거 아냐 이거?

준하 (벌써 좌석에서 빠져나와 출구로 움직이면서) 대체 뭣 땜에 이러구 있는 거야 응?

인애 (고개 빼고) 막혀서 그런 거지, 저이는 뭐가 뭣 땜에에요.

준하 글쎄 뭣 땜에 막혔는지 좀 알아보자구. 땅이 꺼졌는지 육교가 내려앉았는지 (하다가) 제가 잠깐 나가 알아보구 오겠습니다. (노인들에게 예의 차려서)

노인1 (오버랩, 못마땅하나 점잖게) 그냥 앉아 있게.

준하 ……(아주 잠깐 멈칫했다가 뭔가 말하려는데)

윤하 (오버랩)앉아. (안 보는 채 조용히)

준하 (형 한 번 보고 별수 없이 도로 자리로 움직이려는 순간)

[기다림에 벌써 신경이 곤두선 영구차 기사의 급출발]

준하 (거의 고꾸라질 듯하며 아내 좌석 옆구리 팔걸이 잡고 운전기사에게) 아니 여보세요! (하는 순간)

[버스 다시 급정거.]

준하 (나동그라진다) 아아아!

인애 (놀라 발끈. 남편 잡으며) 무슨 운전을 그렇게 해요, 아저씨!(하

는데)

노인2　E 에에에 쯧

　　[인애, 돌아본다.]

노인2　(운전기사 비위 건드리지 말라는 투로 고개 설레설레 흔들며 눈 끔
　　쩍거린다)

인애　아니 아무리 그렇지만,

준하　(오버랩, 아내 잡고) 앉아 앉아. (기사에게) 아저씨 잘 좀 부탁합
　　니다아. (해놓고) 앉아 앉아.

　　[운전기사는 못 들은 척.]

인애　(앉혀지며) 괜찮아요? 다친 데 없어요? (버스가 다시 출발. 흔들리
　　는 남편에게) 얼른 가서 앉아요. (흘기며) 누구두 못말려 정말. 가만
　　앉았지 왜 나대요, 그러니까.

준하　(완전히 혼자 중얼거리며 오버랩) 어어 이거, (맨 뒷자리 기웃거리
　　며) 담배두 못 피우구 사람 죽겠네. (버스는 다시 멈추고 뒷자리로 어
　　슬렁어슬렁 움직이다 잠깐 멈추고 미숙 본다)

미숙　(줄줄줄 소리 없이 울고 있다)……

준하　(슬그머니 모르는 척 영하 앞에 서며) 야. (작게)

영하　(돈과 수첩 챙겨 주머니에 넣으며 올려다본다)

준하　(뒷자리 가리키며 담배 피우는 시늉)

영하　(노인들 쪽 기웃이 살피면서 안주머니에서 담배와 라이터 꺼내 준다)

준하　(슬그머니 받아 들고 아닌 척 뒷좌석으로 들어가서 담배 입에 물고
　　마악 라이터 켜려고 하는데)

미숙　(갑자기 대성통곡이 터진다)

준하　(담뱃불 붙이려다가)?

윤하 (잠깐 멈칫했다가 그만두고)

은비 (비질비질 터지는 입 막고)

병규 (아내 눈치 보고)

수진 (쟤 왜 저러지? 하는 얼굴로 인애 보고)

인애 (수진과 눈 맞췄다 돌리면서 ? 미치겠어 정말 하는 얼굴)

미숙 (목 놓아 대성통곡)

영하 (대성통곡하는 아내 옆에 와 서서 잠깐 내려다보다가 옆에 앉으며
아내 어깨 안으려)

미숙 (그 손 모질게 갈기며) 싫어! 건드리지 마. (다시 오는 손 암팡지게 밀
어내면서) 싫다 구. 만지지 말란 말야. 징그러! 만지지 마. 만지지 마.

영하 미숙아, 미숙아. (얼굴 싸쥐려 하며)

미숙 (도리질하며) 아아아아악! (손 털어내다 영하 손 왈칵 끌어다가 손
등을 깨물어버린다)

영하 아아아악! (놀라서 벌떡 일어나 피하며 빼낸 손 털털 턴다) ······ (황
당해서 아내 보며. 미움이나 반발은 없다)

병규 (비명 소리에 자리에서 일어나 돌아본다)

인애 (그래도 아는 척은 해야겠어서 옆에 와 섰다가 시동생이 물어뜯기
자 입을 딱 벌리고 아무 말도 못하다가) ······아니, 아니 동서 이게 무슨,
무슨 짓이야아? 어디 좀 봐요 서방님.

영하 (손 털며) 괜찮아요.

인애 어디 보자구요. 피 안나요?

영하 (손 피하며) 안 나요.

인애 정말 괜찮은 거예요?

영하 (대답 없이 손 털면서 통곡하는 아내 본다)

인애　(대성통곡하는 미숙에게) 우리 식구끼리만 있는 것두 아니구 이
　　　게 무슨……이제 그만해 동서.

미숙　(반발로 울음 더 크게)

인애　?

영하　그만 해.

미숙　상관 마! 어어엉 엉엉엉엉

영하　(좀 나무라듯)그만 하라구. 애두 아니구 뭐야, 시끄럽게.

미숙　(더 크게 울어젖힌다)

영하　(인애는 오직 기가 막힐 뿐이고) 그만 하라니까! 그렇게 안 해두
　　　당신 효분지 천하가 다 안다구! (좀 올라서)

미숙　(영하 치켜 보면서 울음 딱 그친다)

영하　(아차 해서 얼른 미숙 옆자리로 들어오며) 여보, 아버지두 당신한
　　　테 고마워하시면서,(하는데)

미숙　(오른편 주먹으로 냅다 갈기기 시작해서 이 악물고 양쪽 주먹으로
　　　닥치는 대로 남편 두들겨 패기 시작한다)

영하　(두 팔 머리 위로 들어 올려 막고 맞아주고)

인애　동서, 동서!

준하　(급히 와서 영하 일으키려 하면서) 제수씨 제수씨, 이러는 법이 어
　　　딨어요, 예? 일어나 일어나라.

영하　놔둬요 놔둬. (준하에게 일으켜지면서)

윤하　E　(벼락같이) 너 이리 와!

윤하　(자리에서 일어서 뒤 보고 있다) 부모님 장례 모시러 가면서 이게
　　　무슨 망신스런 짓이야, 임마!

미숙　(시끄거리다가 힐끗, 짧게 윤하 쪽으로 시선)

준하 E (윤하에 오버랩의 기분으로) 그래애, 너 임마 이게 뭐야.

영하 E (노인들에게) 어르신들 죄송합니다 죄송합니다.

미숙 (푹 어깨 떨어뜨리며 시트에 등 붙이며 차창으로 고개 돌린다. 그 얼굴에)

준하 E (크지 않게, 다소 은밀하게) 너 뭐…… 제수씨한테 죄진 거 있니?

미숙 (기가 찬 얼굴 잠깐 그쪽으로 돌아갔다가…… 다시 창으로)

S# 뒤로 달리기하고 있는 잠수교 바깥 풍경에(미숙의 차창 유리에 카메라 붙여놓고 찍은 것처럼) 훅훅 지나가는 잠수교 교각들

S# 저 멀리 강물

  M 강물에 5초쯤 사이 두었다가 음악.

  [강 풍경에 잠시 더 음악 흐르고.]

S# 버스 창으로 고개 들고 눈물 툭툭툭툭 떨어뜨리고 있는 미숙(유리 밖에서)

  M 연결되다가.

  E 고속도로 휴게소 소음 뛰어들면서 동시에 음악 아웃.

S# 경부 고속도로 상행선 휴게소(5년 전 가을 일몰 직전)

  [햄버거 매점 쪽에서 봉지 들고 부리나케 반은 뛰듯이 오는 영하 위에]

미숙 E 뭐라구요? (이미 오를 대로 올랐다. 영하, 멈칫하며 소리 나는 쪽 보는 위에) 재수가 없을라니까 별꼴 다 봤어요? (영하, 어이그 저거 정말, 하는 얼굴로 아주 빠르게 아내 쪽으로 움직인다)

미숙 (임시 넘버 붙인 영하의 12인 승합차 꽁무니쯤에서 손가락으로 땅바닥의 담배꽁초들 가리키며 연결) 재수가 없어 별꼴 다 보는 사람은 바루 난데 이게 무슨 적반하장이에요!

남자 (자가용 재떨이 들고 서서) 하, 나 참 이 아주머니.

미숙 (오버랩, 손가락질하며) 주워요. 당장 거기 주워 담아갖구 가란

말예요!

여자 (남자 밀치고 앞으로 나서며) 당신이 뭔데 이래요, 도대체가!

미숙 (자동차에서 내다보는 일곱 살, 다섯 살짜리 아이들 가리키며) 자가용에 자식 태워갖구 다니면서 그래, 부모가 자식한테 이런거나 보여줘야겠어요?

여자 이여자 정말. 니가 뭐야, 너 뭐야!

미숙 너어? (뛰어든 영하에게 끌어내지면서) 너어어? 너라구?!

영하 (제 차로 끌고 가면서) 타 타, 타라구.

미숙 날더러 너라잖어!

영하 창피해 글쎄. (눈 부라리며) 얼른 타. (나직이)

미숙 (밀리면서도) 서른 발짝만 가면 쓰레기통 있는데,

영하 (오버랩) 시끄러 그만 하자구!

미숙 (차로 밀어 넣어지면서 벌써 자동차에 오르고 있는 부부에게 소리지른다) 너어어? 너라구우?

영하 (벌컥 미숙 떠밀어 나동그라지는 것 상관 않고 차 문 확 닫는데서)

S# 고속도로 달리는 영하의 차 운전대

   [싸우는 중이다.]

미숙 좋게 말했단 말야 좋게! 누가 첨부터 악썼을까 봐?!

영하 좋게 말해서 안 들으면 아뭇소리 말구 니가 주워 치우면 되잖아.

미숙 내가 왜! 어지르는 사람 따루 있구 치우는 사람 따루 있어?

영하 그럼 못 본 척 가만있어.

미숙 어떻게 가만있어! 그게 말이 되는 인간들이니 도대체가?!

영하 꺼리만 생기면 얼씨구나 쌈판 벌이는 너는 말되는 여자야?

미숙 내가 뭐 쌈으루 취미 생활 하는 사람야?

56

영하 (늦추지 않고 화낸다) 취밀 넘어 직업이다 직업. 이박 삼일 동안 하루 한 건씩 쌈판 벌였다면 알쪼지 뭘 그래.

미숙 ……(흘겨보다가 햄버거 종이 퍽 들어서 남편 얼굴 앞에 흔들어 보이며) 결혼 칠 년 만에 그래, 것두 차 빼러 가는데 간신히 빌붙어 나선 신혼 여행에 햄버거나 멕여주는 거야?

영하 (봉지 때문에 안 보여서 얼굴 이리저리 피하며) 육개장 먹자는데 햄버거 먹잔 사람 누구야. (여전히 화나서)

미숙 (남편 얼굴에서 봉지 내리며 시선 앞으로. 아무렇지도 않게) 해가 엄청 짧아졌어 그치?

영하 ……

미숙 난 이 시간이 젤 좋더라…… 아주 철학적이 돼…… 우리는 어디서 와서 어디루 가나.

영하 어제두 했어 그 소리.

미숙 (미워서 쥐어박는 소리로) 알어.

영하 …… (무표정으로 운전)

S# 땅거미 지는(해지기 직전의 황혼) 고속도로를 달리는 영하의 승합차

S# 아파트 근처 길에서 신호등에 걸려 있는 영하의 차 전면(완전한 밤)

미숙 (둘 다 피곤하다. 고개 기웃이 하고 느닷없는 큰 하품 막 시작하는데)

S# 차 안

미숙 (하품 연결, 소리까지 적나라하게 내면서) 아아아아아아아<u>흐으으</u>.

영하 입 안 찢어졌나 봐라.

미숙 (입맛 다시면서) 의식이 그냥 엄마한테 하루 더 재웁시다.

영하 내가 데려올게.

미숙 곧 잘 시간인데 뭐.

영하　시내 들어와서 어떻게 두 시간 반을 잡아먹니.

미숙　(다시 하품하며) 아으, 아으으으 죽겠다.

영하　(하품 시작하자 아내 돌아보고 있다가 아무렇지도 않게 손 쓰으윽 뻗
쳐 아내의 치마 걷는다)

미숙　(툭 쳐 치운다)

영하　(다시 손 뻗친다)

미숙　(손 밀어내며) 파란불야, 정신차려.

S# 아파트 현관 안

　E 캄캄한 어둠 속에서 열쇠 돌리는 소리와 함께.

미숙　E 이 사람 정말 왜 이러니이,

미숙　(들어와 현관 불 켜며 연결) 칩칩하게에.

　[등 뒤에 엉겨 붙어 미숙의 가슴으로 손 집어넣으려는 영하, 미숙이 움
직이는 대로 따라붙는다.]

미숙　(거실 불 켜며) 어유우 냄새, 사람 죽이겠네. (영하 벌컥 밀어내며)
당신 저기 창문 좀 열어요. (주방 쪽)

영하　엉? 엉. (주방 쪽으로 가며 벌써 테라스 문 열려고 달려 붙는 아내에게)
쳐, 쪼금만 열어.

미숙　(열어젖히며) 활짝 다 열어, 새집 사 이사하구 페인트 냄새에 질
식사했다구 신문에 나구 싶어?

S# 안방

　[억지로 쓰러뜨리려는 영하와 시시덕거리면서 빠져나가려는 미숙.]

미숙　아유 정말 왜 이래애, 피곤해죽겠는데에. 의식이 데리러 간다
면서어, 빨리 씻구 갔다 오라구우. (꼭 싫지만은 않다)

영하　낼 데려오자면서어.

미숙　사람이뭐 이래애.

영하　(완전히 쓰러뜨리며) 애먹이지 말구 가만있어어.

미숙　어으어으. (흘겨보면서)

영하　(아내 옆 목에 얼굴 붙인다)

미숙　(포기하고 남편 목 껴안는데)

　　　E 요란한 전화벨.

　　　[부부, 함께 멈추고 전화통 돌아보고.]

영하　(이내 다시 원래 시도로 돌아가며) 받지 마 받지 마.

미숙　(누운 채 전화로 손 뻗치며) 엄말 거야.

영하　받지 말라니까. (아내 손 막으며)

미숙　(남편 밀어내듯 상체 반쯤 뒤집으며) 어떻게 안 받어. 잠깐 있어.

　　(수화기 집어 남편 귀에 대준다. 남편을 위에 놓은 채)

영하　(별수 없이) 여보세요?

준하　F (느닷없이) 야, 늬들은 어떻게 된 거냐 도대체.

영하　(그대로인 채) 왜요?

준하　F 이 자식아 어딜 가면 간다구 형제네 집에 전화 한 통 넣구 집
　비우면 뭐 지진나는 거냐?

영하　아니 왜요?

준하　F (오버랩의 기분으로) 임마 아버지 또 쓰러지셨어, 돌아가시
　는 줄 알었단 말야.

영하　? (아내에게서 떨어지며) 에에? (크게 놀라서)

S# 윤하의 거실(밤)

준하　(전화 중이다) 아버지 쉬셔야니까 낼 가볍구 너 이리 좀 와. 여기
　청담동야…… 그 동안 약을 전혀 안 드셨대. 약에 의존하는거 기분

나뻐 의지루 조절하시겠다구. 우리아버지 알잖아 왜…… 돌아가시
진않아. 돌아가시진 않는데 상탠 먼저보다 훨씬 나뻐셔……병원엔
낼 가구 글쎄 이리루 먼저 와, 의논 좀 하자.

윤하 (신물 들고 있고)

인애 (과일 깎고 있고)

수진 (커피 만들고 있고)

은비 (탁자 내려다보며 뿌우 앉아 있고)

병규 (괜히 안경다리 만지고 있다)

   [통화하는 준하와 한꺼번에. 준하의 '의논 좀 하자'에서.]

S# 아파트 현관(밤)

미숙 (뛰는 건 아니지만 서두르는 걸음으로 나오는 남편 뒤 부지런히 따
라 나오며) 먼저보다 상태가 나쁘시다면 어떤 거예요?

영하 (대꾸 없이 자동차 운전대로 가서 키 꽂는다)

미숙 (운전석 반대편에 서서 차에 오르는 남편에게) 지팽이 짚구두 못 걸
으신다는 말인가? (남의 얘기 하듯)

영하 (차 안에서 미숙 쪽 문 열며) ……

미숙 (타면서) 먼저는 석 달 만에 지팽이 짚구 걸으셨는데 이제 완전히
못 쓰시게 되는 건가?

영하 (시동 걸며) 어디 남의 집 얘기하니? (올라서) 신나?

미숙 ? 내가 신난댔어?

영하 (거칠게 출발시키며) 장모님이 쓰러지셨대두 너 그럴거야?

미숙 (거친 출발에 몸 출렁하면서) 날더러 연극하란 말야 그럼? 아이
구우, 아버님 어떡하시나 큰일났네, 연극해?

영하 (부라리며) 내 아버지야!

미숙   난 그 아버지한테 아직두 며느리가 아니야! 눈에는 눈 이에는
        이지 뭐.

영하   입 다물구 가만있어!

미숙   무슨 의논을 하자는거야 이 밤에. 큰아들 작은아들 짱짱한데
        뭐, 병원비 얼마 낼 거냐구?

영하   (휙 쏘아보고는 느닷없이 자동차 길옆에 대고) 내려.

미숙   ? (영하 보며)

영하   내려서 집에 가. 나 혼자 갔다 올게.

미숙   같이 가야 한다면서.

영하   내려 빨리!……

S# 청담동 윤하의 집 전경(밤)

      [대문께 대어져 있는 준하의 차와 영하의 승합차.]

S# 윤하의 거실

영하   (현관께에서 소파 쪽으로 오며 좀 떳떳지 못하게 형수들에게 목례하
        고 준하 쪽으로)

미숙   (영하 뒤에서 여자들에게 목례)

수진   어서 와.

준하   어서 오세요.

미숙   (아는 척하는 준하에게 목례)

인애   (슬그머니 미숙 등에 손대서 소파 쪽으로)

영하   (시선 내리고 뿌우 앉아 있는 윤하에게, 선 채로) 저…… 차 빼러 울산
        갔었어요.

준하   (선 채로) 그래 글쎄 어디다라두 전화 한 통 해놓구 감 안 되는거
        냐구.

영하 오래 비는 게 아니니까.

준하 (푹 앉으며) 아버지는 자꾸 찾으시는데 스무 시간 서른 시간 도무지 도무지 연락이 돼야지 이거야 원. 태권도장은 닫아걸었다지, 집 전환 고장두 아니라지, 일가족 납치범 있단 소리두 들은 적 없지. 경비실에서두 모른다지.

윤하 (오버랩로 일어서며) 우리 들어가 얘기하자.

준하 그럽시다. 매제 일어나.

병규 예. (일어선다)

준하 (앞선 윤하 따라 움직이는 영하에게) 의식이 외할머니 전화번호래두 알았으면 좋겠는데 아는 사람이 하나나 있어야지. (뒤의 병규에게) 들어가 들어가.

　　　[윤하와 영하 서재로 들어가고,]

병규 들어가세요

준하 들어가아. (뒤돌아보며) 우리가 다 같이 한번 생각해볼 문제라구. 같은 서울 하늘 안에 다 같이 살면서 다 각각 (열려 있는 서재 문 붙잡고 뒤돌아보며) 이건 무슨 날이라는 제목이나 붙어야 한데 모이구 사둔댁 전화두 모르구 살구 말야.

인애 (오버랩) 아유 얼른 들어가기나 해요.

준하 (들어가고 문 닫힌다)

수진 (앉으며 인애와 눈 맞추고) 앉어.

인애 (수진과 눈 맞추며) 네. (앉으며) 동서두 앉어.

미숙 네. (은비 옆으로 잠깐 보며 앉는데 두 동서들과는 앉는 동작부터가 다르다)

인애 (미숙이 앉는 것 기다렸다가) 저녁은 먹었을 시간이지?

미숙 네. (하며 고개 은비에게 돌리고) 아버님은 어떠신 거예요?

인애 속상해죽겠어. 아주 자리보전하구 누우시나 봐.

미숙 ……(두 여자 잠깐 보고 다시 은비에게) 큰일났네요.

인애 큰일은 진짜 났어. 퇴원하시면 곧장 어느 집으루든 모셔내
야 하는데 정말 이만저만한 고민거리가 아니네에.

미숙 ? (세 여자 차례로 1초씩 보는 시선 움직임)

세 여자 (각각 1초씩 아무 말 없이 차례로)

미숙 그게…… 왜…… 무슨……

수진 (오버랩) 아가씨가 더 이상 못 모시겠대.

미숙 ?

은비 E (미숙 위에) 그렇게 말하는 게 아니죠 언니.

은비 못 모시겠다는 게 아니라 모실 수가 없는 형편이 된 거 아니예요?

수진 형편 얘긴 이제부터 하면 되는 거구 결론만 얘기하면 못 모신
다는 거잖아요.

은비 형편 얘기 먼저 하지 왜 결론 먼저 얘기해서 사람을 꼭 나쁜 인
간을 만들어요 언니는?

수진 내가? (언제)

은비 (오버랩) 어제 아침에 병원에서두 그랬잖아요. 담달 중순부터
지방 근무 가게 될 거같이 생겨 더 모시기 어렵다구 기껏 말했는데
언니, 둘째새언니 병원에 나타나자마자 뭐랬어요.

인애 아이구 관둬요 아가씨. 그 말이 그 말이구 그런데 뭘 그간 말 순
서 갖구 그래요. 설마 아버님 모시기 싫어 지방 근무 자청했을 거라
구 생각하는 사람 있는 것처럼.

은비 ? 그렇게 생각한다는 거예요 뭐예요 지금?

인애   E (자신과는 상관없이 듣고 있는 미숙 위에) 그게 무슨 벼락 때릴 소리예요.

은비   E (미숙 위에) 그렇게 들려요.

인애   아버님 퇴직금으로 집 사면서 아버님은 아가씨네가 평생 모시 기루 했는데 갑자기 이렇게 되니까 우리두 당황하죠오. 형님두 당 황해서,

은비   (오버랩) 집 팔어서 아버지 퇴직금 도로 토해내면 될 거 아녜요.

수진   얘기 참 듣기 거북하네요. 지금 그런 얘기가 아니잖어요.

인애   아가씨.

수진   (오버랩) 동서 가만있어. 지금 서루 그렇게 말트집 잡구 그럴 때 야? 아버님을 어떻게 해야 하나 그걸 결정해야지.

미숙   ? 어떻게 하다니요? 아가씨 사정이 그렇게 됐으면 형님이 모시 는 거…… 아니예요?

수진   (질려서 미숙 보며) …… (말이 안 나온다)

인애   글쎄 그게 원칙이긴 해. 원칙은 그렇지.

수진   (차갑게 인애 보면서) 내가 원칙 모르는 사람야?

S# 윤하의 서재

　　　　[삼 형제와 병규. 각각 한정 없이 무거운 분위기로 움직임조차 없이.]

　　　　[사이.]

윤하   (무겁게 담배 뽑아 문다)

병규   (라이터 켜 댄다)

윤하   (깊게 빨아들여 내뿜는다) ……

영하   …… (뿌우)

병규   (눈치 보듯 괜히) 죄, 죄송합니다……죄송합니다.

윤하   죄송할 거 없어. 당연히 우리가 모셔야 되는 건데, 그 동안 송 서방이 애썼어.

준하   (오버랩의 기분으로) 그런데 자네 거 지방 근무는 아주 확정된 건가?

병규   예, 거의 확정적이에요.

준하   어떻게 손써서 안 갈 순 없나?

병규   그거……그런 짓 하면 찍혀서요. 지방 근무 다 싫어하거든요.

준하   (머리 속에 손가락 넣어 아무렇게나 북북북북 긁으며) 어어어 터진 다 터져……

윤하   (담배만 태우면서) ……

준하   자식이나 없어야 이혼두 하지. 어제 밤새두룩 싸웠다…… (영하 보며) 형 사정 어떻게 할 길 없는 사정이구 우리가 모실 수 밖에 없 댔더니 아버지 모시면서 과외 선생 어떻게 하냐구 길길이 뛰잖니.

영하   ……

준하   사람이 분수에 넘친 짓은 하는 게 아닌데 괜한 바람 들어 큰 집 사놓구 빚 끄느라 멀쩡한 교사직 내놓구 비밀 과외 선생으루 어어 이…… 할 소리 못할 소리 다 퍼붓긴 했지만 들킬까 봐 떨면서 그거 하는 것두 피 마르구 살 마르구, 밤 열두시나 돼야 파김치가 돼 들 어와 쓰러지는 사람한테 아버지 병수발까지 하라는 것두 무리지 만……

영하   ……

준하   아들자식이구 딸자식이구 자식 별 소용 없는 겝디다 형. 이거 야 나 혼자 내 맘대루…… 뭐가 돼야지 도무지가.

윤하   맏형이 이건……말두 안 되는 소린데……너는 어떠냐.

영하　⋯⋯ (보며)

윤하　아버지한테 들어가는 경비는 내가 맡을게.

영하　어림두 없어요. 내가 장남이래두 안 한달 거예요. 아버지가 좀
하셨어요?

준하　내 뭐랬수, 얘두 별수 없을 거라구 했잖아요.

윤하　⋯⋯

준하　거 지방 근무 안 한다 그래. 안 된다 그럼 때려치라구. 내 딴 데 취
직시켜줄 테니까. 밥 벌어먹을 데가 거기밖에 없어?

병규　(괜히) 큼 크으음.

준하　싸가지 없는 며느리들보다야 딸이 그래두 백 번 낫다구. 물 한
그릇을 떠다 드려두 딸이 나 딸이. 더구나 은빈 막내루 아버지가 눈
에 너두 안 아프게 키우셨구.

병규　(오버랩) 그런데 그 사람두 이제⋯⋯ 크음 한곈가 봐요.

준하　?

윤하　?

영하　?

병규　개스 열어놓구 끄는 거자꾸 잊어버리시구, 즈이 집 불날 뻔했
잖아요. 화장실 풀러시두 안 하시구, 물 틀어놓구 잊어버리시는건
다반사구요. 또,

윤하　(오버랩) 됐어, 그만 해.

병규　⋯⋯

윤하　(담배 끈다)

S# 거실

　　[네 여자 각각 아무 말 없이]

66

미숙 (느닷없이 터지는 하품을 놀라지도 않고 중간쯤에 천연스레 손으로 가린다)

수진 (다소 경멸하는 얼굴로 보고)

인애 (기막힌 웃음 잠깐 흘리면서 미숙 본다)

은비 (냉수 컵 들고 컵 내려다보며) ······

미숙 잠자는 시간 빼구 계속 차만 탔거든요. 포항으루 경주루 어디루(부어서 마치 '피곤해서 그래 뭐'의 톤) ······ (다시 터지는 하품을 이번에는 초장에 막는데)

은비 그럼 아버진 어떡할 거예요. (입술 뜯던 손 떨어뜨리며)

수진 글쎄······묘안이 없네.

은비 (오버랩의 기분으로) 없음 어떡하냐구요.

수진 그러니까 지금 의논하고 있잖아요.

은비 이건 의논이 아니라 두 집은 결코 못 모신다는 성명서 발표 아녜요 이건.

인애 아직 저 집이 있잖어.

은비 (인애 쏘아보고)

미숙 (과일 집다가 멈추고) ······ (입 좀 벌린 채) ······저요? ······저 말이에요? (이 여자 저 여자 본다)

수진 현재 조건 맞는 사람이 동서밖에 없어.

미숙 무슨 조건요.

인애 아버님 잘 모실 수 있는 조건.

미숙 (과일에 뻗쳤던 손 거두며) 아니죠. 아버님을 젤 잘못 모실 조건이라면 건······제가 첫째죠. 아버님 날 끔찍하게두 싫어하구 무시하는 거 다 아는······사실이잖아요······저두 아버님 싫어하구요. 좋아하는 시아버님 병수발두 쉽잖을 텐데 싫어하는 시아버질…… 잘 모실 수 있어요? 아버님은 두 형님하군 사이가 괜찮잖아요. 그리구 경제적으루두 우리 집이 젤 못해요.

수진 (얼른) 경제적인 건 모르는 척 안 할께.

인애 (얼른) 그럼 물론이지.

미숙 아녜요, 필요 없어요. 우린 안 모실 테니까.

인애 우리가 모실 수 있다면,

미숙 (오버랩) 모실 수 있지 왜 없어요. 현식이 외할머니 아직 건강하신데 아들네 집에 좀 가 계시라 그럼 되겠네요.

인애 아들며느리랑 뜻 안 맞어 여기 계신 분인데 어떻게 그래. 더구나 상속받을 사위가. 다 알면서 왜 그래, 집두 현식이 외할머니 집이잖어. 집 내놓구 나가시래?

수진 그런 애긴 할 거 없어.

미숙 (오버랩) 그럼 형님네가…… 간병인 하나 붙여놓구 과외하러 다니시면 되잖아요.

인애 과외만으루두 날마나 송장처럼 늘어져.

미숙 저두 아니예요…… 안 해요. 사이가 좋은 며느리가 모셔야지요오.
(벌떡 일어나 화장실로 들어간다)

인애 (미숙 들어가자) 만만찮을 거랬잖아요.

수진 (혼잣소리처럼) 아유 속상해.

은비 (수진 쏘아보며) 아버지 어떡할 거냐니깐요!

S# 준하의 자동차 안

준하 (빵, 손으로 클랙슨 치면서) 장남이 못 모실 형편이면 차남이 모시는 거지 별수 있어?! 아니 어디 법으루 안 된다구 정해진 거 있어?

징역 살린대?!

인애 못 모실 형편이라는 게 그게 그렇게 절대적으루 합당한 이유가 되는 거예요? 모시기 싫어 그러는 거지. 안사둔 바깥사둔 아래층 위층 나눠 모시면 뭐 어디가 덧나요? 집 넓겠다 돈 많겠다 간병인 하나 아니라 둘이라두 쓸 수 있잖아요!

준하 처가 덕에 빌딩 지어 개업하구 사는 형이잖어.

인애 (오버랩) 우리가 아주버님 처가 덕본 거 있어요? 그 사정 우리가 봐줄 게 뭐 있어요?

준하 형제끼리 사정 안 봐주구 누가 봐줘 그럼!

인애 장남은 청담동이에요, 부모 모셔야 하는 건 어디까지나 장남 의무라구요. (하다가 새삼스레 발끈) 큰집이 때꺼리가 없어 우리가 모셔요 왜 우리가 모셔요, 진짜아!

준하 나두 자식이야! 반신불수된 부모 놓구 자식들이 그래 서루 니가 모셔라, 니가 모셔라 그짓을 해야겠어?

인애 능력이나 왕창 있어 빚 안 지구 살게 하죠 왜! 빚만 없어두,

준하 (오버랩) 빚빛빛빛, 그 빚 소리 그만 못 둬? 누가 당신더러 빚져 가며 일 저지르랬어?

인애 그렇게 안 샀으면 아직두 스물다섯 평이에요.

준하 어이그으으으.

인애 스톱, 여보 스톱!

준하 (놀라서 급브레이크 밟지만 늦었다. 앞차 꽁무니 꽝 박는다)

인애 아악. (얼굴 가리며)

　　[준하, 아내 힘껏 째리면서 벨트 풀며 차 문 연다.(앞차와의 처리를 위해서 내리려고)]

S# 시내 어느 택시 정류소

　　[다른 손님은 없고 은비 부부만.]

은비　하나같이 모두 마누라 손아귀에 꽉 움켜쥐어져서는.

병규　움켜쥐어져서가 아니라 그럼 어떡해. 남자야 아침에 나갔다 밤에 들어오구 환자 아버지 모셔야는 건 여자가 할 일인데 본인들이 안 하겠다는데.

은비　안하겠다는 게 어딨어, 해야 할 처지면 하는 거지. 남의 집 며느리가 뭔데. 와이프가 안 한단다구 그래 아들 셋이 다 말똥 씹은 얼굴루 나 잡어잡수우, 나말구 다른 사람 누가 맡어주나아 그러구 있어? 아들 셋이 다 같이? 나쁜 인간들.

병규　남자들이 나쁜 게 아니라 바루 당신네들, 여자들이 나쁜 거야. 세상에 인간껍질 쓰구 지 부모 나 몰라라 하구 싶은 자식놈이 어딨어.

은비　그런데 와이프 무서워 찍소리 못하구 있어, 인간껍질 남자껍질 쓰구?

병규　요새 여자들이 남자 말 들어? 당신은 내 부모님 모시라 그럼 모실 거야?

은비　형이 셋이나 있는데 내가 왜 모셔.

병규　누가 있어서가 아니라 당신두 싫잖어. 왜 그래, 솔직하라구.

은비　(좀 기가 죽는다) 싫어두 꼭 내가 모셔야 할 처지라면 모셔야지 어떡해.

병규　입술에 침이나 바르구 그런 말 해라. 장인어른 모시면서두 깽깽깽깽 시끄럽게 구는 여자가.

은비　만 이 년 모셨어, 딸로서 난 할 만큼 했다구.

병규 그래 됐어 됐어, 많이 했다 많이 했어.

은비 우리 아버지 어떡해.

병규 (길 보면서) 요즘 남자 불쌍하지이. 여자 발언권 세지면서 맘하
구 다른 불효자식 노릇하구 죽는 날까지 죄책감에 시달리며 살아
야 하니……

S# 윤하의 서재

수진 (잠옷으로 남편 등 뒤에 서서) 미안해요, 여보. 당신 맘 어떤지 알
아요. 장남인데……

윤하 (테이블 의자에 앉아 냉담하게) ……

수진 그렇지만 나두 이해해줘요 당신. 오빠가 어지간한 사람만 같
어두 엄마한테 터놓고 얘기해보겠는데.

윤하 알아, 됐어.

수진 ……엄마, 오빠랑 의절하구 나서 정신차린 거 같대요. 사업 착
실히 한대요. 지금 엄마, 오빠랑 화해하시면 오빠, 도로 도로아미
타불, 기어이 엄마 거지 만들구 말 거예요.

윤하 됐다구.

수진 ……(남편 보다가 한 손 남편에게 대면서) 여보.

윤하 (그 손 조용히 떼어내 버린다)

수진 ……(보면서)

S# 영하 아파트

[아까와는 달리 빼곡하게 들어찬 차들. 용케 집과는 좀 떨어진 위치에
자동차 대어지고 있는데.]

미숙 (먼저 내려서 있으면서 주차하는 중인 차 속의 영하에게 큰 소리로 떠
들고 있다) 인간이 모두가 다 저 한 짓은 모른다구 쳐두 그래, 아니

어떻게 나한테 떠다밀 수가 있어? 여태껏 자기네만 사람인 척 우린 사람 취급두 안 하더니 갑자기 엉? 시아버지 모시게 생겼으니까 갑자기 나두 그 집 며느리야?

[좁은 공간에 들어가느라고 애쓰는 승합차.]

미숙 ……(잠시 보다가) 아버님 떠맡기려구? ……내가 홍시감인 줄 아나 부지? 형!…… (하다가 얼른 자동차 뒤로 돌아가서) 오라잇 오라잇! 더 와, 더 와두 된다니까! ……스토옵. (자동차 뒤 두드리며) 스톱 스톱.

[차 멈춘다.]

미숙 됐어. (앞에 대고 소리친다) 됐어요!

영하 (운전대에서 내려 스적스적 제 아파트 입구로)

미숙 (따라붙으면서) 사람을 얼마나 우습게 보는 거야 대체…… 우릴 얼마나 엿으루 보는 거냐구.

영하 (갑자기 걸음 멈추고 돌아보며) 입 다물어.

미숙 ? 여보.

영하 (오버랩, 부드럽게 달래듯) 그만 좀 짖어 응? ……그렇게 모르겠어? 나 지금 귀에 아무 소리두 안 들어와. 그냥 가만히, 아무 말두 하지 말구 조용히 들어가 조용히 자자구 응?

미숙 ……(보다가 끄덕인다) 알았어요.

영하 (걷기 시작하고)

미숙 (따라 들어간다)

[부부 들어가고 난 아파트 입구 잠시 그대로.]

S# 미숙의 안방

영하 (서서 파자마 입고 있는 중이고)

미숙 …… (기고 있는 자세로 이부자리 펴는 중이다가) ……사람들이 양심

72

이 없어. (중얼거리듯)

영하 (단추 끼다가 멈추고 본다)

미숙 (이불 펴느라 엉덩이 영하 쪽으로 돌려대면서 중얼거린다) 당연한
의무를 왜, (하는데)

영하 (뺑 발로 미숙 엉덩이 걷어차고)

미숙 (우스운 꼴로 엎어져서 남편 올려다본다)?

영하 한마디만 더 해.

미숙 …… (수그러들어 입 내밀고 몸 추슬러 베개 꺼내다가 나란히 붙여놓
는데)

영하 (자신의 베개 집어서 좀 떨어뜨려 놓고 픽 등 돌리고 누워버린다)

미숙 (뿌우 해서 보며) ……

S# 병원 전경(이튿날 아침)

S# 입원실

은비 (이교장 왼쪽 팔 주무르는 것처럼 만지고 있고)

이교장 (쓰러진 지 나흘째 병원에서 환자에게 처치한 상황 참작. 멍하니
나란히 서 있는 영하 내외 보고 있다)

영하 자동차 빼러 지방 갔었어요. 도장…… 담달부터 큰 데서 새루
연다는 말씀 드렸었죠? 차두 새루 바꿨어요.

[미숙은 영하 옆에 서 있고.]

이교장 ……(멍하니 보며)

영하 …… (보다가 눈 벌게지면서 속상해서) 어이 참 아버지 왜 약 안 드
셨어요.

이교장 (눈 감아버린다)

미숙 (그저 별 감정 없이 보다가 문소리에 돌아본다)

[윤하, 침대 쪽으로 시선 주며 들어서고 있다. 뒤따라 들어오는 수진.]

S# 병원 식당

[윤하 내외, 영하 내외 누구도 아무 말 없이 각각 커피 마시고 있다.]

윤하 …… (장남이다)

영하 …… (아들자식이다)

수진 (귀하게 자란 특별 의식의 며느리다)

미숙 (어디까지나 자신의 일일 수는 없다. 뻔히 보이는 침묵에 비위가 몹
시 틀어진다)

[네 사람의 그림 뒤로 준하 부부 나타나면서.]

준하 어어이 빌어먹을, 길이 어떻게 메이는지. (의자 끌어다 놓으며)
게다가 이 사람이 또 늦었지,

윤하 (오버랩)아버님 뵈었니?

준하 엉, 주무시던데? (자신이 갖다놓은 의자에 앉으려는 인애에게)어
디 앉어어. 커피 갖구 와.

영하 (얼른 일어서며) 아니 내가 갖구 올께요. (형수에게) 커피 드실
래요?

인애 아뇨, 난 인삼차.

미숙 (인삼차에 오버랩, 영하 옷자락 잡으며 일어선다) 앉어요. 내가 할
께요. (미숙 차 가지러 가고)

준하 병원 괜찮수?

윤하 (안 보는 채) 오후에 세 건밖에 없어.

준하 찬바람 돌면 바빠지는 장산데 왜 세 건밖에 없어?

인애 (오버랩) 그런 얘기 할 때예요? (면박 주듯 미워서)

준하 위선 떨지 마. (흘기며)

윤하   (오버랩) 오후에 시간들 있니?

준하 영하   (윤하 본다)

윤하   일곱시 반까지 병원으루들 와. 얘기 좀 하자.

준하   (끄덕이듯)그러지.

영하   (준하와 거의 동시에) 알았어요.

미숙   (분위기 살피며 컵 두 개 각각 놓아주는데)

S#   미숙의 친정 어머니 동네 골목(낮)

미숙   (터벅터벅 걸어오고 있다)

S#   친정 어머니의 대문. 마당(아주 오래된 작은 한옥)

   E   오래된 대문 소리 내면서.

미숙   (들어온다)

친정 모   (양지바른 뜰에 퍼져 앉아 고추 꼭지 따고 있다가 힐끗 보고) 데
   려다 준다니까…… (웅얼거리듯)

미숙   (마루 끝으로) 김장거리예요?

친정 모   (꼭지 따면서) 빠놔야지.

미숙   (아무렇게나 핸드백 놓고 털썩 마루 끝에 걸터앉으며 오버랩의 기분
   으로)의식이 할아버지 또 쓰러지셨어요.

친정 모   ? (놀라서 돌아본다) ……위중하시냐?

미숙   돌아가시지는 않나 봐요.

친정 모   무슨 말따구니가……

미숙   자리보전하구 누우신대나 봐.

친정 모   남의 일이야?

미숙   (마루 끝에 내놓아져 있던 가위 들고 엄마 옆으로 와 쭈그리고 앉으
   면서 오버랩) 맘에 쏙 드는 큰며느리 작은며느리두 남의 일인데 천

덕꾸러기 막내며느리가 뭐.

친정 모   …… (딸 보다가 다시 고추 만지며) 에이그 이 복 저 복 다 쓸데 없구 그저 죽는 날까지 내 발루 걸어다니다가 죽는 복이 젤 큰 복인데 그 양반 기어이 자식들한테 대소변 받아내는 일

    [미숙 무슨 소린가 하고 엄마 본다. 그 위에(연결).]

친정 모   E 까지 시키는구나.

미숙   대소변 받아내야 해요?

친정 모   아 자리보전하구 눕게 되셨다면서.

미숙   …… (입 꾹 다물며. 그 생각까지는 미처 못했다)

친정 모   E 은비가 큰 고생 하게 생겼구나.

    [미숙, 엄마 본다.]

친정 모   E (미숙 위에) <u>쯔쯔쯔쯔</u> 딱해라.

미숙   (혼잣소리처럼) 세상에 기통 막혀.

친정 모   ?

미숙   (가위를 꼭지 딴 고추 위에 내던지듯 하면서) 엄마, 세상에 이렇게 빤빤스런 사람들 얘기 들어본 적 있수? 그 노인넬 글쎄 날더러 모시라구 압력 넣어요 두 집에서요.

친정 모   ? ……니 시누가 안 모시겠대?

미숙   지방 근무 발령받아 내려간대나 봐요. (신경질 피우듯) 어제 다 같이 모였는데 큰큰집은 안사둔 때문에 안 된다 아주 당당하구요, 작은큰집은 과외 선생하면서 병자까지 받을 형편이 아니라면서 모실 집은 우리밖에 없단 식이에요. 이게 말이 돼요?

친정 모   …… (딸 보면서)

미숙   (좀 더 오르면서) 이게 말이 되는 소리냐구요. 장남 차남 멀쩡한

데 왜 막내가 그 바가질 써요? 것두 버린 자식 취급받던 막내가요?

친정 모 그래 너 뭐랬어.

미숙 엄마 나 돌았어요?

친정 모 못한댔어?

미숙 못한댔죠 그럼, 한다 그랬을 거 같아요?

친정 모 (딸 보던 시선 심란하게 떨어뜨려 꼭지 따면서)……

미숙 (가위 도로 집어 들면서) 예뻐예뻐 해주던 시아버지래두 삼심육 계 칠 건데 허이구…… (고추 한 개 썩 자르며) 막내가 왜 모셔요 막내 가아? (강하게)

S# 아파트 주방

미숙 (다듬은 콩나물, 바가지에서 물 틀어놓고 거칠고 빠르게 씻어 건지 다가 아들 방을 향해서) 숙제하구 있는 거야? (악쓴다)

의식 (대답 없다)

미숙 (다시 악쓴다) 안 들리니?!

의식 (오버랩, 방문 열고 나오면서) 다 했어요.(아주 의젓하고 어떻게 보 면 능글거리기까지) 어이 엄마 시끄러워요. (초등1)

미숙 (푹 떨어져서, 그러나 통명은 여전) 왜 대답 안 해.

의식 (냉장고 열면서) 금방 나올 거니까요. (우유팩 꺼낸다)

미숙 (이미 유리컵 하나 꺼내 탁 놓아주며) 대충대충 얼렁얼렁 다 틀리 게 해치운 거 아냐 너?

의식 (우유 따르며) 검사하세요.

미숙 너무 빨리 했잖아.

의식 검사할 거잖아요.

미숙 빨랑 들어가 학습지 밀린 거 풀구 일기 써……

의식　잠깐 쉬구요. (우유 컵 들고 제 방으로 움직이며)

미숙　쉬긴 코딱지만한 게 뭘 쉬어. 빨리 해! 바깥에 봐. 벌써 깜깜하단 말야!

S# 이윤하 성형외과 건물 위경(밤)

[윤하·준하·영하의 자동차.]

[영하의 자동차는 어느새 태권도장 이름과 전화번호 등이 씌어져 있다. 짧게.]

S# 병원 내부(진찰실)

[모여 있는 삼 형제, 대안이 없다.]

윤하　(두 손으로 얼굴 싸쥐고 앉아서) ……

준하　(고개 푸욱 꺾고 앉아서) ……

영하　(역시 고개 아래로 하고 앉아) ……

준하　(문득 형 본다) ……울어요?

윤하　……

준하　나두 울었수 간밤에…… 아버지 인생을 쭈욱 더듬어 생각하구…… (너무 쉽게 말하지 말 것. 가짜 같으니까) ……은비 돌 막 지나 어머니 돌아가시구…… 방굴이 엄마한테 맡겨논 은비랑 이 자식 못 미더워 수업 사이사이, 하루에두 몇 차례씩…… 쉬는 시간마다 헐레벌떡 쫓아와 보시군 하던 아버지…… 형 생각 안 나우?

윤하　……

준하　E (영하 위에) 이 자식은 세 살이었구.

준하　어이, (속상해서) 왜 그런 것만 생각나는지…… 우리 도시락 반찬, 콩조림 만드느라 연탄불 아궁이에 구부리시구 콩 젓던 그런 그림 말유.

윤하 (얼굴에서 손 내리며 오버랩, 울고 있던 것은 아니다) 처음…… 결혼
    을 잘못 했단 생각이 든다.

준하 피차일반, 나두 같은 생각이유.

윤하 (오버랩) 어느 집에서두 안 모시겠다면 결국……

준하 …… (기다리다가) 결국 뭐요……

윤하 (일어나면서 가운 벗으며 상의 있는 쪽으로) ……

준하 그게 뭔데.

윤하 (가운 걸며) 우리 나라엔 아직 쓸 만한 요양원두 하나 없어.

준하 ? (멍하고)

영하 ? (멍하고)

준하 (말도 안 되는 소리다, 좀 화내듯) 그런 게 있다면 그래 생때같은
    자식놈이 하나두 아니구 셋씩이나 있으면서

윤하 (휙 돌아보며 오버랩) 모시겠다구 나서는 자식눔이 하나두 없
    잖아!

준하 (화나서) 장남인 형이 못 모시겠다면서 우리한테 얼굴 붉히는
    건 좀 우습잖어요?

윤하 (버럭) 늬들한테 얼굴 붉히는 게 아니야. 나 자신한테 화가 나
    서 그래!

준하 …… (이해할 수 있다) 결국…… 뭘 어떻게 하겠단 거예요.

윤하 공기 좋은 변두리에 집 하나 얻어서, 간병인 따루 붙이구 세탁
    이랑 식사 맡는 사람 또 따루 붙여놓구,

영하 (벌떡 일어나며 오버랩) 관둬요, 내가 모실 테니까.

준하 ? (올려다보고)

윤하 (영하 본다) ?

영하 (화나서) 잊어버리라구요 둘 다. 내가 모셔요. (출입구로 가며) 내가 모실 테니까 걱정들 하지 말아요.

준하 야, 영하야.

영하 (이미 나가서 문 부서져라 닫고 나간다)

준하 …… (형 잠깐 보고) 저 자식, 아니 누군 모시기 싫어서 꾀피우는 줄 아나…… (하면서도 자신 없어 형 다시 돌아본다)

S# 병원 앞

영하 (화난 걸음으로 빠르게 나와 자동차 키를 꺼내 차 문을 열고 올라 시동 걸자마자 출발한다)

S# 운전대의 영하

영하 ……(입 꾹 다물고 앞만 보면서) ……

[유리창에 후두두둑 떨어지기 시작한 빗방울이 조금씩 많아지기 시작.]

영하 (와이퍼 작동)

[금방 세찬 기세가 되는 비.]

영하 ……

S# 아파트 앞

[영하의 차로 마구 퍼붓고 있는 비]

S# 영하의 현관

미숙 E (너무나 황당하고 화나서) 미쳤어? ……미쳤나 봐 응?

S# 주방

미숙 (찌개 냄비 막 식탁으로 옮기는 중이다. 냄비 든 채 놀라 엉거주춤 선 채 연결) 돌았어? 누가, 내가 모셔? 내가?

영하 (바지 주머니에 두 손 찌르고 서서 부드럽게 사정을 담아서) 우리가. 너랑 내가.

미숙　(오버랩, 찌개가 펄렁 엎어질 정도로 거칠게 냄비 놓으면서) 어림 반푼 어치두 없는 소리 하지 마! 누구 맘대루 너랑 나 우리 둘야!

영하　의식이 있어. (달래듯)

　[의식, 식탁 의자에 앉아 불안하다.]

미숙　(오버랩, 거칠게 에이프런 벗으며) 난 못해. 날 죽인대두 그건 못 해. 절대루 안 해. (벗은 에이프런 바닥에 후려 던지며) 죽어두 안 해! (빠르게 안방으로)

영하　…… (아내 들어가는 쪽 보다가 의식에게) 걱정 말구 저녁 먹어. (안 방으로)

S#　안방

영하　(들어와서) …… (아내 보며 서서)

미숙　(화가 있는 대로 나서 걸어놓은 빨래 거칠게 개킨다)

영하　(다가서며) 미숙아.

미숙　(오버랩) 싫어! ……가만있어. 건드리지 마. 미칠 거 같으니까 나 건드리지 말라구.

영하　…… (보다가 등 뒤에 앉으며) 미안하다.

미숙　(오버랩) 아아니, 미안할 거 없어. 난 안 모실 거니까 그런 사탕 먹일 거 없다구.

영하　…… (보며)

미숙　죽으면 죽었지 안 할 거니까. (고집스럽게)

영하　…… (보며)

미숙　하늘이 땅이 되구 땅이 하늘이 되두 안 할 거니까.

영하　모실 사람이 없어. (답답해서)

미숙　내가 알 게 뭐야.

영하 …… (보며)

미숙 (너무 심했나?) 모실 사람이 없는 게 아니라 모시겠다는 사람이 없는 거지. 모시기 싫어서.

영하 (좀 오른다) 그래 모시기 싫어서 다 안 한대.

미숙 나두 싫어, 나두 안 해.

영하 (오버랩) 나 위해서 한 번만 봐줘라.

미숙 천만에

영하 한 번만 봐줘. 고마운 거 모를 놈 아냐. 너 착하잖니.

미숙 (오버랩, 터진다. 남편 쪽으로 휙 돌아앉으며) 나 안 착해애! 당신 오해하구 있는 거라구! 어쩌다 당신 아버님 마주치면 소화두 안 돼서 꼭 약 먹구 뚫는 거 알면서 그런 말 해요? 나 당신 아버님 싫다구. 밉단 말야아. 속으루 당신 아버님 욕을 얼마나 하는지 알어? 내가 당신 아버님한테 품구 있는 생각 다 말하면 아마 당신 나 죽일 거야.

영하 그런 당신 감정 나 이해해. 아버님 잘못이 커어.

미숙 그런데 어떻게 날더러 모시래? 그게 무슨 지독한 짓이야?

영하 여보.

미숙 끔찍이 이쁘구 끔찍이 대견한 큰며느리 작은며느리 다 뭐 하구 왜 내가 그걸 맡어야느냐구?

영하 (올라서) 내가 하구 싶어 내가. 내가 해드리구 싶어 그래. 그거 모르겠어서 이렇게 악악거려? 내가 해드리구 싶단 말야. 삼 형제 중에 젤 속 썩여드린 자식 나야! 공부 제대루 안 하구 쌈판만 벌이구 다니면서 스무 살 넘게까지 아버지 경찰서 들락날락하게 만들어드리구 체면 깎아드리구,

미숙 (오버랩) 머리에 피두 안 말랐을 때부터 떡장사 딸이랑 연애하

82

느라 정신빠져 대학두 못 가구! 그래 알아, 당신이 젤 속 썩여드린 것두 알구 그게 후회돼 속 아픈 것두 안단 말야.

영하 안다면서두 안 해줄래? 알면 해줄 수 있는 거잖어!

미숙 글쎄 큰아들 둘째아들은 뭐 하구 왜 우리가,

영하 (오버랩) 형님들 얘긴 하지 마! 원래 잘난 사람들 아냐!

미숙 우린 막내야!

영하 그거 꼭 그렇게 따져야겠니?

미숙 왜 안 따져.

영하 ……(보며)

미숙 왜 안 따져, 따져야지.

영하 ……(보며)

미숙 왜 안 따져. 따져야는 건데?

영하 헤어지자

미숙 ?……뭐라구?

영하 (불끈 일어나서 창문 열어젖히고 자신의 옷가지들 뽑아 방바닥에 던지기 시작한다)

미숙 ……(멍해서 보며)

영하 (가방 꺼내 놓고 옷들 구겨 넣는다)

미숙 여보…… 의식아빠…… 여보!

S# 아파트 앞

[억수로 쏟아지고 있는 비.]

[입구에서 나오는 가방 든 영하.]

[뒤따라 나오며 악쓰는 미숙.]

미숙 큰형님 작은형님은 다 뭐 하구 아버님 대소변을 왜 내가 받어

야 해! 내가 왜! (영하, 미숙이 잡는 손 뿌리친다. 따르며) 그런 법이 어딨어! 난 죽어라구 미움만 받았지 아버님한테 받은 거 아무것도 없는데에! 아무것도 없는데 내가 왜애애! (울며불며 차에 오르는 영하 잡으며) 얘기 좀 해! (뿌리친다. 다시 잡으려 하며) 여보!

영하   (냉혹하게 차 문 닫고 시동 건다)

미숙   (두드리며) 얘기 좀 하자구우! 얘기 좀 하잔 말야아!

　　　[자동차 부웅 뜬다.]

미숙   ……(보고 있다)

제2회

S# 아파트 놀이터

[아이들 왁자지껄 시시덕거리며 드잡이. 그 가운데 의식, 누구에게도 지지 않는다.]

S# 아파트 거실과 테라스

[정돈된 상태의 거실에서 카메라 테라스로.]

[신문지로 바닥을 잔뜩 깔아놓고 작은 사이즈의 창틀 기대어 놓고 페인트 마지막 손질하고 있는 중이다.]

미숙 ...... (심란함이 극에 달해서 노려보듯 하는 얼굴로 붓질하다가 돌연 페인트통 속에 거칠게 붓 처넣고 거실로 내닫는다)...... (전화 들고 다이얼 빠르게 찍는다)

E 벨 가는 소리.

청년 F 네에, 하늘태권돕니다.

S# 태권도장

[신장개업 준비로 한창 바쁜 도장.]

[매트를 깔고 있는 중이라든지 또는......영하, 이것저것 지시하고 있다.]

청년 (사무실 쪽에서 소리친다) 관장님! 댁에서 전화 왔는데요!

영하 (돌아보며 아무렇지도 않게) 지금 바쁘다구 나중에 건다 그래.

S# 아파트 거실

미숙 (전화에 화낸다) 나두 바쁜 사람이라구 빨리 받으라 그래요! ……

S# 아파트 입구

미숙 (화가 있는 대로 나서 나오고 있다)

S# 놀이터

미숙 (나타나며) 의식아! 의식아아! 의식아아아!

의식 (정신없이 놀다가 뛰어나온다. 헐떡이며 와 서서) 왜요 엄마? (헐떡헐떡)

미숙 어이그으으. 뭐가 될 건지 정말. 피는 못 속여. (잡아채며) 옷이 이게 뭐야! (괜히 구박) 하루 몇 벌야 대체!

S# 도장 안

[휑뎅그레 넓은 도장 한복판에 풀 샷으로 멀리 막대기 두 개처럼 마주 선 부부. 영하 바지 주머니에 두 손 찔러놓고 보고 있고 미숙은 두 주먹 꽉 쥐어 약간 올리고 쌈닭처럼. 비어 있는 넓은 공간에 약간 울리는 대사.]

미숙 왜 전화 안 받아요. 왜 전화두 안 받느냐구우! 세상에, 당신이 나한테 이럴 수가 있어요? 한마디 툭 던지구 나가선 몇 날 며칠 들어오지두 않구 전화두 안 받구. 그렇게 잘났어요? 뭐가 그렇게 잘났는데!

영하 (흥분하지 말고) 못났으니까 이래. 잘났으면 마누라 하나 어떻게 못하구 이꼴이겠어? (하며 돌아서려 한다)

미숙 (잡아채듯 팔 잡아놓고 앞으로 서서, 잡아채면서 카메라 사이즈 변동) 그래서 진짜루 헤어진다는 거야? 당신 아버님 안 모셔주면 나랑 그만

86

살겠다는 거냐구.

영하 (아직도 부드럽다) 삼 형제 다 같이 아버지 안 모시면서 한 이불 속에서 마누라랑 잠자는 나쁜 놈, 나 될 수 없어.

미숙 아주버님들이 해야 할 생각을 왜 오지랖 넓게 당신이 해애!

영하 (오버랩) 형들두 나랑 같애.

미숙 그런데 왜 안 모신대.

영하 들어가라. (돌아서려 하며)

미숙 (잡으며) 형님들두 이혼한대, 두 집 다?

영하 세 집이 다 이혼할 필요 뭐 있니. 나 혼자만 하면 되지.

미숙 (빽 소리 지르며) 이혼하구 어떡할 건데! 아버님 모셔준다는 기 집애 어디서 기다리구 있는 거야?

영하 (피식, 얼굴 돌리며)

미숙 어디서 잤어. (다가들며)

영하 여관방에서.

미숙 혼자 잤어?

영하 (불쾌해져서) 말 같잖은 소리 그만 하구 들어가.

미숙 이혼하는 목적이 뭐야. 이혼하구 어떡할 거냐 말야.

영하 아버지 돌아가실 때까지 나 혼자만이라두 모시구 살려구 그래. (좀 올라서) 왜.

미숙 효자 났구나…… (보다가 눈 가늘어지며 비웃듯) 하늘이 낸 효자야.

영하 …… (가만히 보다가 출입구 쪽으로)

미숙 (잡으며) 어디 가!

영하 (손 좀 거칠게 떼어낸다)

미숙 얘기하다 말구 어디 가냐구!

영하 더 할 얘기 없어. (좀 올라서)

미숙 왜 없어. 위자료 얘기두 해야구 의식이 문제두 있구, 이혼할래
       믄 위자료 줘얄 거 아냐.

영하 (나가다 돌아보며) 전부 다 너 가져, 난 아무것도 필요 없어.

S# 도장 빌딩 계단

미숙 (앞서 내려오고 있는 영하 뒤따라 종종걸음으로 따라 내려오면서) 어
       떻게 나한테 이럴 수가 있어 응? 도대체 이날까지 난 당신 뭐였단 말
       야! 우리가 만나서 이날까지 기막힌 역사는 다 쓸데없는 거야? 우
       리, 결혼식두 안 해줬어 당신 집. 우리 어떻게 살았어. (잡아 세우며)
       어떻게 살았는가 한번 생각해봐. (마침 다음 계단으로 연결되는 사각
       공간이다) 우리 둘이, 우리 단둘이 고향 쫓겨나서 부산으로 장항으
       루 여수루,

영하 (오버랩) 그만 뒤.

미숙 (오버랩) 엉엉, 맨날 콩나물만 먹으면서, 엉엉, 콩나물두 애끼
       느라구 콩나물 가닥 세 먹다시피 하면서 살어 이제 겨우 사람 비슷
       하게 산다 싶은데 엉엉.

       [빌딩 사람 두셋 지나치며 돌아보고.]

영하 (미숙의 어깨 안아 한옆으로 비켜주면서 오버랩) 그만 해.

미숙 (상관없다. 오버랩) 이날까지 단 한 번두 좋은 얼굴 안 하시구 아
       직두 내 아들 신세 망친 년 저녀언.

영하 미숙아 미숙아.

미숙 (상관없다. 오버랩) 그런 아버님 안 모신단다구 날더러 헤어지
       자는 게 말이 돼? 그런 경우가 어딨어. 도대체가, 엉엉엉.

영하 (또 다른 사람들 내려오는 기척, 오버랩)그만 조용해, 문 열기두

88

전에 망신부터 시킬래?

미숙　(아예 주저앉으면서) 어엉엉엉엉엉, 아으으 허무해애애, 아으
　　　으 억울해애애애.

S# 근처 카페

미숙　(홀쩍이면서 끄덕끄덕) 알어. (끄덕끄덕) 당신 맘 알어. 당신 아버
　　　님이니까. 우리한테 아무리 심하게 하셨어두 당신 아버지니까. 당
　　　신은 자식이니까. 그거 알어. 나 모르지 않는단 말야.

영하　…… (시선 내리고) ……

미숙　그리구, 당신이 망난이짓, 많이 해서 아버님 망신스럽게두 해
　　　드렸구 또 ……대학두 못 가서……재혼두 안 하시구 혼자서 자식들
　　　키워내신 아버님…… 실망두 많이 시켜드렸구…… 부모 돌아가셨을
　　　때 젤 서럽게 우는 자식이 젤 불효한 자식이라구 하잖어…… 당신이
　　　아버님 모시구 싶어하는 맘 나…… 알래믄 알 수 있다구. (하며 시선
　　　들어 본다)

영하　(보고 있다)

미숙　(얼른) 그렇지만 난 정말 싫어. 자식이 당신 하나라면 의무 땜
　　　에라두 별수 없다지만…… (톤 바꿔서 새삼스레 안타깝게) 여의도 광
　　　장에 사람 모아놓구 한번 물어봐. 내가 이상하구 못된 인간인가.

영하　너…… 당신, 다른 거 다 그만두구…… 장남이니 차남이니 그런
　　　거 그만두구, 아버지가 너를 어떻게 대접하셨나 그런 것두 따지지
　　　말구, 그냥 날 위해서…… 나만을 위해서 눈 딱 감고.

미숙　(오버랩) 감기는, 자다가두 눈이 번쩍 떠질 일인데 이이는. 싫어,
　　　그렇게 못해.

영하　…… (보며)

미숙 싫어.

영하 날 위해서라면 죽기라두 하겠다구 수없이 한 말은 그러니까, 다 헛소리였구나.(씁쓸하게)

미숙 당신 땜이라면 죽기라두 해 지금두. 정말야.

영하 형들한테 내가 모신다구 말했어. 내 소원야. 죽는 것도 아니구 아버지 좀 모셔달라는데,

미숙 (오버랩) 죽는 건 순간이니까 간단해. 차라리 죽으래. 이혼할래 믄 해. 이혼당해두 난 싫어.

영하 …… (보며)

S# 친정 어머니의 마당

　　[항아리에 물 끼얹고 있는 친정 모 위에.]

　　E 삐그덕, 대문 거칠게 여닫히는 소리.

친정 모 (돌아본다)

미숙 ……(뿌우 해서 터덜터덜 들어와 마루로 가 털벅 걸터앉는다)

친정 모 (올망졸망한 항아리 내놓고 물 끼얹던 바가지 들고 딸 뻐언히 보고 있다가) 왜 상오가 그 모양이냐. 주둥이 좀 불러들여. 오던 복두 달아나겠다.

미숙 (오버랩의 기분으로 대들듯) 자기 아버지 날더러 모시래요 이서 방. 죽어두 싫댔더니 이혼하자구 집 나가서 오늘 나흘째예요.

친정 모 …… (바가지 한 항아리 아구리에 엎어놓으면서) 상오 편케 안 생 겼구먼.(혼잣소리처럼)

미숙 지금 남의 얘기예요?

친정 모 (앞치마에 젖은 손 물기 닦으면서) 의식인 어떡하구 혼자 왔어.

미숙 놀다 죽은 귀신이 씌었는지, (일어나 방으로 움직이며) 친구네 가

있는대요.

S# 엄마의 방

미숙   (들어와 다짜고짜 아랫목 깔개 속으로 들어가 옆으로 퍽 눕는다)……

친정 모   (들어와 서서) …… (잠시 딸 내려다보다가 벗어든 치마 적당히 놓고 풀썩 앉아 젖은 양말 벗으며) 그렇게 될 줄 알았다.

미숙   왜요.

친정 모   접때 너 와서 그랬잖아. 그래 퇴원은.

미숙   몰라요. 부아나서 병원에두 안 가니까.

친정 모   자알한다, 싹수없이.

미숙   이혼하는데 병원엔 뭐 하러 가요.

친정 모   (오버랩의 기분으로) 시끄러…… 이서방 애멕이지 말구 니 앞으루 차려진 밥상, 마다 말구 받아먹어.

친정 모   E (황당해서 일어나는 미숙 위에 연결) 돌밥이든 흙밥이든.

미숙   엄마.(어떻게 그런 말을 해? 기막혀서)

친정 모   니 밥상이야.

미숙   그게 왜 내 밥상이에요, 청담동 밥상이지.

친정 모   니 남편이 들어다 니 앞에 놓구 먹으라니 니 밥상이지 뭐야.

미숙   머저리같이 그 밥상은 왜 자기가 들구 들어와요, 글쎄.

친정 모   세 자식이 하나같이 다 나 몰라라 하면 사둔은 어떡하니 그럼. 길바닥에 나가 누워 있어?

미숙   엄마는.

친정 모   (오버랩) 다 내세울 이유 있구 핑계 있는데 너만 그게 없으니 니 차지가 당연하지 뭘 그래.

미숙   (올라서) 막내가 왜.

친정 모   막내 막내 들먹이지 마. 막내는 그 부모 몸 안 빌리구 어디 하늘에서 뚝 떨어졌다는 게야 뭐야 얘가. 부모가 오두갈 데가 없는 데 첫찌 두찌 막내, 그거 따지다가 새벽닭 울게 할래?

미숙   엄만 내가 그거 하는 꼴을 보구 싶수?

친정 모   그래 엄청 보구 싶다. (보고 싶어서가 아니다) 망할 년.

미숙   이서방 불러다 야단 좀 쳐달라구 왔단 말예요!

친정 모   너두 늙는다, 삼십 년 사십 년 잠깐이야.

미숙   엄마 늙는 것두 보구 있잖아요. 알아요.

친정 모   너두 자식 키워. 며느리 본다구.

미숙   우린 양로자금 따루 만들어 자식 신세 안 지구 살 거라구요.

친정 모   늬 시아버지는 그 괴팍한 성미에 몸 성한데 자식 귀찮게 할 양반이냐?

미숙   ……(대꾸할 말이 없다)

친정 모   그러는 거 아니다. 그 어른 없었으면 이서방두 의식이두 없다. 그저 그거 한 가지만이라두,

미숙   (오버랩) 엄마 그럴 거 없어요. 얼마나 고약한 양반인데요. 엄말 사둔으루 치기나 하는 줄 알아요?

친정 모   내가 것두 모를 등신이냐?

미숙   그런데 왜 둘둘 싸요 싸긴.

친정 모   (아무렇게나) 나두 늙은이 아니냐.

미숙   ……(흘기듯 쏘아보며)

S# 아파트 전경(완전한 밤. 스산한 바람, 짧게)

S# 욕실

미숙   (발가벗은 아들 김 오르는 물이 반쯤 담긴 욕조 안에 세워 구부리게

92

하고 샤워기 꼭지로 머리의 비누 씻어내는 중. 자꾸 머리 드는 의식) 가
만있어. 움직이지 말구.

의식 눈 따가워요오. (다시 움직이며)

미숙 (가볍게 철썩 갈기며) 괜찮어, 안 죽어.

의식 히이이잉.

미숙 이게 무슨 소리야? 오늘 당나귀하구 놀았어?

의식 아빠 오늘두 안 오세요?

미숙 안 오셔.

의식 어디루 출장가셨는데요?

미숙 여기저기 여러 군데. (하다가 화내듯) 니가 건 알아서 뭐 해. (하며
샤워기 잠그자)

　　E 벨소리가 울리고 있다.

의식 (고개 번쩍 들며) 아빠다.

미숙 ? (그런가 싶어서 급히 타월 아들 머리에 씌워주며) 오래 닦어. 알
았지. 오래 닦어. 그리구 큰 수건 감구 나와.

의식 아빠처럼. (아빠처럼? 이 아니고)

미숙 그래 아빠처럼. (하며 이미 나간다)

S# 거실 주방

미숙 (나와서 급히 현관으로 가는데)

　　E 다시 우는 벨.

미숙 누구세요?

은비 E 엉…… 나.

미숙 (문 연다)

은비 (어쩐지 약간 덜 떳떳하며 들어온다. 주스 박스 들고) 없는 줄 알았네.

미숙   웬일야, 예고도 없이. (웃음기 없이. 반가울 거 없다)

은비   병원에서 볼 수가 없어서. (주스 내민다)

미숙   (대꾸 없이 받아 들고 주방으로)

은비   (등 하나만 켜놓은 거실) 불 좀 켜. 이 집은 밤낮 침침해.

미숙   (주방 불 켜며 뒤틀려서) 가난에 찌들은 집안 출신이라서. (돌아
      보며) 이리 와 앉어.

은비   (식탁에 핸드백 놓으며) 골나 있는 줄 알았어.

미숙   뭣 땜에.

은비   팔자에 없는 고생하게 생겼는데 골 안 나니? 골나지.

미숙   (입 들썩이는 위에)

은비   E (연결) 큰오빠 둘째오빠 뭐 하구 막내오빠가 맏니. 말두 안
      돼. 둘 다 등신야.

미숙   (정색으로) 얘 나 아냐, 아예 그렇게 결정된 걸루 그러지 마. 나
      안 모셔. (하는데 의식, 큰 수건 서툴게 둘둘 감고 작은 수건 하나 들고 주
      방으로)

의식   (오버랩) 엄마아. (해놓고, 연이어 꾸벅하면서) 고모 안녕하세요.

은비   응 그래, 잘 있었니?

미숙   (오버랩, 의식의 작은 수건 빼내서 머리 박박박박 몇 차례 더 닦고)
      들어가 옷 입어. (밀듯이)

의식   네. (제 방으로)

미숙   (의식이 두 발짝도 떼기 전에) 건 그이 혼자 생각야. 나는 아냐. (싱
      크대로)

은비   ……그러니?

미숙   (주전자 뚜껑 열며) 차 마실래?

은비 그래 아무거나 뜨겁기만 함 돼. (하며 의자 빼낸다) 안 그래두 어
떻게 그런 어려운 결심을 했나 그러믄서……

미숙 (물 받으며) ……

은비 E (물 받는 미숙 위에) 오빠가 끔찍끔찍하게 널 사랑한 보답을
받는구나 그랬어.

미숙 (물 잠그고 돌아보며) 니 말 우습다, 보답이라니? 끔찍끔찍하게
사랑 니 오빠만 했니? 나두 했어 야 나두.

은비 신경이 날카롭구나.

미숙 나한테 그렇게 근사한 말 안 어울려. 지랄났다 그래. (주전자 가
스에 올리고 불 켜며) 아무 상관 없으니까. (은비에게 등 돌려 보이는 채)

은비 너 이해해.

미숙 (오버랩, 돌아서 의자로) 이해두 필요 없어. (의자에 퍽 앉으며) 우
린 이혼하니까.

은비 ? 뭐?

미숙 (안 보며) 이혼한다구.

은비 …… (보며)

미숙 (은비 똑바로 보며) 이렇게 불공평한 일이 어딨니? 잘나구 유능
한 사람들 다 어디 가구 왜 이런 일은 출세 못해 집안 챙피덩어리
인 우리가 떠맡어야느냐구.

은비 누가 그렇게 생각해애.

미숙 하. 누가 그렇게 생각해애? (하는데)

　　E 전화벨 오버랩.

미숙 (일어나 거실로 나가면서) 너두 그렇게 생각하잖어.

은비 얘 너는, (하는데)

미숙 (오버랩) 니가 나 같으면 남편이 모시잔다구 그러자겠니? 솔
직히 양심적으루 대답해봐. 니 아버지라 생각 말구.

은비 (무슨 말인가 하려는데)

미숙 E (곧장 연달아서) 네. (뚝뚝하게 전화받는)

미숙 네 저라구요.

S# 수진의 거실

수진 너무 염치가 없는 거 같아서 며칠 망설였어…… 아니 속상하구
화난 건 알겠는데 내 말 들어줘 동서. 이건 변명이 아냐. 나두 정말
심각하게 이 궁리 저 궁리 안 해본 건 아닌데, 우리 친정두 내가 말
을 다 안 해서 그렇지 복잡한 집안이야. 내 입장이 맏며느리 노릇
을 할래야 할 수가 없는 사정이니 어떡해. 아무리 생각해두 도저히
우리 엄마더러 시아버님 모셔야하니까 따루 나가주십사는 말씀
은 드릴 수가 없으니…… 뭐라구?

S# 미숙 거실

미숙 잘못 아신 거라구요. 나 아버님 못 모셔요. 길게 말씀하실 거
없다구요. (하며 수화기 놓으려다 상대편 말 때문에 도로 귀에 붙이며)
네. 못 모셔요. 그이 혼자 자기 멋대루 그런 거지 나랑 상관없다구
요…… (듣다가) 형님 일인데 날더러 어떡하냐면 어떡해요. 끊어요.
(퍽 끊고 주방 식탁으로 가서 주전자로 가다 문득 돌아본다)

은비 (한 손으로 이마 고이고 소리 없이 얼굴만 우그러뜨리고 울고 있다)

미숙 …… (은비 보면서)

S# 은행잎이 샛노랗게 떨어져 있는 길

[고개 푹 꺾고 걸어오고 있는 미숙.]

미숙 ……(한동안 그대로 걷다가 문득 걸음 멈추고 나무 꼭대기 올려다본다)

[이파리가 성긴 고목에서 바람에 후루루루 지나는 행인과 미숙 위로 떨어져 내리는 은행잎.]

미숙 (시선이 저만큼 멀리로 움직여가면)

[60대 미화원 은행잎 쓸고 있는 고달프고 쓸쓸한 모습……]

S# 태권도장 사무실

영하 (책상에 앉아서 장부 정리 비슷한 것 하고 있는데)

E 문 여닫히는 소리

영하 (돌아보고 도로 책상으로 고개 돌리는데)

미숙 (다가오자마자 한 주먹으로 냅다 영하 뺨 근처 갈긴다)

영하 (얻어맞고) ? (하며 몸 일으키는데)

미숙 (독 있는 대로 올라서) 그래 내가 졌다. 내가 졌으니까 오늘부터 집에 들어와, 이 나쁜 인간아!

영하 ……(보며)

미숙 (울음 터지며) 귀먹었어? 내가 졌다니까! 져준다고! 이혼 겁나서가 아니라 십삼 년 역사 아무것두 아닌 거 만들기 허무해서 지는 거라구!

영하 여보. (팔 벌려 들며)

미숙 (그 손 모질게 쳐내면서) 그렇다구 내가 아버님한테 잘할 거란 기댄 천만에 하지 마. (계속 안으려는 남편 밀어내고 떼어내면서) 잘할 자신두 없구 잘하구 싶지두 않어! 잘해? 구박구박할거야. 당신 나가구 나면 눈흘기구 꼬집어 뜯을 거란 말야! 나한테 심하게 하셨던 복수 할 거란 말야. 톡톡히 복수할 거라구우! (남편 가슴에 얼굴 묻고 운다)

영하 (아내 안고 머리에 얼굴 묻듯이 하고) ……

S# 태권도장 근처 길

미숙 방은 어떻게 우리 방 내드려?

영하 (잠깐 돌아보며) 뭐 그렇게까지. 의식이 현관방으루 옮기구 의식이 방에 계시게 하지. 우린 짐두 많구.

미숙 안방 드리구 싶음 드리자구. 나중에 딴소리 말구.

영하 그 방이 그 방인데 뭐. 커봤자 얼마나 커. 아버지 짐두 없구……

미숙 ……(보며 뒤 발짝 움직인다) 어이그으 웬수.

영하 (웃는다)

미숙 마누라 잡아놓구 그렇게 웃을 수 있어서 좋겠다. 뻔뻔스러.

영하 나, 배고프다.

S# 근처 우동집

미숙 (나무젓가락, 짝 가르다가 문득 남편 올려다본다) 결국 내가 이렇게 나올지 알구 있었지?

영하 (메뉴판 보다가) 음? ……음 그럼. 니가 나 없이 어떻게 살어. 자신 있으니까 했지.

미숙 어이그으 웬수우.

S# 의료기 가게

부부 (소변기와 대변기 고르고 있다)

영하 (대변기 이리저리 보면서) 아버지 정말 싫으시겠다.

미숙 (힐끗 보고) …… (딴청) 이거 얼마씩이에요?

S# 아파트 창들(밤)

S# 욕실 앞

영하 (의식 앞세워 나오면서) 빨리 옷 입어 빨리, 춰.

의식 네. (신나게 현관방 쪽으로 뛰는데 수건 홀렁 벗겨져 내려 알몸이 된

다) 어어.

영하　아하하하.

의식　(수건 도로 집어 가리면서) 에에이. (제 방으로)

영하　아빠가 해준다니까 말 안 듣더니.

의식　나두 잘한단 말이에요.

영하　아 그래 됐어 됐어. 빨리 들어가 옷 입어 감기 들어. (하고 안방으로)

S#　안방

영하　(들어오며) 여보 옷. (하다 보면 아내는 없고 갈아입을 옷은 꺼내져 있다. 옷 집어 들며) 여보! 어딨어?

S#　이교장의 방(의식의 방이었다)

미숙　(손재봉틀로 요 껍데기 가장자리 박음질하고 있다. 이미 만들어진 것 뒤 장 아무렇게나 밀쳐져 있고) ⋯⋯

영하　(문 열고) ⋯⋯뭐 해?

미숙　눈은 어디 출장 보냈어? 보믄 몰라?

영하　(들어온다) 뭐 하는 건데.

미숙　울 엄마 포목점에 돈 줬다 못 받구, 돈 대신 받아온 융 얻어다 논 거 아버님 요 껍질 이불 껍질 만들어 왜.

영하　⋯⋯ (보며)

미숙　환잘수록 깨끗해야잖어. 미국 사람 침대처럼 안 꼬매구 그냥 씌워 접어 넣었다가 빼 빨구 그럴 거야.

영하　그거 만들어논 건 없니?

미숙　돈 많네? 융으루 만든 게 어딨어. 있어두 다 면이지. 면보단 융이 따뜻하구 보드라워.

영하   (어깨로 손이)

미숙   (털어내며) 왜 이래.

영하   (손 다시 올리며) 넌 퉁명부릴 때가 더 매력 있더라.

미숙   (흘기며) 에에.

영하   (덥석 안고 쓰러뜨리려)

미숙   (밀어내며 펄쩍) 주책이야. 의식이두 아직 안 자는데.

영하   가만있어어.

미숙   애한테 들킨다 이제. 들킨다. (하는데)

의식   E (발소리와 함께) 엄마아!

    [펄쩍 떨어지는 두 사람.]

미숙   어엉, 왜애.

의식   E 숙제 검사해주세요오.

미숙   어엉, 아빠가 하실 거야. (흘기며) 나가요 빨리.

영하   (쥐어박는 시늉 하며) 것두 안 해놓구 뭐 했어. (작게)

미숙   으응, 으응. (아이구 웃겨)

S# 병원 주차장

    [병원 주차장에서 병원 건물로 향해 가는 영하 부부.]

    [옷이 약간 두터워졌다.]

영하   ……(걸으며 아내 옆으로 뒤 번 살피다가) 웃어라 웃어.

미숙   (미워서) 밸 빠졌어? ……웃게 생겼어?

영하   그럼 그렇게 뷰터진 얼굴루 아버지 모시구 갈 거야?

미숙   ……

영하   결심하구 각오했음 끝난 거 아냐.

미숙   (걸음 멈춰 마주 보며) 좋아좋아 하니까 별 주문을 다 하네. 날 더러 연극 배우 노릇까지 하란 말야? 속은 뭐터져 있는데 거죽은 생글생글 그러란 말야?

영하   생글생글까지는 아니더라두,

미숙   (오버랩) 싫은걸 뭐 어떡해. 죽기보다 싫은걸. (먼저 썩썩 가면서) 난 이중 성격 아냐.

영하   (멈춰 선 채 보며)

S# 입원실 복도

미숙   (성큼성큼 오다가 잠깐 멈췄다가 다가간다)

[입원실 앞 복도 벽에 기대듯 서 있던 수진과 인애. 벽에서 몸 뗀다.]

미숙   왜 여기 계세요?

인애   (수진은 외면하고) 다른 성은 못 들어가구 경주 이씨만 들어갈 수 있어. 동선 아마 들어가두 될걸?

수진   (오버랩) 그게 아니라 거북해서 나와 있는 거야. 나랑 이 사람은 아버님 뵙기 영 거북한 입장이잖어.

인애   누가 모시기 싫어서 안 모신다는 건가아. 모실 수가 없는 형편인 걸 어떡하냐구.

영하   (나타나면서 오버랩) 왜 여기들 계세요.

미숙   들어가요.

영하   (잠깐 어쩡쩡하다가 입원실)

S# 입원실

영하   (들어오는 위에)

은비   E 아버지…… (울며)

은비   ……왜 막내오빠네루 가셔야 하는지 이해하시죠?

이교장   (입 꾸욱 다물고) …… (아무도 안 보면서 양복 다 입고 앉아 있다.

휠체어 놓여져 있고 짐도 꾸려져 있고)

은비 E 네? (고개 떨구고 있는 장남 위에) …… 네? 이해하시죠? (외면한 차남 위에) …… (아버지 보는 영하 위에) 아버지 뭐라구 말씀 좀 하세요오.

영하 (나서려 몸 움직이며 입 떼려 하는데)

이교장 E (오버랩의 기분으로) 싫다.

영하 아버지. (나서며)

이교장 (오버랩) 양로원으루 가지.

은비 (소리 나는 울음으로 터지고)

준하 (이교장의 대사에 연결) 아버지이.

이교장 양로원으루 가지.

윤하 아버님.

이교장 (오버랩) 양로원으루 가.

윤하 (크윽 터지며) 용서하세요 아버님.

이교장 (시선을 천천히 큰아들과 맞추고)

윤하 E (싸늘한 이교장의 위에) 용서하시구…… 크큭 이해해주세요 아버지.

윤하 도리를 몰라서가 아니예요. (극도로 자제하기는 하나 관리가 잘 안 돼서 쿡 크윽 미치겠는 심정이 삐져나오면서) 책임 회피루 생각하시지…… 말아주세요. 저 맏자식입니다 아버지. 당연히 제가 해야 하는 일을 못하는 제 마음을……헤아려주세요 네?

이교장 양로원.

준하 (오버랩) 아니 아버지가 왜 양로원엘 가세요. 양로원은 자식 없는 노인이 가는 데에요 아버지. 그거 모르세요? 아버지 자식 없어요? 영하가 모신다는데 양로원엔 왜 가세요.

이교장   (시선 작은아들로. 그 위에)

준하   E 양로원은 아무나 다 가구 싶다면 받아주는 덴 줄 아세요? 아
버지 이건 순전히 즈이들 속 뒤집어놓자는 말씀이시지, 아니

준하   (연결) 양로원 얘긴 왜 하세요 양로원은요. 영하는 자식 아니
예요? 영하가 모시겠다잖아요, 영하가.

이교장   (오버랩, 벼락같이) 이눔아 싫어! 양로원 가!

영하   아버지이.

이교장   (오버랩) 양로원 데려다 줘. 거기 안 데려다 줄 거면 (성한 팔 뻗
쳐 휘저으며) 저거 저거 이리 줘 이눔. (전화 달라는 소리)

은비   (아버지에게 다가들며) 아버지이.

이교장   (오버랩) 신문사에 전화할 테다 이눔들. 중풍 맞은 지 애비 거
리루 내모는 놈들 여기 있다구 내 전화한다구우!

영하   (아버지 잡으며) 이러지 마세요. 아버지 이러시면 즈이 다 같이
괴로워요. (아버지에게 밀쳐지면서) 형편이 그런 걸 어떡해요. 아버
지께서 이핼 하셔야죠.

이교장   (밀어내려 하며 오버랩) 양로원 가, 양로원.

영하   아버지.

이교장   (오버랩) 양로원으루 데려다 줘어어!

준하   (오버랩) 제가 모셔요 그럼 아버지. 제가 모신다구요. 그럼 됐
어요?

이교장   양로워어어어어언. (절규처럼)

준하   에에에에이. (퍽 나간다)

S# 입원실 밖

준하 (퍽 나오는데)

인애 (날름 놀라서 다가들며) 여보 왜 그래요?

준하 신문사에 전화하구 양로원 가신대. 됐어?

인애 ? (멍하고)

병규 (와 있다가) 신문사는 왜요.

준하 중풍 맞은 제 부모 거리루 내쫓은 의학박사 아들, 이사 대우 아들 공개 망신시키신다는 말씀이지 자넨 그렇게 머리가 아둔해? (내뱉으며 가려 하는데)

인애 (오버랩의 기분으로) 아유 참 아버님은.

준하 (순간 획 돌아서 갈기려 하며) 뭐가 아유 참야 뭐가, (갈기려 하나 그보다 동작 빠르게 막는 병규 때문에 갈겨지지는 않으며) 뭐가 아유 참야 이 여편네, 죽구 싶어? 죽구 싶어어!(하며 휘두르는 주먹에 애매한 병규가 코쭝배기를 얻어맞고)

병규 형님 형님 (하다가) 어이쿠우. (코 싸쥔다)

준하 (힐끗 보고 아내에게) 내 눈앞에서 꺼져, 보이지 마. 알어? (위협하고 성큼성큼 화면에서 빠지고)

병규 (코에서 손 내리는데 코피 주루룩, 수건 찾느라 이 주머니 저 주머니에 손 찌르는데)

미숙 (이미 가제 손수건 내밀면서) 고개 젖히구 계세요, 어디 타월 빌릴 데 없나 볼께요. (아웃되며) 고개 젖히세요.

병규 예 괜찮아요.

　　　[구경꾼 같은 수진.]

인애 아니 저 사람 진짜 버릇되겠네. 응? 요새 걸핏하면 손 치켜 들어요 형님.

수진 우리 집은 벙어리 시늉이야.

병규 (코 막으며 곁눈으로 두 여자 본다)

S# 병원 주차장

[휠체어에 태워진 이교장. 윤하가 휠체어 밀고 다른 식구들 주우우 에 워싸듯이 하고 따라오고 있다.]

[미숙 부부는 다른 사람들보다도 뒤 걸음 처져서 병원 짐 나눠 들고.]

병규 (따로 모시고 있었을 때의 노인의 크지 않은 짐가방과 지팡이 들고 있다)

은비 (중절모자 하나 따로 들고 있고)

이교장 ……(입 꾸욱 실그러지게 다문 채) ……

[영하, 먼저 뛰어서 승합차 문 열어놓는다. 승합차 앞에 휠체어 멈추며.]

윤하 준하가 모셔다 드릴 거예요. 전 두시부터 수술이 있어요.

[이교장, 묵묵부답.]

병규 (단장과 가방 차 안에서 집어넣고)

준하 (아버지 안아내서 승합차로 옮긴다)

[병규 거들고, 영하는 운전대로 올라 시동 걸고.]

은비 (아버지 옆에 앉아 어깨에 팔 두르고 얼굴 묻고) ……

인애 (승합차로 오르면서) 아버님 너무 언짢아하지 마세요. 못 모시 는 즈이들 속두, (하는데 오버랩)

준하 E 당신 내려.

인애 ?

준하 (차 밖에서 인애 끄집어 내리다시피 하면서) 당신두 갈 거 없어, 내려.

인애 형님은 약속 있다지만 난 아무것두 없어요.

준하 글쎄 이리 비켜. 집으루 가라구

인애 (남편 쏘아본다)

준하 제수씨 타세요. 얼른 타세요. 찬바람 들어가요. (미숙 타는 것과 상관없이) 자넨 회사 가구 응?

병규 예. (승합차 들여다보며) 아버님 그럼 자주 찾아뵙겠습니다.

　　　[이교장, 반응 물론 없다.]

수진 (비켜나는 병규에 대신하듯 들여다보며) 아버님 죄송해요. 저 호주 가셨던 친정어머니 모시러 공항 나가야 해서 여기서 인사 드려야겠어요. 내일 찾아뵐께요.

준하 (상관없이 차 문 닫아버린다)

수진 (반짝 준하 치켜 보고)

준하 (묵살하고 형 옆 지나 운전대로 가며) 가 돈 버슈.

윤하 (딴 데 보며 서서) ……

　　　[준하가 운전대 옆자리로 오르자마자 승합차 부웅 떠버리고 남겨지는 윤하 부부.]

수진 …… (저만큼 섰는 윤하 옆모습 보면서)

윤하 …… (한동안 더 그대로 서 있다가 뚜벅뚜벅 제 차로 가 오른다. 곧이어 시동 걸린다)

수진 (자동차 있는 곳으로 움직인다) …… (자동차로 다 다가가 운전석 옆자리 쪽으로 문 열려고 손 뻗치는데)

윤하 (부웅 차 출발시켜 버린다)

수진 ? (황당해서) ……

S# 승합차 안

　　　[운전석의 영하와 준하. 묵묵히. 가운데 자리의 은비와 이교장…… 뒷자리의 병규와 미숙.]

미숙 (창밖을 보면서) ……

은비 E 아버지, 모자 씌워드릴까요? (미숙 위에. 그 소리에 고개 앞자
리로 돌린다)

[미숙의 시각으로 은비, 중절모 아버지에게 씌워준다. 중절모가 씌워
진 채 움쩍도 않는 이교장의 뒷모습과 애달픈 얼굴로 아버지 옆얼굴 보
고 있는 은비. 차체의 요동으로 가늘게 흔들리면서……]

미숙 (측은해지는 마음 거부하듯 창으로 다시 고개 돌리고) ……

S# 승합차 옆으로 분주한 차량들(미숙이 내다보는 각도로)

S# 아파트(낮)

S# 주방

미숙 (주전자와 컵 챙겨들고 이교장의 방으로)

[방 앞에서.]

영하 E 용변이 보구 싶으시거나 뭐 부르실 일 있으면 이걸,

S# 이교장의 방

이교장 (눈 따악 감고 누워 있고)

영하 (오른편 머리맡에 쭈그리고 앉아서 바로 손 닿기 좋은 낮은 위치에
가설해 놓은 초인종 단추 누르며) 누르세요. 이거 누르시면 저나 에미
나 금방 총알같이 달려올께요…… (보다가 마비된 쪽 손 끌어다 작은
모래 주머니 위에 얹으면서) 그리구 이건 에미가 모래 퍼다가 만든 주
머니예요…… (미숙, 들어온다) 그냥 놔두면 모양이 변한대나 봐요.
그러니까 항상 다른 손으루 마사지하시구 쉬실 땐 손 여기 올려놓
구 계세요.

[머리맡에 이교장의 가방과 중절모와 단장.]

미숙 (쟁반 놓으며 시부와 남편 쪽 본다)

영하 E 큰형이 침선생두 보낸다 그랬구 마사지두 열심히 해드릴게요. (팔 주무르며) 무엇보다두 아버진 의지의 한국인이시니까……

영하 꼭 다시 한 번 회복해 보이겠다…… 보일 수 있다는 굳은 신념을 가지세요, 네?

이교장 ……

미숙 물 드시구 싶음 여기 주전자 물 드세요, 영지 달였어요. 맛은 써두.

이교장 (눈 뜨면서 고약하게 오버랩) 너는 노크할 줄두 모르냐?

미숙 …… (보며)

S# 아파트 밖(밤)

S# 안방

　[어둠 속에 잠들어 있는 미숙 부부.]

　E 느닷없는 벨 소리.

영하 (펄쩍 깨어 일어나 쏜살같이 뛰어나간다)

미숙 (같이 일어나서) …… (잠시 후)

영하 E (황당해서) 아버지…… 아유 아버지, 이게 무슨……아휴아휴, 아휴아휴.

미숙 (스웨터 걸치고 서둘러 나간다)

S# 복도

영하 E (나오는 미숙 위에) 아휴유유, 이걸 어떡해요 아부지. 아 절 부르라고 말씀드렸잖아요오.

이교장 E 불렀잖아 이 녀석아.

S# 이교장의 방

영하 (출입문 옆쯤에 옆으로 버둥거리는 이교장 잡고 코를 못 들면서) 이러시기 전에 부르셔야죠오.

108

미숙 (들어오다 코 쥐며 기함을 하는 위에)

이교장 E 이 방에 화장실 하나 들여 이눔아.

영하 E 화장실 갈려구 하셨어요? 지금은 화장실 못 가세요 아버지. 대변기 소변기 갖다 놨잖아요. 것두 혼자 하시긴 힘들 테니까 용변 보시구 싶음 즈이를 부르라구,

미숙 (오버랩) 그만 하구 먼저 옷부터 벗겨드려요. 이불두 버렸나 보구요. (나간다)

이교장 이불은 안 버렸다. (오기 창창)

영하 여보 어디 가.

S# 욕실

미숙 (입 틀어막고 뛰어들어 와 구역질 두 번 하고 급히 대야에 물 퍼 담는다)

S# 이교장의 방 복도

미숙 (버려놓은 시부의 파자마와 속내의 둘둘 만 것 손끝으로만 잡고 튀어나오며) 왜액 왜액. (입 틀어막는다)

S# 이교장의 방

영하 (아버지 이불 속에 넣어 하반신의 이불은 걷어놓고 대야의 물수건으로 아랫도리 닦아주고 있는 중이다)

S# 안방

[어둠 속에서 눈 멀거니 뜨고 있는 부부……]

E 이번에는 요란한 전화벨.

미숙 (일어나 받는다) 네에……? 왜 그러세요?

S# 인애의 거실

인애 (전화통 들고 와르르 부서지는 소리에 비명) 아으으으으, 사람 살

려어.

준하 (주방에서 두드려 부수다가 썩 나타나며) 사람? 니가 사람이냐? 니가 사람이야? 니가 교육자야? (국수 미는 작은 홍두깨 들고 아무 데 나 후려갈기며) 니가 전신이 고등학교 선생이었어?

인애 아으으으 술은. 저이가 왜 저래 정마알. (덥석 준하에게 등덜미 잡혀 끌려가면서) 아으으으, 동서 서방님 좀 빨리 보내줘! 이이 미 쳤다구! 이이 미쳤다구우! (준하 전화통 뺏어 내던지고, 인애 안 되겠 다 싶어) 아주 작정하고 들어왔구려! 작정하구 술 퍼먹었어요!

준하 그래애, 작정했다. (가슴 쥐어뜯으며) 여기가 찢어져어 이 여편 네야. 우리 아버지가 어떤 아버진데 이 여우 같은 여편네들. 우리 아버지 은비 갓난쟁일 때 혼자되셔서 평생 홀애비루 우리 사남매 키우신 분이란 말야. 이 순악질 여편네야. (방망이 휘두른다. 와장창 장창)

윤식 (소리 내어 와앙 울고 있다가 달려 붙으며) 아버지 아버지 참으세 요 참으세요.

준하 너어 이윤식!

윤식 네.

준하 너 장가가지 마, 알았어?!

윤식 네, 안 갈께요 아부지.

준하 장가가지 말라구. 절대루 가지 말라구. 너 이 자식 장가간다구 껍썩거리면 나랑은 의절야!

윤식 네에 아부지. (울면서 달래듯 방망이 빼어내며) 안 가요, 안 갈께요.

인애 어으어으.

준하 어으으? (비호같이 아내에게 덤벼들고)

인애　아우우우. (머리 싸쥐고 주저앉는다)

S# 아파트 복도

[난간에서 내려다본 아파트 주차장에서 뜨고 있는 영하의 승합차. 미숙의 시작으로.]

S# 겉옷 걸치고 내려다보고 있는 미숙

[잠시 그대로 있다가 들어간다.]

S# 침침한 거실

[미숙, 들어와서 제 방으로 가는데 뭔가 작게 웅얼거리는 소리에 멈추고 귀 기울인다.]

S# 이교장의 방

이교장　(누워서 아내의 사진 가슴에 얹고 보면서 처얼철 울면서 작게) ......여보 ......나 똥 쌌어어. 흐흐으으. 꼴이 말이 아니게 됐다구우으으...... 쓰러졌을 때 데려가지 당신 뭐 하구 있었나아. 내가 이런 수모를 받아가며 사는 게 당신은 좋아아? ......수모지 그럼, 말할 수 없는 수모지이...... 여기이? ......영하네 집이야아. 왜 여기 와 있냐구는 묻지 마아...... 묻지 마아...... 묻지 마아......

S# 복도

미숙　......

F.O

S# 거실(며칠 후)

미숙　(무릎 꿇고 마루 걸레질 열심히 하는 중인데)

　E 문소리.

의식　(코 막고 나타나서) 엄마아.

미숙　(닦으며 돌아보지 않은 채, 숨 조금 가빠하며) 왜.

의식　할아부지.

미숙　(휙 돌아본다)

의식　화장실 가신다구 붙잡으라구 하셔서 붙잡았는데 넘어지셔
서…… (제가 싼 것처럼 기죽어서)

미숙　(맥 빠져서 퍼질러 앉는다)

의식　어이이 참 왜 그러시지 맨나다? 어이 쿠려.

미숙　(소리는 죽여서 아들 잡아먹을 듯) 엄마 부르지 왜애애.

의식　못 부르게 하셨단 말예요.

미숙　니가 할아버질 어떻게 화장실루 모시구 가. 니가 그걸 어떻게
해애. 아으으으.

S#　**주방(시간 경과)**

미숙　(남편 밥상 차리고 있다)

S#　**욕실**

영하　(이교장 욕조 안에 넣어 씻겨주고 있다)

이교장　(한쪽 성한 손으로 욕조 가장자리 꽉 움켜쥐고 아이처럼 앉아 있
는 이교장)

영하　(묵묵히 정성스레 비누질해준다)

이교장　(문득) 도장은 잘되냐?

영하　? 예, 아주 잘돼요, 아버지. 먼저 동네서보다 훨씬 나요.

이교장　학생이 모두 몇 명이나 돼.

영하　칠십 명 갖구 시작했어요. 곧 백 명 넘을 거예요.

이교장　은비한테 집 팔지 말구 그냥 놔두라구 해라.

영하　? 은비는 판다 그러는데요.

이교장　죽기 생전 사택 주는 지방 근무만 한다든? 서울 올라오면 집 없으면 어디 들어가 살라구 팔어.

영하　……그럼 세놓구 가라 그래야겠군요. ……네 알겠습니다…… (물 끼얹으며)

S# 거실(다른 날 낮)

의식　(어질러놓고 숙제하던 중. 고개 이교장의 방으로 돌리고 있다)

S# 이교장의 방

미숙　……(있는 대로 올랐지만 참고 참으며 이불 껍데기 요 껍데기 벗겨 둘둘 말다가 터진다) 아버님 왜 이러세요 정말. 매일 한두번씩 무슨 오기세요, 네? 애비만 없으면 꼭 이러시니 절더러 어떻게 살라 그러시는 거예요 대체! 벌써 한 달이라구요. 한 달 동안 매일이에요! 단추만 누르시면 되잖아요 단추만! 간단하게 단추 한 번 누르시면 되는 걸 왜 그걸 안 하시구 절 이렇게 앨 먹이세요, 네?

이교장　(새 이불 둘둘 감겨져 기대어 앉아서) 이년아, 니년 돈 받기 싫어 그런다. 망할 년.

미숙　아버님 저 싫어하시는 거 알아요! 그렇지만 여기 와 이렇게 누워 계시면서까지 저한테 심술 피셔야겠어요? 절 그렇게 골탕먹이구 싶으세요?

이교장　(보며)

미숙　온 집안이 두엄밭 같단 말예요. 아버님은 안 나세요?

이교장　(보며)

미숙　(사정조) 눕구 싶으심 절 부르세요. 단출 누르시라구요. 그럼 제가 와서 변기 넣어드리구 치워드린다니까요. (몇백 번을 한 소리다) 애비 있을 땐 하시면서 왜 이러세요 정말. 저 미쳐 거리루 나가게 만드실려구 그러세요? 네에?

이교장 니년한테 아랫도리 뵈기 싫어서.

미숙 ? …… (처음 아는 사실이다) …… (맥 빠져서) 안 볼께요, 아버님. 안 보구 해드릴께요. 안 보구 해드릴 수 있어요…… 이젠 부르실 거죠?

이교장 ……

미숙 저두 보구 싶지 않아요오…… 안 보구두 넣어드리구 빼드리구 할 수 있어요. 한번 해볼까요 지금? (맑게 보며) …… (보다가 반응 없자 다소 위협적으로) 싫으시면 기저귀 차세요. 기저귀 사다 드릴 테니까요 ……(보다가 빨래 들고 일어서며) 침선생 오실 시간이에요. (문으로)

이교장 얼궈 죽여라.

미숙 아직 다 안 빠졌어요. 좀 참으세요. (나간다)

S# 욕실

미숙 (들어와 빨래 욕조에 던져놓고 수돗물 한껏 틀어놓고 지친 몸짓으로 욕조 가장자리에 걸터앉으며) …… (푸우우 한숨 내쉬는데)

의식 E 어, 아빠.

영하 E 어, 그래. 여보, 여보오?

미숙 (그대로)

영하 (욕실 문 열며) 여기서 뭐 해? …… (사태 파악하고) 형님 오셨어. 나와.

미숙 (전혀 반가울 것 없지만 그래도 어쩔 수 없다. 일어나서 머리 간추린다)

S# 거실

영하 (나오는 미숙에게) 큰형님이 휠체어 사왔어.

윤하 (휠체어 밀고 현관 쪽에서 이교장의 방 쪽으로 오면서 목례한다)

미숙 (목례)

114

영하　따뜻한 날 모시구 산책 나가기 좋겠지? (이교장의 방문 열며 동의 구한다)

미숙　그러네요.

윤하　얘 너 들어가 이거 같이 들어야겠다. (문지방에 걸리자)

영하　(들어가며) 아버지, 큰형이 아버지 휠체어 사왔어요.

S#　이교장의 방

이교장　(이불 감고 앉아 있는 채 올려다본다)

영하　(썰렁함에 얼른 창문 쪽 보고 휠체어가 문턱을 넘자 곧장 창으로 가 닫는다)

윤하　저 왔습니다. 기분이 어떠세요, 아버지.

이교장　(뼈언히 올려다보다가) 기분이 죽이다.

윤하　……(잠시 보다가 앉으며) 누우세요. 제가 마사지 좀 해드릴께요.

이교장　필요 없어.

윤하　…… (보다가) 그러지 마시구 의욕을 가지세요, 아버지.

이교장　무슨 의욕.

윤하　마음 자세를 그렇게 갖구 계시면 침두 효과를 못 보구 마사지 두 소용없어요. 아버님 스스루 무슨 일이 있어두 다시 일어나 걸어야겠다는 목푤 확고하게 세우시구,

이교장　(오버랩) 쓸데없는 소리…… 오래 살어 뭐 하게.

윤하　아버지.

이교장　똥오줌도 못 가리면서 오래는 살어 뭐 해. (휠체어) 저딴 게 무슨 해당야. 돈이 썩는다. (일그러지며) 눕혀.

　　　[형제 달라붙는다.]

S#　거실

미숙 (외출복으로 나오며) 아빠한테 엄마 좀 나갔다 온다구 아빠 엄마 대신 집에 계시라 그래.

의식 어디 가시는데요?

미숙 니가 건 알어 뭐 해. (쏘아붙이고 현관으로)

의식 (뿌우우)

S# 덮어놓고 빠른 걸음으로 고개 약간 꺾고 부지런히 걷는 미숙

S# 친정 어머니의 안방

미숙 (큰 대자로 누워서 좀은 허탈해서) 세상에 기가 막혀. 나는 엄마, 나한테 심통 피우시느라 일부러 그러시는 줄 알았더니 글쎄 어으 참. 나한테 거기 보이기 싫어서 그러셨대유. 푸우우우우. (투레질하듯)

친정 모 ...... (콩나물 다듬다가 딸 물끄러미 보며 있다가 다시 손 놀리며) 어이구우우우. (한숨)

미숙 (엄마 쪽으로 돌아누우며) 아니 나는 뭐 아버님 거기가 보구 싶은 사람인가? 안 보구 이불 속으로 얼마든지 할 수 있는 거 아뉴......(엄마 대꾸 없자 불끈 일어나며) 아니 봐야 된다면 또 어쩌겠수, 봐야지. 몸 그래갖구 누워서 그래, 며느리 내외하실 체면이 어딨어요. 날마다 싸면서 싸는 건 체면하구 상관없구 뵈는 건 상관 있는 거유?

친정 모 (퉁명스레) 너는 사위한테 그꼴 뵈구 싶겠냐?

미숙 내가 왜 그꼴을 사위한테 봬요, 딸두 없는데.

친정 모 (흘긴다)

미숙 (도로 펄썩 누우며) 다시 한 번만 안 부르구 그냥 싸시면 기저귀 채워드린다구 했어요...... 냄새는 얼마나 지독한지이?

친정 모 아 시끄러, 그눔으 냄새 소리, 그 냄새 모르는 사람 어딨어서 올 쩍마다. 니 냄새는 향기롭냐?

116

미숙　아으으으, 용변 문제만 없어두 이렇게까지 머리가 지끈거리지
　　　 는 않을 거 같아요. 어으 드러.

친정모　의식이 키울 때 의식인 아무것두 안 쌌어?

미숙　건 다르지 엄마아. (도로 일어나며) 의식이 껀 그렇게 드럽질 않
　　　 았다구요. 냄새두 그렇게 지독하지 않구. 오히려 냄새 지독하면 애
　　　 어디 아픈 거 아닌가 이렇게 (손끝으로 비비는 시늉) 만져 조사하구
　　　 그러면서두 드럽다는 생각은 눈꼽만큼두 안 들더라구요.

친정모　그래. 자식 모두 다 그렇게 키워. 너두 키워봐서 알면서, 그
　　　 런데 그렇게 키워준 부모가 몸 성치 못해 누워 실수하는 건 그렇게
　　　 드럽구 못 참겠어? 에미두 운수 불길하면 그러구 누웠다 죽을지도
　　　 모르는데?

미숙　무슨 그런 얘길 해요. 하나두 징그러 죽겠는데. (질색)

친정모　식사는 여전히 잘하시냐?

미숙　잘 드세요. 영양가 있는 건 끔찍이두 잘 드시는데 뭐.

친정모　식사래두 잘하셔야지.

미숙　식사 많이 하셔야 내놓는 것만 많아요.

친정모　이게 무슨 소리야. 노인네 굶겨 죽일 년 아냐 얘가. (정색한 얼
　　　 굴로)

미숙　(도로 눕는다) ……

친정모　전생에 잘못 만들어논 업 갚는 거라구 생각해.

미숙　엄만 또 그 소리, 전생 같은 거 알게 뭐예요 내가.

친정모　요새 것들은 왜 다 그모양이냐. 옛날 며느리들은 싸는 시할
　　　 머니에 노망난 시어머니 시아버지 한꺼번에 모시면서두 속이야
　　　 어떻든 구린 입 한번 달싹 않구,

미숙   (오버랩) 아으으으, 스트레스 좀 풀려고 오면 더 쌓여 더. (벌떡 일어난다)

친정 모   (상관없다) 일어난 김에 어이 가 저녁 해.

미숙   ...... (원망스레 보며)

S# 이교장의 방(한여름)

[돌아가는 선풍기. 그 위에.]

수진   E 즈이 어머니두 건강이 그리 썩 좋지는 않으세요, 아버님.

수진   (기대어 있는 이교장의 다리를 아주 나긋나긋하게 인애가 주무르고 있고 수진은 과일 칵테일 떠먹여 주면서 연결) 이 여름에 글쎄 감기가 심해서 사흘 입원했다 나오셨어요.

이교장   (우적우적 먹는다)

수진   아버님께 안부드려달라구요. 즈이 엄마, 아버님께 진심으루 죄송하게 생각하세요.

윤하   (신문 펴놓고 있다가 힐끗 아내 보는 위에)

준하   E (오버랩) 참 아버질 도오저히 이해 못하겠네요.

준하   (한쪽 구석에서 휠체어 펴놓고 영하와 함께 헝겊으로 바퀴 닦으면서) 아 이 좋은 걸 왜 방에서 그냥 썩이세요. 한 바퀴 휘이 돌아 들어오시면 기분두 훨씬 좋아지실 거구 건강에두 좋을 텐데요. 늬들은 그렇게 재주가 없니?

영하   아버지 당할 장사가 어딨어요.

인애   아유 참, 아주버님 성의를 봐서라두 아버님께서 애용을 해주셔야지 계속 그냥 놓구만 보실 거예요?

수진   답답하지 않으세요? 밖에 나가보구 싶지 않으세요?

이교장   그만 먹자. (고개 비키며)

118

수진　네. (그릇 내린다)

윤하　제가 모시구 나갈까요?

이교장　싫다…… 바보 같애.

윤하　아직두 그 생각 안 변하세요?

이교장　내 생각은 안 변하는 생각이야.

수진　(수건 들고) 아버님. (입가 닦아주려고)

인애　이리 주세요.

수진　괜찮아. (닦아준다)

영하　(그쪽 보다가 슬그머니 일어난다)

S# 거실

　　[다리께에서 선풍기가 돌아가고 있고 더워하며 9인분 저녁 짓고 있으면서 있는 대로 부어터져 있는 미숙. 한창 개구질 나이의 현식 윤식 의식 시시닥거리면서 의식의 방에서 쏟아져 나와 온 집 안을 미친 듯 뛴다.]

미숙　의식아아!

애들　(멈추고)

미숙　(도라지 무치던 붉은 손으로) 빨랑 들어가. 안 들어가? 만화책 보구 조용히 있으라니까 왜 말 안 들어. 현식이 넌 형이 동생들 하나 조용하게 못하니? 무슨 형이 그래.

현식　네, 들어가자.

의식　엄마 우리 텔레비전.

미숙　(오버랩) 안 돼, 들어가. 시끄러. (애들 방으로)

영하　(방에서 나와 화장실로 들어가려다 악쓰는 소리에 와 있다가 괜히) 왜 말 안 듣구 그래 너들. 작은아버지한테 혼나보구 싶어? (애들은 이미 아웃됐다. 아내에게 다가가며) 대충대충 적당히 해. 신경 쓰지 말구.

미숙 ……

영하 형들은 당신 된장찌개 하나만 있어두 맛있다 맛있다 두 그릇 먹는데 뭘 그래.

미숙 (무치던 나물 그릇 탁 놓으며) 당신네 식군 하나같이 왜 그렇게 무신경하니. 왜 꼭 밥때 맞춰 오냐구. 것두 단체루. (큰소리는 못 낸다)

영하 주말밖엔 시간이 안 나잖어들.

미숙 점심 먹구 저녁 시간 전에 왔다 감 되잖어. 아니 매일같이 스물네 시간 스트레스받구 살면서 허리 부러지게 자기네들 단체 밥 까지 해바쳐야 해? 아무것두 안 하구 두 다리 쭉 뻗고 살면서 어이그 정말 기통 맥혀. 아버님 아버님, 아버님 아버님 호호 하하 벌써 몇 달째야. 아홉 달째야. 순 얌체들, 접시 하나 안 닦아주면서! (거칠어진 손에 그릇 하나가 툭 건드려져 떨어져 와싹 깨진다) …… (내려다보며)

영하 거 봐 화내니까 그렇지이.

미숙 사라져줘. (이 악물고 흘기며)

준하 (나타나며 오버랩) 야, 담배 하나 주라.

영하 어, 거기 있어요. (거실 교자상)

준하 (괜히 기웃이 보며) 어이 제수씨 뭘 이렇게 많이 차려요 또오.

영하 담배 저깄어요.

준하 어이, 구수한 냄새. 나 이 집에만 오면 과식해서 일주일 내 사우나 가구 골프 가구 죽어라 체중 조절해봤자 도로아미타불되구 도로아미타불되구 하는 거 제수씨 책임져야 해요.

영하 (거실로 밀며) 담배 저깄어요.

준하 (밀려 움직이며) 화났니?

영하 ...... (담배 꺼내 주면서 작은 소리로) 거 형수들 좀 나와 거드는 시늉이라두 하라 그래요. 어째 그래요 사람들이.

준하 ...... (보다가) 그래 맞다. 암튼 저 방에 있는 여인들은. (성큼성큼 이교장의 방으로 가 문 벌컥 열며) 이봐, 당신 좀 나와.

인애 E 왜요?

준하 나오라면 나오지 빨리 나와.

인애 (나온다)

준하 (복도 끝으로 끌고 가서) 아버지 옆에서 마음에두 없는 알랑방구만 뀌지 말구 제수씨 좀 도와, 이 순 사기야.

인애 왜, 뭐라 그래요?

준하 내가 보니까 그래 이 친구야. (등 밀며) 얼른 가 얼른.

인애 (입으로 툴툴거리며 주방으로) ...... 동서 애쓴다아. 아버님 모시구 고생하랴 또 이렇게 일주일에 한 번씩 대식구 치르랴......

미숙 ......

인애 나 뭐 할까.

　　　[준하, 담배와 라이터 들고 밖으로 나간다.]

미숙 ......

인애 동서 골났어?

미숙 ......

인애 아아이 골내지 마아. 워낙에 유능하잖어. 그리구 남의 집 부엌 살림 참견하기 어설프잖어 왜애. 옷두 불편하구.

미숙 (오버랩) 담 주부턴 식사 준비 안 할 테니까 시간을 그렇게 맞춰주세요.

인애 ?

미숙 아버님 빨래해내기만두 허리가 휘어요.

인애 너무 그러지 마라. 나날이 생색이 더 심해지는데 우리가 모르는 척하구 있는 건 아니잖,

미숙 (오버랩) 뭐요, 아버님 드시는 찬거리 댄다구요? 침값 약값 댄다구요? 입하구 돈 효도는 한다구요?

인애 (화나서) 동서 앞에서 효도한단 소릴 어떻게 감히 입 밖에 내우리가. 그렇지만 동서, 누가 손위구 누가 손아래야. 뭘 그렇게 기세가 등등해 나날이.

미숙 형님. (하는데)

영하 (어느 결엔가 나타나서) 여보. (나무라는)

미숙 (입 다물고 돌아선다)

S# 이교장의 방에서 잠든 이교장의 다리 엷은 홑이불 위로 주무르고 있는 미숙

S# 아파트 창으로 함박눈이 펑펑 쏟아지고 있다

S# 이교장의 방

미숙 (변기 옆에 빼내 놓고 발치 이불 속으로 집어넣어 젖은 수건으로 밑닦는 중이다. 다 포기한 모습이다) ……

이교장   (버럭) 거기 아니야!

미숙 안 보이잖아요, 아버님.

이교장 첨 하는 일야?

미숙 …… (대꾸 없이 닦고 있다)

S# 펑펑 쏟아지는 눈

제3회

S# 욕실

　　[욕조에 바지 둘둘 걷고 맨발로 들어가 박박 수세미로 닦고 있는 미숙.]

　　E　화면 시작되는 것과 거의 동시에 울리는 요란한 초인종.

미숙　(획 문 쪽으로 고개 돌리고)

S# 이교장의 방에서 물 대야 들고 나오는 미숙(다른 옷)

S# 깍두기 버무리다가 이교장의 방 쪽으로 고개 돌리고 있는 미숙(다른 계절)

　　E　그 화면에서 요란하게 울리고 있는 초인종.

S# 샤워하는 중에 미움과 분노로 일그러져 문 쪽 노려보는 미숙 위에

　　E　초인종 울고 있다.

S# 부부, 껴안는 중이다가 영하는 문 쪽 돌아보고 미숙은 마구 남편 밀어내
　　며 신경질적으로 베개 내던지는 위에

　　E　벨 울고 있다.

　　[벨은 끊길 필요 없이 첫 신에서 시작해서 그냥 내처 계속해서 울리고
　　화면만 바뀌는 것으로.]

S# 거실(다시 한여름)

미숙   (전화받고 있다. 맥 빠질 대로 빠져서) 그래 미안해. 그런데 나 정
말 나갈 수 있는 형편이 아냐…… 아냐 나가기 싫어. (찡그리면서) 나
가봤자 시아버지 흉이나 입이 찢어지게 보게 되구…… 아냐 싫어
애. 그런 말두 듣기 싫어. (시아버지 벨 소리 짧게. 이교장의 방 쪽 잠깐
돌아보며) 이해하긴 뭘 이해해. (다시 전화로) 다 헛소리지 안 겪어
본 사람 이해한단 소리…… (다시 벨. 돌아보며) 아버지 저 지금 통화
중이에요. 안 급한 일이면 잠깐 기다리세요! (해놓고) 응, 끊어야겠
다…… (친구에게 신경질) 애 나 젤 듣기 싫은 말 효부란 소리라구 안
했니?…… 듣기 싫어 글쎄 하지 마. 나 효부 아냐. 이렇게 치를 부들
부들 떨어가며 이를 북북 갈어가며 이게 무슨효부니 (하는데 다시
벨 찌익) 알았어요. 가요오. (자신도 모르게 쥐어박는 소리가 된다) 너
들었지? 이게 효부니? 끊어. (끊고 이교장의 방으로)

S# 이교장의 방

미숙   (들어오며) 왜요, 아버지.

이교장   (앉아서) 책. (턱으로 가리키며)

미숙   단장 막대긴 어떡하셨어요. (다소 짜증 섞인)

이교장   내가 알어?

미숙   (우선 책 집어다 주고 단장 찾는다. 요 속에서 나오는 지팡이에 지팡
이만 한 길이의 막대기를 덧붙여 고무줄로 이은 것 나온다) …… (막대기
가까운 데 놓아주고 돌아서다 되돌아보며) 뭐가 그렇게 급하세요, 친
구랑 통화 중이랬잖아요.

이교장   시애비 빨리 안 죽어 지겹다는 수다? (안 보는 채)

미숙   (미워서 보다가) 다 보셨죠? (방바닥의 신문으로 구부리는데)

이교장   보면 뭐 알어?

미숙   ? (본다)

이교장   고르바초프가 누군지 아냐?

미숙   (자존심 상해서 신문 거칠게 집어 들고 문으로 가는데)

이교장   E 우리 집에 너같이 머리 나쁘고 무식한, (미숙 돌아본다)

이교장   날라리 여자는 니가 첨이야.

미숙   (보다가 맥 빠져서) 오늘은 제가 뭐 또 잘못했어요?

이교장   쉰여덟 명 중에 쉰다섯찌하던 물건 아냐 너.

미숙   쉰여덟 명 중에 쉰다섯찌하던 물건한테 와 계세요 아버님.

이교장   공짜가 어딨나.

미숙   ? 뭐가 공짜예요?

이교장   니 남편.

미숙   …… (떨려서 보고 있다가 휙 나가 거칠게 문 닫는다)

이교장   (버럭) 그게 시아버지한테 하는 태도냐? 당장 문 다시 닫지
못해?…… (막대기 문짝으로 내던지며) 야 이년아!

S# 아파트 현관 밖 복도

친정 모   (반찬 보따리 들고 마악 현관으로 다가드는데)

미숙   (현관에서 뛰어나와 복도 난간 두 주먹으로 치면서) 으으으으, 으
으으으으으. (울음 터뜨린다) 으으으으으으으으으.

친정 모   (보며) …… 의식아.

미숙   어흐흐엉엉엉. (목 놓아 운다) 엉엉.

친정 모   아 구경꾼 불러 모을래?…… (딸 건드리며) 그만 해.

미숙   (난간을 등으로 하며 발 구르듯, 울며불며) 나 어떡해요 엄마. 나
도저히 못살겠어. 그림같이 조용히 먹구 싸기만 해두 죽을 지경일
텐데에, 으으윽. (주저앉는다. 울음 흐느낌 때문에 들이마셔지는 소리)

심심하면 한 번씩 사람 환장시키는데에 저 심술천지가 안 죽으면,

친정 모   떼에! (오버랩)

미숙   (상관없이 연결) 내가 죽든지 무슨 수를 내야지 이대루는 도오 저히 못살겠어요오. 오오, 나는 못살아아아아, 어흐으으으으으엉엉. 싸면서두 날 무시해, 싸면서두 엉엉 엉엉엉. (엄마 껴안으며)

친정 모   (토닥이며) 삼 년이다 삼 년. 저러구 누워 계시니 그 성격에 심술은 왜 안 날 건가. 그러려니 하구 한 귀루 듣구 한 귀루 흘리면 되지 어째 그렇게 심정이 팍팍하냐. 삭여라 삭여 응? 삭여어어. 해 산어멈모양 퉁퉁 분 얼굴루 시어머니 제사 모시러 갈래?

S#   **이교장의 방**

M 카세트에서 흘러 나오는 클래식.

이교장   …… (성한 손으로 책장 넘긴다)

S#   **청담동 집 외경**

[저녁 때, 어둡지는 않고.]

S#   **널찍하고 사치한 주방**

[미숙, 씻은 제사 그릇 마른행주질.]

[인애, 누름적 부치고. 수진, 인애 옆에서 전거리 만지고 있다.]

[두 여자 저 뒤의 미숙. 화면 시작과 동시에.]

인애   좋기는 양수리 쪽이 젤 좋은데요. 형님, 그런데 좀 호되게 불러야죠. 이미 오를 대루 올라서.

수진   그래서 별장 자리 고르러 다니느라 그 동안 이유 모르게 바빴구나.

인애   사람이라는 게 참 재밌는 동물이에요. 집 하나 번듯하게 해결되면 다른 욕심 아무것도 없이 두 다리 쭉 뻗구 편하게 살겠다 싶

더니, 빚 어지간히 끄니까 또 딴 욕심 발동하는 거 있죠? 나만 맹물이었드라구요 글쎄. 경기도쯤에 몇백 평두 없이 멍청하니 그냥 있는 사람 나밖에 없드라니까요?

수진 그날부터 바퀴 달구 뛰었군?

인애 처질 수야 없잖아요.

수진 그래 하나 잡었어?

인애 잡었죠.

수진 어디다 몇 평이나?

인애 손바닥만해요. 형님네 용인 땅에 비하면 좁쌀알만해요.

수진 그래. 어디다 몇 평이나 잡었냐구.

인애 그냥 단지 조성해놓은 데서 하나 결정했어요. 삼백 평짜리요. (자신은 크다)

수진 집은 언제 질 거야?

인애 내년이나 후년 봄쯤 어떨까 생각하는데, 모르죠 머.

수진 동서 돈 잘 버나 부네에?

인애 어이그 형님은 무슨. (하며 미숙 돌아보며) 아유 에어컨 돌아가두 불 껴안구 있으니까 덥네. 동서 나랑 좀 바꾸지.

미숙 (돌아본다)

인애 (부침질 뒤지개 놓고 미숙 쪽으로 가며) 내가 물일 할게. 교대 하자구.

미숙 싫은데요.

인애 ? ……더운 일 시원한 일 교대 좀 하자는데 싫다는 게 뭐야?

미숙 싫다구요.

인애 ? ……여태 내가 더운 일 했잖어.

미숙   일 년에 하루쯤 좀 하셔두 돼요.

인애   (오버랩) 아이구 그래 관둬. 그 아니꼬운 생색 (도로 부침개로 옮기며) 이거야 아버님 한 분 모시는 유세로 도대체가 위두 아래두 없이 엉망진창이니 (하다가 열나 돌아서며) 누가 동서한테 아버님 모시라구 강요한 사람이 있어, 애원한 사람이 있어.

수진   그만둬.

인애   동서네가 자진해서 모시겠다구 나선 거 아니었어?

미숙   아무두 안 모시겠다니까 어쩔 수 없었던 거죠.

인애   안 모시겠다구 한 게 아니라 모실 수가 없는 형편이었던 거 동서두 뻔히 아는 사실이면서 왜 이래. 어떤 경우에두 말은 똑바루 해야는 거 아냐?

미숙   말 비뚜루 하는 거 없어요. (하며 나가려)

인애   이봐 동서, (잡으려 하는데)

수진   (인애 잡으며) 가만있어. 나가서 좀 쉬어, 피곤해뵈는데. (나가는 미숙 들으라는 듯) 보통일 하구 있는 사람 아니잖어. 우리가 할 일 대신 해주는데 그만한 생색두 못 내? (찔끔찔끔 눈) 지칠때두 됐어.

인애   이렇게 일 년만 더 가면 저 사람 우리 먹살 잡구 흔들어요.

수진   (고개 흔들어 보이며) 복잡할 거 같어 아줌마 휴가 보낸 게 내 잘못이야.

인애   어우우 열나. 무식한 건 상대할 재간이 없다니까.

수진 모   (들어오며) 애 탕국거리 끓니?

수진   (국 솥 있는 곳 돌아보며) 아직 안 끓는 거 같은데요?

수진 모   (국 솥 열어보며) 쯔쯔 물을 너무 많이 잡었어. 무 들어가구 두부 들어가면 넘겠네. (떠낼 그릇과 국자 챙기면서) 에이그 원, 할 줄 아는 건 멋내구 얼굴 가꾸는 거밖엔 없으니 이서방이 천하에 없는 사람이지.

수진   엄마안.

수진 모   또 한 사람은 어디 갔니. (돌아보며)

S# **수진의 집 대문 앞**

미숙   (대문 디딤돌에 걸터앉아서) …… (정말 더러운 기분이다)

S# **대문 앞(밤)**

　　[준하의 차와 영하의 승합차 대어져 있다.]

S# **윤하의 서재**

준하   (밤 능숙하게 치면서.)자식은 나서 무슨 영광 있다구 그렇게 자식 날려구 기를 써. 그럴 거 없어. 우리 아버질 봐. 자식 필요 없다는 산증거 아냐.

병규   에이 (밤 같이 치다가 준하 말에 얼른 윤하와 영하 한 번씩 보면서) 막내형님이 잘 모시구 있는데 그렇게까지 말할 건 뭐 있어요.

준하   이런 말 형은 듣기 싫어하지만 아버지 저렇게 되시구 난 느끼는 바가 많수다.

준하   E (의자에 앉아 조용히 보는 윤하 위에) 나두 자식인데, 자식루 내 자신을 보면 자식 같은 거 전혀 필요 없는 거야.

윤하   (오버랩의 기분으로) 너랑 나 같은 자식이 다는 아니야. 부모한테 최선을 다해 잘하는 자식이 더 많아.

준하   그럼 우리만 특별히 나쁜 자식인가? (형 돌아보며)

윤하   특별히 나쁜 자식이지. (책 도로 접으며)

병규   에이 그러실 거 없어요.

준하   형은 특별히 나쁜 자식이구 싶어서 나쁜 거유? ……나쁜 자식이구 싶은 생각 추호도 없으면서 결과적으루는 나쁜 자식인 거 아뇨.

병규 아 그렇지 않다니까요.

준하 아냐 자넨 몰라. 난 말요 형, 여기 애(영하)두 있지만 첨 한 일 년 쯤은 아버지 애네 집에 가 계시게 한 게 틈틈이 괴로워서 참 힘듭디 다. 그런데 그게.

윤하 (오버랩) 어느 사이엔가 모르게 점점 덜 힘들어지더란 말이지.

준하 형두 마찬가지였어?

윤하 (혼잣소리처럼) 어느 사이엔지 점점 덜 힘들어지구 아버지 뵈러 가 있을 때말구는 가책두 별루 안 느끼게 되면서 점점, 상황 때문에 어쩔 수 없었다 자기 합리화가 되구, 그러다 영하가 모시는 게 당연 하게 생각되기 시작하고.

준하 난 말요, 형.

윤하 (오버랩) 사흘에 한 번 가 뵙던 거 바쁘다는 구실루 일주일 되더 니 이 주일 되구…… 인생이라는 게 그런거지, 늙으면 소외되구 외로 워지는 게 당연한 거지, 자식은 또 제 자식 제 가정 갖고 정신 없이 제 인생 살아야 하는데, 퇴장하는 중인 부모에 매달려 살 수가 있나, 그런 거지 뭐. (시선 준하에게 옮긴다) 그게 인생이라는 거지. 그게 자 식이라는 입장의 한계지……

　　[영하는 그저 줄곧 묵묵히 방바닥 내려다보며 듣고 있고.]

준하 들었지? (병규에게) 그러니까 자식 자식 안 생기는 자식 가질려 구 집착하지 말라구 자네.

병규 집사람이 저보다 더해요 형님.

은비 (뿌우 해서 문 열고) 여보 이것 좀 받아요.

병규 어. (차 쟁반 받아들이고)

S# 서재 앞과 거실

은비 (거실로 해서 주방으로)

S# 주방

은비 (들어오는 위에)

미숙 E 네. 솔직히 말해서 나 빼놓구 두 형님 편안하게 사는 거 역심 나요. 난 매일 궂은 빨래에 파묻혀 외출 한번 제대루 못하구 푹푹 썩는데, 두 형님 보면 완전히 천국에 사는 사람들 같아 화나서 말이 곱게 안 나간다구요.

은비 (오버랩) 이제 그만 해.

수진 (오버랩, 야단치듯 고약하게) 동서 이해해. 이해하니까 우리가 다 받아주는 거 아냐.

은비 (오버랩) 그만들 하시라구요. 우리 엄마 제사 모시는 날이에요. 어떻게 모이기만 하면 찌그럭찌그럭이에요? 며느리들이 이러구 차리는 제사 우리 엄마 편하게 드시겠어요? 어유 참 속상해.

　　[모두 하던 일 하면서. 사이.]

수진 죄 많은 사람이 맏며느리지. (혼잣말처럼)

인애 (퉁명스럽게) 그러니까 큰집에서 할 일 안 하면 집안이 이렇게 시끄러운 거라구.

수진 ? (인애 보는 위에)

인애 E 형님이 할 도리 안 하구 딴사람 대신 시키니까 어린 사람이 위 턱 아래턱두 없이 저렇게 기승강승 치받는 거 아녜요.

수진 동서 왜 이래. 장남만 자식이야? 옛날에 장남이 부모 모시는 게 의무가 됐던 건 장남이 집 물려받구 땅 물려받았기 때문이야.

인애 우린 물려받은 거 있어요?

은비 (화나서 오버랩) 아버지 한 분 누워 계시는데 정말 이렇게 시끄 러워야 하는 거예요?

인애 아가씬 어쩌다 한번 올라와보니까 모르세요.

은비 알아요. 아버지 내가 안 모셨어요? 지팡이 짚구 걸어다니실 때 두 사람 팔짝팔짝 뛰게 하셨는데, 노인 모시기가 얼마나 힘든지 언 니들이 알아요?

수진 가뵈면 멀쩡한 어른을 있는 대루 부풀려서 우리만 보면 그냥 있 는 대루 스트레슬 주니, 차라리 내가 모시는 편이 낫지. (쫑알쫑알)

미숙 (터진다) 그래요오? 부풀려요? 차라리 모시는 게 나아요? 그럼 형님 모시세요. 더두 말구 두 집에서 석 달씩만 모셔봐요. 나두 그 동안에 별장 터나 고르러 다니게!

인애 아니,

미숙 (연결) 가뵈면 멀쩡한 어른이에요? 그래요. 딴 식구들 있을 땐 멀 쩡하신 게 사람 더 미친다구요!

S# 주방 밖 서재 앞

   [놀라서 나오고 있는 병규·준하·영하 위에.]

수진 E (정식으로 야단친다) 언성 좀 낮춰. 시어머니 안 계신 집안에 맏동서가 시어머니란 말두 못 들어봤어?

미숙 E 맏동서가 뭐 하셨는데 맏동서 대울 받어요.

   [영하 거칠게 들어간다.]

S# 주방

미숙 아버님 나한테 떠밀어놓구 아무것두 하는 일 없이 깨끗하구 편 안하게 여왕마마처럼 사시면서 그래두 맏동서 대우는 받구 싶으 세요?

영하 야, 이리 나와!

인애 저저어

미숙 (영하에게 팔 끌리면서) 저게라구 하고 싶어요? 저게라구요?

영하 너 왜 이래!

미숙 나 돌았어. 돌았다구.

S# 거실

미숙 (영하에게 끌려 나오며) 나이구 순서구 다 필요 없어. 아버님 내
　　　가 모시니까 내가 왕이야. 여기 나한테 할말 있는 사람 있으면 나
　　　와봐! 나와보라구!

영하 (현관으로 끌고 나가며) 너 맞구 싶어?

　　　[영하 부부 아웃되고 병규 입장 난처해서…… 준하, 양 허리에 두 손 올
　　　리고 있는 대로 못마땅해서 주방 보며.]

준하 (중얼중얼하며 형 본다) 나 이거야……

윤하 (서재 앞에 나와 서서 준하 보며) ……

장모 (자기 방에서 나와) 이게 무슨 소란인가, 으응? 조상 제사 모시는
　　　날. (사위 보고)

윤하 들어가세요.

장모 (들어간다)

은비 (주방에서 나오는데)

준하 뭐냐 대체.

인애 E (오버랩) 집안 볼 거 없는 건 뭘루두 표가 난다니까.

준하 (오버랩) 닥쳐 닥쳐, 못 닥쳐?

S# 대문 앞(밤)

영하 (끌고 나온 미숙, 열려진 운전대 옆자리에 접어 처넣는 중이다) 너 집

에 가 죽을 줄 알어. (하고는 문 쾅 닫고 운전석으로)

미숙 (이 악물고) ……

영하 (자동차로 올라 키 넣으며 악쓴다) 벨트 해!

미숙 (벨트 잡아 빼는 데서)

S# 아파트 주차장

[대어진 영하 차의 운전대.]

미숙 (순하게 흐느끼며) 몰라 난…… 미쳐가나 봐……포기됐는가 하면 못 참겠구…… 더 이상 나쁜 년 되면 안 되지이 하다가두 마귀가 돼버리구 응응……

영하 (팔 아내에게 돌려 당겨 안는다)

미숙 으응, 응응응. 응응. 응응.

S# 미숙의 거실 주방

수진 (서서 물 마시고 있다)

S# 이교장의 방

윤하 장모님 넉 달 예정으루 그저께 호주루 떠나셨어요, 아버지.

이교장 (오버랩의 기분으로 조용히) 넉 달씩 돌아가기루, 그렇게 의논들이 됐어? (하며 시선 준하에게)

준하 제수씨두 너무 힘들구 즈이들두 염치가 없잖아요. 그 사람두 아버지 모시는 동안은 과월 좀 줄인다구 했어요. 아무 염려 마시구 그렇게 하세요. (아버지 보며)

이교장 (그윽이 준하 보며) ……

윤하 네. 제수씨하구 애두 숨 좀 돌리구요.

이교장 (시선이 미숙에게 가 멎으며 조용히) 싫다.

미숙 (이교장 보고)

134

준하　(아버지 보던 시선 형 본다) ······

윤하　(이교장 보며) ······

영하　(윤하 옆에서 같이 아버지 보며) ······

윤하　아버지.

이교장　(미숙에게 시선 주는 채) 아무데두 가기 싫어. 여기가 내 근거야. 떠돌이 되기 싫어.

미숙　(달래듯) 아버님 방 이대루 그냥 둬요, 아주 가시는 게 아니예요 예? 아버지.

이교장　(미숙 보며)

미숙　저 좀 도와주세요. 아버지 네?

이교장　(큰아들 보며) 늬들은······ 못해.

윤하　아버지.

이교장　싫어, 안 가. (고집스럽게)

영하　(울듯이) 아버지이.

S#　거실

수진　(식탁에 앉아 눈 차악 내리깔고 있다) ······

이교장　E (힘껏) 싫어어.이눔아! (수진 반짝 그쪽 보며 일어선다)

이교장　(준하에게 업혀 나오면서 버둥거리며 고래고래 발광) 싫어어 이눔아, 내려놔아아 이눔아, 이 나쁜 눔아아아아!

윤하　(아버지 떨어질까 잡고 따라가며) 가만히 계세요 떨어지세요!

준하　(현관으로 내달으며) 현관문 좀 열어요!

윤하　(현관문 열고, 계속 소리지르며 이교장이 나가자) 구경꾼야? 아버지 짐 챙겨들구 나와 빨리!

수진　알았어요.

윤하 늬들 나올 거 없다. (나가며)

영하 (나가다 그럴 법 싶어 그만두고) …… (섰다가 아직도 들리는 이교장
의 고함에 괴로워서 현관께 한 주먹으로 치고 그 주먹에 이마 붙인다)

미숙 …… (남편 보고 섰다가 수진이 이교장의 방으로 움직이자 재빨리 허
둥지둥 이교장의 방으로)

S# 엘리베이터 안

이교장 (성한 손으로 두 아들 마구 갈기면서) 안 가 이눔아, 안 가. 안 간
다구우! 내려놔! 내려놔!

S# 이교장의 방

미숙 (너무나 빠른 손놀림으로 이교장의 옷가지와 사진들, 책? 카세트 테
이프 등등 허둥지둥 쑤셔 넣고 있다) 변긴 어떡해요?

수진 (미숙과는 대조적으로 느리게 거들다가 싸늘하게) 이 집에선 다시
쓸 일 없을 거 같애? 알아서 할 테니까 걱정 마.

미숙 (대들고 싶으나 그만두고 불끈 일어나 손목시계 빠르게 집어 들고
빠르게 수진 쪽으로 오다가 문득 방문 앞에서 보고 있는 영하 돌아본다)
…… (들킨 것 같아서)

영하 …… (잠시 더 보다가 제 방으로)

미숙 ……

S# 안방

[미숙 부부, 눈 멀거니 뜨고 누워서 각자 딴생각에……]

[사이.]

미숙 (돌아누우며 여름 이불 머리 끝까지 뒤집어쓰는데)

E 전화벨.

미숙 (이불 밖으로 팔 내밀어 수화기 집어 남편에게)

영하 네에 여보세요. 아 형님, 아버지 어떠세요.

S# 윤하의 거실

윤하 (죽을 만큼 속이 상해서) 야 아버님 도저히 안 되겠다. 우린 감당
못하겠어. (울음 터지기 직전) 계속 벽에다 머리 짓찌시면서 너만 찾
으시니 이걸 어떡하니⋯⋯ 어떡해야 좋을지를 정말 모르겠다, 크윽.
(한 손으로 눈 가리며)

S# 윤하네 한식 널찍한 방

이교장 (옆으로 쓰러진 채 방바닥이고 벽이고 딱딱한 데 찾아 머리 짓찧
으려는 시도를 계속하고 있는 중이다. 입 꽉 다물고 아무 말 없이)

수진 (머리 안 찧게 하려고 닥치는 대로 머리 부분에 갖다 대면서) 이러시
면 안 돼요, 아버님 진정하세요⋯⋯ (쿠웅) 안 돼요. 진정하시라니까
요! 무슨 일 당하게 하실려구 이러세요. 정말 네? 왜 이러시냐구요!

윤하 (전화기 들고 와서 대어주며) 아버지 아버지, 영하 나왔어요. 말
씀하세요, 네?

이교장 (헐떡이며 그래도 진정 기미. 팔은 며느리에게 잡히고 아들이 대
어주는 수화기에 붙으려 하며. 윤하, 다른 손으로 베개 끌어다 받쳐준다.
그 베개와 상관없다) 의식에미 바꿔.

S# 미숙의 안방

[둘 다 일어나 앉아 있다.]

영하 형 속상하게 하지 마세요, 아버지. 그 동안 아버지 못 모신 형 속
은 더 아파요⋯⋯ (듣다가) 당신 바꾸라셔.

미숙 (기절하게 놀라서) 나 못 받지이, 여보. 나 안 받아요. 무슨 말씀
을 어떻게 드려, 발광쳐서 쫓아낸 주제에. (이불 뒤집어쓰고 눕는다)

영하 아버지, 의식엄마 몸살기가 있어서 일찍부터 자는 (하다가 야단

맞고) ……네 알았어요. 잠깐 계세요. 일어나 받어, 얼른.

미숙   ……(찡그리고 보며)

영하   빨리이. (주며)

미숙   (마지못해 받아서) …… (망설이다가) 저예요. 아버님.

S# 청담동 이교장의 방

이교장   (약하게 처량하게) 나 좀 데려가라아아.

S# 안방

영하   (아내 보고 있는데)

미숙   (가슴이 푸욱 찔리는 듯한) ……

　　　　M

이교장   F 나 좀 데려가아아아…… 으응? 아가…… 나 좀 데려가라구우우.

미숙   (오버랩, 흐윽 울음 터지며) 네 아버님 알았어요. 지금 모시러 갈께요. 가만 계세요, 모시러 갈께요. (하며 전화 픽 끊고 벌떡 일어나 옷장 문 열며) 어이그으으으 내 팔짜야 어이구 내 팔짜.

　　　　　　　　　　　　　　　　　　　　　　　　F.O

S# 영하의 아파트 이교장의 방

미숙   (시부 밥상 들고 들어온다)

이교장   (바둑책 펴놓고 혼자 바둑 두고 있다)

미숙   (밥상 내려놓으며) 심심하시죠.

이교장   (바둑판 들여다보며) 아니다.

미숙   그런데 건 뭐 하러 하세요, 재미없잖아요?

이교장   머리 나빠질까 봐.

미숙   …… (잠시 보다가) 식사하셔야죠, 치울께요.

이교장　(끄덕이고)

미숙　(바둑판 치우고, 이교장 식사 시작, 굴비 뜯으면서) 청담동에서 굴
　　비 왔어요.

이교장　……

미숙　(굴비 얹어주며) 간이 아주 딱 맞으면서 진짜 영광굴비 같애요.

이교장　(먹으며) 너 저거 반두 못 읽었더라.

미숙　(시선으로 방바닥의 책 돌아본다) 아버님은 다 읽으셨어요?

이교장　다 읽었지. (다소 뻐기듯)

미숙　전 하는 일이 많잖아요. 책 읽을 새가 어딨어요. (좀 미워서)

이교장　읽을 것두 없어. 시시껍적해.

미숙　재밌든데요? (얹어주며)

이교장　도스도……에프스키 읽었니?

미숙　옛날에요.

이교장　내가 아는 한 그 사람 작품을 능가하는 소설은 없어.

미숙　어서 드세요.

이교장　(입에 넣다 흘린다)

미숙　(얼른 줍는다)

S# **미숙의 주방(다른 날, 가을)**

미숙　(냉장고 열고) ? ……맥주 다 어디 갔지? (식탁의 부자 돌아보며)

의식　(밥 먹으며) 할아버지가 잡수셨어요.

영하　(신문 보며 먹다가 아들 보고)

미숙　? (아들에게 연결) 네 병 다?

의식　네.

미숙　언제.

의식 낮에요.

미숙 이젠 냉장고에 맥주두 못 두겠네. (식탁으로 앉으며) 아니 왜 안 하시던 짓까지 하시지?

영하 드시구 싶으셨나 부지.

미숙 드시구 싶다구 애 시켜서 냉장골 비우면 어떡해요.

의식 엄마. (보며 부른다)

미숙 왜.

의식 (가만히 보는 채) 할아버지 맥주 잡수시면 우리 집 망해요?

미숙 …… (찔려서 보다가) 누가 망해서 그래? 맥주 드셔야 소변 양만 많아지니까 그렇지. 아이구 참 그 소변을 다 어떡하셨지?

의식 내가 다 했어요.

미숙 니가?

의식 네. (대답하는 의식 머리로 밥 먹으며 안 보는 채 영하의 한 손이 올라온다)

미숙 (미워서 보며 입이 풀풀거린다)

S# 미숙의 테라스

　　[밤. 창으로 부딪히며 흩날리고 있는 눈. 그 위에.]

은비 E 아버지, 눈이 오시네요.

　　[응접 소파가 들여놓아져 있다.]

이교장 (나와 앉혀져서 멍하니 창 쪽 보며) …… (그 등 뒤에 노인의 생일 케이크를 앞에 놓은 사진—영하 가족과 노인—세 개가 줄줄이 놓여 있다)

은비 (아버지 안고 붙어 앉아서) 안 추우세요?

이교장 (오버랩) 늬 엄마하구 혼인하는 날두 눈이 발이 빠지게 퍼붔었지…… 혼인하는 날 눈이 오면 부귀영화 누리구 잘산다는 말두

140

다 헷소리다.

은비　(측은해서 아버지 보며)

　　[주방 식탁의 세 며느리, 다 각각 싸늘하고 뚝뚝한 채 생일 케이크에 초 꽂고 있다.]

인애　불켜세요.

수진　갖다놓고 켜지 뭐.

인애　켜갖고 나가요. (하며 성냥 긋고 성냥 내민다)

수진　(성냥 긋는다)

인애　(미숙에게) 모두 나오라 그래.

미숙　(대꾸 없이 움직여 방문 두 개 두드린다) 나오세요, 나와라들.

　　[명랑하게 떠들며 나오는 손자들과 잡담하며 나오는 삼 형제 위에.]

인애　E 할아버지 생신 케이크 나갑니다아.

　　[불 탁 꺼지고.]

수진　(촛불 켠 케이크 들고 나와 놓는다)

인애　여보 카메라 준비됐어요?

준하　준비됐어.

인애　자 축가 시이작.

　　[손자들 축가 시작하면서 곧장.]

미숙　(우두커니 뒤편에 서서 노인 쪽 바라보고 있는) …… (길이는 저만큼만)

S# **이교장의 방(깊은 겨울)**

미숙　(덮고 있는 이불 번쩍 집어 한쪽으로 팽개치면서) 아버님 왜 또 이 러시는 거예요. 네에? 왜 또 이러세요. 뭣 땜에 이러시냐구요오! 네 에에?

이교장　(파자마 바람으로 날름 드러나서 대자인 채 가만히 며느리 올려다

보며)……

미숙 왜 또 이러시는지 이유를 알자구요! 일 저질르기 전에 왜 벨을
안 누르세욧!

이교장 (여전히 보며) ……

미숙 왜요오!

이교장 (눈 감는다) ……

미숙 눈감지 마시구 말씀하세요. 말씀을 하시라니까요!

이교장 (보며) 나오는…… 걸 몰랐다, 이년아. (조용히) 그래 어쩔래.

미숙 (머엉해지면서) …… 뭐라구요?

이교장 (눈 감는다)

미숙 (주저앉으며) ? …… (너무나 황당해져서)

S# 울면서 정신없이 뛰고 있는 미숙

S# 친정 모의 마당

미숙 (와장창 뛰어들어 오며) 엄마아! 엄마아!

S# 친정 모의 방

친정 모 (낮잠 자다가 퍼뜩 놀라서 소스라치게 일어나는데)

미숙 (뛰어들어 퍼질러 앉으며 대성통곡) 엄마아아아.

친정 모 (딸 다리 짚으며) 돌아가셨구나.

미숙 (고개 마구 저으며) 아앙앙앙앙.

S# 아파트 복도

친정 모 (미숙 뒤에 따라오고) 어쩔 거야 부몬걸. 자식한테 그런 꼴 뵈
구 싶은 부모가 세상 천지에 어딨어. 마지막 가는 길 깨끗하구 싶
잖은 사람이 어딨냐구. 어쩨, 내 맘대루 되는 일이 아닌걸. (아파트
문 열고) 어이 들어가 태연한 얼굴루 옷 갈아입혀드리고 빨랫거리

내놔.

미숙 (들어간다)

S# 식탁

미숙 (다소 흐트러진 허탈한 모습으로 앉아 멍하니) ……

S# 욕실 안

친정 모 (욕조에서 빨래 빠르게 흔들어대고 있다)

S# 안방

미숙 (손재봉틀로 줄무늬 있는 싼 천으로 요 껍질 박고 있다. 옆에 구겨져 아무렇게나 놓여 있는 얇은 비닐말이) …… (재봉틀 멈추고 일어나 나간다)

S# 이교장의 방

미숙 (들어오며) 아버님 약 드실, (하다 보면 고무줄 넣은 요 껍질은 훌렁 벗겨져 저만큼 가 있고 비닐은 조각조각 찢어져 아수라로 널려 있다) …… 또 찢으셨군요 …… (열 받쳐) 싫어두 참으세요. 저두 이러구 싶어 이러는 거 아니예요 제발!…… (열 빼고 사정) 저 좀 도와주세요 네?

이교장 (삐딱하게 기대어 앉아서 모르는 척)

미숙 (펄썩 앉으며 달랜다) 협조를 좀 하시라구요 아버님. 안 그럼 저 죽어요오.

이교장 ……

미숙 (오기 있게) 하구 싶은 대루 하세요 그럼. 저두 끝까지 할 테니까요. 비닐 필루 끊어다 논거 아직두 멀었구 떨어지면 또 살테니까 아버님은 찢어내구 전 다시 꿰매구 해보자구요 어디.

이교장 …… (물끄러미 본다)

미숙 아니면 기저귀를 차시든지요.

이교장 …… (그저 물끄러미 보며)

미숙 이 불쌍한 인생아아아아, 인간이 그러는 게 아닌데에에, 이 아
무것도 모르는 가여운 년아아지요 아버지 그 얼굴?······ (눈물 차오
르면서) 그래요, 저 악질이에요. 근본적으루 나쁜 년이에요. 천하
구 무식하구 저질이라구요. 천벌받아서 지옥에 떨어질 거 각오하
구 있어요. 네에 무시하세요, 경멸하세요.

이교장 ······ (볼 뿐)

S# 주방 식탁(다른 날)

미숙 (머리칼 속에 두 손 쑤셔놓고) ······ (별안간 벌떡 일어나 욕실로)

S# 욕실

미숙 (문 열며) 엄마 관둬요. (맥 빠져서) 그럴 거 없다구. 우리 다 내버
리자구요. 다 내버려버리자구요. 다 내버리면 돼 까짓. 엄마 팔짠
이게 뭐냐구.

친정 모 (빨래 물에 흔들면서) 늙으면 딸년 팔짜가 에미 팔짠 거다. 끝
이라는 게 있는 줄 알어?

미숙 ······ (고개 외로 꼬고 엄마 보며)

S# 안방

미숙 (파자마 입은 남편 등 보며) ······술 먹었지?

영하 음? ······음 조금.

미숙 ······왜 종종 술 먹구 들어와?

영하 그렇게 됐어. (이불로 들어온다)

미숙 ······ (남편 눕는 것 기다렸다가) 당신 조금씩 조금씩 술 먹기 시작
하구 조금씩 조금씩 늦게 들어오는 거 알어?

영하 ······

미숙 ······ 당신두 지루하구 지겹지?

144

영하   뭐가.

미숙   ……아버지랑 나랑…… 전쟁.

영하   (옅은 한숨)

미숙   그렇지?

영하   아니야…… 도와주지 못해 미안하다.

미숙   뭘…… 목욕은 시키잖어.

영하   ……

미숙   ……

S# 거실 현관께

미숙   (마악 이교장의 방으로 가는 중인 수진과 인애가 들고 있는 케이크
         상자 과일 바구니 등 뒤에서 한꺼번에 뺏으면서) 아무것두 들구 들어
         가지 말아요. 내 말 어디루들 듣는 거예요. 식탐만 많아지셔서 보이
         는 대루 다 잡숫구 다 내노세요. 치우는 사람 나니까 형님들은 상관
         없죠?

수진   그렇지만 어떻게 빈손으루……

미숙   약 사오세요 약, 약 무지 좋아하시잖어요.

인애   약은 바구니 하나 가득 쌓였는데.

미숙   됐어요 들어가세요.

인애   거기 족발이나 줘 그럼. 지난번에 잡숫구 싶다, (그러셨단 말야)

미숙   (오버랩) 우리 식구 아무두 안 먹구 나눠서 드릴게 걱정 마세요.

인애   그러지 마 동서. 사람이 참 나쁘다.

미숙   (오버랩) 좋아요 나 나빠요. 모셔봐요 안 나빠지구 배기나.

인애   무슨, 말을 못하겠어 정말. 쌈닭 모양 덮어놓구. 빈손으루 왔다
         말씀드려?

미숙 (주방으로 돌아서며) 압수당했다 그러세요.

S# 화면에 가득 찬 피서지 풍경과 뉴스 아나운서 소리

[텔레비전 테두리가 처음에는 안 나오도록 잡았다가 잠자고 있는 아랫목의 이교장 옆얼굴을 오른쪽 벽 쪽에서 잡으며 멀리 텔레비전도 함께 잡힌다. 오른쪽 벽을 일단 뜯어내고 카메라 높이와 노인의 얼굴 높이를 맞추어서. 카메라 그대로인 채, 밥상 들고 들어오는 미숙.]

미숙 (상 놓으며 자는 이교장 본다) …… (한참을 다소 측은한 감정으로 보다가) 아버님…… 아버님…… (문득 혹시나 해서 귀 대고 숨소리 들어보다가 내가 이게 무슨 죄받을 생각인가 얼른 몸 떼면서) 아버님 저녁 드셔야지요…… (TV 끄는데 끄자마자)

이교장 누구냐.

미숙 (가책의 반작용으로 어설프게 상냥히 웃으며) 저녁 드시자구요. (밖에 대고) 여보오 아직 안 나왔어요?

영하 (젖은 머리 털며 들어온다) 어 됐어. (하며)

[영하와 미숙, 이교장 일으켜 앉히는데 영하가 제 등으로 노인 등을 떠받치듯 뒤에서 막아주는 형국으로. 노인의 상태가 점점 나빠진다.]

미숙 (간추리면서) 아버님 벽보다 당신한테 기대는 거 좋아하시니까 그러구 있어요.

영하 어 그래.

미숙 (상 놓아주며) 맛있게 드세요.

S# 주방

미숙 (주방으로 들어와 서면서) …… (방금 전의 자신의 '기대'에 대한 놀라움으로) …… (눈과 고개가 약간 옆으로 돌아가고) …… (다시 천장으로 고개 치키면서 눈 꽉 감는다)

S# 이교장의 방(다른 날)

미숙 (아랫도리 홑이불 주글주글 위로 올려놓고 고무장갑 물 대야에서 수
건 짜서 고개는 옆으로 돌려 빼고 시부의 아랫도리 닦아내고 있다) ……

이교장 (느닷없이 퉁명) 자세히 좀 닦아.

미숙 (잠깐 시부 보고 여전히 고개 뺀 채 닦는다)

이교장 너는 손에 눈 달렸냐?

미숙 뵈기 싫으시다면서요.

이교장 제대루 못하잖어.

미숙 ……봐요?

이교장 ……제대루 닦어.

미숙 알았어요. (하고 시부 아래로 고개 돌리다가 도로 얼른 고개가 돌아
가는데)

이교장 E 큰애한테 병원 수술 장갑 좀 갖다 달래 써. 김치 담냐?

미숙 알았어요. (고개를 다는 못 돌리고 힐끔힐끔하면서) …… (닦는 위에)

이교장 E 들어.

미숙 ? 네?

이교장 E 들라구, 들라는 소리두 몰라?

미숙 (뭉클해서 이교장 쪽 보면서) …… (오버랩)

S# 이교장의 방(가을 어느 날)

미숙 (이교장에게 스웨터 머리에서부터 씌워 입히면서) 부동산 염사장
쫓아다니면서 깜짝깜짝 놀라게 벌었어요. 큰건 하나 하면 포장마
차 일 년 벌일 한 번에 들구 들어오기두 하구요. 거기서 기반 잡았
죠, 뭐.

이교장 투기꾼 끼구 돈 번 거…… 자랑 아니다.

미숙　…… (잠깐 옷 입히던 것 멈추고 보다가 다시 계속하며) 아버님 뭐 해
　　주셨는데요? 염사장 아니었으면 우린 지금두 포장마차 끌구 있을
　　거예요. (한쪽 소매 입히며) 평생 은인이구 부모 같은 분이세요. 의식
　　아빠 자기 아들보다 더 좋아하시거든요…… (나머지 한쪽 팔 쪽으로
　　옮겨) 자 이쪽 끼세요.
　　　[스웨터 다 입혀놓고 등 뒤로 돌아가 양쪽 겨드랑이 밑으로 껴안아 당
　　겨서 문갑에 기대어 앉게 하고 머리 빗기기 시작한다.]

사이

미숙　…… (빗겨놓고 문득 측은한 감정으로 보며)

이교장　…… (그대로)

미숙　(떨치듯 얼른 발치로 옮겨) 양말 신으셔야죠?…… (양말 신기면서)
　　뭐 하나 여쭤봐두 돼요?

이교장　…… (보며) 뭘 알구 싶은데.

미숙　왜 재혼 안 하셨어요?

이교장　…… (보며)

미숙　에? 안 하신 거예요, 못하신 거예요?

이교장　안 했어.

미숙　왜요.

이교장　……누구한테 우리 애들을 맡겨…… 뭘 믿구.

미숙　좋은 사람두 있잖어요.

이교장　아무리 좋아두 그렇게는 안 되는 게야…… 그건 안 돼. 애들을··
　　… 자기가 낳지 않은 여자한테 우리 아이들을 맡기기가 싫었어.

미숙　…… (보며)

이교장　여자를 들여놓으면 난 안 변할 줄 알아? 그것두 장담할 수 없

148

는 일이구……

미숙   …… (보다가 좀 비죽이 웃으며) 연애두 안 하셨어요?

이교장   그럴 시간 없었어……

미숙   외롭지두 않으셨어요?

이교장   (보며) 외로운게 너…… 뭔 줄이나 알어? 알지두 못하면서.

미숙   …… (보다가) 후회하시죠. (양말은 이미 다 신겼다)

이교장   바둑판 이리 다우.

미숙   (이교장의 다리 벌려놓고 그 사이에 바둑판과 바둑알 그릇 놓아주
고) 후회하시죠. 그렇죠.

이교장   …… (대꾸 없이 바둑알 놓기 시작한다) ……

미숙   ……(가만히 보면서)

S# 가을 숲길(다른 날)

[가을이 한창인 어느 숲길을 휠체어 밀고 오는 미숙.]

[저만큼 한참 떨어진 뒤에서 추썩거리는 의식 상대하며 오는 영하가
이교장과 미숙이 뒤로 보였다가 안 보였다가.]

미숙   아버지 속으루 후회하죠. 진작 나올 걸 그랬다.

이교장   (오버랩) 너 나 보면…… 약 먹구 자살이라두 하지 왜 저러구 사
나……그러니?

미숙   (찔끔하지만) ……그런 생각 해본 적 없어요.

이교장   나두…… 당하기 전에는…… 지금 나 같은 사람 보면…… 혀를
깨물어서라두 어서 빨리 죽어 끝을 내지 왜 저러구 사나…… 했지……

미숙   ……

이교장   그게 아니더라구우……

미숙 ……

이교장 (고개 들어서 머리 위 천천히 둘러보듯)

S# 인서트

  [이교장의 시각으로 머리 위 사이사이로 하늘이 보이는 가을 숲.]

  [그 위에.]

이교장 E ……은비년은 해산이 언제라든.

미숙 E 예정일 며칠 안 남었어요.

S# 말없이 굴러 나오고 있는 휠체어와 뒤편의 영하 부자

S# 이교장의 방(다른 날)

이교장 (벽에 기대앉혀져 있는데 중심을 잃어 옆으로 기우뚱)

미숙 (물 대야를 이교장 다리 사이에 넣고 이교장 손 담갔다 뺐다 하면서 손톱 속을 이쑤시개 같은 것으로 파내고 있다) 어으으, 이게 뭔지 아세요, 아버지?

이교장 ……

미숙 도대체 왜 그러시는 거예요. 일보셨으면 고대루 꼼짝 말구 부르시라니까 왜 말 안 듣구 그러시는지 도대체 이율 모르겠다구요.

이교장 ……

미숙 그냥 어떤 날은 괜히 심술이 나세요? 이년이 오늘은 어떻게 나오나 한번 보자 그런 생각이 들어요? 그래서 일부러 만지구 묻히구 온통 휘갑을 하시는 거예요?

이교장 아냐, 이년아.

미숙 그럼요.

이교장 ……

미숙 그럼요.

이교장 너 놀래키게 내가…… 한번, 치워보구 싶어 그러지.

미숙 ?…… (본다)

이교장 …… (안 보는 채)

미숙 (노인의 심정을 알기는 하지만 구박 주듯) 아이구 아버지, 하나두 안 고맙네요. 그냥 가만 계셔주는 게 적선하시는 거네요.

이교장 ……

미숙 …… (눈 내리깐 이교장 흘끗흘끗 간간이 보면서 손톱 밑 파내다가 손 물에 담그며)

S# 이교장의 방(다른 날)

미숙 (있는 대로 치받쳤다. 물이 쏟아질 정도로 거칠게 대야 방바닥에 놓으며 동시에 퍼질러 앉으며) 아으으으으!

이교장 …… (눈 조용히 뜨고 있으며) ……

미숙 아으으으으으!

이교장 ……

미숙 왜 말 안 듣구 자꾸 이렇게 나쁜 년을 만드시냐구요, 도대체! 아버지가 안 치워줘두 된댔잖아요. 가만히만 계셔주는 게 적선이라구 몇 번이나 말해야 돼요 대체! 네?!

이교장 ……

S# 이교장의 방(시간 경과)

미숙 (치워진 방. 방바닥 닦으며 악 빠져 간간이 흐느껴 울면서) 제발 제가 미워하게 하지 마세요 아버지. 악쓰게 좀 만들지 마세요…… 아버지 저한테서 모진 대접 받아가며 얼마나 많이…… 인생이 서글프구 자존심이 상하는지…… 저 알아요. 그렇지만 이 떡장사 딸이…… 아버지 아들 꼬여 망쳐놨다구…… 아버지 지금두 저 무시하잖아요.

(반발하듯 돌아앉으며 시부에게) 공부 못한 건 사실이지만 바람둥인 아니예요, 왜요.

이교장 (천장 보며) …… (가만히)

미숙 아버지 저 형편없는 인간이에요. 맞아요. 이렇게 속이 나쁘구 돼먹잖은, 죄덩어리라는 거 옛날엔 몰랐다구요. 천벌받을 각오 해 놨어요. 그러니까 아버지 제에발, 더 이상 죄짓게 만들지 마시구 가 만 계셔만 주세요 네? 네? 아버지이.

이교장 (물끄러미 미숙 보고 있다)

미숙 (화난다) 그런 눈으루 보지 말라구 했잖아요!

이교장 (오버랩) 그래두 사람은 니가…… 사람이야.

미숙 …… (멍하니 보며)

이교장 불쌍한 것들은 따루 있지…… 니 배웅을 받을 줄은…… 몰랐다. 가책 느끼지 말어.

미숙 …… (보며)

이교장 쉬이 안 가겠냐?

미숙 …… (보다가 퉁명) 백 살은 넘게 사시겠어요, 엄살 피지 마세요.

S# 아파트 전경(낮)

미숙 (점심 준비하는데)

　　E 갑자기 나오는〈부모은중경〉중간 토막.

미숙 ?…… (듣다가 이교장의 방으로 가 노크하고 문 연다)

S# 이교장의 방

미숙 그게 뭐예요?

이교장 (거의 미끄러져 고개만 세운 형국으로 듣고 있다)

미숙 …… (한동안 듣다가) ……이게 뭐예요?

152

이교장　(올려다본다) ……

미숙　…… (듣다가 달려들어 등 뒤로 비집어 들어가 천근같이 무거운 시부
자세 세워주려 용쓰며) 알았어요. 아버지 머리 좋으신 거 알아요. 저
들으라구요?

이교장　(비죽이 쓸쓸히 웃는데)

미숙　근데 어디서 나셨어요?

이교장　의식애비더러 사다 달랬지.

미숙　소리 줄여놓구 들으세요. 염불 소리 전 듣기 싫으니까. (나가려)

이교장　나두 우리 부모님이 저렇게 키우셨다.

미숙　(돌아본다) …… (경소리)

이교장　그 얕은 속으루 알어듣기나 해?

미숙　(시비조. 그러나 친밀감) 아버진 사이사이 저 깔어뭉개잖으면 소
화가 안 되세요?

이교장　(벌쭉 웃으며) 그래 그렇다 왜.

미숙　(비쭉하는 얼굴로 돌아서는데)

이교장　E 에미야.

미숙　(돌아서며) 저 바뻐요, 왜요.

이교장　(웃음기 없이 올려다보며) 나 좀 깨끗이 닦어다오.

미숙　새벽에 애비가 목욕시켜드렸잖아요.

이교장　목욕은 아니구 한 번 더 닦어줘.

미숙　알았어요. 점심 드시구 나서요.

이교장　지금.

미숙　에?

이교장　밥 생각 없어. 지금.

미숙 ...... (보며)

이교장 손톱 발톱은 그저께 깎었구...... 새 옷 다우. 그리구 영하 들어 오라 그래.

미숙 (보다가) 왜 그러시는 건데요. 돌아가시는 연습시키는 거예요? 새루 연구해내셨어요?

이교장 ...... (그저 보며)

미숙 알았어요. (돌아서는데)

S# 주방 거실

미숙 (양념절구에 마늘 찧고 있다. 〈부모은중경〉은 아직도 맨 마지막 부분 이 돌고 있고)

　　E 현관문 소리.

미숙 (양념절구 공이 들고 내다보며) 왜 이렇게 늦어?

영하 어 뭐 잠깐 처리할 게 있어서. 아버지.

미숙 (아무렇지도 않게) 새신랑처럼 넥타이까지 매시구 얌전하게 누 워 당신 기다리셔. 빨랑 들어가봐. (약간의 야유) 정신 맑은 동안에 유언하실려나 부지 뭐.

영하 (이교장의 방 쪽으로)

미숙 (양념절구에 공이 집어넣고 쿵 한 번 내리찍는데)

영하 E 아버지!

미숙 ?

영하 E 아버짓!

미숙 (공이 내던지고 뛴다)

영하 E 아버지 아버지!

S# 이교장의 방

미숙   (뛰어들며) 왜 그래요!

영하   아버지, 정신차리세요. 아버지, 아버지, 아버지 정신차리시라
 구요!

미숙   (황당해서 선 채 내려다보며)

이교장   (뇌졸중 마지막 경련으로 푸드득거리고 있다)

미숙   아버니임, (영하와 얼크러지는 노인 부르는 소리)

영하   (갑자기 방바닥 한 손으로 내리치면서) 아버지 돌아가신다 미숙
 아. 빨리 큰형한테 전화해. 빨리 앰뷸런스 보내라구 빨리.

미숙   당신이 해. (달려 붙으면서) 아버님 아버님?

　　[영하, 뛰어나간다.]

S# 거실

영하   (다이얼 찍는데)

미숙   E 여보옷!

영하   (전화 집어던지고 뛴다)

S# 이교장의 방

미숙   (뛰어드는 영하 돌아보며) 아버님 이상해 여보. 돌아가신 것 같
 어어.

영하   (달려 붙으며) 아버지 아버지. (경련이 끝나고 우그러졌던 얼굴이 서
 서히 펴지고 있는 중이다) …… (가슴에 손 대보고…… 손목의 맥 잡으려 마
 비돼 꺾어진 팔 무의식 중에 잡는데 그 팔꿈치가 천천히 펴지고 있다) ……
 (휘둥그레져 보다가) 아버지 돌아가셨어. 여보 팔이 펴지셔어.

미숙   ?…… (커진 눈으로 이교장 내려다보다가 엎어지면서) 아이구 아
 버지 잘못했어요. 잘못했어요 아버지. (급해진다) 용서하세요 제가
 죽일 년이에요. 죽일 년이에요 아버지. 아버지이이이. 아버지이이

이이.

[영하는 영하대로 아버지 소리치며 울고.]

E 겹쳐서 저 혼자 따로 돌아가는 〈부모은중경〉 테이프.

S# 이교장의 방

[삼 형제 내외. 미숙만 빼고 다 모여 통곡하고 있다.]

[여자들도 질세라 소리 높여 울고.]

S# 이교장의 방 밖

[복도 벽에 허탈하게 앉아 눈물만 폭포처럼 떨어뜨리고 있는 미숙. 낭자한 통곡 소리.]

친정 모 (저만큼에서 딸 쪽 묵묵히 보고 서 있다) ……

S# 묘지(현재)

[이미 〈달구타령〉 구성지게 하면서 다지기 하고 있다. 타령.]

[유족들과 조문객들.]

[남편에게 안겨 섧게 우는 만삭의 은비와 담담해져 은비를 보고 있는 미숙.]

[좀 떨어진 자리. 추워 웅숭그리고 담배 태우며 잡담하는 노인들.]

노인1 효자들은 무슨, 아 효자들이 즈 아버지 풍 맞었는데 애당초 즈들이 안 데려가구 딸네집으루 막내아들네루 내돌리다 죽게 만들어?

노인2 아 큰아들은 장몰 데리구 있다잖어. 그 대쪽 같은 이교장이 거길 어떻게 들어가. 애초부터 큰아들이 모시겠다는 거 이교장이 싫다구 했다는구먼. 이교장이 딸네루 들어간 건 이유가 있어서야. 딸이 집이 없었거든. 퇴직금 갖구 딸 집 사주러 들어간 거라구.

노인1 나중에 막내아들한테 간 건 뭐야, 그럼.

노인3 개들이 포항 내려가게 됐다잖어? 나 그렇게 들었는데.

156

노인2 막내아들 어릴 때 상처했잖어. 한번, 그게 언제냐, 막내아들
한테 가구 얼마 안 돼서 통화하는데 그러더라구. 막내가 젤 안 됐구
젤 애틋하다구. 그래서 자기가, 나는 막내하구 살다 죽을란다 그랬
다구.

노인1 치, 전화두 따루 못 쓰구 살더라.

노인2 어 그거 따루 매줬는데, 시끄럽구 성가스러 치웠대. 큰아들이
휠체어두 사다 줬대. 아들들이 약을 어떻게 갖다 대는지 산삼까지
먹었다구 전화만 하면 자식 자랑이 귀따갑던 사람인데 뭘 그래. 행
복했지.

노인1 하나두 안 믿으니까.

노인4 믿구 편한 게 좋지, 안 믿구 속 불편한 거보다야.

　　　[노인들 뒤로 지친 은비, 미숙에게 안겨 묏자리에서 뜨고 있는 게 보인다.]

S# 은비와 미숙

　　　[자동차 있는 곳을 향해서 내려오고 있다. (한동안)]

은비 ……미숙아.

미숙 (본다)

은비 너한테 (울음 다시 터지려 하며) 고백할 게 있어.

미숙 뭔데.

은비 (멈추고 터지면서) 사실은 아버지 모시기 너무 힘들어 포항으
루 가자구 내가 그런거야 미숙아 나 죽일 년야 어어엉엉. (주저앉으
려 하며)

미숙 (얼른 은비 껴안아 주며) 난 너보다 더 죽일 년야 엉엉.

은비 미숙 (마주 얼크러져 껴안고) 엉엉엉. (함께) 엉엉엉. (더 길지 않게)

S# 돌아가고 있는 영구차와 승용차들

S# 영구 버스 안

　　[노인들 몇몇만 깨어 있고 유족들 다 같이 약이라도 먹은 것처럼 각각
　　자고 있다.]

미숙　(기대어 앉아 눈 멀거니 뜨고)

　　[한동안 사이.]

은비　E 여보······ 여보?

미숙　(좀 일어나듯 하면서 하나 건너 앞자리의 은비에게) 왜, 왜 그래?

은비　나 배 아파. 우리 그이 좀 깨워줘 미숙아.

미숙　그래 알았어. (빠져나가는데)

준하　(은비 바로 뒷자리에서 자다가 깨서) 아퍼? 배 아프니? 너 배 어퍼?
　　애기 나올려구 그래? 응?

은비　소리지르지 말구 조용해 작은오빠.

준하　(이미) 어이 매제! 병규! 병규야!

병규　(깨며) 예? 예?

준하　(오버랩) 은비 배 아프대. 빨리 이리 와 빨리. (모두 깬다) 아니 여
　　기서 젤 가까운 병원 어디지? 엉? 기사선생! (하는데)

윤하　(오버랩) 우선 버스 좀 대라 그러구 은비 앞차루 옮기게 해. 여
　　기 마땅한 병원 없어.

준하　어, 어 그래. 은비야 걱정 마라 응? 최악의 경우엔 형이 있으니
　　까 아무 걱정 말라구.

　　[여보세요, 차 좀 대주슈. 앞차한테 세우라는 신호 먼저 보내구, 버스 좀.]

S# 약간 먼 거리 부감으로. 길 옆에 대어지는 윤하의 승용차와 버스

　　[승용차에서 아이들이 내리고 버스에서는 은비 부부와 준하·윤하 내
　　린다.]

[무슨 일이냐고 묻는 듯한 아들 뒤통수 버스로 먼저 밀고 나머지 아이들도 쫓듯이 버스로 몰고 마치 진두지휘하는 것처럼 동작 크게.]

[출발해서 멀어져가는 버스 꽁무니 좀 오래다 싶게 두었다가]

F.O

마감 타이틀.

〈끝〉

인생

(1995)

| 등장인물 |

주요 인물

이금분   치매 환자. 옥자 자매의 어머니.

안옥자   금분의 첫째 딸.

안금자   금분의 둘째 딸. 유명 연극 배우.

안은자   금분의 셋째 딸.

철수네 가족

안철수   금분의 막내아들. 세 자매의 남동생.

경진   철수의 아내.

안현식   철수 부부의 아들.

금자네 가족

강창우   금자의 남편. 연극 연출가.

강은지   금자 부부의 딸.

은자네 가족

노진   은자의 남편.

신일   은자 부부의 아들.

제1회

S# 깊고 깊은 심야의 거리

[뻥 뚫린 거리에 간간이 질주하는 차 몇 대.]

S# 고층 아파트 건물들과 그 입구

S# 아파트 광장 안의 텅 빈 어린이 놀이터

S# 빽빽하게 들어찬 자가용들

S# 자가용들에서 카메라, 꼭대기를 두 층쯤 남겨놓은 창문으로 빠르게 올라 가 멈추자마자

S# 철수의 거실

[방문 하나 반쯤 열려 있고 그 방문에서 나오고 있는 불빛이 거실 일부 를 밝히고 있는데, 이금분 노인 지팡이 허리를 잡고 거실 소파 쪽을 흘 깃거리면서 불안정하고 초조하게 왔다 갔다 하고 있다. 왔다 갔다 하는 폭이 넓을 필요는 없다.]

금분 (홀낏홀낏 안 보는 척 보며 마치 들킬까 겁내는 모양이기도 하면 서 왔다 갔다 돌아보다가 다시 가고 또 돌아보고 이윽고 뒤를 경계하면 서 철수의 방문 앞으로 가서 지팡이로 방문 조심스레 두드린다) 똑……

똑……똑…… (두드려놓고 귀를 바짝 기울이고 기다렸다가 다시 이번에는 좀 크게) 똑똑똑……똑똑똑.

S# 철수의 침실(어둠 속)

경진 (홱 돌아누우며 이불 머리끝까지 뒤집어쓰며 몸을 오그리고)

철수 (동시에 감고 있던 눈 뜬다) ……

   E 그 위에 더 커져서 똑똑똑똑똑똑똑똑.

철수 (똑똑 소리에 오버랩, 느른하지만 짜증이 배어 있는 소리로) 예에, (일어나며) 나가요 나갑니다. (침대 내려서는데)

   E 잠시 멎었는가 싶었던 소리 다시 똑똑똑똑.

경진 (좀 열 받아서 오버랩) 나가구 있어요, 그만 하세요. (소리 잠잠)

   [철수 문으로 움직이는 기척에.]

경진 (뒤집어썼던 이불 얼굴에서 끌어내리며 불끈 일어나 앉아 문 쪽 흘겨보는데 미워서 환장하겠다)

S# 거실, 철수의 방 앞

철수 (나와 문 닫으며) 왜요 어머니. (뻔하지만)

금분 (아들 나오자 얼른 아들의 한 팔 잡으면서 얼굴은 소파 쪽으로 오버랩, 소곤거리는 소리로) 너 놈덜 저 저기 회의하구 있는 도적눔들 저 눔덜 쫓아내 얼렁.

철수 (눈 잠깐 감았다 뜨고 멀거니 보는 위에)

금분 (소리. 앞 대사 연결) 벌써 멧 시간짼지 몰러 얼렁 쫓어보냐 회의 딴 집 가 하라구 햐.

철수 (오버랩의 기분으로) 예 알았어요. (어머니 어깨 안듯이 하면서) 제가 쫓아보낼 테니까 안심하시구 그만 주무세요. (어머니 안듯이 하고 어머니 방 쪽으로 움직이며) 지금 주무셔야 할 시간이에요, 새벽 세시예요.

금분 (아들에게 안겨 움직이면서도 고개는 소파 쪽으로 빼돌리고 오버랩) 저 봐, 저눔덜 수근수근수근수근. (갑자기 발 구르듯 하며) 예엣끼 이 눔덜아 밥 먹구 머여 뭐 할 짓이 읇어 게우(겨우) 도적질 모의야!

철수 어머니.

금분 (자기 대사 연결) 아 내가 한 상 부러지게 차려줘 배 터지게들 먹 었잖어 그럼 그만 가! 어이 일어나들! (발 구르며) 어이! 어이!

철수 (어머니 끌어 넣듯 방으로 움직이며 오버랩) 제가 하께요. 제가 해요. 어머니 제가 한다구요.

> [닫히는 방문. 방문이 닫히는데 방에서 흘러 나오는 불빛에 문짝 위 에 붙어 있는 커다란 표찰이 얼핏 보인다. 제대로 안 보여도 상관없는 데 붙어 있는 표찰에 씌어 있는 글씨는 '이금분 여사 방'이라는 다섯 글 자. 이 표찰은 화장실 문짝에도 붙어 있다.](화장실, 역시 안 보여도 관계 없음)

S# 금분의 방

철수 (어머니 눕게 하려고 깔려져 있는 이부자리로 어머니 데리고)

금분 (순하게 움직인다)

> [환한 불빛 속에 드러난 금분의 모습. 커트 머리 위에 색깔 야한 핀이 양쪽으로 꽂혀 있고 옷은 파자마 바지 위에 원피스, 원피스 위에 가디 건 하는 식으로.]

철수 (어머니 눕게 하면서) 아뭇 소리두 듣지 마시구 무슨 소리가 들 려두 그냥 상관 마시구 눈 꾹 감구 주무세요 예? (어머니 다 누웠다) …… (이불 덮어주면서) 저 세 시간 뒤엔 일어나 전무님 상무님 모시 구 운전해서 도고까지 골프 가야 해요. 세 시간만이라두 좀 재워주세요.

금분 (멀거니 텅 빈 얼굴로 아들 올려다보며) ......

철수 저 잠 좀 재워주세요 예?

금분 ...... (멀거니)

철수 주무세요. (잠시 더 보고 있다가 무겁게 일어나려는데)

금분 E 여보슈 아자씨 내 지팡이 훔쳤쥬?

철수 (대꾸 없이 지팡이 집어다 어머니 옆에 놓아주며) 여겼어요.

금분 (누운 채 지팡이 한 팔로 덮듯이 하며) 고마워유.

철수 뭘요, 천만에 말씀을 다 하십니다. (다소 자조적으로 대꾸하고 나
간다)

금분 (지팡이 집어 올려 이불 위 가슴에 두 손으로 움켜쥐고) ......

S# 거실

철수 (한 손으로 이마 짚고 잠시 서 있다가 털 듯이 침실로)

S# 침실

철수 (들어와 침대에 쓰러지려는데)

　　　E 와장창 뭔가 깨지는 소리와 함께.

금분 E (악쓰는 소리) ㅇㅇㅇㅇㅇㅇㅇ! 아아아아아아아!

철수 (화닥닥 뛰쳐나가고)

경진 (옆으로 누운 채 돌연 발버둥질 치면서. 크게 내는 소리는 아니다)
아ㅇㅇㅇㅇㅇㅇ!

S# 금분의 방

　　　[후닥닥 문 열리고 들어오는 철수.]

금분 (구석에 조그맣게 처박혀서 지팡이 앞으로 내지르며) 나가! 나가!
싫여! 안 가! 안 간다구! (이하 계속되는 금분의 액션 위에)

168

S# 아파트 광장(같은 시간)

M 연결.

[조용했다가 한 줄기 바람이 휘익 불자 이제 막 시들어 떨어지기 시작하고 있던 나뭇잎이 서너 장 펄렁펄렁 떨어져 구른다.]

S# 아파트 입구를 벗어나고 있는 철수의 자동차

(새벽 여섯 시)

S# 운전대의 철수

철수 (핸드폰 들고 기다리고 있다) ……

S# 은자의 아파트 거실

E 울리고 있는 전화벨.

은자 (졸려서 무릎이 픽픽 꺾이는 아들 뒷덜미 잡아끌고 나오면서) 어이구우 증말, 징글징글하다 징글징글해.

신일 (중1) 저두요 엄마. (졸려죽겠다)

은자 (오버랩의 기분으로. 아들 욕실 쪽으로 픽 밀면서) 빨랑 씻구 나와 연습해. (피아노 바이올린 중급 이상) 너 선생님 오실 때까지 네 시간 오줌두 안 누구 한댔어 아냐?

신일 (욕실로 들어가며) 전화나 받으세요.

은자 넌 니 할 일이나 해. 건방진 녀석. (하고 전화로 옮기며 혼잣소리처럼) 출세해 살긴 다 틀렸다 다 틀렸어. (수화기 손 뻗치며) 누구야 이렇게 일찍 여보세요? …… (좀 틀려 있는 중이긴 하지만 그래도 오빠니까) 일어났죠. 그이 들어올 시간인데 왜애? (선 채) ……별걱정 다하네. 내 걱정 말구 엄마 목욕이나 깨끗이 시켜노라 그래요…… (비쭉거리듯 거의 안 들리게) 알아서 하기는…… 아냐 암말 안 했어요. 알았어요. (끊고) 알아서 해서 노인네한테서 썩은 내 풀풀 나게 해놔!

인생 169

(움직이려다가 문득 도로 전화로 와 앉으며 송수화기 들고 찍는데)

　　E　현관 차임벨.

은자　(얼른 전화 놓고 현관으로 내달으며) 당신이에요?

노진　E 어어.

은자　(서둘러 현관문 잠긴 것 열어 들어오는 남편에게) 어땠어요?

노진　그놈의 소리 좀 잊어버리는 날두 있어봐라. 밥 안 굶으면 됐지 이 여편네는! (침실로 움직이며)

은자　에에이 밥만 (남편 등 뒤에서 허리 껴안으며) 안 굶으면 되나아 재벌 되야지이 여보.

노진　왜 이래, 나 기운 읎어.

은자　이이는. (가볍게 치며)

노진　(침실로 들어가며) 들어오지 마, 들어오기만 해봐라.

은자　(남편 들어가는 것 웃음 띤 얼굴로 보다가 다시 전화기 앞에 앉아 수화기 들다가 욕실로 고개 돌리고) 신일아! 너 자니이?

신일　E 아네요오.

은자　근데 왜 물 소리가 안 들려?

신일　E 끙가해요. 엄마 끙가요. 끙가.

은자　너 연습 시간 줄일려구 마냐앙 변기 타구 있는 거 아냐?

신일　E 저두 인격이 있어요 엄마. (그런 말씀 하시는 거 아니예요)

은자　빨리 하구 나와. (못 박듯 말하고 전화로 고개 돌린다)

S# 금자의 침실

금자　(화려한 잠옷 가슴에 두 손 모아 얹고 자고 있다. 화장기 없이)

　　E 전화벨

금자　(더듬어 전화 집어 든다. 잠결이지만 달콤하고 무드 있게 꽤 연극적

170

으로) 네에에······ (눈 감은 채) 지금 몇 시니····· (눈 펄쩍 떠지면서) 엄
마한테 무슨 일 있니? ······아님. (신경질) 너 어디 아퍼? 공연 중인
거 뻔히 알면서 이 시간에 왜 깨워 왜 그래 뭣 때메 깨운 거야?

S# 은자의 거실

은자 (아니꼬워서) 깨울 일 있으면 깨우는 거지 언니가 무슨 네로황
제야? 큰언니 오는데 어떡할 건가만 말해 빨리 나두 전화 길게 붙
잡고 앉았을 시간 없어.

S# 금자의 침실

금자 (순하게) 아 그렇구나 참. (몸 일으켜 스탠드 켜면서) 어제 잠들기
전에도 생각했었는데 자면서 다 잊어버렸네······ (하품 터지면서) 몇
시랬지?

S# 공항 안 대합실

S# 대합실 의자

은자 (앉아서 주간지 연예 기사 보고 있다가) ······ (펄렁펄렁 몇 페이지 넘
기다가 손목시계 한번 보고 다시 주간지 넘긴다) ······
　　E 공항 분위기 소음. 오후 한 시경.

S# 대충 넘겨지는 주간지 페이지가 문득 멈춰진다

S# 기사 제목 ─「무대에서 죽으리라」
　　[안금자의 웃는 사진 커다랗게.]

S# 공항 대합실의 은자

은자 (얼굴 좀 피식 웃는 듯싶어지면서 그래도 읽으려고 주간지 좀 올려
드는데) ······

금자 E 성스러운 옥체는 가엽게도 쇠같이 차디차군요. 정통 왕가의,

S# 금자의 아파트 거실

[오락가락하면서 암기한 대사를 연습해 보고 있는 금자. 한 손에 대본 말아 쥐고 막히면 잠깐 다시 보고는 하면서 긴 타월 목욕 가운 아래로 드러난 금자의 맨발에서부터 상체로 올라가면서 전신이 나오게 되면서]

금자 E (서성이는 다리로 앞 정면 대사 연결) 핏기 없는 시체를 좀 보세요. 이 불쌍한 앤이 시아버지의 망령을 불러내는 것을 노여워만 마시고.

금자 (멈춰 서며) 제 한탄을 좀 들어주세요. (마치 상대가 있는 것처럼) 아버님의 옥체를 찌른 바로 그 손에 살해당한 아들 에드워드의 아내 앤이에요…… (막힌다. 잠깐 기억해 내려고 하다가 대본 들어서 잠깐 보고 내리면서) 자 보세요, 생명이 나가버린 옥체에 이렇게 흘려봐도 소용없는 눈물의 향유를 쏟습니다. (또 막힌다. 스스로 화가 나면서 대본 다시 얼른 보고 내리며 화내듯) 아 저주 받으리라! 이같은 상처를 내게 준 손에 이 피를 흘리게 한 놈의 마음은 저주를 받아라! ……아 저주받으리라! 이 같은 상처를 내게 준 손에 이 피를 흘리게 한 놈의 마음은 저주를 받아라! (별로 마음에 들지 않는다. 움직여 대본 탁자에 좀 아무렇게나 놓고 마시다 둔 커피 잔 집어 들어 선 채로 한 모금 마시고 내리면서 다시 시작) 내려놓으세요. 내려놓으세요. 그 존엄한 영구를…… (작품이 별로 시답잖다. 그만두고 긴 소파로 움직여 쿠션 넣고 길게 누워버린다. 커피 잔은 든 채, 머리는 타월로 싸여져 있고) …… (멍하니 있다가) 아 피곤해 미치겠다. (마치 연극 대사 시작하는 것처럼)

S# 공한 도착 승객 출구 앞

[사람들 속에서 눈을 크게 벌려 뜨고 출구 지켜보는 은자.]

은자 …… (한순간 얼굴 환해지면서) 언니이! (손 흔들며) 여기야 여기! (사람들 속에서 빠지면서) 나와 나와! ……

S# 은자 움직이는 것 보면서 같이 움직여 나오는 옥자의 웃는 얼굴

[밀차에 중형 트렁크 두 개와 면세품 비닐 가방 두 개쯤. 만나지는 두 사람.]

은자 (만나지면서 이내 밀차 손잡이 잡으며) 빨리 나오네?

옥자 (같이 움직이며) 응 짐이 빨리 나오더라 오래 안 기다렸어?

은자 아니? 고단하지 잠 좀 잤어? (언니 보며)

옥자 어 잤어.

은자 (언니와 눈 맞추며) 잘했네.

S# 출구와 도로

[길 건너편에서 보이는 지나는 차들이 잠깐씩 가리거나 말거나. 출구 에서 나오는 두 사람 마침 정신없이 통과하고 있는 차량들로 건널목에 서 기다리게 된다.]

은자 오빠랑 다 같이 나올려구 했는데 갑자기 웃사람들하구 골프 스케줄이 생겼대나.

옥자 (차도 보면서) 그래? (아무렇지 않게)

은자 작은언니는 두 달 넘어 석 달째 장기 공연 중야. 같이 나올려 구 했는데 네시 낮 공연에 댈려면 아무래도 불안해서…… (차가 끊 긴다. 도로로 내려서며) 서울 도로 사정 귀신두 모르거든 점점 더해 점점.

옥자 (같이 내려서 걸으며) 누구든 하나만 나오면 됐지 뭐.

[둘 다 다소 빠른 걸음.]

은자 …… (좋은 얼굴로 언니 보며 잠시 걷다가) 환영해.

옥자 (동생 잠깐 돌아보며) 후후훗 고맙다.

[대화 없이 잠시 사이.]

옥자 (동생 안 보며) 금자넨 어떡하구 있는 거니? (웃음기 없이)

은자 (웃음기 없이) 그냥 그러구 있어.

옥자 좋아질 희망 없어?

은자 좋아지기는 그 기집애하구 관계 연극계선 더 이상 비밀두 아
      닌가 봐.

옥자 ……그래서 금자는?

은자 그냥 그러구 있다니까?

옥자 (동생 돌아본다) ……

은자 (밀차 방향 틀며) 이리 와 차 저쪽에 있어.

옥자 (따르며) ……

S# 주차장

      [뒤 트렁크에 마지막 짐 싣고 트렁크 닫는 중인 자매.]

은자 (트렁크 닫고) 타. (하고 운전대로)

옥자 (대꾸 없이 운전대 옆자리로)

S# 차 안

은자 (옥자와 거의 동시에 차에 올라 시동 걸며 언니 보며 약간 자랑스레)
      우리 차 바꿨는데……

옥자 (차 잠깐 보고) 그러구 보니 새 차 같구나. (하며 벨트 뺀다)

은자 어이 김새.

옥자 …… (쓴 미소 지으며 벨트)

S# 공항 벗어나는 도로, 달려 나오고 있는 다른 차들 속의 은자 차

S# 자동차 유리 전면을 통해서 두 여자

은자 (운전하며 핸드폰하는 중) 너 아까 어디 갔었니…… 운동은…… 공
      항 데리구 나올려구 찾았더니 없드라 엄마 안 계시니?

S# 철수의 거실

현식 (베어 먹던 샌드위치 들고 서서) 엄마 지금 전화받기 곤란하신데요 고모. 할머니 목욕시키구 계세요. 네…… 네…… 알았습니다. (전화 내리고 욕실 쪽으로 가면서) 엄마아 큰고모 잘 도착하셨구요. 지금 집으루 오시는 중이구요. (욕실 문 바로 앞에 서서) 뜻밖에 길이 별루 안 막혀서 세시쯤이면 도착할 거래요.

  [파출부 아줌마 움직이고 있고. 배경으로.]

경진 E 그래 알았어.

현식 (샌드위치 입으로 가져가며 문에서 떨어지는데)

S# 욕실 안

  [김이 나게 받아놓은 욕조의 물. 금분은 변기 옆 구석에 콕 처박히듯 잔뜩 웅크리고 앉아 버티는 중이고 경진은 그 앞에 쭈그리고 앉아 달래는 중이다.]

경진 자 보세요, 들으셨죠? 큰고모 지금 도착했대요. 지금 집으루 오는 중이래잖아요. 그러니까 어머니 우리 깨끗하게 씻구. (하며 옷 벗기려 손 올리는데)

금분 (철썩 손 때려버린다)

경진 아으…… 아으. (꽤 아프다. 짜증과 화) 이러시면 어떡해요 어머니. 어머니 큰딸이 어머니 보러 먼데서 왔는데 씻지두 않구 더러운 채루 딸 보구 싶으세요?…… (금분은 고집스레 딴 데 보면서 입은 앙다물어져 있고) 저 억울한 소리 듣게 하지 마시구 제발 저 좀 도와주세요. 그냥 물만 바르구 머리만 감아요. 네? 비누질두 안 할께요. 어머니 비누질 하는 거 싫어하시죠? 비누질 안 할께요 네? 자 옷 벗읍시다. (하며 손 올리면 금분 다시 모질게 털어낸다) …… (보다 좀 올라서) 아니 어쩌면

이렇게 씻기를 싫어하세요 네? 누구네 집 노인은 너머어 씻어서 병
이라는데 어머니는 어떻게.

금분 (오버랩) 납뿐 년.

경진 (보며 또 뭐가 나쁜 년인가)

금분 너하군 목간 안 햐! 나 목간할 때 너 나 꼬집는 년이야!

경진 (기막혀서 맥살이 탁 풀린다) ······ (보다가 열나) 제가 언제요!

금분 날마다!

경진 아무리 정신이 나가셨어두 제발 그런 거짓말은 좀 하지 마세요.
미치겠어요 정마알!

금분 (멀거니 보며)

경진 (속상해서 울음이 터질 지경이다)

금분 (무슨 소린지 모르게 혼자 웅얼거리면서 몸 일으켜 욕조 쪽으로)

경진 ······ (그대로 보며)

금분 (욕조 가장자리 손으로 짚고 한 손으로 물 휘저어 보고는 옷 입은 채
욕조 안으로 들어가려)

경진 (달려 붙으려 하며) 옷 벗으셔야죠오. (하는데)

금분 (첨벙 한 다리 들어가면서 쭉 미끄러져 철버덕 욕조 안에)

경진 (달려 붙으며) 어머니 어머니······

금분 (물속에서 철벅철벅 일어나 앉으며 띵한 얼굴. 정신이 들어온 상태.
옷 입고 물속에 들어 있는 자신의 모습과 며느리 번갈아 보더니 조금 돌
아앉으며 고개 수그리고) ······

경진 옷 벗으셔야죠.

금분 (그대로) ······

경진 ······ (보다가) 어머니.

S# 올림픽대로를 달려오는 은자의 차

S# 자동차 전면(유리를 통해서)

자매 ······ (같이 각각 딴생각에)

옥자 (얼굴 앞으로 한 채) 엄마는······ 얼마나 심각한 건데?

은자 (돌아본다) ······ (보다가 다시 정면으로)

옥자 상상이 안 된다.

은자 ······가서 직접 봐······ (옥자 그대로) 너무 충격받지는 말구······

자매 ······ (그대로)

S# 거실

현식 (현관문 크게 열고 가방 들고 들어오며) 엄마아. (올라서며) 큰고모
오셨어요!

　　[자매 들어선다.]

경진 (시모 방에서 나오며) 어서 오세요 형님.

옥자 응 고생이 많지?

경진 그렇죠 뭐.

은자 (오버랩, 엄마 방으로 움직이며) 언니 이리 와. 현식아, 그거 할머
니 방으루. (현식 대답하고 움직이는 것과 상관없이) 엄마 방에 있을
거지?

옥자 그럼. (하고 현식 들어간 방으로 돌아서다가 표찰 보고 멈춘다)

S# 이금분 여사 방(표찰 인서트)

은자 E (표찰 위에) 작은언니 안 왔어요?

S# 거실

옥자 ······ (표찰 보며 뭔가 애매한)

경진 E 저녁 공연 끝나구 온대요.

은자　언니 (부르다 옥자 보고) ……엄마 때매애.

은자　E (은자 돌아보는 옥자 위에) 자꾸 엉뚱한 방으루 들어가.

은자　저기두 있잖어. (화장실)

옥자　(가리키는 쪽 돌아보며) ……

은자　(현식이 나오느라 연 문 잡고) 들어와.

경진　(은자에 오버랩하듯) 들어가세요.

은자　(방문 잡고 안방을 향해서) 엄마 누가 왔는지 한번 보세요. 언니
　　　암말두 말구 가만있어봐 응? 가만있어.

　　　[옥자 들어간다.]

경진　(자신의 '들어가세요' 대사에 연결해서 은자와 상관없이 자동차 키
　　　주며 아들에게 작은 소리로) 너 엄마 차 갖구 가 기름 좀 너다 놔줘.

현식　네. (역시 작은 소리)

S# 금분의 방

금분　(꽃 리본이나 핀 같은 것 양쪽에 드러나게 꽂고 앉아 딸 올려다보며)
　　　…… (옷은 비교적 얌전하다)

옥자　(방에 들어와 문께에 서서 엄마 보는데 꽃 핀이 의외다)

은자　(가까이 대고 제 머리 가리키며 소곤거리듯) 새루 생긴 취미야.

옥자　(서늘해져서 은자 보는데)

은자　엄마 이 여자가 누구예요? (쭈욱 보며 지내왔기 때문에 오히려 무감
　　　하게) 한번 알아맞춰봐요 응?

금분　…… (큰딸 올려다보며)

은자　모르시겠수? 엄마랑 아주 가까운 사람인데 응?

금분　너…… 미영에미……

은자　? (언니 본다. 알아보네)

178

금분 홍서방…… 같이 왔어?

옥자 (차오르지만 아무렇지도 않은 듯) 아녜요…… (어머니에게 다가들어 엄마 두 손 잡고 앉으며) 혼자 왔어요 엄마.

금분 왜 왔어. (좀 나무라듯)

옥자 (엄마 뺨에 손 대면서) 엄마 보구 싶어서…… 내가 엄마 너무 보구 싶어하니까 홍서방이…… 휴가 줬어요…… 휴가 줘서 온거니까 엄마 걱정 마세요.

금분 출가외인이…… 쯔쯔쯔쯔. (하며 딸 머리로 손 올라간다) 씰데 웂는 짓 하구 살지 말어 이 사람아.

은자 (주르르 옆으로 와 펄썩 앉으며 오버랩) 어이구 반가우면 그냥 반갑다구 해요 엄마. 왜 그짓말은 해 그짓말은. (금분 시선 은자에게) 엄마 언니 많이 찾았잖어 뭐. 엄마 목욕하셨구나 좋은 냄새 나는데? 오늘은 속 안 썩이구 얌전하게 하셨수? (언니에게) 목욕을 그으렇게 안 할려구 든대. 언니 진짜 이상하지? 그으렇게 깔끔하던 양반이 을마나 드러워졌는지 알어?

옥자 (오버랩) 너 그렇게 막 떠들어두 되는 거야?

은자 괜찮아, 상관없어.

옥자 상관 있는지 없는지 니가 어떻게 알어.

은자 (오버랩) 봐 엄마 목욕하니까 이렇게 이쁘잖어요. 냄새두 좋구 얼굴두 뽀얗구 얼마나 좋아.

금분 (은자의 손 몸으로 피하며) 실례지만 댁은…… 누구세유우?

옥자 ? (엄마 보고)

은자 봐 이렇다니까아? 정신 있어두 잠깐 몇 초 상간야. 난 이제 엄마 얼굴 보면 알어. 나갔는지 들어왔는지.

금분　(오버랩의 기분으로) 누구세유우?

은자　아 은자잖어 은자. 엄마 막내딸 은자 안은자. 어우우우우 일 년 만에 보는 큰언니는 단박에 알어보면서 날마다 보는 나는 알어보는 날보다 모르는 날이 더 많구 진짜 이러기유?

금분　이 여편네 누구여.

은자　어으 어으으으으.

옥자　(엄마에 연결. 은자 좀 건드리며) 은자예요 엄마. 신일에미요. 찬찬히 잘 한번 보세요.

금분　(막내딸 본다) ……장사 안 하구 왜 왔어?

은자　어으 어으으으 내가 미쳐 미쳐. 큰언니 왔으니까 왔죠오. 지금 공항 나가 언니 데리구 들어오는 길이란 말예요.

금분　(시선 옥자에게) …… (다시 멍하다)

은자　E 또 나갔다 또 나갔어. (작은 소리로)

옥자　엄마.

금분　배추가 아주 싸요.

은자　E 저렇다니까.

옥자　…… (찢어진다)

금분　(좀 더 웃어 보이며) 배추가 아주 싸요.

옥자　(더 참지 못하고 엄마 쓸어 안아버린다)

금분　(안긴 채 멍하니)

　　E 노크.

은자　네에.

경진　(찻상에 찻잔과 케이크 서너 조각 들고 들어오며) 혹시 시장하지 않으세요?

옥자 (엄마에게 몸 떼며) 아니 괜찮아.

경진 지금 뭐 드시면 저녁이 맛없을 거 같아서……(찻상 내려놓으며)

은자 (오버랩) 뭐 좀 먹었어? 배 안 고파?

옥자 먹었어. 안 고파.

경진 전 약국에 좀 나가봐야겠어요. 오늘 아직 출근두 못하구 있는
거예요.

옥자 그래 나가 일봐.

경진 그이 일곱시까지 들어온댔으니까. (은자에게) 저녁 식사 일곱
시 반에 맞추죠. 고모부 신일이 같이 오세요.

은자 (그야 당연한 소리라는 태도, 케이크 자르며 오버랩) 맛있는 거 뭐
많이 했수?

경진 그냥 저녁 먹는 거지 뭐.

은자 저 아줌마 음식 죽여주게 맛있어요. (없다)

경진 (일어나며) 그럼 작은 고모가 좀 하시구려.

은자 내 밥 해먹기두 지겨워죽겠는데 친정 부엌까지 왜 들어가요.

경진 음식 솜씬 나두 없어요.

은자 (고개 슬그머니 경진이 안 보이는 데로 돌리며 입으로만 '알긴 아네'
옥자는 그저 두 사람 주고받는 거 보고 들으며 있고)

경진 금방 갈 거에요?

은자 나두 내 가게 아직 출근두 못했어요.

경진 ……(옥자에게) 화장실 가시구 싶으시면 안절부절 못하세요.
(옥자 올려다보는 위에)

경진 E 꼭 마지막까지 견디시다가 가시군 하는데, 그러시다 실수
하시는 일두 있으니까.

경진　좀 불편해하신다 그럼 물어보세요. 대답은 하세요. 아줌마가 챙기는데 일하다 보면 챙겼다 말었다 해요.

옥자　알았어. 내가 하께.

은자　(먹으며 오버랩) 튕겨만 주면 혼자 가셔. 변소 가야 한다는 게 생각이 안 나나 봐.

옥자　(은자 보며 조용히 기막힌 채) ……밤에는 어떡하니?

은자　그러니까 해만 지면 물을 한 방울두 안 주지. (옥자 ?) 망령난 노인네 굶겨 죽인다는 말이 노상 괜히 있는 말만은 아니더라구.

경진　(시선 은자에게)

은자　먹으면 먹는 대루 큰 거 작은 거 막 싸대봐. 울 엄마는 아직 큰 건 아침에 딱 한 번 규칙적이니까 그나마 천만다행이지.

옥자　엄마 들으셔.

은자　못 들어.

옥자　못 들으셔두 하지 마. 넌 애가 왜 그러니. 엄마 앉혀놓구 그런 말 그렇게 막 하구 싶어?

경진　형님 좀 쉬세요.

옥자　어이 나가.

　　　[경진 나가고]

옥자　(엄마 보며) ……

은자　…… (모르는 척 찻잔 집어 든다)

금분　(야단맞은 아이처럼 고개 옆으로 꺾고 약간 흔들흔들하고 있다) ……

　　　E 노크

은자　(냉큼) 네에.

파출부　E 할머니 소변 보실 시간 됐는데요.

은자　엄마 쉬하구 싶잖어요?

금분　(본다)

은자　쉬이 쉬.

옥자　(은자 좀 밀어내듯 하고) 엄마 소변 안 마려워요?

금분　마려워. (하면서 일어서려)

옥자　(부축하는데)

금분　(밀어내고 지팡이 집으려)

옥자　(얼른 집어준다)

금분　(문으로)

은자　(따라 나가려는 옥자에게) 안 따러가두 돼.

옥자　(동생 돌아본다) ……

S#　아파트 광장 놀이터 근처

(약간의 시간 경과 후, 오후 다섯 시경)

[옥자는 팔짱 끼고 저만큼 보고 있고 은자는 바바리 주머니에 두 손 찌르고 서서 고개만 돌려 언니 간간이 봐가면서, 그러니까 자매가 가슴은 한 방향으로 하고 섰는 자세.]

은자　첨엔 엄마…… 치매 시작되구 있다는 거 누구두 눈치 못 챘어. 그냥 다 아버지 돌아가신 거에 충격받어서 잠깐 혼란스러운 거라구 생각했지 뭐. 워낙 아는 게 아버지 밖에 없던 양반이니까 말유. 있잖어 왜, 밥 먹을 때 돼서 진지 드세요 그럼, 늬 아부지 금방 돌아오실 텐데 들어오시면 난 그 양반하구 같이 먹을란다 그런 소리 하구 그러는 거…… 그런 거 있을 수 있잖어. 돌아가시구 금방이니까…… (언니 돌아보며) 노인네 아니라두 그런 순간적인 착각은 있을 수 있는 거 아뉴?

옥자   …… (그대로)

은자   (고개 앞으로) 그리구 아파트 베란다에 나가 아래 내려다보고 섰다가 늬 아버님 들어오신다 얼른 상 차려라 그러는 것두 말야…… 물론 우리 다 기막혀하면서 그때그때 정신차리라구 했지이. 아부진 돌아셨다구. 그럼……금방 아차 하면서 제대루 알아들었어 초기에는. 그런데 날마다 새록새록 이상한 짓 하면서 날마다 더 나빠지는 거야. 날마다 변기를 제대루 내리나 가스불에 치마를 안 말리나.

옥자   ? (돌아본다)

은자   E 불 여러 번 날 뻔했어…… 뿐인 줄 알어? 시장 간다구 나가서는 아부지 좋아하시는 염고등어 한 손 사 들구 파출소 가 앉어 계시구.

옥자   ? 파출소는 왜.

은자   집을 못 찾어와서.

옥자   (눈 잠깐 감는다)

은자   친구 만나러 나간다구 나가셔서는 어딜 헤매구 다녔는지 만 이틀 만에 완전히 거지 중에 상거지 행색으루 들어오질 않나.

옥자   그럼 혼자 나가시게 하질 말어야지.

은자   초기 얘기야 지금, 초기. 이젠 물론 완전히 아무데두 못 나가시게 하구 있어. 그래두 종종 어느 틈에 새 나가는 지 소리 없이 사라져 사람 피 말리지만 올케언닌 하루 종일 약국 나가 있지 파출부 아줌마가 집안일하면서 아무리 열심히 보촐 서두 날마다 완벽하게 어떻게 해. 무리지.

옥자   그렇게 나가셔선 파출소 가 앉어 계시구. (또 그러구)

은자 그럴 때두 있구 택시값 십몇만 원 들구 나와 모시구 가라는 연락두 오구.

옥자 택시값?

은자 최근엔 빠져 나가면 택시부터 잡어나타나 봐. 타구는 덮어놓구 조치원 갑시다 그런데.

은자 E (보는 옥자 위에) 똑똑한 기사는 수원이나 평택쯤 가다가 이상스런 노인넨 줄 눈치채 살살 꼬셔 전화 번호 알어내 연락하구, 미련한 기산 조치원까지 가 뺑뺑이질치다가 도루 서울루 싣구 오기두 하구.

은자 (언니 돌아보며) 목적진 언제나 조치원야. 아마 엄마한텐…… 아부지랑 조치원서 살던 새댁 때가 젤 황금 시절였나 봐.

옥자 (앞 보면서) ……

은자 (울먹해지면서) 엄마 보면서 나이 먹는 게 무서워 언니. 난 절대루 오래 안 살 거야. 환갑만 되면 약이라두 주워 먹구 죽어버릴 거야.

옥자 ……

은자 죽어버릴 거야.

자매 (앞 보는 채) ……

금자 E (연극 대사) 지난 몇 년 동안 당신이 내게 한 걸 생각하면 치가 떨려, 구역질이 날 정도라구요.

S# 금자의 공연 무대

금자 (잉그마르 베르히만의 「결혼 생활의 장면들」 중에서 한 대목을 하고 있는 중이다. 앞 대사에 연결) 그래요. 그런 식으로 나를 보세요. 하지만 아무리 당신이 날 그렇게 뚫어져라 쳐다봐두 나는 뚫어지지 않아요. 난 강해졌어요. 내가 얼마나 많은 밤들을 당신을 때리고 죽이고 칼로 찌르고 하는 꿈을 꿨는지 당신은 모를 거예요. 내가 이렇게 서서 이런 얘기를 당신한테 서슴없이 할 수 있게 됐다는 사실이 얼마나 후련한지 당신이 짐작이나 하겠어요.

S# 극장 문을 나서고 있는 금자

[낮 공연이 끝난 직후. 커다란 숄 멋지게 만들어진 폼으로 두르면서 바쁘게 나선다. 저녁 공연 매표하려고 움직이던 서넛의 부인 관객들, 금자 발견하고 서로 쿡쿡 찌르며 안금자 안금자 소곤대던 끝에.]

부인1 어머 안금자 씨 안녕하세요오? (금자 앞으로 주르르 다가들며)

금자 (우아하고 연극적으로 고상하게 웃으며) 네에 안녕하세요? (하며 아주 자연스럽게 손 내민다)

부인1 어머 어머. (덥석 금자 손잡으며) 우리 다 안금자 씨 팬이에요. 아 뭐 하구들 있어, 일루와. 이렇게 가까이서 정말 영광이에요.

금자 아유 무슨 그런 말씀을, 제 쪽에서 영광이죠.

부인2 (오버랩의 기분으로. 좀 나서면서) 어쩌면 그렇게 연기를 잘하세요.

금자 뭘요. 그렇게 봐주시니까 그렇죠. 고맙습니다. (부인2에게 손 내밀며)

부인2 아유 아유. (부끄러워하며 악수하고)

금자 (어색해하며 좀 사리고 있는 부인3에게) 부인두 제 손 한번 잡아주세요. 그럼 제가 막 힘이 난답니다. (부인3 손 내민다. 악수하며) 몹시 내성적인 성격이신가 봐요. 그렇죠?

부인1 아이구 뒤루 호박씨예요 걔. 호호호.

부인2 호호호.

금자 호호 참들 고우시네요. 세 분 다 어쩌면 이렇게 고우세요.

186

부인2   우리 지금 안금자 씨 연극 보러 왔어요.

금자   네 그러실 거라 생각했어요. 고맙습니다. 제가 무대에 서는 한
계속해서 변함없이 사랑해주세요.

부인1   아유 그럼요. 우린 안금자 씨 연극밖에 안 봐요.

금자   어머나 저런 제가 여기 무릎 꿇을까요? 호호호.

부인1, 2   호호호호.

금자   그러지 마시구 다른 연극두 많이 봐주시구 사랑해주세요. 우
리 연극인들 다 같이 정말 열심히 하구 있어요.

부인2   다른 것두 봐요. 얘 괜히 안금자 씨 띄우느라 그러는 거예요.

　　　　[부인1은 약간 당황하고.]

금자   (아무렇지도 않게) 물론 그러신 줄 알구 있어요. 걱정하지 마세
요. 조금두 섭섭하지 않아요. 연극을 사랑해주시면 그건 전부다 제
가 받는 사랑으루 생각하니까요. 호호 저 그럼 전.

부인2   아유 네 가보세요, 가보세요.

금자   재밌게 보시구, 재미만 보구 가시지 말구 감동두 안구 가세요오?

부인1, 2   네에 그러죠, 그럴께요.

　　　　[안금자와 부인들이 떠드는 동안 어느 틈엔지 예닐곱 사람의 테두리
비슷한 것이 둥그렇게는 아니고 약간 엉성하게 형성돼 있다.]

금자   (그 자리 뜨면서 테두리 사람들도 의식한 목례 두어 번 하고 상체를
편 우아한 걸음걸이로 움직이기 시작)

S# 근처 어느 카페

금자   (들어와서 눈으로 찾고 화사하게 웃으며 스적스적 그쪽으로)

창우   (금자 보고 약간 몸을 일어나려다 마는 것처럼 움직이고)

은지   (창우 옆자리에 앉은 채로 손목만 올려 아는 체 흔든다)

금자 (앉으면서) 어느새 바람이 차구나. 그렇게 입구 춥지 않니?

은지 아아니?

금자 엄마 어땠어?

은지 엄마 하는 거 밤낮 그렇지 뭐.

금자 가끔가다 한 번씩은 좀 좋은 소리두 해줄 수 없어?

은지 난 엄마 연극 별루 재미없댔잖아.

금자 ······ (딸 보다가 시선 남편에게 돌리며) 당신은 어땠어요?

창우 (시선 좀 내리고 모녀 얘기하는 것 듣고 있다가 아내 본다)

금자 뭐 고칠 거 없어요?

창우 내가 뭐라면 당신 싫어하잖어.

은지 칭찬만 듣구 싶어하니까.

금자 가만있어. 어땠어요?

창우 (시선 내린 채) 솔직한 얘기 듣구 싶어?

금자 ······ (보다가) 해보세요.

창우 스테레오야.

금자 ······ (표시 안 나게 굳으며)

은지 ······ (엄마 보고 있다가 핸드백 챙기며) 아빠, 난 그만 일어나야겠는데?

창우 음 그래.

금자 어디 가는데?

은지 영어동 번개 있어. 엄마 오늘 시삽 생일이거든. 여섯시 반 집합인데 벌써 늦었어.

금자 몇 시에 들어오는데?

은지 아빠 암말 안 하시는데 왜 엄마가 밤낮 그래?

188

금자 아빤 아빠구 엄만 엄마야.

은지 아빠, 집에 들어가기 전에 일단 삐삐 쳐줘요오? 재미없으면 아빠한테 묻어 들어가게.

창우 그래 치께.

은지 두 분이 저녁이나 같이하시죠. (일어나며) 엄마 그럼.

금자 (오버랩) 너 낼 열한시까지 외삼촌 집으루 와.

은지 왜애?

금자 이모 온다구 안 했니?

은지 아 오셨어요?

금자 (묵살하고) 너 할머니 찾아뵌 게 언제야.

은지 알았어요. 갈게, 가면 될 거 아냐. (하고 나간다)

　　　[사이]

창우 (문득) 아 차 시켜야지 당신.

금자 안 오면 그냥 내버려둬요. 생각 없어요. ……당신 쟤 너무 풀어 놓는 거 문제 있어요.

창우 걱정 안 해.

금자 잘못되면 당신 책임이에요.

창우 당신이 데리구 있으면 잘못 안 된다는 보장이 있는 것두 아니잖어.

금자 쟤가 왜 당신을 선택했는지 알아요?

창우 …… (보며)

금자 지 멋대루 맘대루 하구 살구 싶어서예요.

창우 우리 문제나 얘기하지.

금자 …… (그저 보며)

창우 동의해줘. 금년 넘기구 싶지 않어.

금자 ?······ 연극 보러 온 게 아니라 목적은 그거였어요?

창우 ······ (보다가) 해줘.

금자 ······ (보다가) 금년 넘기기 전에 해결해야 할 이유가 뭐예요?

창우 ······ (보며)

금자 그 기집애 임신했다 소문 있던데 그 때문예요?

창우 ······ (시선 내리고)

금자 사실이에요?

창우 (시선 내린 채) 사실야.

금자 (미동도 않으면서 얼어붙는다) ······

창우 (뚫어지게 보며) 사실야.

금자 기가 막혀. 당신 하는 짓이 얼마나 끔찍한 건지 당신은 전혀 그렇게 아무 인식두 없어요? 연극 연출을 이십 년이나 한 대연출가가 것두 첫손가락으루 꼽히는 연극 배우 안금자 남편이.

창우 (오버랩) 필요 없는 소린 생략해.

금자 (창우와 전혀 상관없이 연결) 나이 차이가 십오 년이나 나는 딸 같은 신인 연극 배우랑 놀아나 가정을 파괴하구 게다가 임신까지 시켜요?

창우 임신시키는 데 당신 허락 받아야 해?

금자 (오버랩) 법적인 이혼은 죽어두 안 해요. (일어서며) 말랑말랑하게 보지 마세요. (바람을 일으키며 나가버린다)

창우 ······

S# **카페 밖**

　　[나오는 금자 몹시 빠른 걸음으로 걷다가 문득 주위를 의식하고 걸음

걸이와 템포 조절하며 얼굴 표정도 부드럽게 바꾼다.]

금자　……

[거리는 이미 어두워져 있다.]

S# 철수의 집 식탁

옥자　(화면 시작과 동시. 철수, 밥 뜨는 엄마 수저에 반찬 놓아주는 일 계속하고 있다. 자신도 먹으면서) 잘들 해. 우리 애들은 아직까지는 말썽은 모르니까. (시선은 밥 입으로 가져가는 엄마에게)

은자　복인 줄 알어. (신일 하얗게 흘기며) 자식 속썩이는 사람 많어.

노진　왜 그래, 신일이가 왜.

은자　피아노를 안 쳐서 그렇지.

노진　치기 싫다는 거 우격다짐으루 할려니까 그렇지. 소질두 없는걸.

은자　저이는 애 듣는 데서 밤낮. 소질이 왜 없어요. 소질 없는데 십 년이나 쳐요?

노진　십 년 당신이 친 거지 애가 친 거야? 아 쓸 만한 콩쿨에 꽁두바리라두 한번 추려진 적 있어? 소질 있는 거야?

은자　늦게 피는 꽃이 더 찬란해요. 왜 이래요.

신일　(먹으며) 꽃이 필 나무래야 꽃이 피죠오. 전 무화과예요.

은자　야!

철수　짜식 느물거리기는.

은자　어디 가겠수. (즈 아버지 안 닮고)

철수　(오버랩의 기분으로) 매형이 큰맘 먹었네. 누나 없인 하루두 안 되는 양반이…… (반찬 놓아주려다 보면 반찬 올려진 금분의 수저 손에 잡힌 채 그냥 있다)

옥자　E 늙어서 그래.

철수 왜요 어머니, 맛이 없어요?

금분 (수저 철수에게 올리며) 여보 이거 드세유.

옥자 (보는 위에)

철수 E 저 아버지 아니예요.

철수 어머니 드세요.

금분 (멍하니 보며)

철수 어머니 드세요 네? 에미가 그러는데 이번 굴비가 아주 맛있대요. 드세요. (하며 수저 잡아 옮겨준다)

금분 (먹는다) ……

모두 (조금씩 멈추는 것 같았던 수저질 계속)

은자 언닌 왜 그렇게 오만상을 찌푸리구 있수? 뭐 불쾌한 일 있수?

경진 머리가 아파서 그래요.

은자 머리 아프면 약 먹지?

현식 갖다 드려요?

경진 나둬. 먹었어.

노진 밥 한 숟갈 더 먹을 수 있습니까.

경진 (일어서며) 네 주세요. (웃지 않는 얼굴)

은자 (못마땅한 시선 경진에게)

    [경진은 대체 무표정에 가까운 얼굴이다]

S# 아파트 앞 주차장

노진 (주차해 놓은 차 빼서 두 사람 옆으로 막 대어지는 중이다) 여독 풀리시면 초대하겠습니다. 한 사나흘이면 되겠죠?

옥자 신경 쓰지 말아요.

은자 (남편 말에 오버랩) 이이는 남인가 초대는 무슨 (적극적으로 내

다보며) 오빠네 있다 우리 집에 와 있다 그러자구 얘기 좀 실컨 하
자 언니.

옥자   어이 가.

　　[노진네 식구 적당히 인사하고 떠나고.]

　　[사이]

옥자   쟤네는 장사는 잘되구 있는 거니?

철수   잘되나 봐요. 암튼 월급쟁이보단 열 번 낫대니까 차두 바꿨잖우.

옥자   다행이다……

철수   안 들어가요?

옥자   (조금 서글프게 웃어 보이며) 답답하다.

철수   (쓴웃음) 엄마 보니까 답답하지? 그러게 뭐 하러 와요. 오지 말라
니까.

S# **아파트 벤치(남매 적당한 거리 두고 앉아서)**

옥자   ……그렇게까지 심한 줄은 몰랐어…… 니네 힘들어 큰일났다.

철수   (쓴웃음) 어쩌겠수 뭐 부몬걸……

옥자   병원엔 안 가봤니?

철수   왜애 입원두 잠깐 하셨었구 약두 잡숫구 남들 하는 건 다 했어.
뾰족한 방법이 없대요. 말기에는 씹는 것두 삼키는 것두 어려워
져…… 그렇게 쇠약해져서는 돌아가 시는 건가 봅디다…… 운 나쁘
면 집 나가서 못 찾어 들어오시구 헤매다가 교통 사고 만나 돌아가
실 수두 있구.

옥자   (돌아보는 위에)

철수   E 운 거기서 더 나쁘면 집에 불나서,

철수   어머니 돌아가시구 다른 사람 다치구 집 태우구.

옥자 그런 소릴 왜 해.

철수 최악의 건 다 각오해뒀어요. 은자 암말 안 해?

옥자 들었어. 집 나가 방황하는 노인들 왜 있잖니, 목걸이든 팔찌든 이름이랑 연락처 써서.

철수 안 그래두 저지난번 나갔다 들어오시구는 현식에미가 목걸이 하나 만들어 걸어드렸는데 어디다 빼버리셨는지 없애버리셨드라구…… (갑자기 터지는 하품 손으로 막으면서) 어어어 딴건 그렇다 치구 우선 당장 잠이나 좀 자게 해주셨으면 좋겠어.

옥자 잠 못 자게 해?

철수 한두 달 되나? 밤이면 통 주무시질 않어.

옥자 안 주무시면 뭐 해?

철수 잠들만 하면 깨우구 잠들만 하면 깨우구 밤새두룩 우리 골탕 멕이는 게 아주 재밌으신 모양야.

옥자 …… (멍했다가) 왜 깨워?

철수 헛게 보이시나 봐 환청두 들리구.

옥자 …… (고개 철수에게서 돌리며)

철수 당장 오늘 밤부터 경험할 텐데 뭐. 사람 죽여. 누난 은자네 가 있는 게 백 번 편할 거유. 다 같이 고생할 거 뭐 있어, 런던서 여기까지 와서. (일어서며) 들어갑시다. 안 취요?

옥자 (일어나며) 현식엄마한테 미안해서 어쩌지?

철수 흠흠 팔짜 아니겠수? (걷기 시작하면서) 온 김에 은자 기집애한 테 철 좀 집어넣구 가주슈. 시누랍시구 덮어놓구 즈 올케가 못마땅 해죽는데 그걸 쥐어 팰 수두 없구.

옥자 이해해. 딸자식 입장에서 보면 또 그럴 수두 있어.

194

철수 (잠깐 힐끗 본다. 한통속인가)

S# 노진의 편의점

노진 (바닥 청소하는 화면 시작되자마자)

은자 E 너 피아노 치구 있는 거야? 진짜야? 거짓말 아니지. 엄마한
테 거짓말하는 아들, 인간이 아냐 너.

노진 그만 좀 해라.

은자 그래 어디 이따 엄마 들어가서 보자. 엄마 들어가보면 너 진짠
지 아닌지 담박 알 수 있으니까.

노진 그만 좀 하라구, 이 극성아.

은자 그래 그럼 끊어. 열심히 해애? (끊으며) 그짓말만 했단 봐라.
(일로 붙으며)

노진 쳤다면 친 걸루 믿는 거지, 지 자식을 그렇게 못 믿으면 이떡하니.

은자 덮어놓구 어떻게 믿어요. 딱 누구 닮어 거짓말 솔솔 잘하는 녀
석을.

노진 헝 그래 덮어놓구 안 믿으면 어쩔 거야, 쳤다는데.

은자 안 쳤으면 안 친 표가 나구, 쳤으면 친 표가 나게 해놓구 나왔는
걸 내가?

노진 ? 뭐?

은자 피아노 뚜껑이랑 몸체 연결해서 머리카락 붙여놓구 나왔걸랑,
내가 여보 으흐흐흐흐.

S# 아파트 승강기 안의 남매

  [아무 말 없이 짧게.]

S# 아파트 복도 걸어오고 있는 남매

  [묵묵히 한 화면에 철수 아파트 문이 이만큼 있는 위치쯤에서 갑자기.]

경진 E (찢어지는) 현식아! 현식아아!

철수 옥자 (일 초의 천분의 일의) ?

철수 (뛰는 위에)

경진 E (절박하다) 불! 불났어 현식아, 소화기! 소화기이잇!

옥자 (제 입 틀어막으며 뛴다)

S# 거실

현식 E (뛰어 들어오는 위에) 알았어요 엄마, 침착하세요.

현식 (소화기 떼어 들고 할머니 방으로 가는 중이다) 침착하세요, 제가 해결할 테니까 침착하세요.

[금분의 방에서 뭉클뭉클 나오고 있는 연기.]

철수 (몸 날려 아들 밀치듯 하며 방으로 뛰어들며) 어머니! 어머니!

경진 여보오! (사시나무 떨 듯 떨면서도)

옥자 엄마! 엄마! (방으로 뛰어들려는데)

철수 E (금분 잡아챈 힘으로 방 밖으로 내던지듯 하면서) 임마! 소화기 하나두 다룰 줄 몰라?! 이리 내. 나가 이 자식아!

[나동그라질 듯 쫓겨난 할머니는 옥자가 받아 싸안고 있고 철수의 '나가 이 자식아!'와 동시에 현식도 거칠게 밀쳐져 나온다. 곧이어 소화기 작동되는 소리 치이이이이.]

S# 금분의 방 안

철수 (울 듯 한 얼굴로 필사적으로 소화기 뿌리고 있다) 뭣들 해! 물 떠와! 물 무우울!

S# 거실(시간 경과)

철수 (엄마 보고 서 있고)

옥자 (엄마 껴안고 소리 없이 울고 있고)

196

[뒤로는 현식과 경진 금분 방에서 타다 남은 이불 옷가지들, 커다란 이불보 같은 보자기에 싸서 내오고 있다.]

현식　(앞서 큰 보따리 들고 나오며 뒤따라 나오는 엄마에게) 이거 어떡해요.

경진　(맥 빠져서 움직이며) 다용도실에 갖다 놔, 낼 치우게.

현식　(다용도실로)

경진　(보따리 들고 두어 걸음 움직이다가 그대로 보따리 바닥에 놓으며) 이것두.

현식　(돌아보며) 네.

경진　그리고 너…… 방바닥 탄 데…… 보기 흉하니까 우선 니 방 침대 발치에 있는 카펫있지 그거 갖다 깔구 엄마 방으루 와.

현식　네.

경진　(휘청휘청 침실로 들어간다)

철수　(긴 소파 한구석에 옥자 가슴에 콕 처박히듯 하고 딸에게 안겨 있는 엄마한테 원망스런 시선 못 박고 있다가 아내 움직이자, 시선이 아내를 따른다)

S# 침실

경진　(들어와서 장에서 새 이부자리 꺼내다가 한순간 방바닥에 펄썩 주저앉으며 소리 좀 내어 울기 시작한다)

S# 거실

철수　…… (아내 들어가는 것 보기 직전 자세로 엄마 보며 섰다가) 성냥 어디서 났어요 어머니…… 성냥 어디서 나셨냐구요…… (어머니는 대답이 없고) 아니 아무리 정신이 없어두 그래 이불 위에 옷 싸놓구 성냥불 던지는 장난을 하면 어떡해요 네에? 그럼 불나잖어요. 아니 그럼 불난다는 것두 모르세요? 그럼 집 타구 사람 죽구 그러는 것두 모르시냐구요! ……말 좀 해보세요 어머니 네에? ……네에?

금분　(우는 듯 웃는 듯) 내가 왜 이라지? 응응 내가 왜 이란다야 응응……

철수　내가 왜 이러지 하지 마시구 정신을 좀 차리세요 어머니! 에미두 현식이두 다 각각 방에 들어앉아서 아무것두 모르구 있었음 어떡할 뻔 했냐구요 네에에? (아들의 언성이 높아질 때마다 금분은 더 오그라들고 옥자는 처참하고) 노망 안 들구 팔순 구순 깨끗하게 사시다 돌아가시는 어른들 많아요. 어머니 어머니 왜 이러세요 도대체.

옥자　현식아. (그만 해)

철수　이러다 정말 큰일난다구요! 왜 정신을 놔버리구 우릴 이렇게 골탕멕여요 예에?

금분　야단치지 말어유 아자씨이. (애기처럼)

철수　(맥이 쫙 빠져버리고)

옥자　(허억하며 엄마 폭 싸안는다) 엄마아……

철수　…… (맥 빠져서 보며)

현식　(엄마가 놓아두었던 보따리는 엄마 침실에서 이불 꺼내는 동안 벌써 치웠다 치고 아버지와 할머니 고모 장면이 계속되는 동안 제 방에서 한 평쯤 되는 카펫 말아들고 할머니 방으로 들어가 깔아놓고 나와 엄마 방으로 가 새 이부자리 들고 나와 할머니 방으로 들어간다) ……

S#　욕실(시간 경과)

옥자　(금분 세수시키면서 표정은 편안하면서 눈물만 줄줄줄줄 흘린다) ……

금분　(화난 얼굴로) ……

옥자　엄마…… 엄마아? ……왜 그랬수…… 응? ……그런 짓을 하면 어떡해애애……

금분　내가 뭐.

옥자　내가 뭐라니이 엄마 한 짓 몰라요? ……불냈잖아요.

금분　(딸 보며) 너 은제 왔냐.

옥자　…… (입 다물어버린다)

S#　금분의 방

금분　(앞 터진 잠옷 입고 조금 옆으로 앉아서 괜히 두 손바닥을 마주 대고
　　이리저리 비벼 돌리는 동작 반복하고 있다)

옥자　(잠옷 입고 이부자리 위에 앉아서 물끄러미 엄마 보며) ……주무세요
　　…… 안 주무세요? ……엄마 ……그만 주무시라구요.

금분　(내내 못 알아듣고 자기 동작 계속하고 있다가 마지막 말에는 반응
　　을 보이는 것처럼 누울 채비 하면서 중얼거린다) 늬 아부지…… 좋은 데
　　갔을 껴.

옥자　그럼요, 아부지 착하셨는데 좋은 데 가셨죠.

금분　내가 옷 태워……줬지. (혼잣소리)

옥자　(본다) ……

금분　E　우리 어머니가 그라랴…… 텃밭에서……

옥자　……

S#　밤 공연 끝내고 커튼콜 받고 있는 금자

　　[화려한데 아주 겸손한 몸짓으로 자신보다 다른 사람을 추켜세우는 고
　　도로 계산된 제스처.]

S#　아파트 거실

옥자　(혼자 오두마니 앉아 있다) ……

　　E　현관 차임벨.

옥자   ?······ (일어나 현관으로) 누구세요?

금자   E 언니 나.

옥자   (문 열자)

금자   (공연에 받은 꽃다발들 네댓 뭉치 들고 부츠 벗으며) 좀 늦었지? 끝
나는 대루 곧장 올려구 했는데 하필 오늘따라 단합 대회 회식하자
잖어. 공연이 장기가 되면 (문단속하는 언니 돌아보며) 대충 다 같이
느슨해지니까 얼마에 한 번씩은 조여줘야거든. 근데 이 집 식군 아
무두 없어?

옥자   모두 자. 너 너무 늦었잖어. (올라서 엄마 방으로 앞서며) 소리 내
지 말구 들어와, 다들 자야 해.

금자   알았어. 큼큼 근데 이게 무슨 냄새야, 무슨 고무 타는 냄새 같
기두 하구.

　　　[들어오는 자매.]

금자   엄마두 주무시는구나.

옥자   조용해.

금자   응 알았어. (꽃다발 안겨주면서) 이거 언니 줄려구 갖구 왔어.
(연이어 옥자 껴안으면서) 보구 싶었어 언니. (달콤하게 소곤거리는 소
리로)

옥자   (좀 어색해져서 떼어내면서) 어떡할 거야, 잘 거야 갈 거야.

금자   (엄마한테 가 무릎 꿇는 자세로 다가앉으며) 가야지, 너무 피곤해.
낼 다시 올께. 엄마 좀 부석부석한 거 같다? (언니 돌아보며) 지난 주
수요일에 봤을 땐 얼굴 좋았는데.

S# 금분의 방

옥자   (옅은 잠에 빠져 있다) ······

E　지팡이로 방문 두드리는 소리 똑똑똑.

옥자　(뒤척이는데)

　　E　두드리는 소리.

옥자　(일어나 앉으며 엄마 빈자리 본다. 황당해서 이부자리 접는다. 나가려)

금분　E　아 빨랑 나와 신문값 줘 보냐아!

S#　거실

금분　(아들 방 두드리며) 딱딱딱! 신문값 받으러 왔다니께 딱딱딱 어
　　이 나와 얼렁 딱딱딱.

옥자　(황급히 나와서 엄마 안으며) 엄마…… 엄마? 들어가요 들어가자
　　구, 들어가 나랑 얘기해요 응? 엄마 들어가요 들어가시자구요……
　　(잡아 안고 방으로) ……

　　[빈 거실 그대로 두었다가.]

제2회

S# 아파트 광장(이른 아침, 남자들 출근 전)

S# 철수 아파트 거실

　[주방에만 불이 켜져 있다.]

S# 주방

경진　(커피포트에 물 넣는 중이다. 우울한 얼굴)

S# 금분의 방

옥자　(어머니와 마주 본 자세로 어머니 손잡고 잠들어 있다)

금분　…… (자다가 문득 돌아눕는다)

옥자　(그 바람에 깨서 몸 반쯤 일으키고 어머니 보며) ……

금분　(천장으로 향해 평화롭게 자는) ……

옥자　…… (잠시 더 보다가 일어나 앉으며 머리맡에 풀어놓았던 시계 집어
　든다)

S# 주방

경진　(커피 잔 두 개 꺼내 커피 빠지고 있는 포트 옆에 놓고 식빵 두 쪽 토
　스터에 집어넣고 찡그리며 물 한 컵 받아 서랍에 두통약 꺼내 입에 넣으

202

려는데)

옥자   (들어온다)

경진   (잠깐 보고) 벌써 나오세요?

옥자   깨지네. 커피 향이 좋으네.

경진   (그 동안 약 넘기고 컵 내리며) 거의 못 주무셨죠.

옥자   무슨 약야.

경진   그냥…… 머리가 아파서요.

옥자   어제두 아프다던데…… 자주 그럼 병원에 가보지 그래 왜.

경진   스트레스성 편두통이래요. (하며 달걀 꺼내려고)

옥자   …… (보며)

경진   (달걀 꺼내 놓고 프라이팬 가스 쿠커에 올리며) ……

옥자   미안해.

경진   (베이컨 꺼내려 냉장고로) ……

옥자   …… (시선 경진 따라다니며) 뭐라구…… 할말이 없네. 머리두 아
프게 됐어.

경진   …… (베이컨 봉지 꺼내며) 형님두 드시겠어요?

옥자   아냐 난, 커피만 마시면 돼.

경진   (베이컨 한 사람 분량만큼 덜어서 내놓는다)

옥자   엄마…… 매일 밤 그러셔?

경진   거의요.

옥자   낮에 못 주무시게 해보지 왜.

경진   누가 옆에 붙어서 그래줄 사람이 있어야죠. (가스에 불 켠다)

옥자   ……그렇겠네.

경진   어머니 시중드는 사람 따루 써보기두 했는데…… 일주일을 안

가요. 멀쩡한 사람 도둑으로 몰아.

경진   E (옥자 위에) 내쫓군 하셔서…… 파출부아줌마두.

경진   수두 없이 바꼈어요. 다행히 지금 오는 아줌마는 속이 좋아요. 노망난 시아버지 모셨던 경험이 있어 그런지. (프라이팬에 달걀 깨 넣는다)

옥자   ……힘들어 큰일났네.

경진   …… (대꾸 없이 토스터 스위치 넣고 큰 접시 꺼내 프라이팬 옆에)

옥자   밤에 못 주무시니까 낮에 주무시겠지. 밤에 목욕을 하시게 한 다든지.

경진   (오버랩) 소용없어요…… 그리구 목욕에 얼마나 애를 먹이시는 데요. (프라이 익어가는 것 보며)

옥자   …… (보며)

경진   …… (그대로)

옥자   (시선 내리며 좀 죄스런 기분)그럼…… 수면제 좀 드려보지 왜.

경진   (돌아본다)

옥자   다른 사람두 살어야지. 하루 이틀두 아니구 밤마다 그러시면 나머지 사람은 어떡해.

경진   (오버랩의 기분으루) 수면제 써보자 그랬다가 얼마나 혼났는지 아세요?

옥자   …… (경진 보는데)

철수   (양복 상의 들고 들어오며) 벌써 일어났수?

옥자   어. (경진은 프라이와 토스트로)

철수   (양복 의자에 걸며) 엄마 붙잡구 있느라 못 잤죠? 덕분에 우린 좀 잤는데. 베이컨 굽지 마.

경진 햄으루 해요 그럼?

철수 나둬. 앉아요.

옥자 (앉는다)

경진 (커피 따라 식탁으로 옮겨 놓아주고 토스트와 달걀 프라이 꺼내러)

철수 (첨가물 넣으면서) 집에 전화했어요 참?

옥자 아직 안 했어. 시간 봐서 하지 뭐.

철수 (아내 돌아보며) 어머니 방하구 부엌 샅샅이 뒤져내봐. 성냥이 어디서 나신 거야 대체. 요샌 나가시지두 않았는데.

경진 …… (대꾸 없이 움직여온다. 토스트, 프라이 접시 놓아주며) 형님 이따 어머님 모시구 잠깐 아가씨 집에 좀 가 계시다 오세요. 안 그래두 어머님 방 대청소해야 해요. 이 구석 저 구석 뭘 또 얼마나 감춰노셨는지.

철수 (커피 잔 들다 아내 올려다본다. 다소 못마땅해서)

경진 (묵살하고 주방 나간다)

　　[아내 나가고 잠시 사이 두었다가.]

철수 …… (한 모금 마시고 내리며) 이해해요 (저 사람) ……지칠 대루 지쳤어요.

옥자 그래 그렇겠어…… (마시고 내리며 본다)

철수 (시선 내린 채 다시 마신다) ……

옥자 안 먹니?

철수 오늘 그냥 나가볼까 해. 요즘 좀 부대껴요.

옥자 …… (보다가) 엄마 …… 수면제 좀 드려보는 게 어떻겠니.

철수 ? (본다) ……저 사람이 그래요?

옥자 ? (짐짓) 누가. (시침 떼는) 아니 내 생각야. 하루 이틀두 아니구 밤 목욕두 시도했었는데 소용없다면서…… 그럼 방법은 수면제밖에 없잖어.

철수 (오버랩, 안 보는 채) 그건 하기 싫어요.

옥자 …… (보며)

철수 ……

옥자 병원에서두 불면증 고통받는 환자한텐 수면제 처방하잖어.

철수 엄만 고통스러워 안 하세요. 고통스러운 건 우리지. 우리 편하자구 엄마한테 수면제 먹이는거…… 하기 싫어요.

옥자 엄마한테두 고통일지 누가 알어.

철수 (보는 위에)

옥자 E 나쁜 자식인 거 같은 기분…… 알어. 이런 말하면서 나두 그래 실은.

옥자 그렇지만 이러구야 계속 어떻게 사니. 날마다라면서.

철수 ……

옥자 한번 해 볼수 있잖어. 올케 약산데 수면제 중에서두 젤 존 약 골라서.

철수 (오버랩) 저 사람 약사기 때메 더 할 수 없어요.

옥자 …… (보다가) 그러지 말구 한번 해보자.

철수 (오버랩) 누나 몰라서 그래요. 어머니, 집에 아무두 없는데 저 사람이 밥 차려드리면 입 꼭 다물구 암것두 안 드신다구. 약국에서 독약 들구 와 타는 거 봤다고 어거지 소리 하시면서.

옥자 (기막혀 입이 뻐끔) ……

철수 수면제 써보자 소리 저 사람두 이제 안 해요.

옥자 (결심했다) 엄마 모르시게 하면 될 거 아냐. 누가 수면제라 그

206

러라구 드리니? 영양제라 그럼 될 거 아냐. 내가 하께 내가. 내가
사온 거라 그러구 드림 되잖어.

철수 (보는 위에)

옥자 E 한번 해보자구. 밤에 못 주무시니까 낮에 주무시구 그리구
또 밤엔 안 주무시구 그런 거니까 우선 밤에 주무시두록 약을 좀
쓰면 낮에 안 주무실 거 아냐. 낮에 안 주무시면 밤엔 주무셔야지
별수 있니? 사람은 잠을 자야 되게 돼 있는 건데. (철수 시선 내리고)
……

옥자 내가 하께. 한번 해보자구 어디. 이렇게 미련맞게 그냥 고스란
히 당하면서 안팎이 같이 지칠 대루 지쳐 있으면…… 매일같이 그
게 할 짓이니? 엄마두 엄마지만 늬들두 살어얄 거 아냐.

철수 (누나 보며) 난 우리 엄만 저렇게 안 되실 줄 알았어 누나. 얼마
나 얌전하구 헌신적인 분이셨는데 모두 다한테…… 저렇게 되실 정
도루 그렇게 나이가 많은 것두 또 아니잖어.

옥자 …… (그저 보며 같은 심정이다)

철수 (시선 커피 잔으로. 찻잔 올리며) 납득할 수가 없어. 꼭 일부러 저
러시는 거 같은 생각 들 때가 많아.

옥자 (쓴웃음) 일부러 저러신대두 것두 노망아니겠니, 우리 엄마가
어떤 사람인데 자식들한테 일부러 저래.

철수 …… (안 보는 채)

S# 금분의 방

옥자 (엄마 깨우고 있다) 엄마…… 엄마아? ……엄마 그만 일어나요. 아
침 드셔야죠오…… 해가 벌써 중천이에요 엄마…… 엄마…… (좀 세게
흔든다) 엄마.

금분 (오버랩) 아이구 구찮어, 나 좀 내비둬어.

옥자 일어나야 해요. 얼른 잠 깨요 엄마. 일어나서 아침 먹자구요.
(아예 강제로 일으킨다)

금분 (일으켜 앉혀지며 얼굴 찡그리고 하품 기일게) ……

옥자 엄마 내가 누구예요.

금분 (쳐다도 안 보고) 미친 것. (머리 만지면서) ……

옥자 아침 먹자구요. 엄마 딸 배고파죽겠어요. 얼른 나가 세수하십
시다. 얼른. (일으켜 세운다)

금분 아 놔둬. 나 혼자두 햐아…… (지팡이 집어 든다)

옥자 세수하러 가는데 건 뭐 하러. (지팡이 잡으며)

금분 (그냥 문으로 움직이며) 잔소리 마빡 터지게 한다. 내 맘여.

S# 거실

옥자 (금분 따라 나오는데)

현식 E 할머니 안녕히,

현식 (소파 옆에서 서서 아침 신문 보던 중이다) 주무셨어요?

금분 오오냐. (하고 두리번거려서 화장실 표찰 보고 그리로 움직인다)

옥자 …… (지켜보다가) 안 따러 들어가두 되니? (소곤거리듯 현식에게)

현식 (대답하려 하는데)

금분 뭘 수근거려, 귀 안먹었어.

현식 (웃으며) 할머니 세수하시기 전에 이 닦으시구요 이닦으시기
전에 용변 보시는 거 잊지 마세요.

금분 예끼 녀석 너나 잊어버리지 마라. (화장실 문 열고 들어가려다가
되돌아서서 현식 쪽 본다)

옥자 (현식은 이미 신문으로 시선) 왜요 엄마.

208

금분   현……현식아.

현식   네 할머니.

금분   너 제대했냐아?

현식   E (현식 보는 옥자 위에) 하하 네.

현식   제대했어요 할머니.

옥자   (현식 보고) ?

금분   (화장실로)

옥자   (벌써 또 신문 버스럭거리는 현식에게) 현식아.

현식   네.

옥자   너 가지두 않은 군댈 제대했다 그럼 어떡해.

현식   안 그럼 길어요. 저 군대 아직 안 갔어요 그럼, 너 갔다, 왜 할미
한테 거짓말하냐, 아버지한테 일러서 혼내준다, 기피자냐 한두 끝
두 없으니까 그냥 이렇게 끝내는 게 간단해요 고모.

옥자   ……

현식   어차피 혼란과 혼돈 그 자첸데요 뭐, 할머니.

옥자   그래…… 근데 너…… 할머니 놀리는 거 같아서 좀 그렇다. (다소
서글프다)

경진   (쓰레기 봉지 들고 주방에서 나오며) 형님두 이제 계셔보세요. 현
식아.

현식   네. (꽉 채운 쓰레기 봉투 엄마한테서 받아들고 현관으로)

경진   (현식과 상관없이 봉투만 건네주고 화장실 앞으로 가 서서) 어머니
지금 뭐 하세요.

금분   E ……

경진   어머니.

금분 E 대변 봐아. 왜 불러어.

경진 (침실로)

옥자 ⋯⋯ (경진 쪽 보며 있다가 금분의 방으로)

S# 금분의 방

옥자 (들어와 금분의 이부자리 개키기 시작한다. 이불 개켜서 이불장에 넣고 요로 쓰고 있는 보료 개키려고 반 접는데 보료 아래서 드러나는 깎은 사과 서너 쪽, 찐 밤 몇 알, 터져 납작해진 홍시, 천 원짜리 만 원짜리 뒤섞인 지폐 몇 장, 양말짝들, 과자 봉지 기타 등등) ⋯⋯ (가슴 답답하게 보다가 후딱 휴지통 집어다가 급히 터져 엉망인 홍시 닦고 훔쳐내고—서너 개 분량—닦고 훔쳐내고 하며 얼굴이 우그러진다)⋯⋯

S# 아파트 현관

[나오고 있는 금분과 옥자.]

옥자 (엄마를 잡지는 않고 옆에서 지켜보면서 따르는)

금분 (햇볕으로 나서자 눈 찡그리고 하늘 올려다보며 멈춰 선다. 지팡이 들고) ⋯⋯날씨 참 조오타.

옥자 그러네요. (같이 하늘 올려다보며)

금분 천고마비여.

옥자 ⋯⋯네에⋯⋯ (발자국 떼는 엄마 잡으려 하면)

금분 (밀어내며) 놔둬.

[같이 걷기 시작하는 모녀⋯⋯]

금분 이렇게 나와보는 게 석삼년 만여.

옥자 ⋯⋯ (보며)

금분 나쁜 년이 열때(열쇠) 채워 가둬놓구 꼼짝달싹을 못하게 햐아.

옥자 ⋯⋯

금분 접때는 밥을…… 여드레나 안 줬어…… 빳빳허니 굶었지…… 워 떡햐. 가둬놓구 굶기는걸.

옥자 (엄마 보며 따르며) 그런 말은 하는 게 아니예요 엄마.

금분 내가 그짓말한다구?

옥자 그짓말이 아니라 엄마가 밥 먹구두 먹은 걸 기억 못해서 그러 겠지. 그런 거라구 합시다.

금분 내가 배고퍼 우니까 늬 아부지가 와서 짜장면 시켜주더라.

옥자 …… (좀 걷다가) 엄마 은자네 집은 찾아갈 수 있어요?

금분 (멈추고 본다)

옥자 (멈추고) 우리 지금 은자네 가게 가는 건데, 엄마 은자네 찾어 갈 수 있지요?

금분 은자네 멀디 너. 차 타야 햐.

옥자 엄마 다리 힘 튼튼해지라구 일부러 걸어가는 건데 싫어요?

금분 (걷기 시작하며) 하안참 가야 햐.

　　　[걷는 모녀. 금분, 걸음걸이는 비교적 양호한 편이다.]

금분 옥자 (금분은 무심하고 옥자도 기막힌 단계는 지나 그저 담담하고 한심할 뿐이다) ……

S# 편의점이 있는 큰길

　　　[걸어오고 있는 모녀.]

금분 …… (걷고 있고)

옥자 (찾아가나 못 찾나 지켜보고, 따르며) ……

금분 (간판들 보며 더듬더듬 움직이다가 멈춰 선다)

옥자 (멈춘다)

금분 (고개가 차도로 돌아간다) …… (옥자 고개 엄마 따라 같이 돌아간다)

S# 거리의 차량들(금분의 시각으로)

　[마침 택시가 바로 근처에 와서 멎고 손님 하나 앞 좌석에서 내리고 거
스름돈 주고받느라 지체한다.]

S# 금분

금분　(노인의 빠른 걸음으로 덮어놓고 택시로)

옥자　? (부지런히 엄마 쪽으로)

금분　(다짜고짜 뒷좌석 문 열려고 하고)

옥자　(잡으며) 엄마 왜 이래요.

금분　? (딸 본다)

운전기사　E 타실 겁니까? (운전대에서 기웃이 구부리고)

옥자　아아니예요 미안합니다. 아니예요. (하며 엄마 택시에서 떼어내
며) 우리 은자네 가는 거잖아요 엄마. 다 왔는데 택신 왜 타요. 택시
타구 싶어요?

금분　…… (그저 머엉하니 보며)

은자　E (모녀 화면에) 언니이!

옥자　(돌아본다)

은자　(제 편의점 앞에 나와 서서 손 들어 보이며) 거기 있어. 내 차 갖구 가
께에. (하고 편의점으로 도로 들어가는데)

S# 은자의 연립 빌라 마당

은자　E (주차한 자동차 잠그며) 괜찮아. 신경 쓸 거 없어. 한번 떨어지
면 옆에서 사람이 죽어두 모르는 사람인데 뭐. (입구로) 들어와. 엄마
들어와요.

S# 빌라 안 거실

은자　(핸드백 아무 데나 놓고 테라스로 움직이며) 우리 점심은 중국 요리

212

불러 먹자. 밥할려면 얘길 못하잖어. (커튼 열어젖힌다)

옥자 엄마 앉어요. (엄마 앉히며)

은자 (돌아보며) 왜 불만야? 밥해줘?

옥자 아냐. 그러자구.

은자 (침실 쪽으로 움직이며) 날씨 한번 참 뒤집어지게 좋다. 나 옷 갈
어입구 나올께.

옥자 (그저 엄마 옷 만져주면서) ……

S# 침실

은자 (들어와 장으로 움직이다 침대 보고) 어머나? (빈 침대)

　　E 전화벨.

은자 (받는다) 네 여보세요?

노진 F 어 왔구나.

은자 어떻게 된 거예요? 당신 어딨는 거예요?

S# 동네 사우나

노진 사우나. 나 여기서 자구 먹구 또 자구 그럴 테니까 당신 편히
놀아. 내가 있음 아무래두 처형들 신경 쓸 거 같어서 말야. 나 좋은
남편인 줄 이제 알았냐? 뭐 과일이라두 좀 들구 들어왔어? 아니라
니, 아니 그냥 맨손으루 들어왔단 말야 그럼? 내 들여보내주까?

S# 은자 침실

은자 아냐 여보. 그럴 거 없어. 집에 있는데 뭘…… 아유 글쎄 걱정 말어
요. 집에 있다구 과일…… 중국집에 불러 먹으까 그래요. 응…… 네……
응. (황급히) 여보 여보 당신 나 사랑하죠? …… 아이 대답해애 빨리……
늙은 남편이랑 살면서 그런 소리두 못 듣구 사나 뭐? 빨리이.

S# 사우나

노진   늙다니 이 친구가 거 진심으루 하는 소리야, 괜히 한번 해보는
소리야. 좋으면 그냥 엎드려 웃어 혼자 남모르게 엉?

S# 은자 침실

은자   에으에으. …… (듣다가) <u>으ㅎㅎㅎㅎㅎ</u> …… <u>으ㅎㅎㅎㅎㅎ</u>.

S# 거실

은자   (과일 깎은 것 자르기 시작하며 화면 시작하자마자 대사 시작. 옥자
는 은자가 잘라내는 과일 첫 조각 집어 엄마 준다) 아 그럼 약국 닫어걸
구 들어앉어 엄마 보면 되겠네에?

옥자   그런 어거지 소리가 어딨어.

은자   뭐가 어거지야. 돈 그만큼 벌었음 이제 그만 벌어두 돼. 그렇게
벌어서 뭐 할려구 그래 그 집.

옥자   건 어거지 소리구.

은자   (오버랩) 사람이 없긴 왜 없어. 돈만 제대루 내봐. 사람 없나. 다
핑계라구.

금분   핑계여.

은자   봐 엄마두 핑계라잖어.

　　　　E   현관 벨.

은자   작은언니?

금자   E   응 나야.

은자   (과일 깎던 것 놓으며) 응 나가. (나가서 문 열어주고 금자 들어온다)
어려운 행차 하셨수.

금자   넌 왜 나만 보면 이기죽거리니. (소파 쪽으로 움직이며)

은자   우리 집 오는 게 얼마 만야. (함께 움직이며)

금자   그러는 넌 우리 집에 자주 오니?

214

은자   그쪽이야 스타시니까 문턱이 높잖어. 오전엔 주무셔야구 오후
엔 인터뷰에 팬 관리에 공연에 내가 비집구 들어갈 틈이 있나 어디.

금자   (그 동안 엄마 옆에 까지 와서 엄마 옆으로 따뜻하게 안고 얼굴 대면
서 오버랩의 기분으로) 저 왔어요 엄마. 막내딸네 마실 오셨수?

금분   (그냥 하는 대로. 과일 씹으며) ……

금자   (몸 떼고 엄마 얼굴 자기 쪽으로 돌리며) 저 좀 쳐다봐요 엄마. 금
자예요.

금분   (고개 도로 앞으로)

은자   엄마 이 여자 누군지 몰라요? ……응? 이 여자가 누구야…… 누구
예요?

금분   몰러.

은자   작은언닌 죽어두 몰라. 백발백중 몰라.

금자   (엄마 머리 쓰다듬듯 하면서) ……

은자   다른 사람 다 알어봤다 몰라봤다 그러는데, 작은언니한테만
그러는 거 보믄 일부런 거 같기두 해. 작은언니한테 유감이 많은
가 봐.

금자   무슨 유감.

은자   거야 모르지, 엄마 머릿속을 알 수가 있나.

금자   커피 마시자. (은자에게)

은자   응. (커피 가지러 주방으로)

금자   언닌 참 예정이 얼마유.

옥자   글쎄, 올 땐 한두 달쯤 받어 왔는데.

금자   그렇게 오래? 형부가 그러래?

옥자   응

금자　별일이네에?

옥자　은지는 잘 있니?

금자　잘 있어.

은자　(주방으로 들어가며) 걔 얼굴 보기두 나랏님 얼굴 보기만큼이나 힘들구.

금자　올 거야.

금분　은지 군대 갔냐?

금자　엄마는 은지가 무슨 군댈 가요, 여자애가.

금분　……

금자　은지 여자애잖아요. 엄마 손녀딸.

금분　여군에 가면 되겠네.

금자　(실소) 여자는 여군 가는 건 어떻게 아세요.

　　E　전화벨.

옥자　E　(주방에서) 전화받어.

금분　(전화받으러)

금자　엄마 제가 받을게요. 네에 여보세요오? ……뭐라구?

S#　거리 공중전화

은지　큰이모한테 널 갈 테니까 기다리지 말라구. 아냐 막 나오는데 필훈이한테서 전화 왔잖어, 영화 예매해놨다구…… 아냐 엄마, 가야 해. 내가 보구 싶다구 예매하라 그랬던 거거든…… 엄마는 말두 안 되는 소리. 내가 에매시켜놓구 펑크냄 어떡해. 그건 안되지이.

S#　은자의 거실

금자　너 어젠 그 약속 없었잖어……

옥자　(엄마 쪽 보면서) ……

216

금자   E (옥자와 금분 위에) 너 그렇게만 해. 엄마보다 걔가 앞이야? 응?

S# 식탁

  [금분은 자장면을 입 가장자리에 묻혀가면서 열심히 먹고 있고. 적당
  한 메뉴 먹으며, 요리도 두 접시쯤.]

금자   E (자장면 입에 끌어 넣는 금분 위에) 제발 너 올케언니 갖구 좀 씹
  지 좀 마. 넌 시부모님 안 계시니까 그렇게 입찬 소리 마구 지껄이는
  데. 니가 그 입장 돼봐. 넌 새언니보다 잘할 자신 있어?

은자   새언니보단 잘해.

금자   장담할 수 없는 거야.

은자   작은언니, 큰언니 나만큼 안 봐서 아무것두 몰라 왜 이래. 얼마
  나 김새게 구는지 언니들이 알기나 해? 그 여자가 엄마 보는 얼굴
  한번 제대루 봐보기나 했어? 이건 완전히 무생물 보는 거 같단 말야
  무생물. 표정이 없어요 아아무 표정이.

금자   미워죽겠는 얼굴 아닌 것만 해두 고맙지 뭘 그래.

은자   (발끈하며) 무슨 그런 말이 있어 언닌!

금자   애.

은자   (오버랩) 엄마가 일부러 그러는 거야? 그리구 부몬데, 오빠랑 사
  는 이상은 자기한테두 부모 아냐. 그럼 부모루 모셔야지 왜 미워. 왜
  미워죽겠어야 해?

금자   엄마 속썩이는 거 생각하면 너.

은자   (오버랩) 엄마가 평생 속썩였어? 엄마가 자기 시집올 때부터 노
  망나 있는 사람야?

옥자   은자야.

은자   (오버랩) 현식이 다 키워주구 그 살림 다아 해주구 더운밥 해서

며느리 점심까지 약국으루 내보내주면서 그렇게 사신 분야 울 엄마, 왜 이래 증말.

금자 누가 아니래? 왜 이리 흥분해서 그래 너.

은자 흥분 안 하게 됐어 내가? 언닌 왜 무슨 말만 나오믄 무조건 새 언니 편야, 도대체 왜 그래.

금자 아버지두 삼 년이나 누워 계시다 돌아가셨잖어.

은자 아버지 누워 계실 때 그 여자 뭐 했는데. 엄마가 다 했잖어.

옥자 그랬어두 고단한 일야 애. 며느리 자리라는 건 시부모님이 다 건강하셔두 모시구 살기엔 고달픈 거란 말야.

은자 이 세상에서 자기 혼자만 하는 거야? 맏며느리두 팔짜잖어.

금자 애 이러니까 말이 안된다구 애하군.

은자 말 안 되는 건 언니야. 그래 멀쩡할 땐 꼭 가정부처럼 단물 시원할 물 다아 뽑아먹구. 늙어 망령나니깐 그렇게 무겁구 짐스러? 그래두 되는 거야? 난 그 여자 무표정한 얼굴이 진짜 싫어. 못 참겠다구. 차라리 구박할 때 구박하더라두 잘할 땐 잘하구, 엄말 사람으루 취급했음 좋겠단 말야.

금분 이 여편네딜이 왜 이렇게 시끄럽게 싸우구 그라는 겨. 남에 집에 와서. (모두 엄마 본다. 금분 일어나며) 교양머리라군 시알딱곱만큼두 없는 여편네딜.

은자 엄마 어디 갈려구!

금분 남이사! (나간다)

은자 (일어나며) 엄마 화장실 가구 싶어요?

금분 그려. (나간다)

은자 (나간다)

218

금자   쟤 너무 시끄러. 저러다간 엄마 돌아가시구 남 오빠네랑 웬수
　　　루 살 거야.

옥자   (오버랩의 기분으로) 늬들은 어떡할 거야. (하며 본다)

금자   ······끝난 건데 뭐.

옥자   어지간하면 덮어버리구 말지 집은 왜 나와. 실수 없는 인간이
　　　어딨어. 알구 보면 그거······ 별거 아닐지두 몰라. 집은 그렇게 경솔하
　　　게 나오는 게 아냐.

금자   (오버랩) 우린······ 피차 아아무 애정이 없어. 그렇게 된 지 오래
　　　됐어 벌써. 그러니까 나왔지.

옥자   십 년 이십 년 산 부부들······ 무슨 애정 같은 걸루 사니? 그냥······
　　　구질구질한 정으루 살구 자식 때매 살구······ 또 아니면 체면으루 살
　　　구 세산으루 실구 그리는 거지. 난 그런 부부들 숫자가 훨씬 많을 거
　　　라구 생각해.

금자   언니넨 안 그렇잖어.

옥자   (쓴웃음) ······늬 형부두 변했어.

금자   여자 생겼어?

옥자   아냐 아직 그런 건 아닌데, 날 재미없어해······ 근데 가만 생각 해
　　　보믄 나두 그이가 재미없어졌거든? 피장파장이지 뭐.

금자   ······ (보며)

옥자   어지간하면 그만 들어가 집에.

금자   이혼하재.

옥자   ?

금자   그 기집애 애 가졌대. 같이 살어볼 작정인가 봐. 급한 모양야. 금
　　　년 안으루 정리하재······ 그러는데 들어가?

옥자 ……그래서.

금자 미쳤수? 안 해.

옥자 …… (보며) 그럼 들어가 다시 시작해.

금자 싫어.

옥자 어떡하자는 거야 그럼.

금자 언니 나 대한민국에 안금자야. 내 남자가 딴 기집애랑 정분났다는 거 난 도저히 용서 못해.

옥자 ……그럼 이혼하구.

금자 그 기집애랑 공식적이구 합법적인 관계루 애 낳구 사는 꼴을 날더러 보라구? 난 못해. 날 모욕한 댓갈 반드시 치르게 하구 말거야. 나 안금자야. 나한테 그럴 수 있는 거야? 연출 하나 제대루 못해 빌빌거리는 거 내 덕에 강창우 됐는데.

은자 (들어보며) 형부 덕에 언니가 안금자 됐지 형부가 언니 덕에 된 거야?

금자 말 안되는 소리 하지 마 너.

은자 솔직히 말해서 형부 바람나게두 됐지 뭘. 난 형부 이해하네.

금자 너어.

은자 (오버랩) 언니 연극 배우 안금자밖에 딴거 아무것도 없는 여자 잖아. 은지는 대한민국 안금자 되기 전에 난 거구, 대한민국 안금자 되기 시작하면서 언니 도대체 한 게 뭐 있어. 살림을 했어, 애를 키웠어, 형부 수발을 제대루 들어줬어. 아무거엇두 안 하구 그으냥 자나께나 연극연극 연극연극, (턱 좀 치켜들고 눈 내리깔고) 난 나가면 대한민국에 안금자예요. 어이구 김새.

금자 (노려보며) ……

220

은자 자신은 이상해진 거 모르지. 언니 엄청 이상해졌다? 언닌 연극 연극 하다가 전부 다가 연극 됐어, 몰라? 진심이 하나두 없어졌어. 다 연극이구 다 조작이란 말야. 눈뜨는 것두 숨쉬는 것두 연극이 됐단 말야.

금자 이 기집애가? (하며 물컵 끼얹어 버린다)

은자 (물 맞고)

옥자 얘. (놀라서)

은자 좋지 뭐. 상관없어. 사실은 엄마 병보다 작은언니 병이 더 깊어. 난 그렇게 생각해.

옥자 그만 해.

금자 (노려보며) ……

옥자 얘 엄마는. (은자에게 분위기 바꾸려)

은자 응 주무신대.

옥자 (일어나며) 얘 안 돼, 엄마 주무시면 안 돼. (나가며) 어디, 어디 계 시니.

은자 (식탁 치우기 시작하며) 엉 안방에.

금자 (은자 노려보며)

S# 침실

옥자 (방문 열고) ? (도로 방문 급히 닫고)

S# 거실

옥자 (문에서 급히 떨어지며) 엄마 안 계셔 얘.

은자 E 뭐라구? (뛰어나오며) 내가 눕혔드렸는데 무슨 소리야아?

옥자 (벌써 현관으로 내달아 보고) 엄마 나갔어. 신발 없어. (후닥닥 뛰 쳐 나가고)

은자　어머머머 내가 미쳐 미쳐. (후닥닥 신발 신고 뛰쳐나간다)

금자　(주방에서 나서서 현관 보며) ······

S# 큰 거리

금분　(저 멀리서부터 타달타달 걸어오고 있다. 간간이 두리번거리며) ······

S# 빌라 입구

　　[옥자, 은자, 약간의 차이 두고 뛰쳐나와 일단 두리번거리며 찾고 서로
　　말 맞추고 방향 다르게 잡아 갈라진다.]

S# 큰 거리

금분　(차도에서 서서 빈 택시 잡으며 간간이 팔 드는 시늉 하고 ······ 또 하고 ······)

S# 다른 길

은자　(엄마 찾으며 오고 있다) ······

S# 큰 거리

옥자　(두리번거리면서 오고 있다 문득)?

S# 저만큼 앞 차도에서 막 택시로 오르고 있는 금분

　　(옥자의 시각으로)

S# 옥자

옥자　(기절을 하게 놀라서 냅다 뛰면서) 엄마 엄마아!

　　[부웅 출발해서 달리기 시작하는 택시.]

옥자　엄마 엄마아! (소용없다. 펄쩍펄쩍 뛰며 빈 택시 잡으러)

　　[마침 고맙게도 와서 멎어주는 택시.]

옥자　(뛰어들 듯 앞자리에 타면서) 고맙습니다. 저기 저 앞에 저어기, 아
　　니 어디 갔지 금방? 아저씨 일단 출발해요. 빨리요 빨리 ······ (택시 움
　　직이기 시작. 목 빼면서, 목 저으면서) 지금 금방 출발 했으니까, 개인
　　택시예요 아저씨. 할머니 한 분 타구 있어요. 가만 차가 무슨 색이더

라 개인 택시예요 개인 택시.

S# 근처 다른 길

[금분이 탄 개인 택시를 뒤쫓아 오고 있는 옥자의 택시. 뒤에서 사인하
다가 옆으로 오며 유리문 내리는 옥자.]

옥자   아저씨! 아저씨!

금분의 기사   (그제야 알고 힐끗 보고 유리 내리며 소리친다) 왜 그래요!

옥자   차 세우세요 아저씨. 세워요.

옥자의 기사   (옥자와 함께) 차 세워! 노망난 할머니래. 차 세우라구!

금분의 기사   (뒷자리 흘끔 돌아보며) 그래애? 노망난 할머니야?

S# 자동차 밖

[세워지는 두 대의 택시]

옥자   (급히 내려 어머니 택시로 가는 데서)

S# 은자의 거실

은자   어으으으 사람 졸도하겠어. 진짜 무슨 소릴 듣게 할려구 이래
요 도대체. 언니한테 잡혔으니 망정이지 영 놓쳤으면 어떡할 뻔했
어 으응?

금자   그만 조용해.

은자   또 조치원 갈려구 그랬수? 그눔으 조치원엔 뭐가 있는 거유 대체?

금자   그만 좀 땍땍거려. 너 입 찢어지게 숭보는 올케언닌 암만 황당
해두 너처럼 이렇게 악은 안 쓰더라.

은자   (고개 홱 돌리고 째려본다)

금자   올케언니더러 뭐랄 거 없어 너. 올케언닌 이런 일 수십 번야. 그
언니 용한 사람야너.

은자   불난 데 부채질하는 거야 지금?

옥자 둘 다 입 닫구 조용해. (어머니 안고 있다가 몸 떼며 시선 내린 채)

옥자 금자 (언니 보는 위에)

옥자 E 늬 둘 다 형편없는 것들야.

옥자 혼자 독판 효년 척하는 너, (은자 올려다보며) 너 엄마 진심으루 안쓰럽구 걱정돼? 그래서 올케가 엄마한테 정 없이 구는 게 그렇게 불만야? (목구멍이 아프기 시작하며) 그래서 그런데 너 엄마 위해 하는 일이 뭐야. 하루 단 한 시간이라두 옆에 붙어 엄마 친구 제대루 해준 적 있어?

은자 언니.

옥자 (오버랩 금자) 너 올케 그렇게 잘 이해하구 쓸어덮구 좋아. 아주 고상한 인품야. 근데 그러면서 (차오르는 감정 자제하려 애쓰면서, 그러나 간간이 샌다) 왜 엄마 찾아보는 일엔 그렇게 게름피니. 연극하는 게 그게 뭐 그렇게 대단한 일야 응? 엄마 없었으면 연극에 미친 너두 이 세상에 없구, 올케 힘든 거 그렇게 잘 알면서 하루 한두 시간 와서 엄마 지켜줄 생각은 안 드는 거야? 엄만 이렇게 됐는데…… 엄마는 이렇게 기막히게 (침 꼴각 넘기고) ……망가져버렸는데…… 늬들은 어쩌믄……참……한심해. (고개 옆으로 틀면서)

은자 …… (시선 내리고)

금자 …… (움직여 앉는다)

옥자 (고개 앞으로, 시선 아래로, 다소 딱딱하게) 늬 둘이 시간 맞춰 날마다 하루 두 시간씩만이라두 엄마 보초라두 서. 아들만 자식 아니잖어. 아무것두 안 하면서 올케 갖구 뭘 이러쿵저러쿵야……

옥자 금자 …… (언니 보며)

옥자 철수네 도와줘…… 엄마 어젯밤에 정말 집 태울 뻔했어.

옥자 금자　또오? 또 그랬어?

옥자　철수랑 올케한테 잘해 늬들. (한숨 좀 섞이면서, 잘해 늬들) 걔들 최선 다하구 있어. (하는데)

금분　퉤! (침 뱉기 시작한다)

모두　?

금분　(입 오물오물 침 모아서) 퉤!

은자　엄마.

금분　(오물오물)

은자　아니 이게 무슨 짓야 엄마.

금분　퉤!

은자　하지 마요! 갑자기 왜 침은 뱉어 침은. (급히 휴지 뽑아 대어주며) 여기다 하라구 여기. 침 뱉구 싶으믄 엄마 여기다.

금분　(고개 돌리고 딴 데다) 퉤!

은자　엄마아! (빼액)

금분　? (은자 올려다본다) ……

은자　침을 그렇게 아무데나 뱉으면 어떡해요 드럽게에!

금분　(내가? 하는 표정으로 금자와 옥자 번갈아 본다)

　　　[금자는 외면하고 옥자는 그저 물끄러미 엄마 보고……]

S#　편의점 안(며칠 후)

은자　(작은 책자 같은 것 펴들고 심각하게 보고 있다) ……

아이스크림 배달원　(들어오며) 아이스크림 왔습니다아.

은자　왜 이렇게 늦어요. (책자 접어놓고 자리 움직여 화면 밖으로 빠져 나가며)

S#　인서트, 책자 껍질 제목 — 『치매 환자를 돌보기 위한 모든 것』

은자   E (책자 위에) 주문한 지가 벌써 은젠데.

남자   E 길이 보통 막혀야죠.

은자   E 아유 관둬요. 그늠으 소리 듣기두 싫어.

S# 철수의 거실

파출부   (걸레질하고 있다)

S# 금분의 방

금자   (앉아서 대본 무릎에 내려놓고 천장 보며 중얼중얼 암기하고 있다)
늑대보다 아니, 거미나 두꺼비, 땅 위를 기어다니는 그 어떤 독충
보다도 욕을 봐라! 그놈이 자신을 낳거든 괴물같이 흉하고,

금분   (동전을 동그랗게 자기 주변에 늘어놓으며 경계선 만들다가 딸 보고
있는)

금자   E (엄마 위에) 그 흉악하고 망측스런 꼴에 기대하고 있던 어미
는 한눈에 보고 질겁을 해버려라! 그리고 아비의 고약한 성미를 갖
고 태어나라!

금자   …… (다음이 막혔다) 그리고 아비의 고약한 성미를 그대로 갖고
태어나라…… (짜증스레 대본 본다) 아유 정말 미치게 안 외워지네. 하
기 싫은 작품은 꼭 이러더라. 또 그놈이 아내를 얻거들랑, (대본 보며
여기까지 하고 나서 다시 고개 들고) 또 그놈이 아내를 얻거들랑, 그 아
내는 한평생을 그놈과 같이 욕을 보거라! 젊은 남편과 사별을 하고
시아버님을 잃고 욕을 보는 것 보다 더한 욕을 보거라! (외우기 그만
두고) 이런 끔찍한 저주는 난 정말 하기 싫어. (그러고도 다시 되풀이)
또 그놈이 아내를 얻거들랑. (하는데)

금분   달밤에 체조헌다.

금자   ? 네?

226

금분　……(잠시 보다가 동전 늘어놓기 계속)

금자　엄마 뭐라 그랬수.

금분　들어오지 마. 들어오지 마. (팔 휘저으며) 들어오지 마. 들어오지 마. 들어오지 마. 들어오지 마.

금자　……(고개 조금 옆으로 하고 볼 뿐)……

S#　어느 카페

　　[옥자와 창우 한 화면에. 둘 다 시선 좀 내리고 있고 둘 다 당분간 말이 없다. 충분한 사이]

옥자　……(그대로. 이윽고) 그 생각은…… 바꿀 수 없는 건가요? ('건가요' 하며 시선 들어 본다)

창우　……(시선 내린 채) 그 사람한테는 내가 필요 없습니다.

옥자　……(보며)

창우　그 사람한테는…… 연극만 있음 돼요…… 연극이 있구 무대가 있구…… 자부심이 있구 환상만 있음 돼요.

옥자　(오버랩의 기분으로. 시선 잠깐 내리며) 무슨 얘기 하는지 알어요. 걔가…… 자기 도취가 다소 심하구…… 지 일에 너무 심하게 빠져서 줄곧 가정사에…… 애나 남편한테 아무 도움두 안 됐다는 거 우리 알어요. (알어요 하며 본다) 재미없어졌을 거예요. 연극 배우로서는 어떨지 모르지만 아내나 엄마로서는 낙제죠. 그렇지만.

창우　(오버랩의 기분으로) 이런 자리 곤혹스럽군요. (보며)

창우　E (보는 옥자 위에) 그 사람에 대해서 되도록이면 아무 말두 하구 싶지 않어요.

창우　어쨌거나 좋아서 했던 결혼이구 자식두 낳았구 같은 일을 하는 동지로…… 서로 힘이 됐던 대목두 더러는 있었는데…… 이렇게 돼버린 속사정 같은 거 얘기하구 싶지 않습니다. 암튼…… 자기가 자기 자신을 꿩장한 존재로 (쓴웃음) 존경하구…… 남한테두 그걸 요구하는…… 그런 여자…… 더 이상은 옆에서 구경하구 싶지가 않아요.

옥자 …… (보며)

창우 한 가지만 말하죠…… 그 여자가 지은 밥 얻어먹은 게…… 지난 십 년동안 열 손가락두 꼽을 수가 없습니다.

옥자 (난감해서 시선 내린다) ……

창우 그런 거예요……

S# 거리

옥자 (생각에 빠져 걸어오고 있다) …… (다른 행인들 속에…… 다른 인물들에 잠깐씩 가려지거나 말거나) ……

S# 철수의 주방

경진 (약국에서 들어온 길이다. 식탁에 두 팔꿈치 올려 양쪽 엄지로 이마 옆 눌러 싸쥔 채)

파출부 (물병의 물 따라 내민다) 사모님…… 사모님.

경진 (물 받아 마시는데)

금자 E 엄마 소변보구 엄마 방으루 얌전히 들어가요오? 나 커피 갖구 들어가께요 네? ……

금자 (주방으로) 언제 들어왔어요?

경진 지금 방금요.

금자 (커피 들어 있는 포트 쪽으로 움직이며 경진 살피듯 보며) 왜요, 집에 무슨 볼일 있수? 뭐 잊어먹구 나간 거 있어요?

경진 (일어나며) 너무 머리가 아파서 좀 쉬러요. (움직인다)

금자 …… (보다가) 신경을 좀 누굴누굴하게 눙쳐요 언니. 쉬운 일 아니
겠지만…… (커피 한 잔 따라들고 찻잔 집어 들며) 약 먹었어요? (속삭이
듯 파출부에게)

파출부 약국에서 잡숫구 들어왔다네요.

금자 네에. (하고 돌아서다 되돌아서며) 아줌마한테는 정말 너무너무
감사해요.

금자 (뜬금없는 소리에 파출부는?) 드나들면서 가만히 보니까 우리 엄
마한테 정말 잘해주시네요.

파출부 (금자 스타일이 거북하다) 잘하기는, 나 같은 사람이 잘하구 말
구 할 게 어딨어요. 자식들이 잘하는 게 잘하는 거지.

금자 맞아요, 옳은 말씀이에요. (눈웃음치며)

파출부 그런데 이 댁 할머니는 너무 심하세요. (싱크대로 가며) 우리 아
버님은 저렇게까지 심하지는 않았는데.

금자 네에 그래서 우리두 속상해죽겠답니다. (하며 나간다)

S# 거실

금자 (커피 잔 들고 나오다 보면 경진 안락의자에 기대어 앉아 눈 감고)
……방에 들어가 눕지 왜 여깄어요. 여기 앉아서 쉬어져요?

경진 ……

금자 엄마 나오셨어요?

경진 (눈 감은 채) 아직 안나오신 거 같아요.

금자 (화장실 앞으로) 엄마 엄마아? ……똑똑똑 (노크하며) 엄마 뭐해요?
……? (이상해져 문 연다)

S# 화장실 안

금자 (문 열고) ?

S# 거실·화장실 밖

금자 (황급히) 엄마 화장실에 없어요. (경진? 고개 홱 돌아가며 일어선 다. 금자는 대사 연결) 무슨 기척 못 들었어요 언니?

경진 아니 나 못 들었어요. (하며 급히 금분의 방으로 가고, 파출부는 놀 라서 부엌에서 나오고)

　　E 방문 여닫히는 소리.

　　[세 여자, 일제히 소리 나오는 쪽 보면,]

금분 (부부 침실에서 더듬더듬 나오고 있다)

금자 아니 엄마, 그 방엔 왜 들어갔어요. (엄마 옆으로 달려 잡으며) 엄 마 방 저깄잖아요. 저기 이금분 여사 방이라구 써붙인 거 안 보여요? 저깄잖아요 엄마, 저기.

금분 (금자 가볍게 떼어내며) 알어. (작게)

금자 아는데 왜요. (경진, 급하게 침실로) 아유 참 엄마두. 왜 오빠네 방이 궁금했어요? 오빠네 방 구경하구 싶었어요?

S# 침실

경진 (무슨 일 저질렀는가 싶어 방 안 살피며 들어오다 문간에서 한강 같 은 오줌 밟고 쭉 미끄러져 넘어질 뻔, 가까스로 균형 잡고 방바닥 내려다 보며) ?…… (커다란 보자기만 한 오줌 바다. 순간 오줌 밟은 양말 한쪽 벗 어 냄새 맡아본다) …… (얼굴이 우그러지는데)

금자 E (열린 문으로) 자 엄마 들어갑시다. 이제 금방 은자 와요, 들어 가자구요.

경진 (오버랩, 더 참지 못하고 터진다) 아줌마아아!

S# 거실

금자 파출부 ?

230

[금분은 얼른 금자 뒤로 숨듯.]

파출부 네에에, (침실로) ……

경진 E 얼른 걸레 갖구 와 닦아요 얼른요! (울음 터지며, 금자와 금분 위에)

금자 ? (엄마 본다)

파출부 E 아이구 세상에 아이구 세상에. (금자와 금분 위에)

[파출부 급히 나와 욕실로 뛰어들며 동시에 금자 침실로 뛴다.]

금분 (자그맣게 오그라들어서)

S# 침실

금자 (문에 나타나 바닥 보고 입 벌리고 경진 본다)

경진 (한 손 이마 위에 올려 얼굴을 세로로 손이 내려오게 하고 소리 내어 운다) 으ㅎㅎㅎㅎㅎ, 으ㅎㅎㅎㅎㅎ. (파출부 고무장갑 끼고 걸레와 플라스틱 대야 들고 들어와 닦기 시작하는데)

은자 E 왜 현관문이 열렸어? (금자 고개 거실 쪽으로 돌아가고) 엄마 새 나가면 어쩔려구? (경진, 아ㅎㅎㅎㅎㅎ) ? ……무슨 일야? 왜 또 무슨 일야 응?

금자 (문에서 사라진다)

S# 거실·침실 앞

은자 (침실로 가려 하며) 엄마 또 불장난했수? 또 불냈어요?

금자 (벌써 은자 잡아 끌어내듯 하며 오버랩) 아냐, 불 아냐. 들어가.

은자 (오버랩) 무슨 일인데.

금자 (오버랩, 자신도 화가 난다) 엄마 오빠네 방에다 오줌눠놨어.

은자 (입 따악 벌린다. 어느 때보다도 크게 벌리고 엄마 돌아본다)

금자 (엄마 다소 거칠게 잡아끌어 금분의 방으로)

S# 금분의 방

금자 (엄마 끌어들이며 소리 낮춰, 그러나 야단치는) 이게 무슨 짓이에요
엄마. (금분은 고개 푹 꺾고 주춤주춤 방구석으로, 은자 들어오고) 아니
화장실 들어가는 거 내가 분명히 봤는데 어느 틈에 거긴 들어갔어
요오. (금분은 구석으로 구석으로) 그리구 건 무신 짓야 도대체에 으
으응?

은자 (엄마에게 달려 붙으며 오버랩) 엄마, 엄마가 그랬수? 응? 엄마가
그랬어?

금자 앤 지금 무슨 소릴 하구 있어. 엄마 아니면 그럼 누가 하니?

은자 (구박하는, 발 구르며) 엄마 진짜 왜 그래요? 왜 날마다 안 하던 짓
까지 점점 보태구 그러냔 말야.

금분 흐으으응, (울음 새어 나오는)

은자 엄마 이럼 우리가 어떻게 살어어 다 같이. 우리가 살/쑤가 없잖
어요 진짜루우.

금분 (방 모서리에 이마 콩콩 짓찧듯 하며) 이이이이이이잉 이이이이이
이잉.

금자 (가엾어 얼굴 우그러지고)

은자 (울음 삐져나오면서) 어디까지 할 거유 도대체 으응? 속상해 미
치겠어 증마알⋯⋯ 아휴우우우⋯⋯

S# 아파트 현관 밖 주차장

금자 (안에서 나와 자동차 있는 곳으로) ⋯⋯

옥자 (들어오던 길, 현관 쪽으로) ⋯⋯ (금자 보고 멈추며) 이제 가는 거니?
(금자 보고) 네시 다 됐잖어.

금자 친구들 재밌었어?

옥자 그렇지 뭐. 엄마는.

금자 엄마 차라리 빨리 돌아가셨음 좋겠다 언니야, 죄받을 소리
지만.

옥자 ……왜 또 불낼 뻔하셨니?

S# 승강기 안

옥자 (우울하게 구석에 기대어 서서) ……

S# 복도

옥자 (맥 빠져 들어오고 있는) …… (현관 벨 누르려다 그만두고 돌아서서
복도 난간으로 옮겨 서서 스산한 얼굴로) ……

S# 금분의 방

옥자 (들어오는 위에)

금분 E (노래하는) 가앙남 달이 바앍아서 니임이 노올던 고옷. (노래
계속된다. 정식으로 부르는 건 아니고 혼자 흥얼거리는 것처럼)

옥자 ……

은자 (책자 보고 있다가 언니 들어오자 앉은 채 올려다보다가) 작은 언니
못 봤어? 금방 나갔는데.

옥자 (핸드백 적당한 곳에 놓으며) 봤어.

은자 그럼 들었지?

옥자 (대꾸 없이 장문 열어 옷 꺼내 놓고 외출복 벗기 시작)

은자 올케언니 싸구 누웠어.

옥자 …… (그것도 들은 소리다)

은자 오줌 아무데나 누구 다니기 시작함 그 담엔 큰 거두 그러는 거
아뉴? (핸드백 당겨서 책자 팸플릿들 한꺼번에 꺼내 놓으며) 나 오늘
내 친구한테서 치매 노인에 관한 책자 좀 얻었는데, 언니두 알지

왜 소진이, 중국 남자랑 결혼해서 대만 간 애…… 알어 몰라.

옥자 알어.

은자 걔가 글쎄 육 년 만엔가 십일 년 만에 연락했드라구 어제. 만나서 이 얘기 저 얘기 하는데 즈 친정 아부지 치매루 삼 년 고생하시다 한 달 전에 돌아가셨단 소릴 하잖어. 즈 아부지 병수발때메 삼 년 전부터 들락날락했는데두 연락할 겨를이 없었대.

금분 (노래하던 중간에) 은자야.

은자 (돌아본다) 왜요.

금분 저 여편네 누군데 남에 장을 건드리는 겨.

은자 아이구 신경꺼요 엄마, 그 여편네 엄마 큰딸이니까.

금분 우리 큰딸 영국 있어.

은자 영국 있는 큰딸 엄마 보러 왔잖어요.

금분 ……

은자 그래서 나두 우리 엄마 얘기했지. 그랬더니 오늘 이거 갖다 주더라구. (책자들 좀 밀어내듯 하며) 갠 치매가족회라는 데두 다니면서 교육두 받구 초기에는 즈 아버지 탁노소라는 데두 맡겨 보구 입원두 시켜보구 부랑자 숙소에 가즈 아부지 찾아온 건 셀 수두 없구 걔두 고생 만이 했드라구. 몇 날 며칠씩 간이 바작바작 타면서 사방 찾다가 부랑자 숙소서 아부지 잡으면…… 걔 아부지 그랬대 너 왜 왔니…… 틀니구 안경이구 다 잃어버리구 이렇게 웃으면서 말야. 그럴 때마다 진짜 미칠 거 같드래.

옥자 (앉으며 책자 집어 드는데)

은자 거기 가족들 수기 좀 봐 언니 한번. 기구절창도 안 해. 우리 나라 치매 노인이 전체 노인 인구에 사 퍼센트래, 십만 명. 그러니까 노인

한 사람에 딸린 자식을 다섯만 잡어두 배우자까지 하면 열이지? 그만해두 우리같이 이런 일 겪는 사람들이 백 만은 된다 소리야. 하긴 백만뿐이겠어? 통계에 안 잡힌 노인이더 많을지두 몰라. 다 쉬쉬하잖어들. 집에 치매 노인 있는 거.

금분   아이구 김사장님 사모님 오셨어유우? (은자에게 다가앉으며)

은자   어으어으.

금분   (좀 더 다가앉듯 하면서) 그래 댁네는 다 무고허시구유?

은자   누가 김사장 사모님야 엄만, 나 은자야 은자 엄마 막내딸 은자. 신일이엄마.

금분   에이 왜 그러세유.

은자   에이 왜 그러세유 증마알. 사장 사모님으루 부르려거든 노사장 사모님으루 불러줘요. 그럼 영판 틀린 건 아니니까.

금분   김사장님두 안녕하시구유?

은자   환장하겠네. 아 나 은자라니까아.

금분   …… (잠깐 보다가 슬그머니 외면하며 나물 다듬는 시늉)

옥자 은자   …… (보며)

은자   엄마 뭐 하는 거유.

금분   늬 아부지 냉이국 끓여드릴라구.

은자   ……알았어요. 그럼 냉이 열심히 다듬어요. 근데 더 한심한 건 아직 우리 나라엔 치매 노인 장기 요양 치료 시설 하나 제대루 없다는 거야. 나라 것만 민간 것두.

은자   E (보는 옥자 위에) 우리야 그래두 다 같이 살 만은 하니까 이렇게 자식들이 시간제라두 나눠서 보호한다지만 먹구 살기 고달픈 사람들은 어떡해. 그러니까 견디다아 못해 노인 갖다 내버리는 불

효 자식두 나오구 가출해두 안 찾는 죄받을 자식두 있구

은자 그런 거야. 그런 건 나라에서 해줘야는 거 아냐? 아니 세금은 거 뒤다가 다 어따 쓰는 거야 응? 우리 나라 잘난 나라라면서 아니 이렇게 아직두 먼 거야? 응? (하다 일어서는 엄마 돌아본다)

옥자 엄마 왜요, (일어 서며) 어디 가시게요.

금분 우리 집에 가. (어느 결에 보따리 하나 옆구리에 끼고)

은자 엄마 집이 여기지 어디야아.

금분 퉤! (은자에게)

은자 (질색) 엄마!

금분 (장문 열고 장 안으로 들어가려)

은자 어머나?

옥자 (동시에) 엄마, (잡는다) 엄마 그건 문이 아니잖어요. 그건 장롱이에요, 문은 저기 있잖어요.

금분 (방문 돌아보고 부끄러운 듯 고개 가슴으로 묻으며) 알어. (하고 문으로)

옥자 저기요 엄마. (잡고 달래는) 이제 조금 있으면 저녁땐데 저녁 먹구 가요 우리 응? 지금 나가면 저녁 못 먹잖어요. 저녁 먹구 그러구 가는 게 어때요.

금분 그려…… 그럼 그라자…… (자기 자리로 가 앉는데)

은자 (한심하고 미워서 흘기듯 보는데) ……

S# 아파트 광장(밤)

S# 철수 거실

옥자 (현관문 열고) 이르다?

철수 에. (어정쩡한 예)

현식 (나오며) 아버지 들어오셨어요?

철수 응 그래. 엄마는 아직 퇴근 안 했니?

현식 엄마 좀 편찮으신가 봐요.

철수 어디가.

옥자 (철수 팔 좀 잡으며) 엄마가 아까…… (철수, 누이 본다) 정말 큰일 났다. 엄마 아까 느이 방에다 소변을 보셨어.

철수 ? 아니 집에 아무두 없었어요?

옥자 금자가 분명히 화장실에 들어가시는 거 봤다는데.

철수 (잠깐 눈 꾹 감았다가…… 뜨며 별일 아니라는 투로) 뭐 불지르는 거 보단 낫네요. (하고 안방으로 돌아서다 되돌아서며) 아니 그거 때매 싸 구 누웠는 거예요 저 사람? (좀 비위 틀려)

옥자 몸이 좀 좋잖았나 봐 종일. 쉰다구 일찍 들어왔다가…… 기막히 지 않겠니? 나두 이렇게 기막힌데.

철수 (입 꾹 다물고 안방으로)

옥자 애. 좋은 말루 위로해. 니가 잘해야 해.

철수 (잠깐 멈추는 듯했다가 들어간다)

옥자 …… (보며)

S# 침실

철수 (들어오면서 상의 벗으며) 당신 자?

경진 (이마 위에 팔목 하나 올려놓고) 아뇨.

철수 (옷 걸치며) 많이 아파?…… (넥타이에 손 올리다가 도로 내리고 보 며) 많이 아프면 병원에 가구…… 일어나 지금 가자.

경진 (한숨 푹 내쉬면서 손목 내려 떨어트리며) ……

철수 …… (보다가 침대 옆으로 가 걸터앉아 아내 팔에 손 얹으며) 어머니······ 실수하셨다면서.

경진 ······

철수 속상하지? ······나두 참말 속상해. 무진무진 상해. 그렇지만 어
떡하니 병이걸. 아파서 그러시는 걸 별수없이 당할밖엔 뾰족한 수
가 없잖아.

경진 (일어나 앉으며) 여보, 우리 어머니 입원시킵시다.(남편 안 보는 채)

철수 ······입원 아무 소용 없잖아. 그리구 병원에서 치매 노인 치매
증세만으룬 받어주지두 않잖어······ 그리구 잠깐 며칠 입원하시는
게 우리한테 무슨 큰 도움이 돼.

경진 그런 거 아니구 장기 입원요. (시선 내린 채)

철수 ······ (보며)

경진 치매 노인 받아주는 노인 전문 병원이 하나 있어요. 나두 가능
하면 이런 말 끝까지 안 하구 (울음 차오르며) ······견뎌 넘길려구 했
어요. 그런데 이제 더 이상은 못 참겠어요. 죽을 거 같아요. 여보 이
대루는 내가 죽을 거 같다구요. (남편 올려다보며) 나 좀 살게 해줘요
당신, 병원 경빈 내가 다 해결하께요. 십 년이든 이십 년이든 내가
다 해결할 테니까 제발 어머니 좀 어떻게 해줘요.

철수 어머닐 치우잔 말야 지금 당신?

경진 여보. (설득하려)

철수 무슨 말을 하구 있는 건지 제정신 갖구 하는 소리야 지금? 어
머닐 어디루 치워. 아니 이제껏 아뭇 소리 않구 잘하다가 당신 갑
자기 왜 이래. 소변 한번 못 가렸다구 그걸루 어머닐 내쫓재?

경진 여보.

철수 치매 심한 환자 대소변 못 가리는 건 기본 중에두 기본이야. 그

238

래 우리 엄마 증세 심해. 형편없어. 이제 그거까지 시작하셨으니 더구나 앞일이 끔찍하겠지. 알 만해.

경진 (오버랩) 대소변 때매가 아니예요.

철수 그럼 뭣 때매야.

경진 불요. 불이 무서워요 나. 정말 무서워요. 지난번 불나구부터 하루 온종일 날마다 자면서두 머리칼이 쭉쭉 곤두서요. 이대루는 언제 어느 순간 우리 식구 몽땅 다 타 죽을지 모른달 말예요. 난 정말 불은 못 참겠어요. 딴건 다 참을 수 있어요. 가출두 좋구 대소변두 좋구,

S# 침실 밖

경진 E (약간 떨어진 위치에 서 있는 옥자) 욕두 좋구 꼬집는 것두 좋구 다 괜찮아요. 참을 수 있다구요. 그렇지만 여보, 난 불에 타 죽긴 싫어요. 그럴 순 없어요.

철수 E (오버랩) 당신이 나가 그럼. 나 혼자 타 죽을 테니까 당신 나가구 나한테 어머니 치우자는 말은 두 번 다시 입 밖에 내지 마.

옥자 …… (서늘해져서)

S# 침실

철수 집에 사람이 몇인데 그래 당신, 누나 오구부터 금자 은자 하루 세 시간씩 교대루 엄마 봐주구 파출부 아줌마두 있구 훨씬 부드러워졌는데 새삼스레 왜 이러는 거야!

경진 사람 아무리 붙여두 못 당해요. 아깐 사람 없었는 줄 알어요?

S# 침실 밖

경진 E (옥자 위에, 현식 조금 떨어진 위치에 뿌우 하니 서 있고) 소변보는 대신 그 동안 불 장난하셨다면 어떻게 되는 거예요! (결국은 소

리치고 만다)

S# 침실

경진   어떻게 되는 거냐구요!

철수   …… (아내 쏘아보는 분노의 얼굴)

제3회

S# **은자 빌라 앞(낮)**

S# **빌라 거실**

은자 원칙적으루 얘기하자면 약국 걷어치우구 자기가 들어앉아야
하는 거 아냐? 그거 안 하구 자기네 돈벌이 차곡차곡하는데 우리
가 미쳤수? 우리가 그걸 왜 대?

금자 너두 못할 일 남한테 요구하지 마 너. 건 생떼야.

은자 생떼라니 당연한 거지. 난 오빠두 진짜 못마땅해. 약국 그만두
게 왜 못해. 왜 못 들어앉혀.

금자 나가 일하던 사람 갑자기 들어앉아 엄마랑 씨름만 하라면 올
케 언니 돌아요.

은자 글쎄 그렇거들랑 백만 원이 들든 이백만 원이 들든 사람 하나
딱 붙여서 딴사람 신경 안 쓰게 철저하게 하란 말야. 그거 왜 안하
구 버티면서 우리까지 신경 쓰게 만들어 쉿독.

옥자 (오버랩) 여러 말 할 거 없어. 너 얼마 낼 거야.

은자 나 못 내.

옥자 금자 (은자 본다)

은자 우리가 돈이 어딨어. 가게 시작하는 데 얻은 빚두 아직 다 못 껐는데?

노진 E 당신 왜 그래.

노진 (안방에서 부스스하게 나와 서 있다) 가만히 듣다 보니까 거 당신 형편없는 사람이구만.

은자 당신은 빠져요.

노진 못 빠져. 우리두 냅니다. 언니들 내시는 만큼 우리두 낼 테니까 그렇게 아시구 끼워주세요.

은자 아 아들이 있는데 왜 우리까지.

노진 (오버랩) 아들이 무슨 죄인이냐? (열나서)

은자 딸은 출가외인이잖아.

노진 더 계속할 거야? (꽤 위협적으로) …… (노려보며)

은자 …… (불만이지만)

S# 빌라 앞

[말없이 나오는 금자와 옥자…… / 곧 금자와 자동차에 타고 빌라 빠져나가는 차.]

S# 큰길

[완연한 가을 풍경……]

S# 차 안의 자매(유리 전면에서……)

금자 (운전하며) ……가을이다 언니야.

옥자 ……

금자 공연만 없다면 이 기분으루 훌쩍 어딘가루 떠나 한 며칠…… 방향두 목적두 없이 헤매다녔음 좋겠네…… 나는 언니…… 미안한 애

기지만 금주에 지금 하는 거 끝내구 한 주 쉬었다가 그 담 월욜부
터 앵콜 공연 또 시작돼.

옥자 (돌아보며) ······

금자 (잠깐 옥자 돌아보았다 전면으로 고개 돌리며) 앵콜 공연하면서 동
시에 다음 꺼······ 리차드 3세 연습 들어가야구. 그럼······ 엄마한테
올 시간 없어 고민하는 중이었는데. (돌아보고 웃으며) ······잘 생각했
어. 엄마한테 사람 붙여야 해.

옥자 은잔 왜 그러니 도대체 올케한테.

금자 (운전하며) 올케가 워낙 뭐랄까······ 살가운 데가 없잖어. 뻣뻣
하지······ 난 요 번덕 보다는 난데 ······으흐흐훗 전생에 원수였나부
지 뭐 둘이. 어떻게 할 길이 없이 괜히 싫은 사람 있잖어 왜.

옥자 (얼굴 전면으로 하면서) 올케가······ 한겐 거 같더라.

옥자 E (고개 돌리는 금자 위에) ······엄마 같은 사람 장기 입원되는 병
원이 있대. 철수한테 엄마 거기 넣자는 거 들었어.

금자 뭐라구? ······그래서 오빠는.

옥자 펄펄 뛰더라구······ 앞 봐.

금자 (앞 보며) ······어떻게 그런 소릴 해 그 여자는. 자식이 넷이나 시
퍼런데······ 그럴 순 없어. 절대 안 돼 그건. 한 달에 얼마가 들든 끝
까지 우리가 보호해야지, 엄말 그런데 보낼 순 없어. 그렇게 해결
할 수는 없다구.

옥자 은자한텐 암말 마.

금자 알아.

옥자 불이 무섭대······ 무서울 거야······ 충분히 알 거 같아.

금자 그럴 거야······ (신호에 멈추며) 우리가 이해해야 해 언니.

옥자 그래두…… 고깝더라…… 은자 말마따나 엄마가 자기한테 어떻게 했는데…… 엄마 같은 시어머니가 어딨다구…… 며느리한테 평생 싫은 소리 한마딜 하셨나…… 부족한 내색 한 번을 하셨나…… 그저 내 며느리 내 며느리…… 그렇게 이십 년 세월인데 어쩌믄 그 세월 동안 쌓인 정두 그렇게…… 하나두 없는 건가.

금자 (앞 보는 채) 우리 다 그런 거 아뉴? ……나 괴로우면 정이구 세월이구 그런 거 다 잊어먹구 비명 지르는 거…… 그런 거겠지. 그렇게 이기적인 거야 우리가 다 같이…… (하며 출발한다)

옥자 금자 ……

S# 경진의 약국

고용 약사 (약 팔고 있고)

[한옆 의자에 마주 앉은 옥자와 경진.]

경진 ……(화면 시작하자마자 옥자 보며)

옥자 어떻게 생각해.

경진 요즘은 숙식 가정부두 전처럼 쉽잖아요…… 더구나 치매 환자 옆에 스물네 시간…… 누가 오겠어요.

옥자 조건이 아주 좋으면 그래두 어려울까? 우리두 조금씩 거들어주께.

경진 돈은 문제가 아니에요. 요는 사람이지. 얘기했잖아요. 어머니가 그런 사람들 어떻게 내쫓으시는지……

옥자 (오버랩의 기분으로) 심성 착해서 따뜻하게 보살펴줄 사람 하나 골라보자구 우리. 착한 사람두 많아 이 세상엔.

경진 (부정적이지만 좀 쓰게 웃으며) 그럼 형님이 하나 골라오세요.

옥자 (보며) ……

경진 커피 드려요? (일어서며)

옥자 아냐 생각 없어…… (시선 내리고 잠깐 있다가 시선 내린 채) 미안
해, 고맙구…… 고맙게 생각해. 그래두 우리 엄마 (고개 들어 보며)
……편안하구 좋은 시어머니였잖어?

경진 좋은 분이죠…… 그럼요. 그런데 형님…… 안 겪어보셔서 모르
세요. 나중에…… 이담에 말씀드릴께요. 이 복잡하구 어려운 감정…
… (고개 들어 보며) 지금은 말못하겠어요.

옥자 (끄덕끄덕) 그래…… 그래.

S# 아파트 광장(밤)

S# 금분의 방(어둠)

　　[잠들어 있는 옥자.]

　　E 방 안의 작은 시계(자명종은 아니고 시간 되면 종을 치는 시계)가 세
시를 알린다.

옥자 …… (시계 울리고도 한동안)

　　E 똑똑똑…… 똑똑똑……

금분 E 여보세유…… 여보세유.

옥자 (퍼뜩 잠이 깬다) …… (잠깐 멍했다가 얼른 엄마 자리 돌아보며 더듬
는다) …… (없다. 급히 일어나 불 켜는데)

　　E 똑똑똑똑. (조금 크게)

옥자 (후닥닥 나가는데)

금분 E 실례합니다아. 잠깐 말 좀 물읍시다아.

S# 거실

옥자 (나온다)

　　[거실은 불이 대낮같이 켜져 있고]

금분 잠깐 말 좀 물어유우. 여보세유우. (하며 두드리려는 지팡이 급히 잡으며)

옥자 (오버랩) 엄마. 어머니. (금분 옥자 보고) 왜 그래요. 무슨 일이에요.

금분 우리 아들헌테 연락 좀 해줘유.

S# 부부 침실

철수 (어둠 속에 고개 좀 꺾고 앉아 있고)

금분 E 우리 아들 크은 회사, ……제……제약회사 높은 사람인데유, 와서 나 좀 데려가라구 해주세유.

S# 거실

옥자 (작은 소리로) 알었어요. 알었으니까 나하구 저리 들어가요, 들어가 얘기해요.

금분 우리 아들이 화내유. 날 얼렁 집에 가야 해유.

옥자 (데리고 들어가며) 알었어요 알았어요. 들어가자구요 응? 엄마. (데리고 방으로)

S# 부부 침실

  E 금분의 방문 닫히는 소리 듣고.

철수 (눕는다) …… (두 팔 머리 아래 쑤셔넣고)

S# 금분의 방

옥자 자 정신차리구 잘 봐요. 여기 철수네 집 엄마 방이잖어요.

금분 ……

옥자 저건 엄마 장롱이구 엄마 문갑이구…… 저 봐요 아부지랑 찍은 엄마 사진…… 맞죠?

금분 늬 아부지는……

옥자 돌아가셨잖어요.

금분 그래 알어.

옥자 지금 새벽 세시예요 엄마. 철수 내외랑 현식이 자야 하니까 엄마두 주무세요. 전부 다 엄마 새끼들 아뉴. 엄마 새끼들 푸욱들 자게 바깥에 나가지 말구 엄마두 주무세요 네?

금분 ……

옥자 철수 고단해요. 재워줍시다 우리, 네?

금분 그래…… 재우자, 그럼…… 재워야지…… (누울 채비하며) 우리 아들 재워야지, 재워야지.

옥자 …… (엄마 눕는 것 거들고 이부자리 여며주고 아이 토닥이듯 하면서) 눈감어요. (금분 시키는 대로) …… (옥자 한동안 토닥이는데)

금분 자장자장자장금자동아 옥자동아

금분 E 우리 애기 잘도 잔다? 자장자장 자장자장?

S# 빈 거실

[한동안 그대로 두었다가……]

금분 (살그머니 방에서 나와 움츠리고 곁눈으로 소파 쪽 엿보듯이 하면서) ……

[더듬더듬 소파에 있다고 생각되는 사람들한테 안 들키도록 조심하며 발코니 쪽으로 움직이는데, 움직이면서 지팡이가 걸려 나는 소리, 넘어질 뻔하면서 나는 소리들은 아무 상관없다…… 창에 붙어서 창문 열려고 애쓰나 잠긴 창은 열리지 않고 두세 번 끙끙 용쓰다가 멈추고 가만히 웅크리고 선 채 열심히 골똘히 생각하고는 창문 걸이 벗겨내고 밖으로 나간다.]

S# 발코니

[바람이 꽤 심하게 부는 상태.]

금분   (나와서 난간 두 손으로 잡고 두리번거리다가 마침내 소리지른다) 도적이야아! 도적이야아! 도덕이야아아! (이하 계속 소리지르는 모습. 오디오 삭제. 효과음 대체…… 옥자와 철수가 뛰어나와 엄마 잡아 안으로 끌어 들이는) ……

S# 거실(약간의 시간 경과 후)

철수   …… (생각에 빠져서)

옥자   (술 한잔 들고 나와서 철수에게 내민다)

철수   (받아서 한 모금 마시고 내리며 안 보는 채) 너무 집에만 있지 말구 외출두 좀 하구 그래요. 만날 친구두 없수?

옥자   (앉으며) 꼭 만나야 할 사람 없어. 신경 쓰지 마.

철수   (누나 보며) 희망자두 별루 없구 마땅한 사람두 없다면서요.

옥자   글쎄 그렇다. 신문 광고까지 냈는데두, 사람 귀해졌어.

철수   (술잔 내려다보며) ……어머니 약 드리구 있는 거 아니었수?

옥자   응 이상해. 너무 일찍 주무시게 했나아…… (오누이 내놓고 얘기하는 건 아니고)

철수   (술잔 입으로 올리며) 이제 약두 안 듣는 거 아닌가?

옥자   글쎄…… 불길하지? (쓰게 약간 웃어 보이듯)

S# 아파트 광장(아침)

S# 금분의 방

옥자   (모양나게 개켜놓은 옷들, 속옷에서부터 겉옷까지 차례로 쪼옥 늘어놓아두고 일어나 나간다)

S# 거실

   [나오는 옥자 위에.]

경진   E 어떤 사람인데…… 경험 있대? ……얘 그 사람 괜찮겠다.

248

옥자 (솔깃해서 멈춰 서며 보고)

경진 ……응…… 괜찮겠어…… 가족 사항은…… 어 자식이 없구나.

철수 (신문 보다가 아내 본다)

경진 응……응…… 그래 한번 만나보자……? ……그래? 몇 살이나 되는
데…… 뭐어? ……아이구 얘 일없어. 그만두자…… 그래 많어두 너무
많다 얘…… 무슨 양로? …… (하다 말고)글쎄 아무리 정정하대두 싫
어. 너무 많아. 엉……응 그래…… 그래, 잘있어. (수화기 내리면서) 기
막혀.

철수 몇 살이라는데.

옥자 (오버랩의 기분으로) 나이 지긋한 사람이 오히려 날 수두 있어.

경진 지긋한 걸 넘었어요. 예순일곱이래요. (하며 부엌으로)

옥자 (철수 본다)

철수 여보 모처럼 우리 현식이 데리구 산에 잠깐 다녀옵시다.

경진 E (부엌에서) 난 싫어요. 둘이 갔다 와요.

현식 (제 방에서 나와 소파 쪽으로) 저두 산은 별룬데요 아부지. 아 배
야. 고모 안녕히 주무셨어요?

옥자 (부엌으로 움직이다) 응 그래.

현식 새벽인지 밤중인지 할머니 나오셨었어요 고모?

옥자 깼었니? (되돌아보며)

현식 아니 잠결에 무슨 소린가가 들리는 거 같아서 자면서두 우리
할머니 또 뜨셨구나 그랬어요.

철수 이눔 자식 뜨신 게 뭐야 마. (야단치는)

현식 (좀 찔끔하고) 여러 번 그러셨어요?

옥자 두 번.

현식 양호하셨네요 뭐 그럼. 아 배야. (화장실 문 벌컥 열고 들어간다)

S# 화장실

현식 (들어오다가) 어 할머니 계셨…… (얼굴이 이상해지며) 어요? 큼
큼 (숨 들이마셔 냄새 맡는) ……

금분 (변기 내려다보며 등 보이고 엉거주춤 서서)

현식 …… (보다가 코 막으며 화장실 문 열고 상체 밖으로 빼며) 아버지.

S# 거실

철수 (아들 쪽 보며) 왜.

현식 (나오며) 좀 와보세요.

철수 ?…… (의아한 채 일어서는데)

현식 할머니 그냥…… 서신 채루 대소변 다…… 싸신 거 같아요.

철수 ?

옥자 (주방에서 나오다가 후닥닥 움직여 화장실로 가는 철수 잡아 세우고)

S# 화장실

옥자 (문 열고) ……

금분 (변기 내려다보며 엉거주춤 선 채로) ……

옥자 …… (잠깐 코 막으려 손 올라가다 그만두고…… 황당하고 기막혀서
잠시 보다가 몸 움직여 욕조의 물 틀어놓고 엄마 돌아보면)

금분 (그 자세 그대로)

옥자 (엄마에게 다가가 어깨 안고 머리 붙이며 아주 작게 찢어지게) 엄
마……

S# 욕실(시간 경과)

옥자 (욕조에서 막 꺼낸 금분에게 속옷 입혀놓고 겉옷 입히는데)

금분 (느닷없이 소리지르며 구석으로) 으아아아아!

250

옥자 ? 엄마.

금분 배앰. 배앰. 배애앰 아아아아!

옥자 (엄마 부둥켜안으며) 아냐아 엄마. 밤이 어딨다구 그래요.

금분 아아아아! 아아아아! (이리저리 튀며)

옥자 엄마! 엄마 엄마!

금분 뱀 잡어 뱀 잡어어어! (하며 욕조 안으로 풍덩 고꾸라지듯)

옥자 (엄마 잡으며 울음 터지면서) 현식아아! 철수야아!

금분 (욕조 안에 빠져서 철버덕거리면서도) 으아아! 아아아아!

철수 (뛰어들며) 왜 그래요! 왜 이러는 거야 엉?

옥자 (오버랩) 엄마 안 다치게 잡아 너. 현식아 거기 뱀 잡아 뱀, 빨리.

철수 (뱀이 진짜 있는 건 줄 알고 펄쩍 뛰며 오버랩) 배앰?

현식 (역시 펄쩍 뛰어 변기 위로 날렵하게 올라가며) 고모 어디요!

옥자 (오버랩, 현식 철썩 갈기며) 뱀이 어딨어! 할머니한테만 보이는 뱀이란 말야 이 녀석아. 빨리 잡아. 빨리 잡아드리라구우! (금분은 계속 비명 올리고)

S# 거실

철수 (물이 뚝뚝 떨어지는 금분 업고 화장실에서 나오며) 진정하세요 진정하세요. 뱀 없어요. 현식이가 잡었어요. 걱정 마세요. (하며 금분의 방으로, 금분은 아이처럼 잉잉잉잉잉 헛울음)

현식 (몸부림치는 할머니 뒤에서 잡고 따라 들어가며) 괜찮아요 할머니 뱀이 어딨다구 그러세요 네에에? (저도 안타깝다)

경진 (근처에서 보고 서서) ……

옥자 (욕실에서 커다란 목욕 타월 몇 장이고 아무렇게나 움켜쥐고 나와 금분의 방으로 내닫는다)

경진　(이마 한 손으로 짚고 주방 쪽 방향으로 자리 뜨는데)

금분　E 으아아아아아!

경진　(휙 돌아본다)

S# 금분의 방

금분　(지팡이 마구 휘두르며) 아아아아악! ……죽어! ……죽어죽어!……
(휘두르는 지팡이 때문에 아무도 범접을 못하고 그저 어머니 엄마 할머
니만 부르는 형국) ……

S# 금분의 방

금분　(접히는 작은 골동 경대 놓고 앉아서 아주 작게 흥얼거리면서 한쪽
빰에만 계에속 분첩 두드리고 있다) 가양남 다알이 바알가서…… 니이
임 노던 밤…… 가양남 다알이 바알가서 니임이.

옥자　(금자, 은자와 함께 하염없이 바라보고 앉았다가) 이제 분은 그만
발라요.

금분　(옥자 본다) ……

옥자　그만 발라두 돼요…… (하고 가만히 분첩 빼앗아 치우며) ……

금분　그럼 눈썹 그러야지. (이미 눈썹은 우스꽝스러울 정도로 튀게 그려
놓았고 립스틱도 볼연지도)

옥자　눈썹두 그리셨잖아요.

금분　아녀…… (눈썹 연필 집어 드는데)

은자　(덥석 달려들어 연필 뺏으면서) 그만 해 엄마 진짜! 왜 이러는 거
야 정말. 정신나가 똥오줌두 못 가리면서 화장은 무슨 화장야 화장
은. (하며 주변의 화장품들 거칠게 경대에 집어 처넣는데)

금분　(돌연 은자의 팔죽지를 죽어라 물어댄다)

은자　아아아아아! (빠져나오려 애쓰면서) 아아아아아. (죽어도 안 놓고)

252

옥자 금자 (너무나 놀라서 달려 붙으며) 엄마! 엄마! ……이거 뇨요! 이 거 뇨! 노라구! 은자잖어요 은자! 엄마 엄마아!

S# 거실

금자 (소독약 묻힌 솜 상처에 대자)

은자 아아아아아아! (한쪽 팔만 옷에서 빼서 내놓고)

금자 아이구 좀 참어라.

은자 아픈데 어떻게 참아아! 아우우우 증말 신경질 나 밋치겠네. 완 전히 삥 돌았어 돌아. 개띠두 아닌데 왜 사람을 무냐구우! 아니 저 래갖구 간병인은 무슨 간병인야. 사람죽이게 생겼는데에!

옥자 (서서 보다가 오버랩) 조용히 좀 해. 시끄러죽겠다 정말.

은자 잇독 올라 나 죽는 거 아냐아?! (마구 악쓰며)

S# 거실(한밤중)

S# 금분의 방

　[잠들어 있는 모녀]

금분 (부시시 일어나 앉아 잠시 어둠 속에 앉아 있다가 바닥 짚고 일어서 는데)

옥자 (잠들어 있으면서 다리 한쪽이 이불 속에서 당겨져 나온다) …… (잠 이 깨서 상체 일으킨다)

금분 (나가려) ……

옥자 (다리 잡아당겨지는 끈 잡으면서) 엄마.

금분 (돌아본다)

옥자 (일어나 불 켜며) 왜요…… 화장실 가구 싶어요?

금분 가심이 답답햐…… (멀쩡하다) 바람 좀 쏘이구 싶어 그라는 겨.

옥자 …… (보며)

금분 답답햐……(딸 가만히 보며)

S# 아파트 입구

[옷 제대로 입힌 어머니와 팔 끼고 나오고 있는 옥자……]

경비 (반쯤 졸고 앉았다가 문득 느끼고 창 열고 고개만 빼고 내다본다)

금분 옥자 ……

S# 놀이터 근처

[놀이터에서 잡은 모녀. 놀이터를 목표로 오고 있는 두 사람.]

S# 놀이터 벤치

[나란히 앉아 있는 모녀]

옥자 (엄마 어깨 한쪽 안고 엄마 보며) ……

금분 (앞 어둠 속 보며) ……

옥자 ……엄마. (가만히)

금분 ……

옥자 무슨 생각을 하구 있는 거유 지금…… 이럴 때 엄마 무슨 생각 하
는 건지…… 머리 속이 어떻게 돼 있는 건지 참 궁금해…… 안 춰요?
……감기 들면 큰일나. 안 춥냐구.

금분 (오버랩) 너 원제 가……

옥자 ……? (보며 좀 의외다. 특별히 의외 표정을 쓸 필요는 없음)

금분 (고개 돌려 딸 보며) ……가야지……

옥자 가야죠……

금분 (공허하게 딸 보며) …… (잠시 더 있다가 고개 천천히 앞으로 돌리
며) 나두 가야 해유……

옥자 ……들어갈래요?

금분 ……

254

옥자   안 춰요 엄마?······ (지팡이 세워 모두어 잡은 손등, 뺨 만져본다) ······추울 텐데······

금분   ······

옥자   (엄마 보며) ······ (보다가 엄마에게서 떨어져 앞으로 하며) 나두······ 별······ 재미없다우······ 쉰이 낼모레 아뉴······ 엄마가 좋아보여서······ 엄마만큼은 못 돼두 비슷하게는 하구 살려구 나······ 홍서방한테두 애들한테두······ 하느라구 하구 살았다우······ 그런데 그 사람들이······ 그 세 사람이 날 말두 못하게 쓸쓸하게 만들어요······ 그래두 우리 아부지는 말씀은 없으셔두 깊은 정은 있는 양반이었잖어······ 홍서방은 것두 없는 사람 같어요······ 애들두 즈 아부지 닮어 커갈수록 데믄데믄 즈들 각각 제 볼일들 보느라 바쁘구요······ 우리들두 엄마한테 그랬었수?

금분   (그저 저 앞 어두운 땅 보면서) ······

옥자   (앞으로) 난 어쩐지 자꾸만······ 밥해 바치구 빨래해 입히구 집 치워놓구 그걸루만 우리 식구들한테 필요한 존재가 아닌가······ 그런 생각이 들어요. (엄마 돌아보며) 엄만 그런 생각 든 적 없어요? ······아마 없을 거야. 엄마 불행해보이는 모습······ 본 적이 없어. 내가 전화하기 전엔 전화 한 통 안 하는 거 봐요 우리 식구들······ (보다가 앞으로) 이런 말 하면 홍서방은 귀찮아하구 애들은 그저 간단히 갱년기 증세래······ 그걸루 끝이지. 조금두 도와줄 생각들은 안 해요.

금분   (오버랩의 기분으로) 배추가 싸요.

옥자   (돌아보며 울음 터질 것 같다)

금분   (함빡 웃으며) 배추 들여가세요 사모님.

금분   E 알타리두 좋아요. 알타리 사시게요?

옥자 (터지며 엄마 포근하게 싸안아 당긴다) ……

금분 배추가 싸요. (몸 빼려 하면서) 배추가 싸요……

S# 모녀의 등 뒤 모습

　M 여기까지 연결.

S# 은지 대학가의 어느 카페

옥자 ……끼여들구 싶지 않다니, 남의 일이니? 니 일이기두 해.

은지 (빨대 꽂힌 주스 잔 들고 보며) 엄마 아빠 두 분 일이죠 이모.

옥자 …… (좀 어이없으면서) 엄마 아빠가 누구 다른 사람 엄마 아빠야?

은지 암튼 전 끼여들구 싶지 않어요.

옥자 (약간 엄한) 은지야.

은지 (오버랩) 엄마 아빠 둘 다한테 저 같은 건 별루 중요하지 않아
　　 요. 제가 중요했다면 이렇게 안 되게 함께 노력들 하셨어야 하는 거
　　 아녜요?

은지 　E (보는 옥자 위에) 두 분 똑같이 조금두 노력 안 했어요. 난 상
　　 관없었다구요.

옥자 건 니가 잘못,

은지 　E (오버랩) 부모가 별거하는데

은지 전 그저 통고만 받었어요. 어떻게 생각하느냐 단 한마디두 안
　　 물어줬구 제가 끼여들 틈 같은 건 바늘끝만큼두 없었어요. 그저 아
　　 빠랑 있을래 엄마 따라 나갈래…… 그 선택권만 받었어요.

옥자 …… 그래. 왜 엄마…… 선택 안 했지?

은지 …… (보며)

옥자 응?

은지 엄만 저 필요 없어요. 연극이 있는 한은.

옥자 ······ (시선 잠깐 내렸다 올리며) 아빠는······ 여자 있다면서.

은지 ······ 네.

옥자 전혀 아무······ 희망이 없니?

은지 없어요. 제 생각은 그래요. 아빠랑 저한테 아무것두 한 게 없어요 엄만.

옥자 (보며)

은지 E (조금 감정이 차오르면서) 엄마는 연극만 하면

은지 행복한 사람이니까 그렇게 사시면 되는 거구 아빠는 아빠를 젤 중요하게 생각하는 사람이랑 행복하면······ 아빠두 행복할 권리 있잖아요?

옥자 너는······ 너 결혼하는 데 지장 있어 이것아.

은지 상관 안 해요. (하고 빨대 빤다) ······

옥자 ······ (서늘해져서 보며)

S# 거실

금분 (일하는 파출부 뒤를 졸졸졸졸 따라다니고 있다)

　　[청소기 밀다가 뒤가 앞이 되면 노인이 걸리고 뒤가 앞이 되면 노인이 걸리고 하는 식이다.]

파출부 (견디다 못해서 청소기 끄고 금분 양팔 뒤에서 잡아 의자로) 할머니 할머니이? 할머니가 이러시면 제가 일을 못해요오. 여기 좀 앉어 계세요 예? 이거 다 밀구 제가 맛있는 거 드릴께요. 아셨어요?

금분 ······ (그저 올려다보며)

파출부 (다시 청소기 밀기 시작하면)

금분 (일어나서 이번에는 아예 청소기 앞으로 가 두 주먹 불끈 쥐고) 나쁜 년.

파출부   알았어요, 나 나쁜 년이어요 할머니.

금분   내 통장 내놔. (손 내밀며 짐짓 호령)

파출부   무슨 통장요.

금분   니가 훔쳐가는 거 내가 봤어!

파출부   (여전히 느긋하게) 할머니 통장 어떻게 생겼는지 구경두 못했네요 나는.

금분   요런요런 배라먹을 년 봤나. 이년아!

파출부   (금분에게 등 돌리면서) 한번 잘 찾어보세요 할머니. (하는데)

금분   (느닷없이 파출부 머리 움켜잡아 당긴다)

파출부   (비명 올릴 수밖에 없고)

금분   (좀처럼 안 놓고)

현식   (제 방에서 뛰쳐나와 할머니 파출부에게서 떼어놓으려고) 할머니! 할머니이!…… 아 이러시면 안 돼요! 이거 노세요 할머니이이……

   E 현관 벨.

현식   (할머니 잡은 채) 누구세요!

금자   E 어엉 현식아 고모오.

현식   (급히 나가 문 열어주고)

금자   (들어오는데)

파출부   (더는 못 참고) 으으으으으! (냅다 떠다박질러 버린다. 나동그라지는 금분)

금자   (내용도 모르고) 아주머니!

현식   고모.

금자   (상관없이 연결) 아니 어디서 노인을 그렇게 내동댕이쳐요 네에? (현식, 고모고모)

258

파출부 (있는 대로 치받쳐서 금자에 오버랩. 부르르 금분에게 다가가서 금분 손아귀에 잡힌 자기 머리카락 한 움큼 채뜨려낸다) 암것두 모르면 가만있어 괜히!

금자 ?

파출부 (머리카락 금자에게 들이대면서) 이거 보여요? 보여? 노인두 그냥 노인이래야지! 미쳐두 곱게 미쳤어야지이!

S# 거실

　　E 현관 벨.

현식 …… (제 방에서 나와) 엄마세요?

경진 그래. (현식 문 열고)

경진 …… (들어와 문 잠그고 올라서며) 할머님은?

현식 주무세요. 막내고모가 차라리 주무시는 게 낫다구 아버지 꼬냑 한 잔 드시게 해서 지금 주무세요. (하는데)

　　E 부엌에서 수돗물 좌악 쏟아지는 소리, 모터를 동원해서라도 수압 좋게.

경진 현식 ?

S# 주방

경진 (뛰어든다 현식도. 두 사람의 시선 가스 쿠커로)

S# 가스 불 프라이팬에서 치솟고 있는 불길 위에

경진 E 현식아!

현식 (후닥닥 소화기 있는 데로 뛰는데)

금분 (양푼에 받은 물 냅다 끼얹는데 쿠커로 안 가고 경진에게 홈빡)

경진 (물에 철썩 맞으며 눈 꾹 감으며) 현식아! 빨리이이이!……

S# 침실

경진　(있는 대로 화가 나서) 너 몇 살야. 할머니 하나 못 지키구 너 뭐 하는 인간야. 집에 아무두 없는데 니 방에 처박혀 있음 어떡하냐구 이 얼간아!

현식　할머니 분명 주무셨어요 엄마.

경진　(주먹으로 있는 힘껏 아들 팔 옆 갈겨놓고 부들부들 떨면서)⋯⋯ (아들 노려보며) ⋯⋯너는 이담에 나나 늬 아버지 할머니처럼 저렇게 되면 두 번 생각할 거 없어. 고생하지 말구 요양원에 너⋯⋯

경진　E (엄마 보는 현식 위에) 알았어? 고생하지 마.

경진　절대 너 고생하지 마.

　　　E (오버랩) 현관 벨⋯⋯

경진　나가봐.

현식　(고개 꺾은 채 나간다)

경진　(침대에 옆으로 앉으며 얼굴 천장으로 치켜들고) ⋯⋯ (꽉 쥐고 있는 두 주먹이 떨린다) ⋯⋯

S#　거실 현관 앞

옥자　(시장 본 것 들고 주방으로 향하며) 저녁 빨리 해주께 배고프지?

현식　(오버랩의 기분으로) 할머니 또 불내셨어요 고모.

옥자　(홱 돌아본다)

현식　⋯⋯ (제 방으로)

옥자　⋯⋯ (들고 들어온 것 놓고 금분의 방으로 움직이는데)

현식　(제 방 쪽에서 돌아보며) 파출부 아줌마는

옥자　(돌아본다)

현식　E 내쫓으시구요. (옥자 위에) ⋯⋯

S#　금분의 방

260

옥자   (들어오며 본다) ······

금분   (구석에 처박혀 두 다리 세워 자그맣게 웅크리고)

옥자   ······ (엄마 옆으로 가 무릎 꿇고 앉으며 엄마 무릎에 손 올려놓는다)
······엄마 ······그러면 안 되지이이이······ 안 된다구 했잖어요······ 얌
전해야지 엄마. 엄마가 얼마나 얌전한 사람인데 왜 자꾸 이러는 거
냐구요 어엉?

금분   (비죽비죽하며 한숨 토하는 것처럼) 죽구 싶어······ 죽구 싶어어······

S# 금분의 방(시간 경과, 옷 갈아입고)

옥자   (웅크리고 앉아 의미 없는 손장난하는 엄마에게 옆으로 앉아서, 무
릎 꿇고) ······ (하염없이) ······ (그대로 있다가 고개 돌려 엄마 보면서 또)
······

금분   (손장난) ······

옥자   ······

S# 주방

경진   (저녁 준비하고 있다)

옥자   E (외출복으로) 나 좀 나갔다 올께. (경진 돌아보고)

옥자   현식이 엄마 방에 들여보내.

경진   어디 가시려구요. (부은 채)

옥자   그냥 좀······

경진   저녁 다 돼가는데요.

옥자   간병인 아직 좋은 소식 없지?

경진   없어요. 병원두 아니구 집은 더구나 싫어한대요. 아무래두 가
족들이 부담스러우니까요.

옥자   (보고 있는 위에)

경진　E　그 방법을 생각하는 중이에요. 한 사람 스물네 시간 모두들 무리라,

경진　그러니까 세 사람쯤 구해서 교대루.

옥자　E　(오버랩) 그만둬. 사람 구하는 거 보류해.

경진　…… (보며, 그럼 어떡하자구요)

옥자　우리…… 다른 방법 생각해보자구. (아웃된다)

S# 아파트 길

옥자　(걸어 나오고 있다. 해 질 무렵) ……

S# 거리(큰길)

　　[사람들 속에 걸어오고 있는 옥자……]

S# 무대

금자　(「위기의 여자」한 대목 열연하고 있다)

S# 객석

옥자　(무대를 향해 앉아 있으면서 딴생각에 빠진 얼굴) ……

S# 무대의 금자

S# 객석의 옥자……(눈물 투두둑 떨어지고 있다)

S# 극장 안 로비

옥자　(앉아 있다) ……

　　[손님들 거의 다 빠져나간 시간.]

금자　E　왠일야?

금자　(옷 갈아입고 화사하게 나타나 다가오고 있다) 언니가 다 구경을 오구. 미리 얘기했음 좋은 자리 빼췄잖어. 어디 앉아서 봤어? (옆에 앉아 팔 끼며)

옥자　(그저 보며)

금자 혼자 왔어? 친구들하구 같이 오지 왜. 이 작품 우리 여자들 얘
  긴데. 어머나 언니두 울었수? 오호호 언니두 울었구나아. (일어나
  는 옥자 따라 일어서며) 참 언니, 집에 무슨 일 있는지 알어? 전화해
  봤어?

옥자 (출구로 걸으며) 집에서 나왔어.

금자 금 알겠구나…… 엄마 큰일났어 정말…… 생각하면 기막혀죽겠
  어. 장차 이 노릇을 어떡하지?…… (……은 옥자의 침묵)

S# 극장 밖

  [나오는 자매]

금자 (나오면서) 엄마 성격에 누구 머리채 휘어감구 흔든다는 거 상
  상이나 가? 아부지한테 기죽어 평생 바른 소리 한번 못하구 억압
  된 본성이 한꺼번에 터져 나오구 있는 거 같애 아마두.

옥자 (걸음 멈추고 마주 보며 오버랩) 너 강감독 이혼해줘.

금자 ? ……왜애?

옥자 낮에 은지 만났어. 넌 어떻게 자식두 너한테 그렇게 냉담하게
  만들어놨니. 너 어떻게 산 거야.

금자 요즘 애들 다 그래. 멋이지 뭐. 그게 멋있는 거라구 생각하는
  거야. (하는데 뒤에서 연극 끝난 마무리 하고 나오는 청년 처녀 스태프
  들, 연구생들 예닐곱 우르르 몰려나오는 소리)

청년1 어 선생님 여기 계셨어요?

금자 (벌써 돌아보며) 언니 암말 마. (해놓고) 어엉. 수고들 했어. (자동
  차 키 주머니에서 꺼내 한 청년 주며) 준환이 그거 (화장백) 내 차에 실
  어주구 키는 꽂아놓구 응?

청년1 네.

[아이들 적당히 인사하고 금자 화창하게 인사받고 흩어지고.]

옥자 (그러는 금자 한심하게 보며) ……

금자 (고개 되돌리며) 난 이혼 안 해. 안금자 사전에 이혼이란 단어는 없어.

옥자 그럼 화해 요청을 해.

금자 내가 왜 해 그걸. 안금자 남편 영광으루 알어야 할 텐데 그걸 창피루 아는 남자한테.

옥자 니 남편인 게 뭐가 그렇게 영광야.

금자 창필 건 또 뭐야 그럼.

옥자 …… (보다가 고개 45도쯤 옆으로 돌리며) 너 잘못 살구 있어…… 잘못 살구 있는 거야.

금자 ……무슨 뜻야.

옥자 (고개 금자에게) 배 안 고프니? ……

S# 근처 우동집(중국집이 아니고)

금자 …… (우동 수프 뜬 플라스틱 숟갈 띄워 들고) ? ……뭐라구? (작게)

옥자 (그냥 먹으며) ……

금자 …… (보다가 숟갈 내려놓으며) 그건 안 돼. 난 반대야.

옥자 그럼 연극 그만두구 니가 스물네 시간 엄마 볼래?

금자 사람 구하구 있잖아. (주변 때메 둘 다 큰소리는 못 내고)

옥자 날마나 점점 더 난폭해지는데 누가 와서 며칠씩이나 붙어 있어 줄 거 같아. 감당하기 어려워. 오늘 또 불낼 뻔했어 너.

금자 ? ……세상에…… (여전히 먹고 있는 언니 보다가) 그래두 안돼. 남들이 알어봐. 오빤 뭐가 되구 또 난 뭐가 돼. 아니 오빠보다 내가 더 문제야. 내 엄마가 노망났는데 자식들이 아무두 안 모시구 병원에

264

갓다 맡겼다는 게 알려져봐. 우리 집을 뭘루 보구 내 팬들이 날 어떻게 생각하겠어. 내 팬 다 떨어져 나가 언니!

옥자 엄마 가엾어서가 아니라 니 팬 떨어지는 게 겁나 그러는 거야 너?

금자 ······ (보며)

옥자 나쁜 기집애. (수저 놓고 자리 차고 일어나 나간다)

금자 ······

S# 철수의 현관

옥자 (들어온다)

은자 (문 열어주었다)? 어디서 전화한 거야? 어디서 이제 들어오는 거야?

옥자 (꾸벅하는 노진에게) 오래 기다렸어요?

노진 아닙니다. 형님하구 바둑 두구 있었어요.

철수 무슨 일루 그렇게 바뿌.

옥자 엄마는.

은자 그냥 앉어 있어. 얌전해. 엄마 때메 진짜 속상해 돌겠어. (좀 작은 소리로) 할 얘기가 뭐야.

옥자 (소파로 움직이며) 앉자. (앉고) ······

은자 (앉으며 옥자 보고)

철수 노진 (바둑판 치우며)

철수 가야 하우?

옥자 가긴······ 가야지. (동생 보고 좀 쓰게 웃으며) 언제까지 이러구 있을 순 없잖니.

철수 아까 한 한 시간 됐나 매형 전화했습디다. 잘 있냐구. 안 아프냐구. 어디 아팠었다면서요.

옥자 별거 아냐. 올케는. (하는데)

경진 (주방에서 깎은 과일 접시 들고 나온다)

옥자 (과일 내놓는 거 기다렸다가) 올케두 좀 앉어.

경진 (잠깐 보며 앉는다)

옥자 ......

은자 노진 (옥자 보며) ......

철수 (보며) ...... 무슨 얘긴데.

옥자 (오버랩의 기분으로) 올케...... 그 병원이 어디야. 그 엄마 같은 환
자 장기 입원두 된다는.

옥자 E (? 곤두서는 철수 위에) 병원.

옥자 E 정말 그런 병원 있어? 시설은 어떻대. 환자 잘 보살펴주는
데래?

경진 (뭔가 대답하려고 입 뻐끔하는데)

철수 E 당신 누나 붙잡구

철수 뭐랬어.

옥자 E (오버랩) 현식엄마 나 붙잡구 암말 안 했어.

옥자 괜히 시비부터 걸지 마. 늬들 얘기하는 거 어쩌다 내가 들었어.

은자 언니. (경진에게. 시비조)

옥자 (은자와 상관없이) 너 가만있어. 나서지 마. 올케...... 그러는 거 한
편 이해하면서두 몹시 섭섭했었어 나.

경진 형님 그건.

철수 (오버랩) 끝난 얘기예요. 없었던 얘기라구요. 저 사람이 스트레
스가 쌓이다 보니까 어머니 자꾸 불장난은 하시지 겁나구 무서우
니까 한번.

옥자 (오버랩) 그래 우리...... 엄마 그 병원에 보내자.

266

은자 노진   (은자는? 노진은 담담. 옥자 보며)

경진   ?

철수   ?……

옥자   다 같이 더 이상 엄마 붙잡구 고생할 거 없어. 그러자구. 입원 시키자구.

철수   (오버랩) 이게 무슨…… 무슨 망발유 누나 입에서!

옥자   (오버랩) 내가 안 하면 할 사람 없으니까 내가 하는 거야.

철수   누나.

옥자   올켄 죄 많은 며느리 입장이라 생각을 굴뚝 같애두 너 무서워 더 이상은 못 나설 테구, 넌 아들자식이니까 돌아가시는 날까지 어쨌든 있을 수 없는 일이구. 은자나 금잔

철수   (오버랩) 아들자식은 나예요. (일어서며) 어머니에 대한 모든 결정은 내가 하는 거예요. 나 제치구 누나가 나설 일 아니라구요. 왜 이래요 누나, 내일이라두 가요 빨리. 여기 일은 여기다 맡기구 누난 가세요. (의자에서 빠져나가며) 가요. (감정 격하게 가지는 말고)

노진   형님. (일어나며)

옥자   너 앉어.

철수   (약간 오르며) 앉을 거 없어요. 얘기 그만 접어요.

옥자   (오버랩) 감정만 앞세워 그러지 마.

철수   (오버랩) 어쨌든…… (자제하며 이성적으로) 어쨌든 어머니는 이 집에서 내 앞에서 돌아가셔야 해요…… (눈 버얼게지며) 아버지가 그러셨던 것처럼 어머니두 그래야 한다구. 난 어머니한테 안 지쳤는 줄 알어요? 어머니가 안 미운 줄 알어? 죄받을 소리루 때로는 어서 빨리 돌아가셔 해방됐으면 그런 생각두 한다구. 그래두 난 어

머니 그런 식으루 처리하구는…… 하늘 못 봐요. (방으로)

옥자   현식아.

철수   (그대로 아웃)

　[사이.]

은자   엄마가 좀 심하기는 하지만 (울먹해서) 그래두 그렇지 어떻게 성한 사람들 힘들다구 엄말 병원에 집어넣니. 아픈 데두 없는데.

경진   치매, 병이에요 고모.

은자   병원에 들어가 치료받아, 나서 나오는 병 아니잖어요. 그거 뻔히 알면서 병원 보내는 건 결국 우리 엄마 귀찮어서 버리는 거 밖에 더돼요?

노진   (오버랩의 기분으로) 전 찬성입니다. 잘 생각하셨어요.

은자   이이가?

노진   장모님두 중요하지만 다른 사람두 다 각각 중요해요. 가족들 보호받으며 집에서 지내시는 게 물론 젤 바람직하죠. 그런데 장모님은…… 증세가 너무 심하세요. 대책 세워야 합니다.

은자   간병인 찾구 있는 중이잖어요 지그음.

노진   이 집 생명과 재산 확실히 보장해줄 간병인 데려올 자신 있어 당신?……

S# 빈 거실(어둠)

S# 금분의 방

옥자   (잠들어 있는 엄마 내려다보며 앉어서) …… (가만히 손 뻗쳐 가슴 위에 모아 올려진 엄마 손 쓰다듬기 시작)

S# 발코니

옥자   (한구석 벽에 등 대고 서서 소리 죽여 괴롭게 울고 있다. 들이쉬었다

268

내쉬었다 하는 울음 호흡과 함께)

　M 연결.

S# 노인 전문 병원 건물

S# 병원 복도

[복도 어슬렁거리는 혹은 휠체어 타고 혹은 비척거리며 지나가는 노인들 모습.]

S# 어느 여의사의 방

의사　(반백의 연령, 경진과 옥자 마주 앉아서) 얼마 전에 내 동생한테서 경진이 시어머님 상태가 좀 감당하기 어려운 정도란 얘기듣구 내가 입원을 권유했었는데, (경진 보며) 한 사오 개월 되나?

경진　……네.

의사　소식이 없드군. 며느리 입장에서 어렵겠지 생각했지. (경진 보고 여기까지, 시선 옥자에게, 옥자 시선 내리고 있고) 정말 어렵게 결심하구 부모 병원에 넣는 사람들…… (웃으며) 형제나 친척들한테 천하 불효 자식으루 매도되면서 곤욕 많이 치러요. 그런 데는 신경쓸 거 없어요. 실제루 치매 환자 때문에 겪는 고통 덜어주는 데 별 도움두 안 주는 사람들이 그러는 거니까.

옥자　(의사 보며) ……네.

의사　경진일 위해서 참 다행이구나. 누나가 이렇게 협조해주셔서.

경진　(대답 없이 옥자에게 고개)

의사　난 집에서 감당하기 어려운 치매 부모 우리 병원에 보호 맡기는 자식들 효자라구 생각해요. 경제력만 갖구 되는 일이 아니죠. 경제력 있어두 그냥 구석방에 감금하다시피 해 두거나 아니면 가출한 부모 안 찾구 그대루 모르는 척하는 나쁜 자식들두 꽤 있어요. 몰라서 그렇지…… 죄책감 가질 거 없어요. 어머님과 가족들 다 같이를 위해 최선이라구 생각하세요. 우리가 잘 돌봐 드려요. 면회만 열심히 오시면 돼요. 맡겨만 놓구 면회 자주 안 오는 자식 둔 환자는 퇴원당해요.

옥자   ……네.

경진   (옥자 옆에서 그저 고개 떨구고) ……

의사   (경진에게) 그런데 지금 당장은 티오가 없어. 좀 기다려야 해.

옥자   얼마나…… 얼마나 기다려야 할까요 선생님.

의사   글쎄에…… 앞에 대기자가 어마나 있나두 좀 알아봐야겠구 그래야겠는데요?

옥자   (오버랩의 기분으로) 제가…… 제가 곧 출국해야거든요 선생님 …… 엄마…… 배웅해드리구…… 가구 싶구 또…… 동생은 아직두 고집 부리구 있어요……

S# 철수의 회사 근처 찻집

노진   누구보다두 어머니 당신 위해서라구 생각해요 형님. 집에서 모시다가 목욕탕에서 쓰러지셔 뇌진탕이라두 일으키시면

노진 E   어쩔 거예요. 아니 집 나가 방황하시다가 교통 사고라두 당하시면 어떡합니까. 교통 사고 아니구두 영영 집하구 연결 안돼서

노진   영 실종되신 채루 그럼 또 어떡해요. 간병인 두 사람이구 세 사람이구 쓴다구 해요. 그 사람들이 하는 건 그저 어머니 지키구 대소변 치워주구 목욕시키구 뭐 그 정도 아녜요? 의료진들 제대루 갖춰진 병원에 대요? 어머니 이제 점점 더 나빠지시는 일 밖에 안 남았는데, 그럼 머리뿐만 아니라 몸에 다른 기능두 전부다 다 같이 약해지구 나빠지는 거 뻔한 이친데 아 각과 전문 의사들 이십사 시

간 대기시켜논 거나 다를 거 없잖아요 형님...... (보며 기다리듯)

철수   ...... (안 보는 채)

노진   생각하기 나름이에요. 누구보다두 어머니를 위해서다 그렇게
생각하면 간단한 걸 뭘 그래요 에?

철수   그렇게 생각이 안 되는 걸, 그렇게 생각해? 무슨 핑곌 대두 귀
찮구 힘들구 짐스러 처리하는 거잖아 돈으루. 다행이 돈은 댈 수
있으니까.

노진   힘들구 짐스러 처리하는 거라면 형님 지금 왜 이러세요. 왜 고
집 피워요. 웃으면서 처리하구 말지. 그게 아니니까 괴로워하시는
거 아닙니까. 자식 된 도리가 아니라구 생각되니까 못하겠다 그러
는 거 아니냐구요.

철수   매젠 매제 부모라면 그렇게 하겠어?

노진   ...... (보다가) 합니다...... 물론 저두 정서적인 갈등은 느끼겠죠.
그렇지만 이런 경우 합리적인 판단, 결정을 따른대서 꼭 비 인간적
이구 불효구 그런 건 아니예요. 다한테 해로울 게 없잖아요. 뭐가
문제예요.

철수   간단해서 좋군. 자신의 일이 아니라 그래.

노진   효도의 내용두 이제 좀 바뀌어야 해요 형님. 집안에 치매 노인
생긴 거 남이 알까 쉬쉬할 것두 없구, 아 왜요. 다른 병이나 똑같은
병일 뿐예요 치매두...... (보다가) 그리구 어떤경우에두 어떤 대가
를 치르더라두, 집안이 난장판에 난가가 되든 말든 반드시 꼭 마
지막까지 집에서 모시다가 돌아가시게 해야만 그게 제대루 된 자
식이다...... 이런 생각두 달라져야 해요. 그건...... 우리 식의 관습 도
덕 윤리에 강요된...... 심하게 말하면 남을 의식한 위선일 수두 있

어요.

철수 (쏘듯이 보며) 심하게 말하면이 아니라 심해. 위선이 아냐 난.
    (울컥해지며) 난 내 어머닐…… 그 양반을 그렇게 내다버릴 수가 없
    단 말야 알아?

철수 (불끈 일어나 화면에서 빠진다)

노진 ……

S# 경진과 함께 병원 시설 안내 받고 있는 옥자·시선 1

    [둘 다 침울하면서, 경진은 간간이 시누이 눈치 보면서.]

S# 시설 2

S# 시설 3(노인들 왕창 모여 있는 곳)

옥자 (들어오다가 멈칫 멎는다) ……

    [노인들 꽤 많은 숫자가 꽤 충격적으로……]

옥자 …… (보다가 어느 순간 홱 돌아서 빠르게 나간다)

경진 (제 감정으로 노인들 보다가) ?

S# 복도

옥자 (빠르게 반은 뛰면서)

경진 (저만큼 뒤에서 나온다)

S# 주차장 자동차(전면에서)

옥자 (운전대 옆에 두 손 얼굴 싸쥐고 울면서) 잘못 생각했나 봐…… 잘못
    생각한 거 같어 우리 으으으으으……

경진 (그저, 앞 조금 아래 보면서 눈물 줄줄줄) ……

S# 아파트 입구

    [들어오고 있는 경진의 차.]

S# 자동차 전면 유리로 보이는 두 여인……

272

S# 아파트 현관 앞

　　[대어지는 차.]

옥자　(내린다)

경진　들어가세요 형님.

옥자　그래…… (하고 돌아서는데)

은자　(아파트 입구에서 냅다 소리 지르며 뛰어나온다) 잠까안! 가지마
　　요 언니! 나 차 필요해. 엄마 데리러 가얀다구!

옥자　(내닫는 은자 팔 잡아 세우며) 엄말 데리러 가다니?

은자　(발 구르며) 엄마 또 나갔잖어어! 어이으으 증말 돌겠어 돌아
　　내가. (하며 차로)

옥자　(잡은 것 다시 꽉 잡으며) 너는 뭐 하구!

은자　하긴 내가 뭘 해! 목욕시키구 점심 멕이구 세탁기 돌린 거 빨
　　래 잠깐 꺼내는 동안 사라진 거얼! 눈 깜짝 할 새야 눈 깜짝 할 새!
　　네 시간 동안 내가 피 말른 거 생각하믄 진짜 발바닥 디딜 수가 없
　　어. 지금 파출소, 동희, 수퍼, 시장 있는 대루 얼마나 헤매구 돌아다
　　녔는지. 하필 오늘따라 우리 집 늙은 남자두 가게 비구 없잖아 내가
　　못살아 못살아 어으으으.

옥자　엄마 어디 계시는데 그래.

은자　몰라아. 상계동 파출소. 자꾸 나갈려구 그래서 파출소 일을 못
　　보겠다구 빨리 와서 데려가래. 갖다 오께. (벌써 자동차로)

경진　(차 밖에 나와 섰다가 운전대로 도로 타고)

은자　이거 받어. (열쇠 던진다)

옥자　(받으려다 떨어트리고, 주워 들고 일어나면)

　　[뜨고 있는 차.]

옥자　……

S# 금분의 방

금분　(웅크리고 앉아 세운 무릎 문대는 동작 하면서) …… (언제까지나 그
　　　럴 폼이다)

옥자　…… (미워서 좀 치뜬 눈으로 보고 있다가 엄마 손잡아 내리면서) 어
　　　유 엄마 치마 구멍나겠어. 왜 그러는 거유, 가만있잖구.

금분　…… (그저 딸 보며)

옥자　(어머니 세운 무릎 잡아 내리고 가슴패기 이름표 붙였던 자리 건드
　　　리며) 여기 붙었던 건 왜 떼버려요 왜. 언니가 꽉꽉 박어줬다는데
　　　도대체 어떻게 떼버린 거냐구…… 아니 그게 있어야 집 잃어버려두
　　　연락이 될 거 아뉴? 여기 전화 번호 영 생각 안 났으면 어떡할 뻔했
　　　수. 참 기적같이 생각이 났으니 하늘이 도운거지……

금분　(어느 틈에 다시 다리 세우고 문대고 있다)

은자　미워 죽겠어 진짜…… 엄마 미워죽겠다구.

금분　(갑자기 파리 쫓는 시늉으로 팔 휘젓는다)

은자　으으응? 왜 그래요.

금분　파리…… 파리약 쳐어.

S# 아파트 벤치 있는 곳(밤)

옥자　…… (한동안 그대로 있다가) 너는…… 만약 니가 운 나빠 우리 엄
　　　마처럼 저렇게 된다면……

옥자　E (고개 돌려 보는 철수) 그래두 현식이가 끝까지 니가 지금 당
　　　하는 고통 당하면서 데리구 있어줬으면…… 그걸 원하니?

철수　아냐 난 아냐.

옥자　엄마두 아닐 거야.

274

철수 ⋯⋯ (보며)

옥자 E 지금⋯⋯ 저렇게 돼버려서 그렇지 만약 엄마⋯⋯

옥자 당신이 자식들을 얼마나 힘들게 하구 있는지 제대루 알 능력만 있다면 아마 자살이라두 하실 거야. 그럴 거야. 내가⋯⋯ 내 맘이 그렇거든. 엄마⋯⋯ 정신 잠깐 들면⋯⋯ 죽구 싶다 그러는 거 너 모르지. (철수 보며)

철수 ⋯⋯ (보며 다소 충격이다)

옥자 엄마 우리 힘들게 하구 싶지 않을 거야. 그건⋯⋯ 엄마 평생을 생각하면 알잖어⋯⋯ 끝까지⋯⋯ 마지막까지 우리한테⋯⋯ 어머니구 싶으실 거야 아마. 자식 힘들게 하는 거 털끝만큼두 원치 않으실 거라구⋯⋯

철수 ⋯⋯ (어둠 속 보며)

옥자 표현 못하구 있는 엄마 맘⋯⋯ 백분에 하나 내가 대신해서 나⋯⋯ 너 고생하는 거 보면 너무 측은해.

철수 (어둠 속 보며) ⋯⋯

옥자 (동생 돌아보며) 보내드리자⋯⋯ 으응?⋯⋯

철수 ⋯⋯ (한 손이 이마로 올라가며) ⋯⋯

S# 아파트 광장(이 주일쯤 후)

　　[풀풀 날리는 낙엽들⋯⋯]

S# 거실

　　[철수, 노진, 현식, 경진, 은자⋯⋯]

　　[철수와 은자, 노진은 앉아 있고 현식 서 있고.]

S# 주방

경진 금자 ⋯⋯ (식탁에 앉아서)

S# 금분의 방

[문께에 놓여져 있는 작은 가방 두 개 정도.]

옥자 (금분 머리 빗기면서) 애들이…… 무슨 일이 있어두 일요일에는 다 같이…… 맛있는거 많이 만들어갖구…… 엄마한테 갈 거예요. 가서…… 잠깐 삐꿈 들여다보구만 오는 게 아니라…… 엄마랑 긴 시간 같이 있기루 했어요 엄마…… (빗 놓구) 엄마 참 손에 로션 발라야지. (로션 엄마 손에 발라주면서) ……내가 만든 일이라구 얘기했죠 엄마? ……철수가 너무 안됐어…… 그래서 내가 엄마 대신에…… 하는 거예요. (목이 메어 말 끊어지고)…… (좀 터지듯) 불장난만 하지 말지 왜애. 그럼 병원에 안 가두 되지이…… (고개 꺾고) 엄마 …… 미안해요…… 미안해요…… (하는데 금분의 손이 따스하게 옥자의 어깨에 올려진다)

옥자 (고개 들고 본다) …… (엄마의 그런 손길은 처음이다)

금분 …… (딸에게 눈 맞추고 보며) …… (손이 더듬어 올라오듯 옥자의 얼굴로 움직이더니 천천히 눈물을 닦아주기 시작한다)

옥자 ……

금분 (보며) …… (이번에는 머리로, 머리 쓰다듬으며 울지 말라는 듯 고개 저어 보인다)

옥자 엄마…… 엄마. (소리 크게 내지 말고 찢어지면서)

금분 (딸의 목 당겨서 딸의 이마에 자신의 이마 붙이는 듯하고 등 토닥인다)

옥자 (허물어지듯 껴안으며 울음 터진다)

[통곡으로……]

S# 거실

E 옥자의 통곡 새어 나오고.

[모두 다 각각 괴로운……]

276

S# 주방의 금자와 경진……

금자 (문득 일어나 서성거리기 시작한다)

S# 거실

[사이.]

[한동안 두었다가 금분 옥자 나온다.]

[앉았던 사람들 일어서고.]

철수 …… (엄마 보며)

옥자 (부축, 그냥 나가려는 금분을 좀 잡아 세우듯 하며) 엄마, …… 철수 봐야지이?

금분 (못 들은 듯 그냥 현관으로) ……

은자 엄마! (금자 나와 선다)

금분 ……

옥자 (별수 없이) 현식아, 할머니 가방 갖구 나와.

현식 네.

금분 (현식이 소리에 멎어서) 현식아.

현식 네 할머니.

금분 은제 제대했어.

현식 …… (대꾸할 말이 없어 그냥 맥 빠져 보고)

금분 술 많이 먹지 말어. (해놓고 다시 현관으로) …… (신 신는 것 옥자도 와주는데)

철수 (더 못 참고) 어머니 지금 어디 가시는 거예요!

금분 ? (본다)

철수 지금 어디 가시는 거냐구요.

금분 우리 집에.

철수 ……

금분 우리 집 가는 거…… (하고 철수 본다)

철수 누나 난 같이 못 가겠어…… 도오저히 못 가 난. (하고 침실로 들어가버린다)

옥자 신 마저 신어야죠 엄마……

은자 (울음소리 내어 터지고)

S# 아파트 현관 앞

[철수의 차 노진이 운전해 대어진다.]

옥자 (엄마 먼저 태우고 자신도 타고)

S# 차 안

은자 (앞 좌석으로 타는데)

금분 이 여편네 누구여?

은자 엄마는 차암? 나 은자지 누구야, 엄마 막내딸.

금자 (창으로 들여다보며) 언니 그럼 갔다 와.

옥자 엉.

금자 나는 오늘 낮 공연 있어서 못 가요.

금분 …… (그저 보며)

금자 공연 쉬는 날 가께요 엄마…… 가서 얌전히 계세요. 말썽피지 말구 응?…… (손 차 안으로 뻗어 엄마 만지려 하며) 우리 엄마 착하죠 그쵸오?

금분 (손 피하며) 미친년.

금자 …… (원망스레 보고)

옥자 떨어져.

금자 (차에서 떨어지고)

278

옥자　신일아빠 가요.

노진　(잠깐 뒤돌아보고 출발시킨다) ……

　　　[자동차 출발해 나가고 남는 경진, 현식, 금자……]

S#　아파트 입구를 나가고 있는 자동차 꽁무니

S#　카메라 계속 자동차 따라가면서……

　　　[노인 헌장 자막으로 흐른다……]

〈끝〉

아들아 너는 아느냐
(1999)

주요 인물

이장수   10세. 사고로 뇌사 상태에 빠진다.

아빠   장수의 아버지.

엄마   장수의 어머니.

그 외 인물

조모   장수의 할머니.

한경호   장수의 친구.

호철   장수 사고의 가해자.

차순   호철의 아내.

이화정(고모)   장수의 고모.

김(김서방)   장수의 고모부.

박(박인철)   장수가 입원한 병원의 장기이식팀장.

윤형숙   장기이식팀의 코디네이터.

이연주   장수의 장기를 이식받은 어린 환자.

제1회

S# 바다가 배경으로 된 제방이나 그런 장소 — 토요일 오후 2시쯤

　　[원경으로/두 소년이 자전거 배우기와 가르쳐주기를 하고 있는 그림.]

S# 장수와 경호 — 10세 소년들

장수 (경호를 태워놓고 뒤에서 잡아주면서/)……(자전거가 옆으로 기울며 비틀거리자)아냐아냐아냐 아니라니까아?(벌써 옆으로 쓰러지는 자전거와 경호/장수/자전거 일으키면서)하아아 참 못 알아듣네에. 쓰러질려구 하면 그래 좋아 쓰러지자 그러구 쓰러지는 쪽으로 같이 기울이라니까아 이렇게. 그럼 자전거가 도로 선다니까아?

경호 (무안하면서 일어나는데)

장수 안 다쳤어?

경호 엉.

장수 쓰러지는 쪽으로 응? 쓰러지는 쪽으로. 알았어? 버티지 마. 버티지 말고 그냥 쓰러져 줘. 나를 믿어.(보는 경호 위에)

장수 E 선생님 말을 믿으라구/ 알았어? (좀 불만이다)

장수 ‥(잠깐 보다가 한 손으로 경호 어깨 가볍게 치면서)그래‥ 나도 그

랬어. 너도 이제 곰방 잘 타게 돼. 이거 쉬워. 하나두 안 어려워. 내가 너 삼일 안에 잘 타게 돼. 자‥해보자. 타 얼른.

경호 (자전거에 오르고)

장수 가자.(뒤에서 잡아주고)

　　[앞으로 곧잘 나가는 자전거.]

장수 (신나서)그래그래‥ 잘한다 한경호!‥‥(오른쪽으로 기우뚱)오른쪽/오른 쪽으로 비스듬히!(경호/시키는 대로 하고/자전거 균형이 잡힌다/좋아서)바로 그거야 짜샤아! 하하 ㅎㅎㅎㅎ

경호 (뒤돌아보며 좋아서)ㅎㅎㅎㅎ(하다가 기우뚱)어어어

장수 어어어(반대쪽으로 몸 버틴 경호 자전거와 함께 쓰러진다) 전생에 내 원수냐? 속 엄청 썩인다 응?

경호 히히히히히(에서)

S# 같은 장소

　　[자전거 등 뒤에 세워놓고 바다 쪽으로 나란히 앉아서 고구마 먹고 있는 두 소년.]

장수 (고구마 입에 잔뜩 물고 화면 시작과 동시에)몰라. 나 낳구 나서 울 엄마 애기 집이 고장났대. 그래서 동생은 영원히 틀렸대.

경호 (고구마 먹으며)너 내 동생 하나 데려 가라.

장수 ?(돌아보며)

경호 우리 엄마 아빠는 주책없이 왜 자꾸 애기만 만드는지 몰라‥

장수 짜식‥귀엽잖아.

경호 귀여울 때두 있지만 엄마가 일을 못하시잖아. 돈은 더 많이 드는데…

장수 (먹으며 보는)…(문득 고구마 봉지 집어 내밀며)니 동생 갖다 줘‥

경호 아냐아 괜찮아아

장수 금방 저녁땐데 더 먹으면 저녁 못먹어.(나머지 입에 구겨 넣고 손바닥 탁탁 털며) 난 다 먹었어.(에서)

S# 수산 시장 안 노점 같은 간이 점포. '진짜 옛날식 순대'라는 포장

엄마 (활짝 웃으면서/익숙한 솜씨로 마지막 순대 썰면서)아예 반나절 장사만 작정했어어.(같은 또래 여자. 생선 다루는 앞치마 같은 것 입고)할 일이 좀 많어야지.(좀 눈웃음치며) 아직 다 쑤셔 넣지두 못했어. 웬 허접 쓰레기가 그렇게 많어?

여자 (썰고 있는 순대 집어 먹으며)없는 살림이 열두 트럭이지 왜.

엄마 그렇더라구 글쎄. 낄낄 (양푼에 한 줄 남아 있던 삼십 센티 정도 짜리 순대 들어내며)오늘 장사 헛했네. 인심쓰구 말자 까짓.(썰며)갑 절이다 갑절.

여자 어이구 고거 갖구 또 매상 올릴라구 했니?…무섭다아아아.

엄마 깔깔깔깔.(환하고 행복하게)

S# 시내버스 종점

장수 안녕하세요 안녕하세요.(버스 타이어 발로 차보고 있는 기사/또는 정비사들/―눈에 띄는 대로 쾌활하게 인사―경호는 자전거 잡고 조금 뒤편에 서 있고―)

어른들 (각각)어 장수 왔냐?/(네)햄버거 먹구 싶어서?(아니에요 하하)

어른 (아버지 또래)야 너 이리 와봐 이눔아.(장수에게 다가오며)

장수 네.(어른에게)

어른1 (머리 가볍게 흐트러뜨리며)새 아파트 좋으냐?

장수 네 무지 좋아요.

어른1 (한 손 주머니에 들어가며)그래 좋은 꿈 꿨어?

장수   네 하늘을 마악 날아 다니는 꿈 꿨어요.

어른1 (주머니에서 천 원짜리 두 장 꺼내 내밀며)이놈아 건 키 크는 꿈
      야. 햄버거 사 먹어..

장수   ? 아니에요 아저씨 아니에요(하며 꽁무니 빼는)

어른1 (잡아 당겨 손에 쥐어주며)까불지 마 임마. 받어.

장수   감사합니다. 고맙습니다 아저씨.

어른1 너 내 사위야. 딴 생각하면 안돼.

장수   (얼굴 난처해지고)

남자들   (와악 웃고)

어른1 (장수에게서 돌아서며)쥐약 멕이는 거지 뭐.

남자들   (소리 내어 웃으며)

정비사 (연장 들고 장수 옆 지나가며) 장수 야단 났다 하하. 똥 찍어 먹었
      어 똥.

다같이 (소리 내어 웃는데)

   [들어오는 아빠의 버스.]

남자1 야 니 아빠 들어오신다.

장수   (잽싸게 움직이고 있는 버스 운전석 쪽으로 가 붙어선다).....(버스
      멈출 때까지 기다리며 쫓다가 멈춰지고 브레이크 채우자)아빠아!

아빠   ?....(유리 안에서 활짝 웃고 내리면서) 왜애.(왜 왔어)

장수   아빠한테 할 얘기가 있어요.

아빠   (주머니에 손 들어가며)그놈에 피씨방 때매 언제구 엄마한테 너
      랑 나 합동으루 작살날 거다

장수   (오버랩)아니 그게 아니구 저기요 자전거 있잖아요 아빠/경호
      한테 하루만 빌려 주면 안돼요?

아빠 ?…

장수 쟤 혼자 하루만 연습하면 자알 탈 거 같아요. 낼은 심부름 하느라 바빠서 자전거 만질 틈두 없을 거거든요? 그러니까

아빠 (오버랩)나는 괜찮은데 늬 엄마가 좋아하까?(공범자 얼굴로)

장수 엄마는 안 좋아하시겠죠오.

아빠 그래 빌려 줘 까짓. 구더기 무서워 장 못 담그냐? 빌려줘.

장수 하하 네 아빠(하고 벌써 경호 쪽으로 뛰려 하는데)

아빠 야야 아빠 일 끝났어 손 씻구 나올테니까 잠깐 기다려.

장수 아아(참 그랬지. 일찍 끝내기로 했지)네 알았어요.(하고 경호 쪽으로)

아빠 (잠깐 웃는 얼굴로 아들 뒤 보다가 돌아서는)

장수 (경호 쪽으로 뛰어와서) 야 우리 아빠가 허락 하셨어. 너 오늘 낼 빌려 줄테니까 내 자전거 갖구 가서 연습해.

경호 ?(눈 휘둥그레져서)진짜아?

장수 진짜지 그럼 야/ 우리는 영원한 친구야. 그 대신 도둑 맞으면 절대 안돼. 나 이사하기 전에는 할머니 방에다 들여놓구 잤구 어제 두 현관 안에 들여놓구 잤어.

경호 그래 알았어 걱정하지 마.(너무 좋아서)

장수 이거 십육단 기어 비싼 거야.

경호 알았다니까 짜식.

장수 (경호 어깨에 한 팔 탁 걸면서)그래 됐어 나가자. 나 우리 아빠랑 같이 갈 거야. 너 먼저 가라구.(움직이며)

경호 어 알았어.

장수 열심히 연습해서 월요일에 보여줘야 해애?

경호 어엉‥

장수   짜식,(머리 만지며)요거 귀여운 놈이란 말야아아.

경호   (좋은 얼굴로 웃으며 흘기는)웃기지 마 임마.

장수   아 잠깐.(하고 경호 반응 살필 새도 없이 옆의 가게로 뛰어 들어간다)

경호   ?

S# 가게 안

장수   (들어와 다짜고짜 라면 있는 곳으로 가서 라면 봉지 집어 든다)

S# 가게 밖

장수   (라면 네 봉지 들어 있는 비닐봉투 들고 나와/고구마 봉지 매달려 있는
          자전거 손잡이에 끼우면서)새로 나온 라면 맛있더라? 한번 먹어 봐.

경호   야 싫어어 너무 신세만 지는 거.

장수   ?……쨔샤 선물야 선무울(선물인데 안 받을 거야?)

경호   …(뿌우 해서 보는)

장수   (같이 뿌우 해서 보는)…

S# 거리

    [부자가 다 바지 주머니에 양손 찔러 넣고 걷는/느리지 않게]

장수   (화면 시작과 동시에 수다 떠는)다아 좋은데/술 잡숫는 거 까지
          도 좋은데 주정만 안하셨으면 소원이 없겠대요.

아빠   주정을 한 대?

장수   심하시대요. 술만 잡쉈다 그러면 엄마랑 동생들이랑 전부다
          도망쳐야 한대요. 간난애기구 뭐구 없대요. 다 집어 던진대요 다.

아빠   쯔쯔쯔쯔. 거 참.

장수   어 (잠깐 걸음 멈추며)참 아빠.

아빠   ?..

장수   김자 용자 출자 아저씨 때매 미치겠어요.

290

아빠 ‥왜.

장수 나만 보시면 너 내 사위야 딴 생각하지 마 그러시는데/아빠 나 진짜 딴 생각하면 안되는 거에요?

아빠 껄껄껄껄껄

장수 (걷기 시작하며)아저씨 딸 보셨어요?

아빠 (걸으며)봤지. 관심 있냐?

장수 아니이 아저씨가 자꾸 그러시니까 /어떻게 생겼는지 궁금한 거 있죠.

아빠 하하하

장수 이뻐요?

아빠 용출이 아저씨 닮었어.(못생겼어)

장수 에에?(있는 대로 찡그리고)

아빠 하하하하하

장수 (땅 보면서 투덜거리는)시이. 그럼 이제부터 천 원 이 천 원 씩 주시는 거 안 받을 거야.

아빠 하하 오늘두 주디?

장수 예 이 천 원(불만스레 아빠 보며)

아빠 (앞 보며 걸으며)받어어. 받어서 챙겨어.

장수 에이 아빠 인간이 그럴 수는 없죠오.

아빠 (웃는 얼굴로 아들 내려다보고)

장수 (땅 보며 갸웃) 하아아 고민이네에에.

S# 시장 안

  [시장을 훑고 다니는 부자.]

아빠 어디 들어가 쑤셔 박힌 거야‥아주머니 우리 집 사람 못 봤어요?

여인 (생선 가게)아까 여기서 오징어 다듬어갖구 저어리 갔는데에?

아빠 (움직이며)저어리 갔단다.

장수 저기 계신데요? 엄마아!

엄마 (저만큼 멀찍이 조개 종류 파는데서 물건 고르다가 보고)?너 왜 나 왔어 할머니 도와 드리라니까.

장수 (엄마 쪽으로 뛰어들면서)할머니가 귀찮다구 나가라는데 뭘.

엄마 그럼 공부하지?

아빠 이 판국에 공부가 돼?

엄마 판국이 무슨 판국인데요. 아줌마 바지락 이천 원어치만 주세요.

여인 이천 원어치 갖구 누구 코에 부쳐. 전 부쳐 손님 친다면서.

엄마 그럼 삼천 원어치 하까?

여인 (까놓은 바지락 담으며)돈 만원 어치는 가져야

엄마 아구구구 아줌마.(바지락 담는 여자 손잡아 치우며)어림 없는 소 리 마세요. 빈대떡두 부칠 거구 먹을 거 많아요. 삼천원 어치만 줘요.

아빠 아 좀 넉넉히 사아.

엄마 ?(잠깐 아빠 돌아보고) 천 원 어치만 더 줘요 그럼. 사천 원 어치.

아빠 아(하고 무슨 말 하려는데)

장수 (아빠 잡아당긴다)

아빠 ?(아들 돌아보고)

장수 (나직이/아빠 안 보고 엄마 쪽 보는 채)혼나지 말구 가만 계세요.

아빠 (피시시 웃으며 한 손 아들 머리에 올라가며 아내 쪽 보는)

S# 시장 입구를 벗어나고 있는 세 식구

[이튿날 손님 치를 시장거리 나누어 들고]

엄마 돈 쓸 거 너머 없어. 십 만 원 갖구 시작했는데 삼만 원이나 남

었나아?

아빠 어이구 삼만 원이나 남겼어? (장하다 내 마누라)

엄마 삼겹살 서근/고등어 한 손/코다리 열마리/ 배추 두 포기 기부 받구두 그렇게 썼어. 도둑 맞은 거 같어. 산 것두 쥐뿔두 없는데.

아빠 웬 기부야?

엄마 으흐흐흐/ 집사서 이사한 거 축하 한다구.

아빠 나발불구 다녔니?

엄마 으흐흐흐 어머니가 불구 내가 불구 모르는 사람 없을 걸?

아빠 (이쁘고 귀여워 보면서 웃는)못 말린다 암튼 흐흐. 부담되게 뭐 하러 그런 걸(떠들어)

장수 (오버랩)좋아 그래. 컴퓨터 안 샀다.

부부 ? (아들 돌아보는)

장수 제 컴퓨터 살 돈/ 기부하께요. 다른 사람들도 다 기부하는데 아 들이 모른 척할 수가 없네요, 컴퓨터 중학교 입학 선물로 사 주세 요. 안 사께요.

부부 (서로 눈 맞추고/동시에)사 준댔어? 사준댔어요?

아빠 아니.

엄마 나두 안했는데?

장수 글쎄 신경 쓰지 마세요. 지금 안 사도 돼요. 집 사느라 빚진 거 다 갚고 그런 담에 사 주세요. 괜찮아요.

아빠 엄마 사 내라는 말보다 더 무섭다.

엄마 컴퓨터 안돼. 보나마나 맨날 게임만 두드릴 거 뻔할 뻔인데 안 그래두 전생에 웬수 처럼 공부 안 해서 속 썩이는 놈한테?

아빠 사주면 공부 한다잖어.

엄마 어이구 어수룩하기는. 믿을 게 따루 있네.

아빠 신경 쓰지 말어.. 안 사두 된다는데 뭘 신경 써..

엄마 떡 줄 사람 생각두 안하구 있는데 김칫국부터 들이키지 마라 엉?

장수 마음 아파하지 마세요. 저 포기했다니까요?

아빠 (기막혀 허 웃고)

엄마 어이구 참 내…(남편과 동시에)

장수 손님 몇 분이나 오세요?(분위기 바꿔서/옆의 아빠 올려다보며)

아빠 어 한 열 사람쯤 되겠더라.

엄마 히익/(잠깐 멈추며) 여서 일곱이랬잖어.

아빠 글쎄 좀 늘더라. 여서 일곱이나 열이나.

엄마 당신 입으루 열이라면 열 서넛은 된다 왜.(걸음 다시 떼어놓으며)

아빠 (걸으며)그렇게 알구 준비하면 되겠네.

엄마 뽕 빠지는 건 생각 안 해?(밉지 않게 흘기며) 빚 갚어야지이.

아빠 장수가 컴퓨터 값 내놨잖어.

엄마 (남편과 눈 맞추고 입으로만 쭝얼거리는/입 모양/거봐/안 샀어두 됐잖아)

아빠 (아무 소리 하지 말라고 눈짓하고)고맙다 장수야. 아들 둔 보람이 크다.

장수 (올려다보며)너무 감격하지 마세요. 중학교 들어가면 살 거니까요.

아빠 알었어 임마. 못 박지 마.

장수 그런데 그땐 더 비싼 거 사야 해요.

아빠 알었다 알었어.

엄마 (아빠와 동시에/눈 크게 뜨고)왜 더 비싸?

294

장수 수준이 그렇거든요.

엄마 아니 수준이

아빠 (오버랩)초등학생 수준하구 중학생 수준이 같냐 어디. 그 말이지?

장수 네에.

엄마 (흘기며)그렇게 공부 안해서 중학교나 들어갈래나 모르지.

아빠 그래두 장수 뒤에 열 다섯 명이나 있대.

엄마 그거 갖구 돼?

아빠 그래두 공학박사 된대잖아.

엄마 (입 벌리고 남편 보는/공학박사는 무슨/공불 그렇게 안 해서)….

아빠 (엄마 보고 웃는/)

S# 아파트 단지 안으로 들어오는 세 식구

장수 (같이 들어오다가 냅다 제 집 쪽으로 뛰고)

엄마 (잠깐 걸음 멈추고 고층 아파트 올려다보면서)….

아빠 (잠깐 걷다가 돌아보는)…뭐해.

엄마 (올려다보며 남편 쪽으로 움직이며)여보 난 우리 집이 여기 있다는 게 믿기질 않는 거 있지.

아빠 (그냥 미소로 보며)

엄마 (남편 옆에 와 남편 올려다보며)좋아 죽겠구 흥분돼 죽겠어 그냥. 하루 종일 부웅 떠서 구름 타구 있는 거 같아. 당신은 안 그래?

아빠 나는 인간 아니니? 흐흠 나두 그래‥휘파람이 저절루 나오구 말야. 내내 휘파람 불구 다녔다. 오줌 누면서 그거 붙잡구서두 빙글빙글 웃구 있더라구 보니까.

엄마 아으아으(흘기며)<u>ㅎㅎㅎㅎ.</u>

아빠 <u>ㅎㅎ.</u> 허허허허(웃으며 따라 걷는)

S# 아파트 계단을 정신없이 빠르게 뛰어 올라가고 있는 장수

S# 다른 계단/뛰어 오르고 있는 장수. 현관 앞

장수 (벨 누르며/헐떡이며)할머니이이이/……(기다렸다가 다시 벨 누르며)할머니할머니할머니이이이/

조모 E (좀 떨어진 곳에서)누구냐. 장수냐?

장수 네 할머니 왜 문 안 여세요오!

조모 E 아이구… 아이구 내 새끼…못 들었지…물일 하느라 못 들었지이.(하며 문 연다)

S# 현관 안/ 거실

장수 (들어서며)못 들으셨어요? 안 들려요?

조모 아니아니아냐. 저어기 물 청소하느라 못 들었어. (하며 잠그려)

장수 내버려 두세요.(신 벗으며 돌아보며)엄마랑 아빠 오세요.

조모 그려? 같이 왔어?

장수 네. 아빠한테 갔다가 (냉장고 있는 쪽으로 가며) 엄마한테 가서 같이 들어오는 길이에요.(냉장고 문 열면서 돌아보는)엄마 시장 엄청 많이 봤어요.

조모 (벌써 손자 쪽으로)뭐 물 먹을라구?

장수 (물병 꺼내며)네.

조모 내 주께. 할미가 주께… (플라스틱 머그잔에 물 따르며) 그런데 왜 그렇게 숨이 차.

장수 계단으로 뛰어 올라 왔거든요.

조모 (물 잔 주며)왜. 엘레베타 고장 났든?

장수 맨 꼭대기 층에 있어서 안 기다리고 그냥 올라 왔어요.(마신다)

조모 고구마 다 먹었어?

장수 네.(마시며/벌컥벌컥)

조모 맛있지? 밤 같지?

장수 (물 잔 내리며)네.

조모 물 사먹구?

장수 그냥 천천히 먹었어요.

조모 쯔쯔 물 사 먹으라니까아.

장수 (부엌 돌아보며)할머니 혼자 다 하셨어요?

조모 다 했지.

장수 이제 할머니 엄마한테 혼난다. 엄마가 다 한다구 할머니는 옷
장만 정리하시라 그러든데(하며 나가는)

조모 (물컵 싱크대에 넣으며)할 일 쌓아두구 염불하구 앉었어 뭐
해.(반혼잣소리)

장수 E 우와아 좋다아.

조모 ?(내다보는)

S# 거실

장수 (제사상으로 쓰는 교자상 마루 가운데 펼쳐져 있고/ 거기 앉아서 나
오는 할머니 보며)이렇게 해 노니까 우리두 꼭 드라마에 나오는 집
같네.

조모 거기다 방석까지 끄내 노면 더 근사하지.

   E 현관 벨.

장수 (오버랩/일어나며)문 열렸어요 엄마아!(조모는 현관으로)

엄마 (들어오며)즈이들 들어왔어요 어머니.(아들도 들어오고)

조모 오냐 애들 썼다.(짐 받으려 손 내미는)

엄마 뇌 두세요.(올라오며)점심 해 드셨어요?

조모 오냐.

엄마 (주방으로 움직이며 실내 돌아보며)어머니 또 잠시두 안 쉬구 움직였구나.(조모 돌아보며)아무 것두 하지 말구 쉬시라니까아.

아빠 (짐 들고 주방으로 움직이며)거 하나마나 한 소리 뭐하러 해. 뻔히 알면서 괜히 입발림.

조모 (엄마가 든 짐 하나 잡으며)애 입발림이래두 나는 하는 게 좋더라.

엄마 입발림 아니에요.

조모 아이구 그래 됐어.(주방으로 앞서며)어디 보따리나 풀어 보자.

엄마 당신은 나와서 장수랑 박스나 풀어요 얼른.

아빠 E 알었어 그래 알었어. 물 좀 마시구.

장수 (오버랩)엄마 나는 내 방 정리해야 하는데에?

엄마 (주방으로 들어가며)박스 먼저 풀어. 마루 먼저 치워야 손님 치를 거 아냐.

장수 알었어요. 오줌 먼저 누쿠요.(하며 화장실로)

S# 화장실

장수 (들어와 싱글벙글/변기 뚜껑 열어놓고 쏴아아 시원하게 소변보고 나서 씻어 내리고/세면대로 가 수도 틀어 손 씻는다/이런 일들이 다 신기하고 기쁘다)·····(그러다 문득 욕조 위에 달린 샤워기 꼭지 보고 급하게 화장실 문 열고 소리 지른다)엄마아 저 지금 목욕하면 안돼요?

S# 거실

엄마 (부엌에서 시장거리 꺼내면서)주책 떨지 말구 빨리 나와. 이따 밤에 해.

장수 에에이.(화장실 문 닫는다)

S# 주방

조모 그러게 말이다.

엄마 김치 좀 보셨어요?

조모 잘 익구 있어. 낼은 딱 먹기 좋 게야.

엄마 슬금슬금슬금 언제 그렇게 올른 건지 원. 돈이 종이야 종이.

조모 아이구 얘 참 내 정신/ 컴푸탄지 뭔지 왔더라.

엄마 ?..언제요(소리 죽여)

조모 아까 한 한 시간이나 되나아.

엄마 낼 오전에 온댔는데에?(하며 부지런히 나가다 돌아보며)장수 봤어요 어머니?

조모 글쎄 깜박했다니까?

엄마 잘 깜박 하셨어요··가만 계세요.

S# 거실

엄마 (나오며)여보···당신 어딨어?

아빠 (베란다에서 박스 풀다가 기웃)왜 불러 여깄어어.

엄마 (조르르르 남편에게)컴퓨터 왔대 여보.

아빠 ?··낼 아니었어?

엄마 장수 아직 모른대.

아빠 (씨익 웃고)그래?(베란다에서 거실로 나오며)장수야 뭐하니?

장수 E (화장실에서 물소리 나던 것 잠그며)세수 했어요.

부부 (잠깐 서로 마주 보고)

아빠 일하기 싫어서 꾀부리구 그럼 곤란해애.

장수 (수건으로 닦으며 나온다)아니에요. 엄마 수건에서 냄새나.

엄마 (얼른 수건 빼서 뭉치며)정신없어 제대루 못말려 그래. 옷 안 갈어 입어? 얼른 갈어입구 나와 일해 빨리이?

장수 갈아 입기는 뭐 이대루는 안돼요?

아빠 임마 샤쓰 그거 새거잖아. 빨리 갈어입구 나와 빨리.

장수 알었어요.(하고 제 방으로)

S# 장수의 방

장수 (들어온다.)

   [헌 책상 헌 책꽂이/대충 반만 정리한 방.]

장수 (들어오면서/방문 열어놓은 채—한 켠에 겹쳐놓은 이부자리 쪽으로 가 입고 있던 셔츠 벗어놓고 이부자리 위에 아무렇게나 벗어놓았던 셔츠 집어 목 끼면서 돌아서다가 눈이 활짝 커진다)

   [책상 위에 버젖게 올라앉아 있는 컴퓨터.]

장수 ?…(벌어진 눈/벌어진 입/믿기지 않아 눈을 냅다 비비고 다시 본다)………

S# 마루

부부 (신경이 장수 방으로)……

장수 E (순간 느닷없이 터지는)엄마아아! 아빠아아아아!

부부 (얼굴 맞추고 웃는)

장수 (냅다 뛰어나오며)와아 하하하하하/(미친 아이처럼 펄쩍펄쩍 온 마루를 뛰어다니면서)와하하하하/하하하하하하/와와와와와/으흐흐흐흐흐/으아으아으아으아/(부부/웃으며 보고 있고/조모 나와서 웃으며 보고)

S# 거실

   [장수와 아빠/옷 박스 마주 들고 베란다에서 나와 안방으로.]

S# 안방

   [들어온 부자/같이 박스에서 옷가지들 들어내 방바닥 장 앞에.]

300

[이미 잔뜩 쌓인 옷가지들.]

[괜히 서로 보며 싱글거리며 임마.]

장수　아빠는요.

아빠　임마 니가 좋아하니까 나두 좋아서 그래.

장수　(새삼스레)우하하하하

아빠　우하하하 하하.(하며 아들 머리 가볍게 치는)

S# 거실

[낡은 석유난로 부자가 함께 심지 잘라내고 청소하고]

아빠　아빠는 말야….니가 꼭 박사 안돼두 좋아.(아들 안 보며 일하면서)박사 아니면 어때. 그저 양심 껏 열심히/성실하게 사는 올바른 인간이기만 하면 되는 거야. 회사원이면 어떻구 나처럼 버스 기사면 어때. 무슨 상관야.(과장 없이 차분하게)

장수　상관 없지요.

아빠　나는 정말 이거 진심이구 항상 얘기하는 거지만/ 너 크게 출세하는 거 안 바래. 잔머리 굴려 딴 사람 밟고 올라설 궁리나 하구/ 자리 랍시구 의자 하나 차지하구 앉아서 거드름 피며 뇌물이나 받어 챙기구…그런 지저분한 인간들보다는 내가 백배 천배 낫다구 생각하면서 사니까 뭐 나는…내 말에 불만 있어?

장수　아뇨. 없어요.

아빠　그저 남한테 폐안 끼치구 못할 짓 하지 말구 ··언제든지 항상/ 누군가한테 도움이 되는 인생을 산다면 그게 바루 성공이지 딴 게 성공 아냐 너.

장수　(끄덕인다/역시 안 보고 일하는 채)

아빠　그래서 이제부터 공부 좀 할 건가?

장수   ? (본다)

아빠   컴퓨터 사줬잖어 임마.

장수   네.. 해야죠.

아빠   전생에 웬수 소리 듣기 지겹지두 않냐? 니 엄마 좀 기쁘게 해 줘 봐 엉?..

장수   예 알었어요.

엄마   (행주 들고 상 닦으러 나오다가 오버랩)아이구우 석유 냄새 나는 구먼 베란다서 하지 건 왜 끌구 들어와아.

부자   (동시에)춰어./ 춰요 엄마.

S# 거실

　　　[저녁 먹고 있는 가족들. 김치찌개와 김치/콩나물 무침 정도.]

조모   (찌개 떠 올리며)..돼지고기 잘 샀다.

엄마   냄새 안 나지요?

조모   맛 있어.

엄마   (밥 뜨면서 아들 보는)...웬 일야? 잠꼬대두 컴퓨터어 컴퓨터어 하던 녀석이 왜 컴퓨터 는 본 척두 안 해?

장수   (먹으며)할 일 많은데 컴퓨터 만지다가 또 전생에 웬수 소리 들을려구요?

조모   으흐흐흐(조금 소리 내어 웃고/아빠도 웃으며 아들 보고)

장수   (볼이 미어지게 밥 넣으며)컴퓨터 학원에를 다녀야 하는데...

엄마   ?..뭐야/할 줄두 모르면서 사내라 그랬단 말야?

장수   으흐흐흐/그럴 줄 알었어 흐흐.엄마 펄쩍 뛸 줄 알었다구요.

엄마   할 줄두 모르면서 컴퓨터컴퓨터 그런 거야?/ 뭐? 학원? 학원 또 보내야 하는 거야?

장수   학원 안가구 혼자 할 테니까 걱정 마세요. 책보구 혼자 주무
르다 보면 다 돼요. 혼자 해요 혼자. 걱정 마시고 진지나 드세요 어
머니.

엄마   (그래도 믿기지 않아 꼬나보는)

장수   제가요? 여얼심히 연구해서 스타크래프트 열 배 더 끝내주는
게임 개발 할 거에요. 그럼 어떻게 되는지 아세요? 여기 이런 아파
트를 천 개 더 살 수 있구요? 할머니랑 엄마랑 아빠랑/ 자가용 비
행기 한 대 씩 따로따로 사 드릴수도 있고요? 아빠한테는 버스 회
사를 통째로 사 드릴 수도 있어요.

엄마   (말하는 아들 입 벌리고 보고 있다가)얘가 무슨 이런 황당한 소릴
해애? 그게 뭔데.

장수   게임요.

엄마   …(보며)

장수   컴퓨터 게임인데요 엄마/(하다가)에이 엄마는 몰라요. 아뭏든
그런 게 있어요.

엄마   그래애 그렇지 당신 내가 뭐랬어. 컴퓨터 사줘봤자 게임마안
두둘겨댈 거라구 했어 안했어.

아빠   아 게임마안 두들기다가 자가용 비행기에 버스 회사 통 째루
사주면 좋지 뭘 그래.

엄마   이이는 물렁 팥죽모양 아무 거나 좋아좋아/애 다 버린다니까아?

아빠   게임마안 두드릴 거야?

장수   에이 어디요오. 공부하는 틈틈이 연구한다 그거죠오.

아빠   공부하는 틈틈이 연구한대.

엄마   내가 걸 믿으면 우리 아버지 딸이 아니다. 너 자전거 사주면 공

부한다더니 (자전거 있을 현관 돌아보며)자전거 사주구/(하다가? 자전거가 없다)

장수 (쫀다)

엄마 (장수 보며 황당해서)너 자전거 어쨌어.

조모 (현관 쪽 보며 오버랩)어어 어째 자전거가 안 보인다?

엄마 잃어버렸니?(빽)

아빠 (오버랩의 기분)아 왜 제대루 알지두 못하면서 도끼눈부터 떠. 자전거 경호 하루 빌려 줬어.

엄마 ?··(남편 보는)

아빠 E (아내 위에)내가 빌려 주랬어. 제일 친한 친구가

아빠 자전거 좀 배워 보겠다는데 그걸 안 빌려 줘? 그럼 나쁜 놈이지.(조모 돌아보며)안 그래요 어머니?

조모 나쁜 눔이지지이.(숟가락 입으로 올리며)친군데에.

엄마 ····(시어머니 잠시 보다가 그만두고)나만 악질이니까 아무튼 이 집에서. ···(먹다가 문득 새삼스레)고장 내키면 어쩔 거야.

아빠 고치면 되지.

엄마 우리 돈 들여서?

아빠 니 저금으루 고쳐. 고쳐 까지는 못 줘.

장수 네 알았어요.

엄마 쯔쯔쯔쯔쯔쯔. 못 살어 내가.

조모 (화제 돌리려는듯)오징어 데치구 잡채 묻히구 삼겹살 보쌈하구 또 뭐가 있냐.

엄마 빈대떡하구 전 좀 쬐금 부치구요

조모 어 그래 참.

엄마 찌개루 하나 국으루 하나.(남편 보며)

아빠 (찌개 뜨며)찌개찌개. 이거 얼마나 맛있어. 국 안 먹어. 찌개루 해.

장수 잡채하구 빈대떡 좀 많이 하세요. 경호 갖다 주게.

엄마 어이그어이그 그저어 /내가 말을 말어야지.

조모 으흐흐흐흐(손자가 기특해서 엉덩이 두드리며)

S# 부엌

엄마 (씻은 그릇에 마른행주질하며)죽을 때 죽더라두 수술이나 받어

봤으면 한다네요 어머니…

조모 (나물 다듬으며)그렇지이. 죽기에는 아까운 나이지이.

엄마 (잠깐 돌아보는 듯 했다가 도로 행주질하며)그러니… 병수발에 그

집두 전세가 월세가 되구 대학 다니던 큰애/학교 그만두구 노동판

다니면서 보태두 숨이 차다는데…수술비 들이밀라면 가게 밖에 내

놓게 없대요…./가겔 내 노면 남은 식구들은 어떻게 먹구 사냐구

요.(그러더라구요)

조모 (한숨처럼)어떻게 먹구 사나아…뭐니뭐니해두 그저 식구 중에

아픈 사람 없이 건강한 게 행복 중에 제엘 큰 행복이지.

엄마 그럼요 어머니.

조모 쯔쯔쯔쯔쯔. 야단났다 그집은‥

엄마 이제 그만 들어가 쉬세요. 어머니 병 나시겠어요.

조모 다 됐다아아(한숨처럼)

S# 베란다

아빠 (난간에 두 팔 올려놓고 담배 태우며 아래 내려다보는)……

장수 (같이 내려다보다가 아빠 보는)……

아빠 (맛있게 빨아서)푸우우우 ‥‥(내뿜는)

장수 우리 빚 얼마나…많이 졌어요?

아빠 ?…(보며)왜…건 알어서 뭐 할려구.

장수 아니이…빚도 졌는데 컴퓨터 사구…꼭 안 사도 되는 건데 미안
한 생각이 들어서요.(아빠 보며)

아빠 임마. 다 알어서 해. 빚졌어두/ 엄마랑 아빠가 다 갚을 수 있을
만큼이니까 쓸데없는 걱정 할 거 없어. 니엄마가 어떤 사람인데 빵
꾸나게 빚지구 컴퓨터 사 주구 그래. 어림 칠푼어치 없는 소리 하
덜덜덜 마라 엉?(하며 빨아 들인다)

장수 (씨익 웃고 다시 아래 내려다보며)그럼 안심이고요.

아빠 푸우우우우 아아아 담배두 내 집에서 피는 게 더 맛있다는 거
예전엔 미처 몰랐네.

장수 (아빠 올려다보며)건강에 이롭지도 않은 거/뭐가 그렇게 맛있
어요.

아빠 흐흐 글쎄 말이다.(하며 하늘로 고개 치켜드는)

장수 끊으면 엄마가 되게 좋아하실텐데.

아빠 별 나왔다 장수야.

장수 (고개 치켜들며)서울에 별은 니리끼리이 /껌벅껌벅…다 병들
었어요. 아빠랑 낚시 가는 데 별은 빤짝빤짝 똑똑하고 건강한데.

아빠 그래…공해가 심각해……(문득 아들 보며)더 높은 층이었으면
좋았을 걸 그랬지?

장수 아빠는 할머니 어떡하구요.

아빠 ?할머니 뭐.

장수 만약 엘레베이터가 고장 났을 때 할머니가 시장에서 돌아오셨
다 그럼 어떡해요. 걸어서 올라 오셔야 할 텐데 십층 십이층 그럼

아빠   아아아(알겠다)

장수   (아래 내려다보며)우리는 사층인 게 할머니 위해서 아주 다행인 거에요.

아빠   (좋은 눈으로 아들 보며)....(빙그레)

장수   (아래 내려다보는 채)사층 정도면 쉬면서 쉬면서 올라 오실 수 있거든요.

아빠   아들아.

장수   ?..(아빠 돌아본다)

아빠   (아들 머리에 손 얹으면서)그런 생각이 어디서 나니.(머리 흐트러 트리며) 요기/ 요기서 나오는 거야?

장수   사실은 제 생각이 아니구 엄마가 그러셨어요.

아빠   ?...뭐?

장수   나중에 집 값 많이 받는 건 더 윗층이 좋은데/ 할머니 위해서는 아래 층이 낫다구요.

아빠   어쩐지이이/에이/ 깜박 속았잖아..(머리 가볍게 치면서)

장수   (웃으며 아빠 허리 안고 달라붙는데)

　　　E   전화벨 소리/거실에서/

아빠   들어가. 엄마 바뻐.

장수   (후닥닥 거실로)

아빠   (베란다 바닥에 놓아두었던 재떨이 집어 올리는데)

S# 거실

장수   (뛰어 들어와 전화받는다)네에 안녕하세요....어 경호니? 나야나.(들어오는 아빠 잠깐 돌아보며)엉..엉...그으래? (펄쩍)진짜?...진짜 안 넘어지고 탈 수 있어?...

S# 구멍가게 공중전화

경호 (자전거 잃어버릴까봐 한 손으로 붙잡고 서서)진짜 안 넘어지고 탈 수 있다니까?(누가 안 붙잡아 줘두?)안 붙잡아 주구우우. 야 누가 붙잡아 주니 붙잡아 줄 사람도 없다 야.나 혼자 연습했어…으응 우리 아빠네 공장 마당에서….근데 너 니네 엄마한테 혼 안났니?… 자전거 빌려줬다구.

S# 거실

장수 어어… 아아니? 잘했다 그러시더라. 우리 엄마가 친구끼리는 그래야 하는 거래.(엄마 주방에서 나오는 것 힐끔 돌아보며)안 그러면 나쁜 놈이랜다.

엄마 갖구 놀아라 갖구 놀아.(상 아래서 냄비 뚜껑 끄집어 내며)고장 내키지 말구 잘 하라 그래.

장수 어 아냐. 내일은 나 탈 시간 없으니까 니가 밤중까지 타. 월요일에 학교 끝나고 내가 니 집에 같이 가서 가져 오께. 그럼 되지 뭐.

엄마 (부엌으로 들어가다가 ?해서 돌아본다)

장수 괜찮아 괜찮아. 실컷 타. 실컷 타버려 까짓 거.

엄마 (입 벌리고 보고)

장수 아냐 우리 엄마 안 그래 임마. 얼마나 착하신데에/(엄마 돌아보며)엄마 그렇죠?

엄마 (눈 쩨지게 흘기고)

장수 (무안해서 얼른 엄마와 등 돌리며)야 너 공중전화 같은데 빨리 끊어. 돈 들어…엉 그래 월요일에 반갑게 만나자. 엉‥엉. 잘자.(전화 끊고 엄마 쪽 돌아보면 엄마는 이미 부엌으로 들어가고 없다.)…(입술이 마르는지 입 벌리고 혀로 입술 핥는다/부엌 쪽 보면서)

S# 아파트 전경(밤)

S# 장수의 방

장수 (컴퓨터 켜놓고 매뉴얼 뒤적이며 주무르고 있다)······

S# 부부의 방

엄마 (아까 남편과 아들이 갖다 쏟아놓았던 옷가지들 정리해서 장에다 넣고 있다.)······

아빠 (이부자리는 펴져 있고/아주 낡은 화장대 거울 마른걸레로 닦으며) 웬게 그렇게 많아···안 입는 건 싸서 어디 필요한 사람들한테 보내줘.

엄마 안 입는 게 어딨어. 다 쓰레기 같어 보여두 아직 버릴건 없네요···세 식구 옷인데 뭐가 많어.

아빠 ···(그냥 닦으며)딴 건 못해두 당신 화장대 하나는 개비 할 걸 그랬다.

엄마 거울 멀쩡한데 왜 화장대는 들먹여. 화장대가 뭐라 그러나?

아빠 여자한테 화장대 하나 새걸루 못 사주구 남이 쓰던 거 얻어서 십년이니···가슴이 애려서 그런다.

엄마 어이구 풋/ 감동 먹어 눈물 나네. 듣기 존 소린 암튼··(흘기며) 속아 사는 게 십년이다.

아빠 (화장대에서 떨어지며)속다 보면 속은 게 아니었네 할 날 있을 거다. (아내 앞에 어질러져 있는 옷가지들 걷어내며)니가 내 깊고 깊은 슬픈 맘을 어떻게 알겠니.

엄마 왜 그래?

아빠 에이구우우(벌렁 아내 다리 베고 누우며)사나이 우는 마음을 그 누가 알랴아아아아(노래로)

엄마   호…호호호호/ 새 집 사서 이사해 놓구 웬 청승이래? (남편 내려
    다보며)

아빠   미안하다. 여기까지 오는데 십년/연애 시절까지 합치면 십 오
    년이다 십 오년.

엄마   아버님 병원비 꼬라박는 바람에 오륙 년 늦었지 뭐. (옷 집어 들려)

아빠   (그 손 잡아들고 만지면서)방울 같은 마누라 시장에 내보내 이놈
    저놈 침흘리게 해놓구.

엄마   (손 빼며 오버랩)방울 같은 마누라/ 늙어서 이제 침은커녕 쳐다
    보는 놈도 없어.

아빠   이제 그만 자자. (허리에 팔 두르려 하며)

엄마   (밀어내며)졸리면 먼저 자. 할 일 많아. 낼은 집 치울 시간두 없
    어. 이 구석 저 구석 오방 난전을 만들어놓구 손님 쳐?

아빠   아무 데나 쑤셔 너면 되잖어.

엄마   두 번 일야 두 번 일. 자라구 먼저어. (자라는데 왜그래)

아빠   (밀쳐지면서 일어나 앉은 자세. 방바닥 두 손으로 짚고 앉아서)……
    (아내 보는)

엄마   …(벌써 옷가지들 잰 손놀림으로 챙기는)

아빠   ….숙자야.

엄마   (안 보는 채)왜 그러셔. 왜 은근하게 불러. 뭐 하자구.

아빠   그만 자자아아.

엄마   아이구 참 할 일이 태산이라니까아?

아빠   (그러는 아내 한꺼번에 안아 쓰러트린다)

엄마   아으 아으 갤갤갤갤/(간지러워서 밀어내며)아우 왜 그래애애
    애. (때리며)어머니 아직 안 주무셔어어어….(밀어내다가)이이가?..

310

아이 이이가 정마알?

아빠   가만 좀 있어!(좀 위협적으로)

엄마   ?

아빠   생전 처엄 내 이름으루 된 내 집야. 그냥 잘 수 없잖아!

엄마   아으아으.

아빠   어제두 그냥 자구 오늘두 그냥 자구 싶어 당신은?

엄마   핑계가 없다 핑계가 없어. 아이구 몰라.(내맡기는)잡어 먹어 그
래……(잠시 가만 있다가 얼굴 피하며)들어오는 길루 수염이나 깎지.
따거 죽겠네…가만 잠깐 있어 봐.

아빠   뭐야 또.

엄마   이게 무슨 소리야?

　　E   장수 방에서 들리는 게임 음악 소리.

아빠   누구 네 음악 틀었어.(하고 도로 들러붙는.)

S# 장수의 방

장수   (신나게 게임하고 있다)………

　　[현란한 화면과 음악 소리.]

장수   ……(몰두해서 하다가 문득 입 벌리고 탁상시계 본다)……(콧구멍 속
으로 손가락 하나 넣어 후비고 컴퓨터 끄는)

S# 조모의 방

조모   (작은 방에 짐 정리는 다 됐고 쭈그리고 앉아 걸레질하고 있다)

　　E   노크.

조모   ?누구냐.

장수   (들어오며)뭐하세요?

조모   걸레질 하구 이제 잘 참이다.

장수 (할머니가 들고 있는 걸레 빼내서 문께 던지고)다리 펴세요.

조모 으흐흐흐흐 그래.(하고 다리 펴는데 아파서)아으으으으(우두둑
소리가 날 거 같다)

장수 특히 더 아프실 거에요.(벌써 다리 꽉꽉 주무르기 시작하면서)할
머니 일 많이 하셔서.

조모 아으 아으으으 시원하다아아(하며 손자 머리로 손이 올라가고)

장수 파스 있지요?

조모 그럼 있지.

장수 삼십 분 주물러 드리구 파스 갈아 드리께요.

조모 삼십 분 씩이나?

장수 많이 아프시니까요.

조모 흐흐흐 삼십분 씩 필요 없다. 십분 만 해. 십분만 해두 돼.

장수 그럼 이십분요.

조모 그래 그럼 십오분.

장수 하하 네에…

조모 아이구 잠깐 비켜라.(한쪽 엉덩이 들며)

장수 (코 막고 비키면서)알았어요.

조모 (부앙 방귀 꾸고/손으로 냄새 쫓는)

장수 (같이 쫓는)

조모 미안하다.

장수 에이 아니요오.

조모 (장수 엉덩이 두드리며)으흐흐흐흐

S# 마루(잠시 사이 두었다가)

엄마 (안방에서 조심스레 나와서 욕실로)

312

S# 욕실

엄마 (들어와 씻으려고 플라스틱 대야에 물 받아 바닥에 놓고 괴춤 올리는데)

장수 (펄쩍 들어온다)

엄마 (기겁을 해서)아이구머니나/ 야아!

장수 ?(이상해서 보는)

엄마 노크를 해야지 노크으. 간 떨어져 죽을 뻔 했잖어.(야단치는)

장수 바닥에다 오줌 눌라구요?

엄마 노망 났어? 왜 바닥에 눠?

장수 엄마 지금

엄마 뭐하러 들어왔는데. 얼른 볼일 보구 나가.

장수 (그래도 좀 이상하면서 변기 앞으로)

엄마 안 자구 있었어?

장수 오늘 밤 샐 거에요.(소변 보기 시작하며)

엄마 왜.

장수 컴퓨터요.

엄마 아따 공부를 그렇게 하면 얼마나 이쁠까.

장수 컴퓨터도 공부에요.(공부만 공부가 아니에요)

엄마 많이두 참었네. 오줌 참으면 병 되는데 왜 그렇게 참어.

장수 (플러시 하려 손대며)잊어버렸(하는데)

엄마 놔둬놔둬. 엄마가 하께.(돌아보는 아들)물 애껴야지. (아들 잡아 문께로 밀 듯이 하며)물값 엄청 나올 거 같애 애.

장수 안녕히 주무세요.

엄마 응 너두 잘자.

장수 (나가고)

엄마 큰일 날 뻔 했네.(하고 괴춤 다시 올리는데)

S# 안방

아빠 (누웠다 몸 일으키며)어 왜.

장수 E 컴퓨터 고맙습니다 아빠.

아빠 어 고맙다니 고맙다 그래.

S# 거실

장수 안녕히 주무세요.

아빠 E 잘자라 아들아.

장수 (씨익 웃으며 돌아서는 데서)

S# 아파트 광장(오전 9시쯤)

장수 (비닐봉지 양손에/한쪽에는 두루마리 화장지 서너 개/한쪽은 두부
달걀 대파 소주 다섯 병 등등/바람처럼 달려 들어와 아파트 입구로)

S# 거실

장수 (뛰어 들어오며)엄마아/돈 모자라서 휴지 세 개밖에 못 샀어요!

엄마 E 어 그래.수고 했어.

아빠 (거실에 텔레비전 위치 다시 잡으면서 꿍얼거리는)밤낮 모자라 밤낮.

S# 주방

장수 (들어와 시장 본 거 싱크대에 아무렇게나 쿵쿵 놓으며 숨차서 시끈
거리는)

조모 (송편 빚으며)또 계단으루 왔어?

장수 아니에요 수퍼에서 집까지 뛰어왔거든요(하며 돌아서다가)?
떡두 해요?

엄마 추석에 남은 떡가루루 쬐끔만 하는 거야. 솔잎두 넘겨뒀거든.

314

장수　나는 깨 송편이 존데.

엄마　깨는 못하구 콩이네 여보게.

장수　에에에.

아빠　E 장수야!

장수　네에/(하고 뛰어나간다)

S# 거실

아빠　(텔레비전과 값싼 노래방 기계/마이크 들고)아아 마이크 시험중 마이크 시험중.제대루 나오냐?

장수　나오는데요?

아빠　이거 너무 오래 안 건드려서 될래나 모르겠다.

장수　노래 방두 할 거에요?

아빠　우리나라 사람 모이면 노래잖아.

엄마　E (부엌에서)점심 먹는데 무슨 노래 방이야.

아빠　고스톱 보단 낫잖어.

엄마　E 딴 집에서 시끄럽다 그럼 어떡해.

아빠　한밤중에 잠 못자게 하는 것도 아닌데 누가 뭐래··(노래방 기계 조작하며)

엄마　E 이제 찍힌다/

아빠　괜찮아. 소리 크게 안하면 돼·····(반주 나오는/화면 뜨고/혼잣소리처럼)다 그러구 사는 거지 뭐. 얼마쯤 참아 주구 또 참게 만들구 그게 이웃이야. 사나이 우는 마음 그 누가 아아랴아아아····(장수는 그저 웃으며 보고)

S# 주방

엄마　(조모 잠깐 핼끗 보며)저 사나이는 밤낮 울어 왜 뭐 울 일이 그렇게 많어서.

조모   노래두 나이 먹네…줄었다.

엄마   줄었어요?

조모   아 목소리가 얼마나 청아하구 좋았는데..

엄마   ?(가당치도 않다)

조모   E 그뭐냐 조 뭐시깽인가 하는 녀석보다 더 좋았잖냐 애비 청이.

엄마   아이그아이그 어머니두 차암. 아무리 자식 앞에 바보 아닌 사람 없다지만 저이 청이 어디 아으아으/ 갖다 부칠데다 부치세요. 조 뭐시깽이 난 뭐 별루 좋아두 안하지만 그 청에 비교할 청은 아니네요 애비가.

조모   왜 쌍지팽이여? 나한테는 내 아들 청이 조 뭐시깽이 보다 백배는 낫다.

엄마   어머니두 암튼…알었어요. 우기자 작정하셨으면 누가 당해요. 으ㅎㅎㅎㅎ

조모   으ㅎㅎㅎㅎㅎㅎ/됐다. 안치자.(송편 손 터는/바닥에 준비해 두었던 콩알만 한 작은 시루 당겨놓고 솔잎과 송편 안치기 시작)….

엄마   ….(보고 있다가)어머니.

조모   ?…(왜)

엄마   아무래두 김치찌개가 좀 걸리네요오?

조모   삼겹살 멕이구 또 돼지고기 김치찌개 내는 게 좀 그렇지?

엄마   에…

조모   그렇더라구.

엄마   ?..생각 하셨었어요?

조모   사람 머리 다 비슷비슷해.

316

엄마 그럼 왜 암말씀 안하셨어요.

조모 내가 무슨 언권 있는 사람이냐? 돈 주머니 찬 며느리 무서워 어디 입을 뻥끗 할 수가 있나.

엄마 어유어유 참 어머니두. 누가 들으면 참말인 줄 알어요.

조모 으ㅎㅎㅎㅎ

엄마 (불끈 일어나며)얼른 갔다 오께요. 생태루 하죠 어머니.

조모 얘 장수 데리구 내가 갔다오면 안되까?

엄마 ?왜요 뭐 살 거 있으세요? 말씀하세요. 제가 사오께요.

조모 아냐/(끄응 일어서며) 그제 어제 바깥 구경을 못했더니 갑갑증이 나서 그래. 콧구멍에 바람 좀 넣구 들어와야겠다.

엄마 흐흣 그러세요 그럼.(주방 나가며)세타 걸치구 나가세요. 감기 들어요.

조모 오냐 알어서 하마.(싱크대로 손 닦으러 가며)

S# 거실

장수 (마이크 들고 약간 지난 아이들 노래 부르며 펄쩍거리고 뛰고 있고)

아빠 (같이 손뼉 치며 장단 맞추고 있는데)

엄마 (나오다가 질색)야야 뛰지마뛰지마인석아아! 아래 층에서 고 옴방 뛰어 올라온대애.

아빠 누가 뛰어 올라와아.(노래는 자동적으로 정지되고)

엄마 아래층 사람. 서너살 짜리 애들이 뛰어두 득달같이 애들 좀 뛰지 말게 하라구 쫓아 온다는데 어이구 어른까지 같이 펄쩍펄쩍 / 철 좀 나요.(안방으로 들어가며) 아파트에 사는 게 그게 젬병이래!

아빠 ……(들어가는 아내 보다가)아파트 괜히 왔다.(장수 보며)

장수 그러네요.

조모 (주방에서 나와 자기 방으로 가며)장수 뭐 겉옷 걸쳐라. 할미랑 시장 가자.

장수 또요?

조모 (자기 방으로 들어가며)…

아빠 뭐 또 빠트린 거 있어요?

엄마 (돈 들고 나오며)생태찌개 할려구 그래. 암만해두 돼지고기 보쌈에 또 돼지고기 김치찌개 너머 성의없는 거 같애서.

아빠 생태찌개 조오치.

장수 조오치(하며 아까 슈퍼에서 들어와 벗어놓았던 상의 집어 들어 입는데)

　　E 현관 벨 소리

엄마 ?..당신 손님 벌써 오는 거야?

아빠 아냐아 아직 시간 안됐는데 무슨

장수 (오버랩 벌써 현관으로)네에 누구세요오?

고모 E 고모다. 문 열어 빨리.고모 바뻐.

장수 (부모 돌아보며)고모신데요? (문 열고 꼽벅)안녕하세요?

고모 (들어서며)생각보다 단지가 꽤 괜찮아 보이네? 꼭짝꼭짝 할 줄 알았는데.

엄마 (비위 상하고)

아빠 어 괜찮아 아주 괜찮다 얘.

고모 아는 척 좀 합시다.

엄마 오셨어요?

고모 (주방 들여다보며)뭐 무슨 날이유? 웬 떡시루가 다 나와 있어?

아빠 아 우리 회사 사람들/비번인 친구들 점심 먹으려구.

318

고모 (주방에서 떨어져 안방으로 가며)경기 존가부네요. 집 사 이사하 구 파티두 다 하구.

아빠 파티는 야 무슨 파티 흐흐

고모 (안방 문 열어보며)가구두 좀 바꾸지. 어차피 빚 지구 이사하는 거.

엄마 (무슨 말인가 하려는데)

조모 (자기 방에서 나온다)

엄마 (그만두고)고모 오셨어요 어머니.

조모 …(얇은 목도리 매면서 안 보는 채)바쁜 사람이 어떻게 틈을 냈냐.

고모 그렇잖어두 바뻐서 앉을 새두 없어.(핸드백 열어 봉투 두 개 꺼내 하나 엄마에게 내밀며)엄마 용돈.

조모 …(받으며)고맙다.

고모 (나머지 봉투 엄마에게 내밀며)뭐가 필요한지 몰라서 그냥 봉투 만들었어요. 보태 써요…

엄마 (쓰게 웃으며)안 그래두 되는데‥

고모 받어요 시간 없어요.

엄마 (받으며)잘 쓰께요.

고모 (오빠에게)그럼 나/ 가요.(현관으로 가며)장수 너 공부 잘 하니?

장수 잘하지는 못하구 하던대루는 해요.

고모 (픽)영감같은 녀석. 하던대루 하면 어떡해 더 잘 해야지.(신 신 으며)

아빠 뭐가 그렇게 밤낮 바쁘니.

고모 지난 번에 산 밴이 속썩여 미치겠어요. 중고찬 사는 게 아닌데 말 안 듣구 사더니 이게 사흘돌이루 길에서 퍼져버려…그딴 차 팔 아 먹은 놈 멱살잡이 하러 가는 길야. 엄마 나 가요.(현관문 열며)

조모   어이 가.

고모   (나가고)

조모   쯔쯔쯔쯔..에이구우…(현관으로 움직이며)장수야 가자.

장수   네…

　　　[조모와 장수 나가고]

아빠   ……(가라오케 끄고 마이크 치우면서 묵묵히…)

엄마   ….(보다가 고모가 주고 간 봉투 풀쑥 내민다)

아빠   …?

엄마   당신 가져.

아빠   …왜 그래…

엄마   열어 보구 열 받기 싫어. 당신 써. 얼만가 말하지두 말어. 말 안
　　　해두 아니까.

아빠   ……(보며)

엄마   빨리 받어어?

아빠   (봉투 받아 주머니에 아무렇게나 넣으며)태생이 그런 걸 어떡하
　　　니…그러지 마. 똑같은 사람 돼.

엄마   (주방으로 들어가며)마루 걸레질이나 해 줘. 걸레질하구 깨끗
　　　하게 빨아놓구. 걸레 화장실에 있어.

아빠   알었어..(벌써 움직이며)

엄마   (돌아보며)오만 원 들었음 많이 들었을 걸? 차를 두 대 씩이나
　　　굴리면서 어머니 용돈 이만 원 주는 사람이니까.

아빠   (화장실로 가다가 돌아보며 좀 열 받어서)언젠 그 덕에 살었냐?..
　　　그러려니 하면 되지 시끄럽게 말이 많아.

엄마   (아무 소리도 못하고 주방으로)

아빠   (화장실로)

S# 화장실

아빠   (들어와 세면대 아래 있는 깨끗하게 빨아 담겨진 걸레 그릇 들고 돌아서려다가 문득 걸레 그릇 세면대에 놓고 주머니의 봉투 꺼내 알맹이 꺼내본다/ 만 원짜리 다섯 장.)…(쓴웃음. 용하네/기막힌 년이네)

S# 시내버스에 오르고 있는 조모와 장수

S# 버스 안

장수   (할머니 잡고 올라타 움직이며)아저씨 쪼끔 있다 출발하세요. 우리 할머니 자리 잡으면 출발하세요.

기사   (돌아보며)허허 그래 알았다 이눔아.

학생   (얼른 일어나며)여기 앉으세요 할머니.

조모   아이구 고마워요 학생.

장수   고맙습니다아.

학생   (장수 보고 웃으며 끄덕이고)

장수   복 받을 거에요 형.

학생   뭐?

장수   복 받을 거라구요. 그렇죠 할머니.

조모   그러엄 복 받구말구.

학생   네에 감사합니다. 하하하 너 웃기는 놈이구나.

장수   몇 학년이세요?

학생   고삼.

장수   후우 고삼….도서관 가세요? (맑게 올려다보며)

S# 수산 시장

조모   (생태 고르고 있고)….

장수　저게 더 큰 거 같은데 할머니.

조모　?..어떤 거 요거?

장수　아니 그 옆에 거요.

장사　아유 다 비슷비슷해요 할머니. 고만 좀 주물러요.

조모　?....주무르긴 누가 주물렀다 그래.

장사　다 비슷비슷하다구요.

조모　..(다시 고르며)댁에 눈에는 비슷비슷해두 내 눈에는 안 그렇소. 비슷해 보여두 더 실한 게 있구 덜한 게 있지 무슨 말이야.

장수　할머니 조거요 조거.(에서)

S# 수산 시장 출구

　　[두 사람 손잡고 걸어 나오며]

조모　.....자아아 생태는 샀구우..아이구 무를 사야지 참. 잊어버릴 뻔했네.무 사러 가자 무.(방향 돌리는)

S# 큰길/ 건널목은 아니고 /건널목에서 십여 미터 떨어진 곳 약국 근처 길

　　[두 사람 오고 있는/무도 샀습니다.]

조모　.....

장수　(두리번거리며 이것저것 구경하는).....

조모　(약국 조금 못 미쳐서 멈추고 장수에게)할미 잠깐 약국에 들어갔다 나올테니까 넌 여기 있어.

장수　파스 살려구요?

조모　그래 파스가 다 됐어(하며 돌아서는)

장수　같이 들어 가요.

조모　약국 냄새 싫다면서 그냥 여기 있어. 금방 나올텐데 뭐.

장수　...(보다가)그럼 그러세요..

조모   금방 나오께.(하고 불편한 다리로 약국으로 돌아선다)

장수   ‥(잠깐 보다가 할머니 쪽으로)할머니 그거 주세요. 제가 들고 있을
         게요.

조모   ?(봉지 들어보고)그럴래?‥그래 그럼.(생선과 무 봉지 손자 주고
         약국으로)

장수   (할머니 들어가는 것 보다가 지나가는 늘씬한 미니스커트 다리에 시
         선이 따라가는)……(보다가/바지 주머니에 손 넣으며)쥑인다.(혼잣말
         처럼)

S# 약국 안

조모   (파스 봉지 들고 서서)글쎄 까닭없이 요 며칠 여기가 (귀 위쪽 머리)
         뜨끔뜨끔 하면서 머리두 뻑뻐억한 게 영 개운치를 않구 그러네요.

약사   심하세요?

조모   자다가 깜짝깜짝 깨요.

약사   소화는 잘 되세요?

조모   글쎄 소화두 시원찮은 거 같구우…

약사   할머니 혹시 혈압 재 본 일 있으세요?

조모   평생 병원하구는 담 쌓구 살았수. 건강해요.

약사   혈압 좀 재 보시죠.(혈압기 꺼내) 이리 잠깐 들어오세요.

조모   아이구 혈압까지 잴 건 없구/ 머리 개운해지는 약이나 지어 줘
         요. 내가 아주 바뻐요 지금.

약사   시간 많이 안 걸려요 할머니 얼른 들어오세요. 이 분이면 돼요 이
         분이면.

조모   아 그건 재서 뭐해. 약이나 지어 달라니까‥

S# 약국 앞

장수　(생선 봉지 들어 냄새 맡아보며 찡그리고/무 봉지 들어 냄새 맡아보고 이번에는 안 찡그리고/다시 생선 봉지 들어 냄새 맡고 하는)

　　[달려오던 택시 앞으로 어떤 할머니가 지나치면서 순간 택시 할머니 피하면서 휘이익 인도로 뛰어든다.]

　　[지나던 행인/어억/어머나/어어어어/피하는데]

　　[튕겨져 떨어지는 장수와 시장 봉지들.]

지나던 행인들　(모두 얼어붙고)

S# 인도로 뛰어든 택시 안 운전대

호철　(입도 눈도 다 벌어져서)⋯⋯⋯⋯(그러고 있는데)

행인　(느닷없이 유리 밖에 나타나 유리 두드리며)이거봐 이거봐. 뭐하구 있어 애 쳤어! 빨리 나와!(소리친다)

호철　(그 상태 그대로)⋯

행인　빨리 나와보라니까 뭐해. 빨리 안 나와?

호철　(그제야 넋 빠진 사람 모양 슬로모션처럼 택시에서 내리기 시작하는)

S# 자동차 밖 인도

행인　(내리는 호철에게)미친 놈 아냐 이거. 멀쩡한 길 놔두구 왜 인도루 뛰어 들어! 당신 운전 얼마나 했어!

여자　(행인의 일행)왜 자기가 흥분하구 이래애.

행인　빨리 경찰 불러 경찰/ 경찰 어딨어!

다른 남자　경찰두 경찰이지만 응급차 먼저 불러야지..

다른 행인1　응급차 부를 새가 어딨어요 택시라두 잡아야지.

다른 행인2　택시 잡을 거 뭐 있어요. 택시 있는데!

S# 약국 안

약사　역시 혈압이 좀 높으세요 할머니 병원 가셔서 진찰 제대루 받으

시구(하는데)

약국청년   (밖에서 들어오며/오버랩)사고 났는데요?

약사   ?무슨 사고.

조모   ?

청년   택시가 길루 뛰어들었어요.

조모   아이구 저런. 그래 누가 다쳤수?

청년   예 사내애가 치었어요.

조모   ?..(순간/혹시 나와 설마)....(후닥닥 일어나 나가며)장수야

S# 약국 밖

조모   (나오며 장수 찾는)장수야 장수야아!...(이미 잔뜩 몰린 구경꾼들. 조모...겁내하면서도 그쪽으로 주춤주춤 다가가 한꺼번에 화악 헤집고 들어선다)

장수   (호철이 안아 올리고 있는 깨끗한 장수)

조모   (뒤집어진다/달려들며)장수야 장수야아!(호철이 안고 움직이려던 참이다. 장수 뺏어 내리며 바닥에 퍼지른다)장수야 아가. 장수야(빰 때리며)할미다 정신 차려 정신차려 이 자식아. 장수야! 장수야아?! 이게 무슨 일여 이게 무슨 일여어! 장수야 장수야?(마치 잠든 아이 억거지로 일으켜 세우려 하는 것처럼 겨드랑이 아래 두 손 넣어 일키려 하며)아가 일어나 정신차려 (완전히 척 늘어진 장수) 장수야. 장수야 이 눔아아아아! 이눔아야아아

행인   (흥분했던 그 행인)흔들지 마세요 할머니. 혹시 뇌를 다쳤을지두 모르니까 흔들지 마시구 얼른 병원으루 데리구 가세요.

조모   (버럭 오버랩)그런 말 말어!! 뇌를 왜 다쳐 뇌를! 아이구 누가 우리 애 좀 병원에 데려다 줘요. 누가 차 좀 잡아 줘요 빨리이이이.

(하다가 한 무릎 꿇고 앉아 있는 호철 본다)?··니눔이냐?···니눔이야? ···이런 죽일 눔. 전생에 무슨 웬수가 졌길래 이눔아 멀건 대낮에 이런 사고를 쳐 이눔아아아! 이눔아 이눔아(호철 패기 시작하며)

S# 헤드라이트 켜고 클랙슨 마구 누르며 달리는 호철의 택시

S# 차 안

호철 (핸드폰 들고··기다리고 있는)···(호철 등 뒤로)

조모 (장수 안고 얼굴 만지며)장수야 장수야. 내 강아지야 응응응응응.

호철 (허탈하고 기막힌)·······

S# 아파트 거실

아빠 올라와 올라와. 올라오세요 제수씨. 여보오·· 명미 엄마두 오셨는데?

엄마 네에 나가요오(낭랑하게)

S# 사고 현장

[행인들 발길에 채여 흩어져 있는 토막난 생태와 무 봉지.]

제2회

S# 병원 응급실

인턴   (만년필형 랜턴으로 동공반사 확인/경동맥 만져보면서)인투베이
션 준비하고 신경외과 선생님/(하다가 돌아보며)선생님 여기 좀 와
보세요.(간호사 대답하며 움직이고)

신경외과 4년차 레지던트   (다른 환자 차트에 오더 내고 있다가 다가오며)
무슨 환자야.

인턴   티에이 환잔데요 퓨릴 리플렉스 없고 레스피레이션 없습니다.

조모   (어쩔 줄을 몰라 그저 이 의사 저 의사를 시선으로 쫓는)

레지4   (장수 어깨에 베개 밀어 넣어 목 꺾이게 만들면서)비피는/

간호사1   60에 40입니다.

레지4   (인투베이션 하면서)시티실에 연락하고 18게이지로 아이브이
루트 잡고/오디더블류 오백 달아줘요.

간호사1   네.

레지4   (인턴에게)에이비지에이 하고 폴리 껴줘요‥ 이케이지도 끼고.

인턴   예.

[간호사1은 커튼 치고 아이브이 준비하러 간호사실로/]

간호사2 (마우스피스에 거즈 한번 감아 레지던트에게)

레지4 (마우스피스 장수 입에 끼우고)

간호사2 (유아용 라링고스코프 레지에게)

레지4 (받아서 장수 입에 집어넣으며 기도 확인하고 간호사2가 건네주는
엔도 튜브 기도로 집어넣는다)

간호사3 할머니/..할머니.

조모 (자기 부르는 것 모르고 있다가)?..에?

간호사3 이쪽으로 오세요 할머니.

조모 (장수가 영 못 미더워 돌아보고 돌아보고 하면서도 그쪽으로)

간호사3 이름이 뭐에요?

조모 고고고고 복순.

간호사3 ?(이상해서 잠깐 보고)아니 환자요 할머니. 환자 이름요.

조모 (차 있던 울음이 터지려 하며)자/장수/이 장수우우.

호철 (출입문 쪽에 서서 할머니 쪽 보며 얼굴이 우그러진다)

간호사 E (적으며)몇살이에요.(호철 위에)

조모 E 열살/열살이라우..(징징거리듯 울며)

호철 (못 견디겠는 심정으로 돌아서 나가는 위에)

간호사 E 전화번호는요. 전화 있으시죠?(에서)

S# 응급실 밖

호철 (나오면서 허탈)……

S# 아파트

엄마 (먼저 왔던 동료 부인과 함께 음식 내려 주방에서 나오면서)아우 어
머니 어떻게 되신 거야 여보. 찌개 앉혀야는데에.

아빠 (자리 잡고 앉아 술 권하다가)급할 거 없어. 급할 거 뭐 있어. 먹을

거 많은데.

손님 예 급할 거 없어요 형수님.

엄마 (제가 들고 온 음식 자리 잡고/부인네 접시도 받아 놓으면서)차린

건 없어두 맛있게 드세요.(모두 적당히 대답)

부인 (앉으면서)송편까지 찌면서 뭘 그러세요. 야코 죽게에.

엄마 호호호 야코는/

아빠 (오버랩)여보 김치 좀 더 갖구 와 김치(거의 다 빈 김치 그릇 집어

내밀며)뭐니뭐니 해두 우리 한국인은 맛있는 김치면 끝이야 하하 다

른 거 다 필요 없다구. 안 그래?안 그래들?(모두 한마디씩 거드는데)

　E 전화벨 울린다.

아빠 어 여보 전화.

엄마 (이미 전화로 움직이며)네 가요(에서)

S# 병원 응급실 앞

[택시가 입구에서부터 미친 듯이 들어와 멎고/ 정신없이 뛰어내려 응

급실을 찾는 반은 정신이 나간 장수의 부모………]

S# 응급실

부모 (들이닥친다)…

[이미 처치는 다 돼 있는 상태/굵은 줄 수액 꽂혀 있고/소변 줄도 달려

있고 산소호흡 심전도 등 기타 할 수 있는 것은 몽땅 다. 인턴 하나 엠브

하고 있고/]

조모 (처치하고 있는 간호사 옆/엉거주춤 서서 울음을 억제하고 있는)‥

엄마 장수야 장수야아.(달려들면서)

간호사2 (막으며)안돼요. 가족분들 복도로 나가 주세요.

간호사2　E　(아빠 위에)나가서 대기해주세요.

아빠　..(그저 아이 쪽 보는)...(짧게/황당하기 짝이 없는)

　　　E　아빠 위에 전화벨 울리고/

엄마　E　(간호사에게 밀리면서도/다른 간호사 전화받는 것과도 상관없이)장수야 엄마 왔어. 장수야 장수야? 장수야?

간호사　E　네에..네 알겠습니다. 아저씨/(응급실 화이트 가운 아저씨/)이 장수 환자 씨티실로 내리래요.

S# 응급실 앞

　　　[문이 활짝 열리고 장수의 운반 침대에 빠른 속도로 나온다. 의사/간호사.]

　　　[이동 가능한 산소통으로 교체/화이트 가운 아저씨가 침대 밀고 인턴 엠브하면서 따라붙고/레지 4년차 환자 상태 보며 따라붙고/]

조모　(잡을 듯 따라 나오며)아이구 어디 가니 어디루 가는 거야아아아

아빠　(조모 잡으며)머리/ 사진 찍으러 가는 거에요 어머니.

엄마　(밀차 붙잡고 허둥지둥 따라가고)

조모　어떤규.(두리번두리번/ 따라 나오던 의사 가슴 붙잡고)내 새끼 어떤규. 내 새끼 어떤 거냐구우우.

레지4　예에(하고)....

조모　(버럭)아 답답햐아. 말을 좀 해요 의사 양바안!

아빠　(엄마 잡으며 오버랩)진정하세요 어머니.

레지4　(아빠 보며)뇌에 충격이 워낙 심해서.....힘들 거 같은데요.

아빠　......(미동도 안 하고 의사에게 시선 못 박은 채)...

조모　?..(의사와 아빠 번갈아 보며)무슨 말여. 힘들어 뭐가 힘들어.

아빠　(엄마 안으려)

조모　(뿌리치며)얼마나 힘드는데..얼만큼 힘든다는겨 으응?

레지4   ....거의 가망이 없다는 말이에요 할머니.

조모   (후욱 혼이 빠져나가는 듯한)......

레지4   (빠르게 침대 따라 아웃)....

아빠   ....(역시 훼엥한 느낌인데)

조모   (가만히/중얼거리는 거처럼)무슨 개코같은 소릴 하냐 저 사람. (아들에게) 손두 뜨듯하구 발두 뜨듯하구 ....정신만 못 차리지 다친 데가 읍는데...깨끗하게 다 말짱한데 무슨 귀신 씻나락 까먹는 소릴(하다가 털썩 주저앉으며 기절할 듯)

아빠   (달려 붙으며)어머니/어머니/여보세요! 여보세요!!

조모   무슨 귀신 씻나락 까먹는 소리여 이게에 응응. 무슨 소리여 그게에에에(아들 가슴에 머리 묻고 우는데)

경찰   (화면 안으로 들어와 응급실로 들어가려다 돌아보며/사복/정복을 안 입는다고 합니다)혹시..이 장수 어린이 가족되십니까?

아빠   (엄마 안은 채 안 보며)예..예 그래요.

경찰   신고 받구 나왔습니다. **경찰서 교통 사고 조사계에 있는 누구누굽니다...걱정이 많으시겠습니다. 환자 상태가

아빠   (오버랩)의사하구 얘기하슈.(안 보고 엄마 꼬옥 안아주며 눈 지그려 감고)우린 몰라요.

경찰   (응급실 안으로 들어가고)

조모   <u>으흐흐흐흐흐</u>

아빠   (다독이며)괜찮아요. 괜찮을 거에요 어머니. 기운 차려요. 울지 마시구요. 힘 빠져요 ..네?

보험회사 사고 처리원   (밀차 나올 때부터 조금 떨어진 곳에 서 있다가 다가서며)...실례합니다.... 보험 회사에서 나왔습니다.(하며 명함 꺼내는데)

아빠 (들은 척도 않고 그저 엄마만 다독거리면서)장수/ 깨나요 엄마. 그눔이 어떤 눔인데요.걱정마세요. 깨나요 깨날 거에요.

조모 그려. <u>으흐흐흐</u>(울며 웃으며)어떤 눔인데….어떤 눔인데‥(일어날 것이라는 희망으로 진정하려 애쓰면서)

아빠 (끄덕이며 엄마 흐트러진 머리 만져주는)

보험 얼마나 기가 막히세요. 뭐라구 위로의 말씀을 드려야 할지 모르겠습니다만/ 병원비라든지 그 외 처리에 대해서는 아무 걱정 마시구 (에서)

S# 머리 씨티 촬영 중인 장수

S# 씨티실 앞 복도‥

엄마 (쪼그리고 앉아서 손수건 배틀면서 시선 한곳에 고정하고 부들부들 떨리는)……

조모 (며느리 옆에 쭈그리고 앉아서/기진한/표정 없는 얼굴에서 눈물만 줄줄줄줄)……

아빠 (서서 아내와 어머니 보며)……(어머니 쪽으로 다가가 보다가 쭈그리고 앉으며)저하구 잠깐 나가요 어머니.

조모 (멀거니 아들에게 고개 돌리는)….어디이…

S# 경찰서 안

　　[진술 조서 받고 있는 호철.]

경찰 (타이핑하며)운전 경력이 얼마나 되나요.

호철 팔 팔십 오년부터 지금까지…

경찰 ….(대답 타이핑하는 시간 두었다가/타이핑은 계속하면서)사고 당시 승객은 몇 명이나 태우고 있었어요.

호철 아무두 없었어요. 너머 피곤해서 집에 들어가 자려구… 아무두 안 태우구 있었어요.

경찰　(타이핑 멈추고 보며)혹시 술 마시지 않았어요?

호철　아니 아니에요 술은··일하는 눔이 대낮에 술은

경찰　그럼 졸았어요?

호철　…

경찰　졸았죠····그렇잖으면 차도 놔두구 왜 인도루 뛰어들어요.

호철　예 그게···졸지는 않았던 거 같은데····모르지요 잠깐 깜박했을
　　　 지두····

경찰　···했을지두라뇨.

호철　그게···할머니를 미리 봤어야 하는 건데···못 봤어요··(시종일관
　　　 시선 떨어트리고) 봤을 때는 ··이미 늦었구···(한 손 이마로 올라가며)
　　　 할머니 피한다구 한 게 그만····

경찰　······(보다가 혼자 타이핑 꽤 길게 하고 나서)그 할머니는 어디 갔
　　　 어요.

호철　?···(좀 멍해서 보다가 납득하고)아아··모르지요··그건 몰라요.

경찰　(타이핑/간단하게 하고 보다가)····상태가 별루 안 좋다 그러든데
　　　 만약 영 잘못되기라두 하면 아저씨 어떡할 거에요.(안타까와서)

호철　····(얼굴 우그러지며)···

경찰　어어이/ 조심 좀 하시지 십오년 무사고가 이거.(말 못 잇고)

호철　내 잘못이에요. 내가··못 봤어요··(얼굴 우그러지며)··

S#　병원 구내 식당··

아빠　·····(두 여인 가만히 보는)···

조모　(눈 내리깔고 고개 옆으로 약간 기웃한 채)·····

엄마　(할머니 옆에 시선 멀거니 저만큼 던지고)·····

아빠 ...어머니(하고 무슨 말인가 하려는데)

　[탕 종류 식사 2인분 놓여진다]

아빠 (두 여인에게 밀어놓는데)

엄마 (조금 찡그리며 고개 트는)··(지금 밥이 넘어 가나)

아빠 (아내에게)그래두 먹어야 해...안 먹으면 어떡해··(해놓고 모친에게)드세요. 드시구요 정신 차려 굳세게 버티세요···그래야 해요. 여기다 어머니까지 맥 놓구 탈 나면··저 돌아요. ···(보다가)예?···

조모 ······(그대로)

아빠 그리구···(손끝으로 이마에 진땀 문지르면서)어머닌 집으루 가 계세요··

조모 (시선이 아들로)

아빠 E 어머니가 여기 계신다구····달라질 거 없어요. 그러니까 (안 보는 채)집에 가셔서····집이나 좀 치우구···그냥 집에 계세요. 제가···수시루 연락 하께요.

조모 왜 쫓을라구 하는겨.

아빠 (보며)····

엄마 (원망이 다소 섞인 시선으로 시모 보며)어머니까지 병날까봐 그러는 거에요.(그래도 남편 거드는)

조모 (고개 흔들며)싫다아. 저눔 대신 목숨 내노라면 나 두 말 안 하구 내뇨. 집 엘 으떻게 가 집에를···(울음 섞이는)

아빠 ······(보는)

조모 에이구우우우 내가 미친 년이지····뭐 잘 났다구 기어 나가서는···

엄마 (울음 작게 터트리며)제가 나가자구 했잖어요 그러니까아···

조모 그러니까 말이다/그러니까 말이다아아아.

아빠　....(엄마 보며 목울대가 한 번 움직이고)건너가는 길 아닌데서 건
넜어요?

조모　(고개 저으면서)건너기는···사람 다니는. 길에 세워 놓구 잠깐
약국에 들어갔는데··고 사이에··· 택시가 반은 올라와 있더라.

아빠　?··인도에요?

조모　그려····그려 인도에···(하고 있다가 문득)아이고 이눔 도망갔다
애비야. 이눔 도망갔어. 도망갔어.

아빠　도망 안갔어요··

조모　(그려?··그랬어? 멍하니 아들 보는 데서)

S#　동네 가까운 시장통 같은 거리

차순　(만삭이다)···(반은 뛰듯이/ 당황한 기색이 역력한/).....................

S#　어느 포장마차 안

차순　(들어와서 소주잔 놓고 앉아 있는 남편 보며).......(숨차 하며)····

호철　(소주잔 내려다보며)··············

차순　·····(보다가 호철 옆에 무너지듯 앉으며)도대체 왜 그렇게 말을 안
들어요오오오.잉잉잉잉잉··

호철　(안 돌아보는 채 정신 난 듯 그냥 소주 집어 단숨에 털어 넣고 다시 따
르는)··

차순　일 나가지 말구 잠이나 자라니까 말 안듣구 기어이 나가드니
이 노릇을 어떡해애.

호철　(자기 앞에 놓였던 소주잔 아내 앞에 옮겨주며)·····

차순　어디를 얼마나 다쳤는데요오.

호철　잔 하나 더 주세요.

여인　아 만삭에 무슨 술야.

호철 한 잔쯤은 괜찮아요 주세요.

여인 쯔쯔쯔쯔쯔(하며 소주잔 하나 더 놓아주며)어쩨 그렇게 여편네 말들을 안 들을라구 하까 내 집 물건이나 남의 집 물건이나 응? 여편네 말 들으면 뭐가 떨어져?

호철 허/예 그러네요.

여인 (소주병 집어 자기가 따라주며)초상치구 올라와 일은 뭐하러 나가 운전대 잡는 사람이. 항우장사야?

차순 (남편 원망스레 보며)얼마나 말렸는지 몰라요오.

여인 ......(딱해서 호철 보다가)쯔쯔쯔쯔 운수가 불길하면 그래.(오뎅 솥으로 가며) 운수 불길할라구 여편네 말 안 들었지 그저.(오뎅 국물 뜨며)그렇게 돈 벌어서 뭐/빌딩 살려구?

차순 (소주잔 집으며 안 보는 채)애 날 돈 만들어 논 거/ 장례비루 다 쓰구··그거 만든다구 ··(하며 훌쩍 마신다)

여인 (오뎅 대접 차순 앞에 놓아주며)에이구우 돈이 웬수다 그저.(안주거리 만지던 곳으로 가며)그눔으 돈이 웬수야.

차순 어디를 얼마나 다쳤어요.

호철 살면···· 기적일 거 같어··

차순 (설마 했다가 눈이 커진다)?·······

호철 (안 보는 채)응급실에서···의사들···애 다루는 거 보니까····살 거 같지가 않어··(울음 비어져 입이 비틀어지며)

차순 ·········(같이 입이 비틀어져 황당해서 남편 보다가···남편 머리 안으며)·····어떡해요오·····우리 어떡해애애애.

여인 (일하다 손 멈추고 두 사람 보는)

호철 (아내 어깨 만지며)·····(아내 안 보는 채)일 생기면 나는 바루 구속

336

이니까..너 혼자… 애낳아야 해.

차순　(더 달라붙으며)나혼자 어떻게에……나가지 말랬잖아요오오오
오(울음 터뜨리며)

호철　하아아아아.. 지금 니가 문제가 아냐…(아내 조금 밀어내듯 하
며)….열살 짜리래…자알..생겼어..(하며 한 손으로 눈 가린다)….

S# 응급실 복도

[대기하고 있는 아빠와 엄마. 각각 아무 말 없이…한동안 있다가]

엄마　(문득 돌아보며)나가서 담배라두 하나 펴.

아빠　……(안 보는 채)괜찮아.

간호사1　(문 열고)이 장수 보호자 분 들어오세요.

부부　(동시에 일어선다)

간호사1　(조금 미안하며) 한 분만 들어오세요. 아빠가 들어오시는 게
좋겠는데요.

아빠　(잠깐 아내 돌아보고 들어간다)

엄마　….(문 보며 무슨 소리를 하려고 하나)

S# 응급실

아빠　(들어온다)

간호사1　저기 저쪽 선생님한테 가보세요.(인턴 하나 장수에게 엠브 하
고 있고)

레지4　(형광 패널의 장수 필름 보고 있다 잠깐 돌아보며)이쪽으루 오세요.

아빠　(그쪽으로)

레지4　이게 좀 전에 찍은 이 장수 어린이 필름인데요/상태가 아주
안 좋습니다. 여기 보시면 이게/피가 고여있는 겁니다. 이것 때문
에 환자가 의식이 없고 스스로 호흡을 못하는 거에요.

아빠　(필름을 봐도 뭐가 뭔지 모르는)

레지4　E (아빠 위에)이 출혈이 계속 뇌를 누르면 이쪽 부분 뇌는 죽고 맙니다.(아빠 얼떨떨한 얼굴로 의사에게 고개가/그럼 어떡한다는 거냐) 이걸 빼주고 출혈을 멈춰줘야 하는데 한시가 급한 수술이고 부모의 동의가 있어야 합니다.

아빠　(희망)그럼/..괜찮아 지나요?

레지4　수술 후 환자상태가 지금보다 좋아질지 나빠질지는 장담할 수 없습니다만 어쨌든 지금 상태로 그냥 두면 살 가망은 거의 없습니다. 저희들로서는 일단 고여있는 피를 빼주고 지혈 시키는게 급선무고/그 담에 환자 상태가 좋아지도록 최선을 다하는 거지요.

아빠　(끄덕끄덕/눈동자가 헤매면서)

레지4　빨리 수술 들어가야 합니다./당장 결정을 해 주셔야겠는데요.

아빠　(오버랩)무물론 해야죠. 수술 해야죠. 해요 합니다(보며)

레지4　예 그럼 그렇게 알고 준비합니다.(빠르게)저기 간호사실로 가셔서 수술 승낙서 쓰시고 (간호사에게)여기 이 장수 오피 퍼미션 받으세요.(간호사 움직이는 것과 상관없이/레지 1년차에게)쉐이빙하고 수술 오더 빨리내.

아빠　(간호사실로 움직이며 돌아보는 위에)

레지4　E 수술방은 내가 알아보께.

레지1　E 예 알겠습니다.(차트에 수술 오더)/

레지4　(장수 살피며 차트 훑으면서)엔에이씨엘 검사결과 독촉하구 블러드 5파인트 준비해주구요.(하며 나가고)

레지1　(면도날 반으로 쪼개서 반쪽을 가위처럼 생긴 헤모스테이트에 끼우는)

간호사   (장수를 수술복으로 갈아입히는)

S# 응급실 안/간호사실

아빠   ·····(수술 승낙서 앞에 놓고 후들후들 떨리는 손으로 쓰고 있다·····)

S# 응급실 앞 복도

아빠   (나온다)···

엄마   ?··(보고 다가가며)뭐래.(흥분은 가라앉고 두려움)

아빠   (안 보는 채)··수술 해야 된대. 승낙서 쓰구 나왔어. 머리에 피가 고여서 누른대.

엄마   ···머리 까는 수술?

아빠   (끄덕이는 듯 마는 듯)

엄마   (아빠 잡으며)그럼 지장 없대? 팔 다리 사지육신 지장 없대?

아빠   해봐야 알지.(아내 손에서 벗어나며)··담배 피구 들어오께····(두어 걸음 가다 돌아보며)어머니 좀 들여다 보지 그래···(하고 되돌아선다)

S# 신경외과 중환자 가족 대기실

조모   (두 다리 쭈욱 뻗고 맥 없이 기대어 앉아··다른 환자 가족/같은 또래 할머니 상대로 /시선은 저만큼 바닥에 던지고 중얼중얼/중얼중얼)애덜 신경 쓰까봐·····어디가 시원찮다 그러면/··애들 맘 쓸까봐 혼자 가만히 약 사다 먹을라구···(한숨 호흡 내쉬면서)시장 가는 길에 약국·· 들리러 나갔는데·····손자 놈 따러 들어오면 또 즈 에미애비한테 꽈바치지 싫어 길에 세워 놓구··· 혼자 들어갔는데···그 동안에 그만/.

할머니   쯔쯔쯔쯔쯔쯔

조모   (벽에 기댄 고개 조금 틀어 할머니 보며)댁은 어떻게··누가 편찮은규···

할머니   우리 사위요. 이제 마흔 셋인데 뇌에 혹이 생겨서 수술했는데‥경과가 안 좋다네요. 후우우우우…기어이 일 당하지이 싶어요.

조모 쯔쯔쯔쯔쯔 (고개 정면으로 틀며)에이구우우우우 사는 거 참 힘들두 들다아아(탄식처럼)‥

할머니 (구겨진 손수건 펴면서)힘들어요오오오.(한숨 섞어)

S# 병원 뒷뜰 같은 곳

아빠 (담배 태우고 있다‥‥구부리고 앉아서/속이 타는/ 빠아악 빨아들여 내뿜고 빠아악 빨아들이는/손가락이 탈 정도로 다 탄 담배)‥‥‥

S# 응급실 복도

아빠 (고개 떨구고 터덜터덜 들어오는데)

[응급실에서 나오고 있는 장수의 이동 침대.]

아빠 (급히 그쪽으로)

엄마 (움직이는 침대 옆에서 침대 가장자리 붙잡고 종종종 따르며)세에 상에 이게 무슨 꼴야 이 자식아. 이 꼴이 뭐야 그래 이놈아아.(야단치듯) 낫게 해 주신댔어. 믿어. 괜찮아. 자신을 가져 장수야. 자신을 가져 자신을 가지라구!

S# 병원 전경/인서트/밤

S# 수술방 밖 복도/ 환자 이름 푯말

[꼼짝 않고 쪼그리고 앉아 있는 엄마와 의자의 조모‥]

엄마와 조모 ‥‥(한 프레임에)

아빠 (바닥 내려다보며 서 있다가 ‥몇 걸음 걷다가 의자로 움직이다 아내 보는)‥‥‥올라 앉어‥‥‥엉?

엄마 (올려다본다)

아빠 올라 앉어. 다리 안 안퍼?

엄마 (고개 내리며)내 다리 같은 거 썩어 문드러져두 좋아. 수술만 잘

되면.

아빠 (보다가)참 속두 썩인다. 어머니두 당신두/(뭔가 좀 격한 말 하려다가 그만두고/부드럽게)올라앉어. 의자 두구 힘들게 굴지 좀 마…(아내 슬그머니 일어서는데/엄마 보며)어머니두요 대기실루 가세요. 가셔서 쉬세요.제발··예?

조모 (아들 올려다본다)

아빠 여긴 저 혼자 지켜두 돼요……어머니 보기 제가 아주 답답하구 힘이 들어요. 예?

조모 (시선 피하며)알었어 그래…쪼꼼만 있다가 가께…쪼꼼만…쪼꼼만…

아빠 ….(보며)

조모 푸우우우우…(수술실 시계 보며)··왜 이렇게 오래 걸려어··지레 죽겄다····

　　E 빠른 발소리가 다가와 화면 안으로 들어오며

고모 (화정이라고 합시다)대체 이게 무슨 날벼락이유우?(오빠 보며) 의사 뭐라 그러는 거유 수술하면 살릴 수는 있대요?

조모 살리자구 하지 죽이자구 햐 그럼?(좀 화났다)즌화한 게 봐 은 젠데 이제야 오는겨. 박서방은 뭐하구 혼자 와.

화정 (엄마 옆으로 앉으며)박서방 어디 잠깐 들렀다 와요··그리구 애들 저녁 안 챙겨 먹여요? 저녁 챙겨 먹이구 치우다 보니까 이렇게 됐네 뭐.

조모 한끼 굶겨 안 죽어.(외면하며) 중국집은 뒀다 뭐하구 그 놈들은 라면두 못 삶어 먹어?

화정 황당한 건 알겠는데 왜 나한테 화를 내요.(달래듯)····(보다가 어깨 안으려 하며)엄마.

조모 (딸 손 털면서)싸가지읍는 거.

화정 (좀 뒤틀려 보며).....

조모 (일어나며)에에이 싸가지 읍는 거....(하며 간다)

화정 ....(뒤틀리며 일어나 보다가)어디 가는 거에요!(엄마에게)

조모 (대답 없이 가고)

화정 나 빨리 안 온다구 씹었수?

엄마 (어이없고 미워서 입 벌리고 보고)

아빠 (들은 척도 않고 수술 방 시계 본다)...

화정 (핸드백 의자에 놓고 앉으려다가)아 여기 화장실이 어디에요. 너
무 참았네. 어디지?

엄마 (안 보는 채)오던 길루 나가다가 왼쪽으루 꼬부라지면 있어요.
(의자로 움직이며)

화정 (혼잣말처럼)싸겠다..(빠르게 반은 뛰면서 아웃)

엄마 ......(의자에 앉으며)뭐하러 부르셔.

아빠 (잠깐 아내 보고 그만두는데)

[수술 방에서 나오는 인턴 하나.(빠른 걸음)]

엄마 (벌떡 일어나고)

아빠 (달라붙듯)끝났나요?

인턴 (가면서)아직두 멀었어요.

엄마 (펄썩 주저앉으며)아우우우우우

아빠 ..(입이 쓰다)담배 피구 들어오께.(하며 움직이는)

엄마 담배 보다두 뭣 좀 먹어...(가는 남편에게)

아빠 ....

엄마　고모랑 나만 두구 나가면 어떡해….

아빠　(못 들은 척 나간다)

S#　**병원 로비. 승강기 타고 내리는 곳**

아빠　(승강기에서 내리는 위에)

호철　E　(황당한 소리)수술 중이라는데 / 뇌수술이랜다(울 듯한)

아빠　(시선 무심하게 그쪽으로)

차순　E 아우 그럼 어떡해애….제대루/딴 사람 얘기 아닌가? 장수라
　　는 애 확실해요? 제대루 알어 봤어요?

아빠　?(움직이다가)

차순　E 확실하냐구요.

호철　(부부 승강기 조금 떨어진 위치에 마주 서서)내가 바보야?(좀 화내는)

차순　……(남편 보며)어떡해….어떡해요오··

호철　환장하겠다 증말…

차순　그냥 갑시다…(남편 잡아끌 듯)만나지 말구 그냥 가자구요. 만
　　나봤자 봉변이나 당하지

아빠　(그 화면에 들어서며)…나 만나러 왔소?(상당히 허탈한)…

호철 부부　?(아빠 본다)

아빠　내가 이 장수 애비요.(호철 부부 질리고)……(나직이)니가 내 아
　　들 저렇게 만든 놈야?!…

호철　서선생님.

아빠　이 자식/(주먹으로 모질게 얼굴 갈겨 나가 떨어지게 하며)너 운전
　　어떻게 배워 먹었어 임마아!!

차순　(나가떨어지는 남편에게 달라붙으며) 여보. 여보오!

아빠　(벌써 부르르 달려들어 멱살 잡아 올리며/ 차순-E 아그그그그그

그)너 이 개자식/(마구 흔들며)운전대 잡구 무슨 지랄하다가 내 자식 송장 만들어 놔 쌍놈아!!!(하며 머리가 깨지게 박치기 해버리며 놓는다)

호철 (싸쥐면서 나가떨어지고)

차순 (남편에게 달려 붙으며)말루 해요 말루!때리지 말구 말루 해요 아저씨이이!(아빠에게 반발하는)

호철 가만 있어 가만있어.(하면서 쓰러진 자리에서 비틀거리며 몸 일으켜 무릎 꿇으면서)주죽을 죄를 졌 졌습니다 선생님. 마음대루/ 마음대루 하세요. 죽이신대두 할 말 (목이 막히며)할말 없어요. 할말 없어요.

차순 (얼른 같이 무릎 꿇고 싹싹 빌며)잘못했어요. 우리가 잘못했어요 네…이이가 아버지 초상 치르구 강원도서 와 갖구/

차순 E (식닥거리는 아빠 위에) 하루두 못 쉬구 바루 일 나갔다가 이렇게 된 거에요오. 이이가 외아들이에요 아저씨.

차순 (남편 어깨 두 손으로 잡고)여형제 하나두 없구 딱 혼자 외아들요.

차순 E (보는 아빠 위에)시골 초상 아저씨두 알잖어요. 눈 한 번 못부치구 혼자 다 치르구 와서는 잠을 너머 못 자서요. 잠이 모자라서요 (급기야는 울음이 터진다)응응응응응응. 응응응응응

아빠 (고개 돌려 외면하는)….

S# 병원 마당 어느 장소

차순 (추워서 팔짱 끼고 서서 저어쪽에 남자들 쪽 보며)……

[두 남자/벤치 양쪽에 떨어져 앉아서 (두 사람 한 프레임에)]

아빠 …..(딴 데 보며)

호철 ….(고개 떨구고 앉아)….

아빠 후루루루루루루 (한숨 쉬며 주머니에서 담뱃갑 꺼내며)나중에 어
   떻게 합의라두 쉽게 잘 봐 볼려구 와이프까지 데리구 온 모양인
   데……

호철 (아빠 보는/고개 틀어)

아빠 어림 팔푼어치두 없는 소리 마쇼…합의 못봐.(하며 담뱃갑 입에
   올려 한 대 입술에 무는데)

호철 그런 잔머리는(외면하며)

아빠 (호철 본다)

호철 안 굴렸어요…애를 그 지경 만들어 놓구 어떻게 …나 빠져나갈
   궁리부터 하겠어요……그저··사람 도리루 …온 거에요…

아빠 ····(보다가 담뱃갑 내민다)

호철 (고개 저으며)안 펴요.

아빠 (담배 집어넣고 라이터 불붙이고)부인 데리구 가쇼····가서····(내
   뿜으며)다시는 나타나지 말아요.

호철 (돌아보는)

아빠 애 에미나 할머니나…또 나나··전부 다 환장을 한 사람들인데…
   좋은 꼴 볼 거 없으니까.

호철 (외면하며)맞어 죽어두 싸요. 괜찮아요.

아빠 (호철 보며)…몇째 애요.

호철 ?…(했다가)처음이에요··

아빠 ····어째… 늦었네··

호철 …늦게… 갔거든요…

아빠 ……(허탈하게 앞 보면서)····

호철 ?……

아빠 (작정한 듯)어떻게 되든…해롭게는 안 할테니까…(끄덕이며 담 뱃불 손끝으로 꺼서 휴지에 싸 주머니에 넣으며)집에 가 못 잔 잠이나 자요……여기는 다시 나타나지 말구…(앞 보며)

호철 (아빠 돌아보고 있는)….(눈물 떨어질 듯 하며)……

아빠 ….(그대로)………

S# 수술실 복도

화정 (팔짱 끼고 앉아 팩 돌아보며)뭐가 고까와서 그렇게 팩해요?

엄마 (같은 의자에 떨어져 앉아서)이사하구 너머 흥분했더라니/내가 흥분해서 애 잡았다는 거에요 뭐에요.

화정 (어이없어 입 벌리고)

엄마 평생 첨 집 장만해서 이사했는데 흥분 안해요? 것두 아버님 병 수발에 전셋집 월셋방으루 줄여 앉았다가 산 집인데/ 흥분 안해요?

화정 옛말에 호사다마라구 했어요…좋은 일에는 반드시 마가 낀다 구요. 너무 요란하게 좋아좋아 안했으면 이런 일 안 생겼을지두 모 른다 /그게 뭐가 그렇게 발끈할 말이냐구요.

엄마 어찌됐거나간에 애가 죽네사네 저러구 있는데 고모 기껀 할 소리가 그거 밖에 없냐구요.(울음 차오르며)그래요. 나 고모같이 잘 나지를 못해서 너머 좋았어요 좋아했어요. 으흐흐흐흐흐(얼굴 두 손으로 가리며)

화정 …(보다가)그만 둡시다…말을 맙시다.

엄마 (그냥 소리 죽이려 애쓰며 우는)

화정 그렇게 금방 집들이 안 하면 어때서.(혼잣소리처럼)

엄마 (울며)…….

S# 아까 그 벤치

346

아빠 (혼자서 소주병 기울여 비우고 있다)········(병 비우고 한참 동안 우두커니 저편 어둠을 보고 있다가/이윽고 무겁게 일어나 움직이기 시작한다)········

S# 병원 로비

아빠 (병원 문 밀고 들어와 승강기 쪽으로 움직이는)

S# 승강기 안

아빠 (링거 꽂은 채 휠체어에 앉아 있는 청년 환자 승객 물끄러미 보며)·····

S# 수술실 복도를 들어오고 있는 아빠…

S# 수술실 앞에 앉아 있는 엄마…

아빠 (다가와서 옆에 앉으며)애는··갔어?

엄마 (안 돌아보는 채)몰라…

아빠 푸·우·우·우·우(숨 내뿜는)

엄마 (울먹한 채 돌아본다)·····

아빠 (안 보는 채) 소주 한잔 / 했다.

엄마 (고개 도로 앞으로)잘 했어…

아빠 (팔 돌려 아내 안는)

엄마 (안기며 작은 울음 터지는)내가 너무 흥분해서 들떴기 때매 이런 일 생긴 거래 여보.

아빠 ··무슨 말야.

엄마 집 사 이사한 거 너머 좋아해서어.

아빠 누가/화정이가?

엄마 (안긴 채 끄덕이는)

아빠 미친년··

엄마 아냐 여보. 그런지두 몰라아… 응·응·응·응·응··

아빠　그런 거 아냐··쓸데없는 생각할 거 없어······그런 거 아냐··

S# 중환자 가족 대기실

조모　(옆으로 꼬부리고 누워서 질질질 눈물만 흐르는)······

화정　·····(내려다보고 앉아 있다가 속상해져서)이러다 노인네 잡겠네···
　　··이제 그만하구 가서 뜨거운 국물이라두 좀 드십시다 응?····생으
　　루 이렇게 굶구 있음 어떡해. 죽을 거유?

조모　······(상체 일으켜 손 뻗혀 두루마리 화장지 끊어 눈물 훔치며)

화정　(엄마 건드리며)엄마··엄마 응?

조모　···(손 밀어내며)박서방인지 안서방은 왜 안오는겨.

화정　올 때되면 오겠지이(볼일이 있으니까)

조모　(오버랩)대한민국 볼일 혼자 다 보고 댕겨?

화정　·····(보다가 달래듯)납품 한 구멍 더 뚫는다구 접대하러 갔어요오.

조모　(한숨 푸우 섞어서)그래···벌어라··꾸역꾸역 벌어 떼부자 돼 잘
　　먹구 잘 살어라.

화정　·····(보다가)뭐 좀 먹읍시다 응?

조모　(도로 피시시 쓰러지며)하루 굶어 안 죽어.

화정　····어이구 참 속 썩이네에·····(하고 엄마 보고 있는데/ 핸드폰 울린
　　다/백에서 꺼내 받는다)네에····뭐에요 왜 안오구 전화에요?

S# 어느 호텔 객실

김서방　야 이거 쉽게 안 끝나서 미치겠다. 줄듯줄듯 하면서 확답은
　　안하구 술만디리 푸면서 계산 무섭게 올리구 있어. 일차 끝내구 이
　　차 가자 그러는데 조카 죽게 생겨서 병원 뛴다 그럴 수두 없구 말
　　야 여보/ 다 된 밥에 오줌 갈길 일 있냐?(욕실에서 타월 감고 나오는
　　여자 돌아보며 팔 뻗히며)글쎄 말야.(달라붙는 여자 안으며)아아 질겨

348

서 돌겠다 돌겠어. 어떡하지?

S# 가족 대기실

화정 할 수 없죠 뭐. 자리가 그런 걸 어떡해요. 장수 이렇게 될거 알
구 스케줄 잡은 것도 아니구…(엄마 흘겨보는 눈)

S# 병원 전경(밤)

S# 수술실 복도

　　[의자에 앉아 있는 엄마와 조모…서성거리는 아빠.]

S# 수술실 복도 시계/ 새벽 1시

　　[시계 아래 문이 열리며 수술 닥터와 그 외 두세 사람 나온다.]

　　[의자에서 벌떡 일어나는 엄마와 조모. 그리고 아빠.(누구도 선뜻 입을
못 연다)]

닥터 (신경외과)할 수 있는 한 최선을 다 했습니다. 현재로선 상태두
괜찮구요.

조모 (다 나았다는 소리로 들린다)아이구 아이구우우(하며 부처한테
절하듯이/엄마도 희색)

아빠 (조모와 함께)감사합니다. 수고하셧습니다 선생님.

닥터 신경외과 중환자실루 올라(내려)갈 겁니다. 환자는 우리가 지
켜보니까 가족 대기실에 가 눈 좀 붙이구 쉬세요. 할머니 이러시다
병나세요. 어서 모시구 올라 가세요.(하며 움직이는)

엄마 저기/ 저기 언제 쯤 깨날까요 선생님.

닥터 글쎄요…지켜 보십시다…(하며 가고)

엄마 (아빠와 조모 쪽 애매하게 돌아본다)……

S# 아파트 전경(낮)

S# 아파트 거실

엄마 (혼잣소리 없이 찢어지게 울면서 집들이하다 파장한 상의 음식 그릇들 쟁반에 옮기다가 푹 주저앉으며)장수야.. 장수야아아아아아아··· 장수야 장수야야아아아아

S# 안방

아빠 (옷 갈아입다가 멈추고 고개가 마루로)·········

엄마 (우는 소리)

아빠 (문으로)

S# 거실

아빠 (나와서 엄마 옆으로/안아준다)

엄마 (안기며)어<u>ㅎㅎㅎㅎㅎㅎㅎㅎㅎㅎ</u>

아빠 (토닥이는)······

엄마 어<u>으ㅎㅎㅎㅎㅎㅎㅎㅎ</u> 응응···

아빠 ··········

엄마 (몸부림치면서)안 깨나구 뭐하구 있는 거야 이 망할 자시이이이익/닷새나 지났는데에에에에/닷새가 갔는데에에에에/

아빠 ····(더 안으며 눈이 뜬다)당신은 좋겠다 ··맘놓구 울 수가 있어서···

S# 중환자실

인턴4 (반응 체크하고 있다/무반응/)

조모 (이제는 눈물도 말랐다/장수 팔 주무르며)아가···장수야··눈 좀 떠봐라 ···눈 좀 떠봐라 이눔아 응?···할미여. 눈 떠.눈 떠 이눔아아아····

레지4 (나가고)

조모 장수야··장수야 장수야?

S# 임상 검사 받고 있는 장수

S# 신경외과 외래 진찰실

닥터   (패널에 걸린 뇌사진 설명)여기 이렇게 뇌전체가 검정색이잖습니다. 이건 뇌 전체 기능이 거의 없다는 걸 뜻해요.

엄마아빠   (위에)

닥터   E (패널에서 떨어져 나오며)유감스럽지만 회복 가능성이 없습니다.

닥터   마음의 준비를… 하시는 게 좋을 듯 합니다.

엄마   (아빠 팔 움켜잡으며 아빠 보고)

아빠   저기..(아내 잡아주며)저기 기적이라는 것도 있잖습니까. 몇 년씩 누워 있다가 깨나는 사람두 있구.

닥터   뇌사하구 그 경우하구는 달라요. 그런 대뇌는 기능을 못해두 뇌간은 살아있어서 호흡이랑 순환기 계통은 작동을 하구 있는 상태/식물인간이라구 하지요….장수는 뇌간까지 손상이 돼서 기능을 멈췄기 때문에…앉으시죠. 앉으세요..(부부 앉고/닥터도 앉으면서)어떤 치료로도 회복이 불가능해요..

엄마   그래두 심장두 뛰구 숨두 쉬는데요. 몸두 따듯하구요.

닥터   맥박 호흡 혈압 체온/그건 지금 인공호흡기루 일시적으루 유지하는 겁니다. 인공호흡기 떼면 그걸루 그만이에요.

엄마   (휑하니 남편으로 고개 돌리고)

아빠   ….(멍하니 의사 보는)

닥터   좀 더 자세하게 설명 드리자면 장수는 지금 순전히 인공호흡기에 의존해서 인위적으루 연장하고 있는 거지 생명의 징후가.. 전무합니다.

엄마   (우그러지고)

아빠   (의사에게서 시선 내리는)

닥터 외부 자극에 전혀 반응없는 깊은 혼수죠/눈도 이미 풀려서 확대 고정돼있죠/뇌간반사 전혀 없죠/자발호흡 자발운동 없죠/

엄마 수술했는데요 선생님.(수술했는데 왜요!)

아빠 (아내 좀 제지하며)그럼…그럼 어떻게 되는 겁니까.

닥터 인공호흡기에 의존하는채 그대로 치료를 계속한대도 길어야 이주 정도에요. 신장 간장 췌장 모든 장기가 기능을 멈추게 되면서 결국 심장 정지까지 가서 사망하는 거죠…뇌사는 사망이나 같은 거에요.

아빠 ….(입 꾸욱 다물고)……

엄마 이럴 수는 없어. 이럴 수는 없어 여보…이럴 수는 없어!..

S# 중환자실

조모 일어나라 일어나라 장수야.(중얼중얼) 일어나라일어나라 일어나라.

경호 (주춤주춤 들어온다)….

　　　[침대의 장수.]

경호 (장수 보고 멈춰서며….얼굴이 우그러지며 소리 없이 울기 시작한다)……

조모 (눈 감으며)일어나라 일어나라 일어나라.(간절하게 비는)

경호 하.할머니.(작게)

조모 ?이잉?(눈 번쩍 뜨며/장수가 그런 줄 알고)오냐 그래 장수야!.. (하고 보면 손자는 그 모양 그대로)…(입 벌리고 멍한데)

경호 (침대로 다가오며)장수야..

조모 (돌아보고 축 낙망하고)……아이구 이눔아 니눔 죽구 못사는 경호 왔다. 눈 좀 떠봐 이 몹쓸 눔아 이눔아아아아아..

352

경호   (쿨쩍 쿠울쩍)……

조모   일어나라 일어나라. 일어나라 일어나라.

경호   (쿨적쿨쩍 울기만 한다)…

S# 신경외과 외래 진찰실 앞

[입 틀어막고 소리 죽여 우는 엄마 안고 나오는 아빠.]

엄마   (남편 끌어안으며)으ㅎㅎㅎㅎㅎ 으ㅎㅎㅎㅎㅎ

아빠   (꽈악 안고)…….

S# 구내 식당

[커피 앞에 놓고 두 사람.]

아빠   …..(커피 잔 내려다보며)

엄마   (울음은 목구멍 아래로 눌러놓고 입 꾹 다물고 커피 잔 내려다보면서)

엄마   …..(그대로)

엄마   (그대로)…..

아빠   (시선만 들어 아내 본다)

엄마   …..(그대로)

아빠   (시선 내리며)……어차피….당해야 한다니까….피할 수가 없다니까….어떡하니….(고개 좀 옆으로 틀며)우리가 무슨 …힘이 있어?….당신하구 내가 뭐..할 일이 ….없잖아.

엄마   (끄덕이는)…..

아빠   …각오를 하자…별 수가 없어….기어이 떠나/떠나겠다는 눔…보내줘야지.

엄마   ….

아빠   (아내 안 보는 채)…(한 손이 이마로 올라가 눈을 가리며/붙이는 건 아니고)나머지 우리 세 식구 다같이 목매달구 따라 죽지 못할 바에

야…(울음 섞이며)정신 차리구 버티자구…버티면서 치르자··

엄마 ····(보며)

아빠 (부들부들 떨리는 손으로 커피 잔 집어 입으로 올리다가)흐윽…울
음이 터져버린다)큭큭큭큭큭큭

엄마 (눈물만 흐르고 오히려 차분해진/남편 측은해서 보면서)········

S# 중환자실

[들어오는 부부.]

조모 (아이 다리 주무르고 있다가 돌아본다)········

엄마 제가 하께요 어머니…(자리 시모와 바꾸고)

조모 (비켜나면서)경호 왔다 갔다…

아빠 예에….

조모 쿨쩍쿨쩍 울기만 하더라.

아빠 (오버랩)어머니…

조모 …?…왜.

아빠 (엄마 손 끌어 잡고…조금 쓸 듯이 만지다가)의사 선생님이 그러
는데요….

조모 …(아들 입 지켜보는)·····

아빠 어머니 화정이 집에 며칠 가 계세요.(엄마 보며)

조모 내 걱정은 마.(아들에게서 손 빼며)내 걱정은 할 거 없어. 장수
눈 뜨는 거 봐야지 어딜 가.

아빠 (오버랩의 기분)장수…

조모 (아들 보는)

아빠 눈 못 뜬대요··

조모 ?…

아빠　영원히요.…장수 간대요…

조모　(충격으로/표정 변화가 있을 필요는 없음/입술만 달싹거리는)…

아빠　벌써…간 거래요 어머니. …저기 저 산소호흡기루 어거지루 붙잡아 놓구 있는 거래요. 저것만 떼면 그냥…끝/끝이래요.

조모　(아들 옷자락 움켜잡으며)그래서 저거 떼라 그랬냐?(천부당만부당)

아빠　엄마.

조모　(오버랩)떼렸어?

아빠　마지막까지 안 떼요. 그냥 둘 거에요.

조모　…쓸데없는 생각 마라…장수 일어난다.…눈 번쩍 뜨구 할머니/나 부르며 일어날겨…

아빠　…(보며)

조모　일어날겨일어날겨..(침대의 장수 다리 잡아 흔들면서)이눔아 얼른 눈 떠!/눈 좀 떠 보라구우우우!

엄마　흐윽/(가슴이 막혀서 숨 끌어들이는)…

간호사　(들어와서 여러 가지 부착된 기계 작동 상태 체크하며 적고 환자 상태 살피는)…

S# 병원 현관

조모　(박서방한테 잡혀서 강제로 병원에서 끌려 나가는 중이다)싫다는데 왜 이라는겨.싫다는데 왜애애애 이 자식들아아!

화정　(옆에 종종걸음으로 같이 나오다가)엄마가 있어서 도움될 거 하나두 없어요 글쎄.오빠두 언니두 다 포기했다잖어.

조모　포기해라 그래 다 포기해. 다 포기해두 나는 못햐.(사위 밀어내고 도로 들어가려 하며)나는 못햐아!

박　(벌써 저만큼 가는 엄마 잡으려 뛰며)아이구 참 장모니이임!

S# 중환자실

[양쪽에서 아이 내려다보며]

부부 ·······(각각 아무 말 없이)······

박박사 (들어와 장수 침대로)·····(환자 보며)

아빠 ?·····(처음 보는 의사다··그래도 궁둥이 들고 엉거주춤 일어나는)

박 ··저기···나는 흉부외과 박인철입니다····

아빠 ··예···(보며)···(얼떨떨한 채)

S# 흉부외과 외래 진찰실

박 (담배 권하는)

아빠 아니 됐습니다.

박 ···(담배 물려다 그만두고 담뱃갑 만지며)제가 이 병원 장기이식 팀/
팀장입니다.

아빠 ······(멍하니 보는 위에)

박 혹시··(기대어 앉지 말 것)혹시 장기이식에 대해서 들어본 적 ··있
으십니까··

아빠 ·····(보면서)···(들어도 봤었고 무슨 얘기를 할 건지 짐작도 간다)····

박 괴로우신 상황에 이런 얘기를 해야 하는 제 입장도 참 괴롭습
니다만···장기기증자 나타날 때 기다리면서 하루하루 어렵게 시한
부를 살고 있는 환자가 아주 많아요.

아빠 (그저 보며)····

박 혹시···종교 있으세요?

아빠 (시선 내리며)없어요. 그런 거 없습니다.

박 (끄덕이고)우리나라는 뇌사 인정두 아주 최근에서야 법제화
됐구···또 뇌사자 장기기증에 대한 인식이 아직 일반화 돼있지를

않아서요.(조금 쓴웃음지으며)또 신체발부는 수지부모래서 그런지 신체 훼손에 대한 거부감두 심하구요··

아빠 (끄덕이며)그러니까 돌려서 말씀하실 거 없습니다. 지금 저한 테 우리 장수 꺼를··누구한테 주라구 그 말 하시려구···그러는 거 아 닙니까?

박 아니 주라구는 말 못합니다. 그런 성질의 일이 아니지요. 그 저·· 부모님으로서 혹시 ···아드님은 불행하게도 세상을 떠나지만··· 그래도 완전히 다 헛된 죽음이 안되도록/ 치료가 힘든 다른 환자 들한테···장기를 나눠줘서···그 사람들한테 새 삶을 주는 게 /···그럴 의사는 없으신가 /의사를 타진하구 있는 겁니다.

아빠 ····(그저 보며)

박 절대로 강요는 아닙니다. 오해하지 마세요.

아빠 (끄덕이며 시선 내리는)

박 우리 병원만 해두 장기기증만을 기다리면서 고통스럽게 생명 연장을 하고있는 환자 많습니다. 의사로서 그런 환자들에 대한 안 타까움 때문이라고 이해해 주세요···

아빠 ····(그대로)··

박 다른 환자한테 옮겨지면 새생명을 줄 수 있는 장기를 그냥 갖 고 가는 것보다는/·· 한 사람이라두 구해주고 가는 게/··· 아름다운 희생이구 /··더 보람있구 뜻있는 일 아닐까요··

아빠 (시선 들어 의사 보는)

박 나는 기독교인이에요. 하느님은

아빠 (오버랩/시선 내리며)하느님같은거 저는 모릅니다. 모르는 사 람이에요.(조금씩 화나기 시작하면서)그저 날마다 열심히 노동해서 밥먹구 사는거 밖에는 몰라요(일어나면서)병원이라는 데가/이렇게 엄청나게 큰 병원이 의사가 수백명이면서/골까지 끼구서두 애 하나 살려내지 못하구(의사 보며) 뭐를 하라구요?…내 아들 죽는데 다른 사람 목숨이 나랑 무슨 상관이에요 예? 무슨 상관있다구 내 새끼 배 갈라 오장육부 꺼내간다는 겁니까 예?

박   아니 저 진정하세요. 진정하시구··의사가 없다면 알겠어요. 강요는 아니라구 말했잖아요,강요는 아니에요 장수 아버지.

아빠   ····(식닥거리고 보다가 횡하니 나가버린다)·····

박   ·····(한동안 그대로 있다가 일어나 전화로)···(버튼 찍고 기다렸다가)안한다는데····응···안하겠대요···자기 자식 죽는데 남에 생명이 무슨 상관이냐구/···글쎄 시간 끄는 게 좋을 게 없으니까 답답하지···아직까지는 상태가 그리 나쁘진 않은데 이제부터 나빠질 일만 있으니까 말요··

S# 로비를 빠른 걸음으로 나오고 있는 아빠

S# 병원 밖

아빠   (빠른 걸음으로 나오고 있다/부리부리 화와 슬픔에/거의 뒤뚱거리는 것 같은 큰 보폭 빠른 속도)

S# 병원 뒤뜰 같은 곳

아빠   (걸어와서 쿵 궁둥이 찧으며 앉으면서 주먹으로 땅 내리치면서)······(콱/콱/콱/)

S# 병실

아빠   (침대에 두 팔꿈치 올려놓고 장수 손 잡아 올려 입에 붙이고 아이 보는)······

엄마   (장수 소변 뺀 그릇 꺼내 들고 나간다)·····

아빠   ....(아이 보며)

S# 제1부에서

장수   (문득 걸음 멈추며)참 아빠.

아빠   ?..

장수   김자 용자 출자 아저씨 때매 미치겠어요.

아빠   ..왜.

장수   나만 보시면 너 내 사위야 딴 생각하지 마 그러시는데/아빠 나
진짜 딴 생각하면 안되는 거에요?

아빠   껄껄껄껄껄

장수   (걷기 시작하며)아저씨 딸 보셨어요?

아빠   (걸으며)봤지. 관심 있냐?

장수   아니 이 아저씨가 자꾸 그러시니까 /어떻게 생겼는지 궁금한
거 있죠.

아빠   하하하

장수   이뻐요?

아빠   용출이 아저씨 닮었어.(못생겼어)

장수   에에?(있는 대로 찡그리고)

아빠   하하하하하

장수   (땅 보면서 투덜거리는)시이. 그럼 이제부터 천 원 이 천 원 씩 주
시는 거 안 받을 거야.

아빠   하하 오늘두 주디?

장수   예 이 천 원(불만스레 아빠 보며)

아빠   (앞 보며 걸으며)받어어. 받어서 챙겨어.

장수   에이 아빠 인간이 그럴 수는 없죠오.

아빠 (웃는 얼굴로 아들 내려다보고)

장수 (땅 보며 갸웃) 하아아 고민이네에에.

S# 병실

아빠 ....(아들 보는)

S# 아파트 거실

장수 (냅다 뛰어나오며)와아 하하하하하/(미친 아이처럼 펄쩍펄쩍 온 마루를 뛰어다니면서)와하하하하/하하하하하하/와와와와와와/으 ㅎㅎㅎㅎㅎㅎ/으아으아으아으아/

S# 병실(현재)

아빠 (아들 손 쥔 손에 힘이 들어가며)

장수 E 제가요? 여얼심히 연구해서 스타크래프트 열 배 더 끝내주는 게임 개발 할 거에요. 그럼 어떻게 되는지 아세요?

S# 거실

장수 여기 이런 아파트를 천 개 더 살 수 있구요? 할머니랑 엄마랑 아빠랑/ 자가용 비행기 한 대 씩 따로따로 사 드릴수도 있고요? 아빠한테는 버스 회사를 통째로 사 드릴 수도 있어요.

S# 병실

아빠 ....(얼굴 있는 대로 이지러져서).......

엄마 (소변 통 들고 들어와 제자리에 넣고 일어나며)잠깐 졸기라두 해요.

아빠 .....

엄마 ....(보다가)응?

아빠 ....(아들 손 놓고 일어나 휴지 뽑아 눈 훔친다)...

엄마 ....(보며)...

아빠 ...(휴지 /휴지통에 넣고 도로 의자에 앉으면서)....(아들 본다)

360

엄마 (시트 속으로 손 넣어 아들 다리 주무르며)왜 있지 대기실에 사위
   뇌종양 수술했다는 할머니.

아빠 ....(아들 보며)

엄마 새벽에 갔다네…

아빠 ..

엄마 어제두 한 사람 가더니….

S# 구내 휴게실. 식당··

   [의욕 없는 식사 하고 있는 부부········]

아빠 …(아내 안 보며 김치 건드리며)장기기증 얘기 당신두 알지.

엄마 ?..(보며) 저번에 티비에서 봤어.(하고 국 뜨다가 문득 남편 본다)

아빠 …..(김치 씹는다)

엄마 ?무슨 생각하구 있는 거야 당신?

아빠 ….

엄마 혹시 장수 꺼 주자구?

아빠 …이식받을 장기가 없어서··죽어가는 사람 많대.

엄마 …미쳤어 당신? 무슨 생각을 하구 있는 거야 대체.

아빠 …..

엄마 이렇게 허무하게 보내는 거두 미치구 팔짝 뛰겠는데 누구한테
   뭘 줘. 왜 줘.

아빠 조용해. 시끄러.

엄마 남주기 좋아좋아 분수가 있어. 당신 장수한테 한 게 뭐가 있다
   구 당신 맘대루 애 몸에 칼대서 또 뭘 준다는 거야 누구한테!

아빠 (좀 올라서 보며)누가 준댔어? 내가 준댔어 지금?

엄마 그게 그 소리지 뭐야. 주구 싶은 생각이 있으니까 하지 왜 해!

아빠 아냐 그런 생각 안해.

엄마 어림 서푼어치두 없는 생각 하지 마…내 아들 몸에 손 못대. 털 끝 하나 못 건드려. 이럴 줄 알았으면 뇌수술두 안 시켰어. 열세시 간 씩 고생 안 시켰단 말야.

아빠 ……(그냥 먹는)

엄마 기가 막혀 정말. 애 저러구 누웠는데 애 몸에서 뭐 빼서 딴 사 람 줄 궁리가 들어?

아빠 싫으면 됐어.

엄마 쓸데없는 생각 말구 장수 저렇게 만든 놈이나 잡어 와. 내가 코 를 물어 뜯어놀 거야.납뿐 놈. 인간이 어떻게 남의 자식 죽여 놓구 코빼기두 안봬 베락맞을 눔.

아빠 왔었어…

엄마 ?…언제.

아빠 바루 그날….내가 늑신하게 반 쯤 죽여서 보냈어… 다신 나타나 지 말랬어 살인 낼 거 같아서…

엄마 ….(보다가)…..(먹기 시작하려는데)

아빠 …착한 눔이더라…

엄마 ?..또 또오.

아빠 아버지 초상치르구 일나갔다 그랬대…(안 보는 채)……마누라 는 만삭이더라…

엄마 …(보며 눅어지는 감정)

아빠 나두 운전대 잡구 사는 놈인데…남의 일 아냐…

엄마 (먹기 시작)…..

아빠 ……의사가…묻더라구….장기기증 의사 없냐구‥

엄마 그래서.

아빠 싫다구 했어…

엄마 잘 했어··

아빠 …(먹는)············

엄마 ······(먹는)···

제3회

S# 병원 전경(밤)

S# 가족 대기실

엄마 (꼬부리고 누워 잠들어 있다)

　[얇은 타월 같은 것 발치에 덮고/방송 날짜를 맞춰서 옷을 입어주세요/신문지 같은 것 깔고 자는 가족 등등··]

엄마 ·····

아빠 (옆에 앉아서 아내 하염없이 내려다보다가 목이 메어 고개 딴 쪽으로 돌리고)···· (잠시 있다가 슬그머니 일어나 나간다)

엄마 (남편 일어나는 기척에 잠이 깨어 부시시 상체 일으켜 보는)

　[남편 꼬리와 닫히는 문]

엄마 (보며)·····

S# 대기실 복도

아빠 (바지 주머니에 손 넣고 터덜터덜 걸어 나오는)······

엄마 (저만큼 대기실 문을 열고 나오는 게 보인다)······(걸음 조금 서둘러서 남편 한 걸음 뒤에 따르는)·····

S# 병원 로비

아빠   (똑같은 템포와 분위기로 걸어 나오고 있고)……

엄마   ……(눈치 보며 따르는)

S# 병원 현관 밖

[아빠와 엄마 나오는데]

[삑 삑 거리는 앰뷸런스 소리와 응급실에서 뛰어나오는 의사들 간호사들.]

[동시에 총알같이 와서 멎는 앰뷸런스/]

[앰뷸런스에서 실려 나오는 만신창이로 다친 환자와 손 빠르게 대처해서 싣고 들어가는 의료진.(보고 있는 아빠 엄마와 한 화면에서)]

아빠   …(시선 땅으로 내리고)

엄마   (고개 돌려 남편 본다)……

아빠   ….(그대로)

엄마   눈을 좀 부쳐얄 거 아냐.

아빠   ……(땅 보면서 그대로)

S# 병원 벤치 있는 곳/ 부부 나란히 앉아서…

아빠   (자신의 겉옷 아내에게 씌워놓고 담배 태우면서)………그렇게 생각하자구…. 이런 날벼락 맞는 사람들..우리 만이 아니야……화산두 터지구..지진두 나구….물난리두 나구 불두 나구….또 전쟁두 나구……

엄마   (남편 말 시작하면서 고개 돌려 보고 있다)……

아빠   하루에두 수없이 많은 사람들이…느닷없는 벼락을 맞구/.. 쓰러져…./.. 어쩔 수 없는 거야. 우리 재주루는 고스란히 당할 수 밖에…

엄마   (고개 앞으로 돌려 어둠 보며/소리 날락말락 숨 토해내는)…

아빠   이 자식은 아마 처음부터….십년 동안만 우리 옆에서 이쁜 짓 하다가… 가슴 찢어 놓구 떠나게끔…그렇게 태어난 놈일 거야…

그건 저두 어쩔 수 없는 거야…잘가라 ··좋은데 가라…우리두 별 수 없구.

엄마 ······(눈물만 주르르르르)·····

아빠 그렇게 마음을 다지라구········

엄마 내가 너무 인색하구 욕심많구…맘보가 나빠서 벌 받는 걸까?

아빠 (돌아보는)

엄마 그럼 날 잡지 왜 죄 없는 우리 장수를 잡어··그게 무슨 경우야.

아빠 …쓸데없는 생각할 거 없어…(하며 어둠으로 고개)····

엄마 (흐윽 터지면서)전생에 웬수 소릴 너무 해서 이렇게 뺏어가는 거 같어 여보.(손등으로 눈물 닦아내며)입을 쥐어뜯구 싶어…정말 웬수같어서 그런 거 아닌데·· 우리 엄마한테 밤낮 듣구 컸던 소리…별 뜻두 없이 그냥 한 건데····

아빠 ·····(그저 어둠 물끄러미 보며)장수 알아…나두 알구 어머니두 알아····

엄마 (눈물 닦아내며)····

아빠 (어둠으로 고개 돌리며)장수 놈····속이···· 이쁜 자식이었지…

엄마 이쁜 걸 지나쳐 헤펐지 뭐.

아빠 뿔뿔 기어다닐 때부터 싹이 보였었어…뭐 먹다가 엎지르면 기어서 걸레 찾으러 가구…할머니가 재채기 하면 수건 집어 주구…

엄마 당신 술 먹구 들어오면 물 갖다 주라구 물··물 그러구 당신 양말 벗겨 주구····

아빠 친구 좋아하는 거 때매 당신한테 욕 많이 먹었지··

엄마 쌀까지 퍼내는데 욕을 어떻게 안해…

아빠 장수는…어떻게 생각할까…

엄마 ...(돌아본다/무엇을)......

아빠 .....

엄마 ...뭘...

아빠 (앞 보는 채)..자..장기 기증....

엄마 ......(보며)

아빠 저한테는 필요없는 게....죽어가는 다른 사람을 살릴 수 있다면...

엄마 ......(보며)

아빠 ....(그대로 앞 보며)

엄마 (고개 어둠으로 돌리며).......

S# 가족 대기실··

아빠 (양반다리하고 앉아서 다리 가운데 두 손 집어넣고 바닥 보며)..우
리한테...심장이나 간이나.... 콩팥만 바꿔 넣으면...살릴 수가 있는
가족이 있다면 어떨까...

아빠 E (벽에 등 대고 두 무릎 세우고 시선 떨구고 듣고 있는 아내 위에)
...그거 주겠다는 사람 나타나기를...얼마나 애타게 바라겠니··

엄마 (아빠에게 고개가 돌아간다)...

아빠 (고개가 아내 쪽으로 돌려지면서 눈물이 돌아나면서)....아무 가치
두 의미두 없는...그저 허탈하기만 한 /··개죽음으루 끝낼 게 아니
라....나눠줘서...(외면하며)딴사람이라두 살게 하는 게 장수가...세
상에 나왔었던 의미가 있는 거 아니까......(보다가 고개 돌려 바닥 보
며)그런 생각이 든다...

엄마 .....(보며)

아빠 (그대로)장수두...싫다구 안할 거야...워낙 헤픈 놈이니까...

엄마 (고개 돌리며 입이 비죽비죽).....

아빠　당신이 싫다면 어쩔 수 없는 거지만….당신…엄마니까…

엄마　어머니는..(비죽거리며)그러라구 하시겠어?

아빠　….

엄마　말씀 안드리구..우리 맘대루 그럴 수는 없잖아..어머니 초상까지 치구 싶어?

아빠　(꽉 다문 입)……(한참 만에 안 보는 채)당신은 어떤데…

엄마　…(아빠 보며)

S# 중환자실

장수　(눈에 안대/각종 장치/)…..

　　[수술실에서 나와서부터는 눈에 안대를 해놓는답니다.]

　　[장수의 모니터…]

S# 화정의 아파트 거실(4, 50평짜리)

조모　(휴지로 눈을 가리고 쿨쩍이는)……

아빠　….(조모 보며)…..

엄마　(장의자/조모 옆에/고개 꺾고 입 꼭 다물고 흐르는 눈물 주먹으로 닦으며)….

가정부　(차 들고 나와 내려놓으며 눈치 보는)……(아웃 되고/그림은 그 상태로 그대로)…

아빠　….(기다리다가)엄마.

조모　(끄덕이며)그래그래………(눈물 수습해서 종이 내리며)늬들 맘 먹은대루 해..

엄마　?….(조금 의외라 본다)

조모　그놈이..(목이 메며/)그 짓 할려구 세상에 나왔나부다….흐으윽/(흐느낌 들이마시는 호흡)..누구 뭐 주기 좋아하는 눔.. 뱃 속까지

남 주구 떠날라구 왔던개벼어….그 볼일 볼라구 온 눔여 그눔이.(울음이 섞이려 하며)..

엄마 (애달픔으로 조모 보며)…..

조모 (끄덕이며)그려그려….그래라…훌륭한 생각여…몸뚱이는‥숨 끊어지면 나무 토막이나 같은 거…죽는 사람 살리는 일이라는데. 주지 뭐……그럼 우리 강아지/장수두 영 다 죽는 건 아닐 거구…..염라대왕두 우리 어린 혼백…잘 봐 주시겠지 좋은 일 하구 왔다구…

엄마 (얼굴 가리며 조모 무릎에 폭 엎어진다)….

조모 (며느리 등 쓰다듬으며)나쁜 눔‥나쁜눔 같으니라구….그게 ‥유별나게두 이쁜 짓만 골라하더니 요거 밖에 안되는 명이었어어어…

아빠 (고개 옆으로 트는)………

S# 병원 중환자실 밖

엄마 (팔짱 끼고 복도 창에서)….(바깥 내다보며)…..

S# 중환자실

아빠 ….(장수 침대에 두 팔 버티듯 짚고 서서)…..(굵은 눈물방울 투두둑 떨어뜨리며 중얼거리듯/찢어지게)내 가슴을 왜 이렇게 아프게 해 이 눔아….엄마랑 할머니 가슴을…왜 이렇게 찢어 놔 이 나쁜 놈아 으응?…으으웅? 크윽 크큭크큭크/

S# 흉부외과 박 박사가 있는 복도

부부 (복도 걸어오고 있다. 부부 손잡고 아래 보면서 묵묵히)

아빠 (박 박사 방 푯말 보고 아내 돌아본다/괜찮냐는)….

엄마 ….(보는/시선으로 괜찮다는)

아빠 (노크한다)…

여비서 E 네에

아빠 (문 열며 엄마 돌아본다)……

S# 박 박사 방

박 ……정말…뭐라 무슨 말씀을 드려야할지 모르겠군요…어려운 결심 해 주셔서 감사합니다.

부부 (고개 숙이고 있는)

박 한 번 더 권유해보고 싶은 생각이 많았지만 조심스러워서요 …누구/대신 부모님 설득해줄 사람 없나 안타까와만 하구 있었어요..정말 고맙습니다. 덕분에 여러 생명 살리게 됐어요.

아빠 ..예..그런데 ..이 사람이…걱정하는 게..(의사 안 보는 채..)아이 모양이…거죽으루..애 모양이..

박 아 그건 염려하지 마세요. 외형적으로 아무 이상 없게 조치를 하니까요.

아빠 (엄마 돌아보며) 그랬잖어.(그럴 거라고)

엄마 다시 볼 수는..수술하구 난 뒤에 다시는 못 보는 거

박 (오버랩)아닙니다. 영안실에서 다시 보실 수 있어요. 걱정 마세요.

아빠 그리구/..뭐뭐…드러내게 되나요.

박 상태에 따라서지요. 아직 어린 소년이구..아직까지는 상태가 양호한 편이니까 심장/폐/

엄마 (오버랩)텅비겠네요. 다 빼내구.. 텅 비겠어요.(아무도 안 보면서)

박 (할 말이 없어서 보고)….

아빠 ..(엄마 보고)..

엄마 …(고개 꺾고)…(고개 숙인 채)눈은요..눈 수술두 많이 한다 그러던데..

박 예 각막이 눈이에요.

370

엄마 (의사 보며)그러니까 눈두 빼 간다구요.

박 (대답하기가 난처하고)

엄마 눈은 안돼요. 눈은 내버려두세요.

아빠 (무슨 말인가 하려는데)

엄마 E (아빠 위에/조금 강력해지며)눈은 안되겠어요 선생님.

엄마 눈은 건드리지 마세요.

아빠 여보.

엄마 안보여서 어떡해. 저승길 가는데 앞이 안 보이면 어떻게 가아아(약간 터지듯)

아빠 ....(아내 보며)

박 (엄마 보며)

엄마 E (두 남자 위에 연결/좀 침착해지며/감정은 같은 상태지만)몸은 빈 껍데기라두 눈은 보여얄 거 아냐. 어디루 갈지 몰라 헤매구 다니면 어떡해. 눈은 놔두세요. 눈은 건드리지 마세요 선생니임. (그러나 끝은 울음)

박 알겠습니다. 그렇게 하죠. 걱정하지 마세요. 원치 않으신다면 안 합니다.

아빠 (소리 내어 우는 아내 보며)....

S# 휴게실이나 식당··

[창가 자리에 물컵 하나씩 놓고 각각 멍하니 앉아 있는 부부]

부부 ....

코디네이터 ......(다가와 서서) 이 장수 어린이 부모님이시죠.

아빠 (엄마도 같이 올려다보고)··예··

코디 저는 이 병원 장기이식 위원회 코디네이터 윤 형숙입니다·····

잠깐 앉겠습니다……(웃으면 안 될 것 같습니다)

아빠   ..예..

형숙   (엄마 보며)쉽지 않으셨을텐데…감사합니다.(목례하며)

부부   (같이 어정쩡하게 목례로 답례)

형숙   위원장님께 직접 장기기증의사 밝히셨다는데…제가 다시 한
번 확인 하러 왔어요…이게 제가 하는 일이에요..

아빠   ..예..

형숙   물론 많이..깊게 생각하시구 내린 결정이시겠지만…기증 의사…
확실하신 거죠..

아빠   ..네..

형숙   가족이나 친척 중에 혹시 모르구 계신 분이 계시거나 장기기
증에 대해서 반대하는 분은 안 계신가요?

아빠   ….(그저 보는/왜 묻는지 모르겠다)

형숙   한 분이라도 반대하는 분이 계시면 진행시킬 수가 없어요. 준
비하는 과정에서 가족이나 친척 중에 한 사람이 반대하고 나서서
중단하는 일도 있거든요.

아빠   그럴 사람 없어요…

형숙   …(잠깐 보다가)다시 한번 묻겠습니다. 장기기증 의사 확실하신
거죠.

엄마   (자꾸 장기 어쩌고 하는 것도 싫다)한번 얘기했으면 됐잖아요.

형숙   알겠습니다…병원비와 장례비는 걱정 마세요. 저희 병원에서 보
상해 드리니까요.

아빠   (그따위 얘기는 들을 것도 없다. 물컵 집어 마신다)….

엄마   (아빠가 물컵 집어 입에 대자/자신도 물컵 집어 마신다)

372

형숙   아드님 덕분에 여러 사람이 새생명을 얻는다는 거 정말 뜻 있
는 일이에요. 지금 괴로우셔도··시간이 지나면 보람 느끼실 거에요···

엄마   (물컵 놓으며)그건 두구 봐야 알겠구··우리 애가 원래 주책없이
누구 뭐 주기 좋아하던 물건이라···주기 좋아하더니 결국 이렇게
되네요··

형숙   ····(잠시 보다가 어렵지만)혹시··저기 장기를··사고 팔기도 한다
는 얘기 들으신 적 있으세요?

아빠   ····(보다가/엄마도 무심히 형숙 보고)뭐냐 그 밀매하는/밀매꾼
들이 있다구 합디다. 언젠가 티비에서 보니까.

형숙   (일종의 확인/혹시 다른 대가를 바라는 건 아닌가 조금 웃으며)네
그건 꾼들이 하는 일종의 범죄에요···

아빠   말세에요 뭐 팔구 사구 할 게 없어서 사람 내장을····

형숙   ······네 그렇습니다

엄마   언제 쯤··하는 거에요··

형숙   (일어서며)곧 잡힐 거에요. 그 동안 너무 힘드셨을텐데 댁에 들
어가 좀 쉬시면 좋을텐데··

아빠   (엉거주춤 일어나며)예··

형숙   감사합니다.

아빠   (목례)

형숙   (화면에서 아웃 되고)

아빠   (도로 앉는다)···

부부   (각각 우두커니)·····

S# 중환자실

의사   (차트 보면서 장수 가슴 꼬집어 비튼다/무반응)

[뇌사 판정을 위한 검사. 의자 2명]

의사 (무반응 기록하고/인공호흡기 떼고 호흡 관찰(무호흡/서혜부에서 피 뽑고/인공호흡기 다시 꽂고/안대 떼어내고 동공반사 검사/차트에 기록하며)이이지 찍고 티시디도 해 봅시다.

S# 중환자 가족 대기실

아빠 (눈 감고 벽에 기대어 앉아 있고)

엄마 (누워 있다)

S# 코디네이터 방

형숙 (전화 중)…(황당한)..언제요…(닷새 됐다우)지난 번에 전화드렸을 땐 쾌활하시던데../어떻게 그렇게 갑자기………너무 죄송합니다. 빨리 못찾아 드려서….죄송해요 아주머니.. 어떻게 일이….네 죄송해요..정말 죄송합니다…네..네..안녕히 계세요…(전화 끊고)……

S# 장기이식위원회(수혜자 결정 위원회)

[일반외과 닥터/흉부외과 닥터/신경외과 닥터/위원장(박 박사)/형숙.]

형숙 장기기증 뇌사자는 이 장수라는 어린이로/10세.1989년 2월 17일 생으로 지난 11월 7일 오전 10시 반 경에 동네 큰 길에서 인도로 뛰어든 택시 티에이로 응급실로 들어와 에스디에치로 오피 받았지만 뇌사상태에 빠졌고/보호자가 장기기증을 한다는 의사를 밝혔습니다. 가족으로는 부모와 할머님이 계시고 가족 모두 동의했으며 부모 다 순수하고 별다른 말썽의 소지는 없어 보입니다. 뇌사 판정은 신경과 이영범 선생님과 마취과 한정래 선생님이 해주셨습니다.

이 영범 (신경외과)1차 뇌사 판정은 99년 11월 12일 오전 11시 30분에 했고 2차 판정은 같은 날 오후 5시 30분에 했는데 뇌사가 분명

합니다. 이미지 상으로도 확실하고요.

박　지금 환자 상태는 바이탈도 스테이블하고 하트레이트도 80으로 유지되고 있고/에코상 엘브이이에프 70퍼센트/월 모션도 노말이고 이케이지에서는 사이누스 리듬 보이고 있고/에이비지에이상 피에이오투도 100이상으로 상태 좋은 편이에요./페리카디악 없고 에퓨전도 없고/엠알/티알/에이아이에 다 문제 없으며/보스렁에 뉴모니아도 없어 하트와 렁은 정상인 상탭니다. 일반외과는 어때요.

일반외과 닥터　리버는 에스지오피/지피티/다 노말 레인지고 어브도 미날 소노상도 노말입니다. 엔자임도 노말이라 리버는 별문제 없습니다. 그리고…유린 아웃풋이 시간 당 100 이상으로 유지되고 있어 유린 플로어도 좋습니다. 비유엔 크레아타닌치도 노말 레인지구요. 키드니도 가능하겠습니다.

박　기증자 블러드 타입이 에이 형이고 열 살이라 하트와 렁은 이 연주가 좋겠는데요…

형숙　네 저도 그 애 생각 했습니다.

박　(의사들에게) 지난번 수술 받으러 들어왔다가 마지막에 뇌사자 부모가 맘 바꾸는 바람에 못한 애 말요. 부모 슬프게 하면서 사느니 차라리 죽고 싶단 소녀요. (의사들에게 말하고 형숙에게) 환자한테 연락하고/리버는/

형숙　리버는 마침 기증자와 맞는 환자 분이 있어서 조금 전에 전화 드렸는데 /위원회 열리기 전이라 안부 전환 척하고 했는데…닷새 전에 돌아가셨대요. 저희 병원에는 현재 인디케이션 환자가 없고/다른 병원에 알아보겠습니다. 그리고 키드니는 송병수/남정희/김

병주/한혜자 환자가 혈액형하고 에치엘에이 타입이 적합하게 나왔습니다.

박　그 네사람 다 연락해서 사이토톡신 안티바디 테스트해서 두 사람 골라요.

형숙　그렇게 하겠습니다.

S# 중환자 가족 대기실 복도

박　(엄마 아빠 두 사람 세워놓고)여섯 시간 간격으로 두 차례에 걸친 뇌사판정이 끝났습니다. 수혜자 결정 회의도 마쳤고…가능하면 내일 오후에 수술로 들어갈까 해요.

엄마　(조금 움직여 남편 등에 이마 붙이고)

아빠　(시선 피하며 끄덕이는 듯)선생님 알아서 하십시오.

박　….(아빠와 엄마 보다가)그럼…(화면에서 아웃)

아빠　(돌아서며 아내 등에 손 얹는다)

S# 형숙의 방

형숙　(전화하는)에치비에스에이지 네가티브/안티바디 포지티브구요시비시 상에는 헤모글로빈이 11이라 지금 펙셀 들어가고 있구요 엘렉트로는 포타슘치가 2.3이라 포타슘 리플레이스먼트 하고 있습니다.비유엔 크레이티는 16.12고 에스지오티 지피티는 37.14로 노말레인지구요…네..괜찮아요. 이식받을 환자 빨리 찾아서 연락 주세요. 일단 예정은 내일 오후4시로 잡혀있습니다.

S# 중환자실

엄마　(장수 머리 쓰다듬으며)엄마 ..아빠랑 집에 가서 좀 씻구… 옷 갈아입구..그러구 오께 장수야 응?………(쓰다듬다가 불현듯)어디 가 있어 이놈아….몸뚱이는 두구 어디 가 돌아다니구 있는 거냐구 망

376

할 자식아..

S# 병원 승강기 앞

부부 (내려서 현관 쪽으로/아빠 두어 걸음 앞섰다가 멈춰서 기다렸다가
등에 손 올리고)……

S# 병원 마당 입구

부부 (묵묵히 걸어 내려오는데)

호철 부부 (마주 오다가 보고 걸음 멈춘다)……

아빠 ..(호철 보고 멈추어 선다)……

엄마 ?(남편 보고)

아빠 (움직여서 호철 부부 앞으로)….(그저 그윽이 보며)……오지 말랬
는데..왜 왔소.

호철 ….(고개 떨구고)뇌사 결정 났다구..경찰서루 들어오라구 해서
…나중에..살구 나와서..찾아 뵙겠다구..인사나 할려구…

아빠 만나서 반가울 거 없는 사람들이 뭐하러 만나요.

차순 (울먹한 얼굴로 오버랩의 기분 발아래 보면서)깨어 나라구 그렇
게 매일/ 잠자면서 꿈에서두 빌었는데…

엄마 (호철 보고 있다가 터진다 오버랩)조심 좀 하지요오! 초상 치구
온 사람이 무슨 통뼈라구 운전대 잡구 나와서 천금같은 내 아들을
잡아아아!

아빠 여보.(호철에게 다가드는 아내 잡으며)

엄마 무슨 원수가 저서어! 나랑 무슨 원수가 졌길래애애애애!

아빠 (엄마 떼어내려는)

엄마 (아빠 팔 떼어내려 하며)당신네두 이제 금방 자식 낳게 생겼네!
자식나 키워 봐! 키우면서 당신이 우리한테 무슨 짓을 했나/ 사람

이면 알 거야! 사람이면 알 거라구우!

차순　(엄마에게 다가들며 오버랩)잘못했어요. 우리두 너무 괴로워요 아주머니. 정말 죽을 만큼 괴로워요. 용서해 주세요. 용서해 주세요 아주머니.(아내 옷자락 잡고)…

엄마　(울며 차순 보며)….(원망과 동정과)…

아빠　(아내 어깨 안아 떼어내면서)갑시다…가자구…..(걷기 시작)

엄마　(남편에게 안겨 허청허청 걸으면서)<u>으ㅎㅎㅎㅎ 으ㅎㅎㅎㅎㅎ</u>..

호철 부부　(두 사람 가고 있는 뒷모습 보며)…..

호철　하아(호흡 내뿜으며 두 주먹으로 제 양 머리 옆 퍽퍽 두들기는)…..

차순　여보오…(하지 마아)/(남편 두 팔 잡으며)그러지 마요..그러지 말 라구우우..

S#　달리는 택시 안의 부부

엄마　(멍하니)…..(고개 꼬고 넋 나가서)

아빠　(담배 태우며)……

S#　아파트 현관 앞

　　　[들어와 멎는 택시.]

아빠　(먼저 내려 엄마 내리는 것 도와준다/탈진한 엄마)

　　　[아파트로 들어가는 부부.]

S#　현관 앞

아빠　(키 꽂아 문 열고 아내 들여보낸다)

엄마　(들어가고)

S#　아파트 거실

엄마　(들어와 거실로 올라서고)

아빠　(들어오며)먼저 씻어…내가 나중에 씻을게..

엄마　　(주방으로)

아빠　　....(엄마 쪽 보는)

S#　주방

엄마　　(냉장고에서 물병 꺼내 병째로 꿀꺽꿀꺽 마시는데 터지려는 울음으로 물이 다 흘러버린다)……(그렇거나 말거나 끅끅 거리면서 물병 기울이고 있는)

아빠　　……(보며)

S#　아파트 전경(밤)

S#　욕실

아빠　　(웃통 벗고 팬티 바람으로 욕실에 물 끼얹어 청소하는데/욕조 물은 빠지고 있는 중이고/아빠는 목욕을 막 마친 상태다)

엄마　　E　(통곡하는 소리)

아빠　　?…(서둘러 러닝셔츠 입고 나간다)

S#　거실

아빠　　(욕실에서 나와 안방인가 했다가 장수 방에서 나는 소린 거 알고 잠깐)……(동작 멈추고 있다가 장수 방문 연다)

S#　장수의 방

　　　[방은 사고나기 직전 그대로/]

엄마　　(컴퓨터 껴안고 얼굴 부비면서 애끓는 통곡)……

아빠　　……(보며)…

S#　거실(시간 경과)

엄마　　(바닥에 아무렇게나 옆으로 고부리고 누워 휑한 눈)….

아빠　　(부엌에서 쟁반에 라면 두 그릇 끓여 들고 나와 상에 벌여놓는/김치도/아내 옆으로 가 목 아래 팔 넣어 일으키며)일어나 …먹자 ..먹어야

살지…죽을 수는 없잖니..(아내 손에 숟가락 쥐어주며) ..죽더라두 장
수 자알 보내주는 거 까지는 하구 죽어야지….엉?

엄마 ….(휑한 데서 좀 돌아오는)..

아빠 (마주 앉으며)먹자구 엉?

엄마 그래요 먹어요…(라면 국물 먹는)….

아빠 (보다가 젓가락으로 라면 건져 올리는데)

엄마 (불현듯)목숨 참 치사하구 드러워. 자식새끼 몸뚱이 갈라 떡돌
리는 거 모양 다 나눠 준다는데/..그래두 때 되면 배는 고파..

아빠 ….(보며 대꾸할 말이 없다)….

엄마 …(국물 떠먹는)….

아빠 (먹기 시작)…….(한동안 그대로)

   E 현관 벨.

아빠 ?…누구세요!

김서방 E 네 김서방입이에요 형님.

아빠 …(무슨 일인가 잠깐 생각하다가 퍼뜩/일어나며) 왜/..어머니한테
무슨 일 있어?

화정 E 아녜요 문 좀 열어요 빨리.

아빠 (현관문 열고) (들어오는 부부)

엄마 (김서방 때문에 마지못해 일어나며)오셨어요..

김 예…아니 라면으루 식살하시면 어떡해요. 뭐 기운 된다구요.

화정 (그만 얘기 할 때냐는 듯 남편 팔 잡아당기고 앉으면서)도대체 장
기기증이 무슨 얘기유 오빠..

아빠 …(대꾸 없이 앉으며)당신 먹어 얼른.

엄마 (김서방에게)앉으세요.

김　예..예..(앉으며)장모님 그러시는데

화정　(오버랩)엄마 얘기 사실이에요?(올케에게) 정말이에요?

엄마　(국물 뜨며)예에.

화정　(입 벌리고)…

김　…아니 어떻게 그런 생각을

화정　(엄마에게)어떻게 된 거 아니에요?(오빠에게) 돌았수?

아빠　(라면 먹으며)그게 좋을 거 같아서 그렇게 했어.

화정　누구한테 좋아? 아니 그렇게 죽는 것만두 불쌍하구 가여운데
　　　끔찍하게 애한테 무슨 짓이에요. 아무리 의학적으루 죽은 애라구
　　　하지만

엄마　(시선 들어 시누이 보는 위에)

화정　E (엄마 위에 연결)자식 몸에다 어떻게 그린 짓을 하냐구.

아빠　E 개죽음 만들기 싫어 그랬어. 죽게 생긴 딴 사람 살리는 일이
　　　면 좋은 일 아냐.

화정　E 얼마 준다구 합디까.

엄마　?

아빠　?

화정　얼마 받기루 하구 내 논 거냐구요.

아빠　이 기집애가. 너 말 다했어!?

화정　장기기증 했다 그럼 다들 돈 받구 죽은 자식 팔아 먹은 줄 알아요.

엄마　(수저 놓으며/)고모..(차분하게)

화정　(상관없이)섬칫하구 무섭게 그런 것을 왜 하냐구. 그냥 깨끗하
　　　게 화장해 치우구 말지 뭐때매 그래. 애 불쌍하게에.

엄마　(오버랩의 기분)고모.

화정 정말 주책없구 한심해. 안돼요 못해.

엄마 (무슨 말인가 하려는데)

화정 (어조 바꿔서/)장수가 너무 가엾잖아요.

엄마 (오버랩)갑자기 우리 장수가 왜 그렇게 대단해요.

화정 ?

엄마 (연결입니다)고모 우리 장수 양말 한 짝 연필 한 짝 사줘봤던 사람이에요? 장수 돌날 입학식날/ 고모 만원 이만원 봉투 내놨던 사람이에요. 어쩌다 볼일 있어 전화해두 장수 잘 있냐는 말 한마디 안했던 사람이 고모에요. 장수한테 무슨 권리루 된다 안된다에요 네?

화정 언니.

엄마 한심하다니/누가! 누가요. 수아 아빠처럼 돈 잘 못 벌어 한심해요? 우리 못 살아 고모네 덕 본 거 있어요? 아버님 병수발 오 년에 고모 병원비 한 번 보탬되게 내 논 적 있어요?

아빠 장수야(그런 말 할 거 뭐 있어)

엄마 (치받혀서)전세 빼 월세루 나 앉구 빚져가면서 허덕거리는데두 외눈 하나 깜작 안하구 어쩌다 마지 못해 한번 오면 아버님 어머님한테 잘못한다구 말두 안되는 생트집이나 잡았던 사람이에요 고모가!

화정 언니.

엄마 무슨 권리루 내 집일에 감놔라 대추놔라야 도대체가!

아빠 여보!(좀 강력하게)

엄마 (상관없이 연결)우리한테 한 게 뭐가 있다구! 어엉?!

아빠 (엄포)그만 해. 어엉?!

엄마 (누그러뜨려서)누구는 새끼 오장 들어내는 게 좋아서 하는 줄

알어요? 장수 아빠가 결정한 일이에요. 고모는 장수 아빠 한심한지 몰라두 나는 이이

엄마 E (황당해서 보는 화정 위에)무지무지 존경해요.

엄마 어머니두 허락하셨는데 중뿔나게 왜 고모가 나서 참견이냐구.

화정 객사한데다 장기까지 빼냈다가 갈 데 못가구 해꼬지하면 어쩔려구 그래요!

엄마 (아연)?

아빠 ?(화정 보는)

화정 무섭지두 않어요? 객사 귀신이 얼마나 무섭다는데.

엄마 허.흐흐흐흐(기막혀서 웃고) 우린 안 무서워요…고모 무서워요? 왜요?

아빠 (오버랩)내 아들이구 내가 결정했이. 너 입 다물구 다시는 왈가왈부 하지 마. 니 생각 물은 적 없잖아.(하며 일어난다)김서방 그만 데리구 가. 보기 싫어.

김 (아빠 보며 어정쩡하고)…

화정 (약 올라 오빠 치켜보지만 도리가 없다)…

S# 주방

아빠 (들어와 냉장고에서 먹다 남은 소주 반병 꺼내서 소주 컵 두 개 찾아들고)

S# 거실

아빠 (나와서 엄마에게 잔 하나 내밀며)한잔 마시구 잠깐 줍시다.

엄마 (순하게 잔 받아들고)

아빠 (따라주고 자기 잔에도 따르고)마시자구.

엄마 (훌쩍 마신다)

아빠   (훌쩍 마시고/자기 잔 상에 놓고 아내 잔도 빼서 상에 놓고 아내 가볍
        게 잡으며) 일어나.

엄마   (일어나 약간 허청거리는 걸음으로 안방으로 들어가고)

아빠   (안방으로)……

화정   (닫히는 문 보며 어이가 없는데)

김   (아내 흘깃거리며)괜히 오자구 해서는

화정   꿀먹었어요? 입뒀다 뭐하구 꿔다논 보리자루에요!

김   할 말이 없잖아아아.

화정   (발끈 일어나며)미쳤어 미쳤어. 둘 다 돌았다구.

김   (일어나며)그럼 장모님두 도셨게?

화정   (벌써 현관으로 움직이다 돌아보며 눈 째지게 흘긴다)

김   (안방 의식해서 소리 조절)그 눈째가 뭐야. 존경한대잖아. 와이
        프한테서 (화정은 이미 나가고 있고) 존경한다 소리 듣는 남자 인생
        은 성공한 인생이다 제길할.

S# 승강기 앞

화정   (약 올라 서 있고)

김   (승강기 앞으로 오며)그러니까 너머 나 /내 식구/내 자식만 아는
        거 문제 있다니까. 당신 문제 있어.

화정   (잡아먹을 듯 쏘아보는)

김   솔직히 말해 봐.당신 장수 엄마 깔봤지. 깔봤다가 용코루 터졌
        지 아냐?

화정   (핸드백으로 남편 팬다)

S# 안방

        [나란히 누워 천장 멀거니 보고 있는 부부….]

384

부부   ······(멀거니)·······

아빠   (돌아보며)눈 감어.

엄마   ··

아빠   엉?

엄마   못 깰 거 같애.

아빠   깨워 주께.

엄마   당신이 자···내가 깨워 주께···

아빠   그래두 내가 나···말 들어. 잠깐 눈 붙여.

엄마   (후루루루 숨 내쉬며)당신하구 나··같이 눈 감구 잠들어····그냥
         그대루 다시는 못깨나구··· 장수랑 셋이/같이 가면 좋겠어······

아빠   ······(눈 감는다)

엄마   (아빠 쪽으로 돌아누우며 가슴에 손 얹는)

아빠   (가슴에 올려진 아내 손잡아주며 마주 돌아누어 안아주며 머리 만지
         는)······

S# 빈 거실 F.O

S# 병원 전경(오후 4시 반 경)
         [앰뷸런스 들어와 멎고 장기 이식할 서울 다른 병원 이식 닥터 2명과 간
         호사(그 병원 코디네이터) 내려 총총히 들어간다. 아이스 박스 들고.]

S# 병원 옥상 헬리포트
         [착륙하고 있는 헬기.]
         [내리는 의사 2명과 코디네이터 /아이스 박스.]

S# 휴게실

아빠   (담당 경찰과 마주 앉아서 담배 태우면서 고개 젓는다)아니 나중에
         딴소리 안해요. 나두 운전으루 먹구 사는 놈인데···사람이 나빠 보

아들아 너는 아느냐 385

이지두 않구..

아빠　E （보고 있는 경찰 위에)그거 처벌해서 뭐 해요…처벌하는 거 바라지 않으니까…담당자께서 잘…

아빠　어떻게 선처해 주세요. 안사람…..만삭이더라구요. 가능하면 불구속으루 아이 낳는 거두 보구…아무두 없는 모양이더라구요… 가볍게 치르게 해 주십쇼…

경찰　(끄덕이며)알겠습니다..저두 보니까 사정두 아주 딱하구 사람 두 선량하구…선생님만 괜찮으시다면

아빠　(오버랩의 기분)예 괜찮습니다..괜찮아요..

경찰　그럼 피해자 불벌 의사 첨부해서 의견서 올리죠.(일어나며)

아빠　(일어나며)잘 해 주세요.부탁합니다.

경찰　(손 내밀며)감사합니다.(악수하며)

아빠　수고하십시오..(양복 깨끗하게 입었다)

엄마　E 여보.(조금 떨어진 출입문 쪽에서)

아빠　(돌아본다)

엄마　좀 와 봐야겠어요.

아빠　어 그래…그럼.

경찰　예 나가시죠.(움직이는 남자들)

경찰　(엄마에게 목례하고 먼저 빠지고)

엄마　(아빠 안 보는 채)작별 인사 하래…

아빠　..(끄덕이며 아내 어깨에 가볍게 손 얹으며 움직이는)…

S# 중환자실 복도

[오고 있는 부부…(빠르지도 느리지도 않은 걸음 속도)]

아빠　(문 열어주고)..

엄마　(앞서 들어간다)

S# 중환자실··

　[수술실로 데리고 갈 의사 간호사 비켜준다.]

엄마　···(아들에게 가서 천천히 몸 구부리며 두 손으로 얼굴 싸쥐고 얼굴에 얼굴 붙이고)········

아빠　·····(한 화면에서 보고 있는)·····

엄마　(터지는 흐느낌 필사적으로 억제하며 얼굴만 부비는)········

아빠　········(충분히 됐다 싶을 때 아내 어깨 잡아 떼어내려는)

엄마　(떼어지면서 애달프게)아가야···잘 가···좋은 데 가 행복하게 있다 가아?·· 이담이담에 새루 태어나면서 우리 셋 다시 뭉치자아?(남편에게 몸은 잡혀서 상체는 아들에게 틀어져서)그런데 너 아주 나쁜 놈야 이놈아. 너 알어? 너 아주 나쁜 놈이라구우우우!

간호사　(엄마를 아빠 대신 안아 데리고 나가고)

아빠　······(나가는 아내 보고 있다가 아들 곁으로)··········(천천히 의자에 앉으며 시트 안에 손 집어넣어 아들 손 시트 속에서 잡고/)장수야·····아빠 너한테 하는 일···이해하지?··이해해 주기 바래····아빠두 ···만약에 내가 너하구 같은 처지가 되면 ····장기기증 한다구···등록할 거야···그러니까 너한테 물어보지두 않구 내 맘대루 했다구··아빠 미워 안하기 바래······(잡은 손 당겨 올려 입에 붙이고)··아빠 너 ··차아아암 좋아했어·····알지?····알지?·····

S# 실려 나가는 장수··

S# 다른 입원실

박　(급히 들어오며)이게 무슨 소리야 연주야···(13세 창백하고 갸냘픈 소녀 침대 옆으로 가며)수술을 안 받겠다니··얼마나 기다렸던 수술인

데 갑자기 왜 심술을 피는 거야?(소녀의 엄마 낭패해서 두 손 마주 잡고
서 있고/의사와 간호사)

소녀 …(고개 숙이고)….

박 (의자에 앉아 소녀 잡고)지난 번에 너 수술 받으려다 못 받았을
때 우리 다같이 얼마나 실망 했었니. 다행이 하느님이 우리 연주
이쁘게 보셔서 수술 받게 됐는데 왜…왜 안 받는다는 거야……응?

연주 갑자기 귀찮은 생각이 들어요.(고개 옆으로 돌리며)

박 (보다가)귀찮다니…엄마 앞에서 그런말 하는거 아니지이. 너
때매 엄마 얼마나 많이 고생하셨는데….

연주 ….

박 착한 딸이줄 알았는데 선생님 실망인데?……우리 연주 이제 다
른 애들 처럼 혼자서 학교 가 다른 애들 처럼 운동두 하구 공부두
열심히 하구 연애두 하구 결혼두 할 수 있겠구나 선생님 얼마나 기
쁜지 모르는데…

연주 (의사 보는)…

박 어제 밤에 선생님/연주랑 다른 수술 받을 환자들 잘 보살펴 주
십시오 하나님께 오래동안 기도 했어…특히 연주 기도는 더 길게
했단 말야…

연주 ….

박 엄마 속 썩이지 말구 수술 받자 응?…연주한테 심장하구 폐 선
물할 어린이 벌써 수술실 들어갔어. 얼마나 귀한 선물인데 기쁘게
감사하게 받아야지 이게 무슨 /··너 망녕났니?

연주 ……(조금 웃는 듯하고/말끄러미 의사 보며)정말 ··운동하고 ……결
혼도 할 수 있어요?

박 그러엄. 선생님이 약속해. 문제없어.

연주 (시선 내린다)

박 하지…할 거지?

연주 …(끄덕이며)…네.

박 그럼 그래야지.(하며 일어서며)서둘러요.

의사/간호사 (재빠르게 환자 침상으로/옮길 채비)

엄마 (가슴에 손 얹고)아우우우우우우/

S# 장수의 수술실

[스크럽 너스2/마취과 의사//장기 갖고 갈 닥터들/장기 적출 담당의

들로 수술 중에는 약20여 명이 움직인답니다.]

[분주하게 수술 준비들 하고 있는 스탭들.(여기서 할 수 있는 것을 병

원 자문 요망)]

S# 다른 방 수술실(심장 폐)

연주 (실려 들어오고 있다.)

[대기 중이다가 맞는 스탭들.]

S# 또 다른 방

[신장 이식 받을 환자1.]

[준비 중…]

S# 또 다른 수술실

[신장 이식2]

[준비 중.]

S# 장수 수술실

[들어오는 장기 적출 팀/흉부외과팀 3/일반외과 팀 3명.]

박 (준비 마치고 약간 뒤늦게 들어오는 상황/이럴 때 지방이나 다른 병

원에서 온 의사들과 인사 안 하나?··가능하다면 보충해 주시고)···준비

다 됐죠.

대답   네···(등등)

박   (움직여 팀 가운데로 들어가서)그럼···묵념합시다···

      [일동 묵념으로···]

박   시작합시다.(마취는 이미 되어 있는 상태)

일반외과 닥터   (목에서 치골 상부까지 절개하는)·····

S# 영안실··

부부   (나란히 앉아서)·····(각각 자기 생각에)·····

형숙   ······(들어와서 부부 앞에)···시작했습니다.

부부   ?·····(멍하니 올려다보는)···

형숙   ····(보다가 목례하고 나간다)

아빠   ······(형숙 나가고 난 뒤에 고개 돌려 저쪽에 혼자 서서 쿨쩍거리며

      눈물 훔치고 있는 경호를 본다)

경호   ······

아빠   경호야···이리 와·····

경호   ······

아빠   이리 와··

경호   ···(주춤주춤 아빠 옆으로)····

엄마   (아무 소리도 안 들리는/)·····

아빠   (경호 잡아서 옆에 앉힌다)····

경호   (울며 앉혀지는)·····

아빠   그래 이제···자전거 잘 탄다구?

경호   (울면서)갖다 드릴려구 했는데

390

아빠 (오버랩)아냐 갖구 올 거 없어…너 가져….장수 대신 타··타면서
··장수 생각 해주라…

경호 아니에요. 갖다 드릴께요.

아빠 그럴 필요 없다니까…장수두 그걸 원할 거야…

경호 이잉…잉잉잉잉··

아빠 ……(보다가)장수…너한테 좋은 친구였지?

경호 (크게 끄덕이면서)잉잉잉잉잉잉 잉잉잉잉잉

아빠 (어깨에 팔 돌리면서)울지 마…울지 마라…장수가 흉보겠다.사
내 자식이 징징거린다구…

경호 …(울음 좀 죽는)……

아빠 너는 장수/··평생 안 잊어버릴 거다. 그렇지?

경호 (끄덕인다)…

아빠 (끄덕이며)그래…잊어버리지 말구….죽는 날까지 우리 장수··
기억해 주라…그래 주면 고맙겠다….

경호 ….(끄덕이며 우는)

S# **수술실**

[일사불란하게 돌아가는 수술실(장수)]

[흉골은 이마 잘라내졌고 드러나 있는 심장과 다른 장기.]

일반외과 닥터 리버/괜찮아 보이는데요.

다른 닥터 괜찮겠어요.

[간을 조금 떼어내 일반 외과 팀에게/일반외과 닥터들 한꺼번에 나
가고]

[흉부외과 팀. 심장 박리 시작…………]

S# **영안실**··

아빠　(학교 선생님들 문상 받고 있는/이 대목은 알아서 해주세요.)……(아
　　　빠에게 인사들 챙기면 그 다음은 엄마에게들)

엄마　(그저 허리 굽혀 답례하는 정도로)….
　　　[학교친구들 이십여 명 정도 차례로 꽃 바치고 있다]

경호　(한쪽에 있고)……

S#　수술실‥
　　　[흉부외과 팀 일반외과 팀 전원‥…]
　　　[한편에서 의사 한 사람 전화하고 있다.]

지방의사　예 간이 괜찮거든요? 한＊＊시 쯤 끝날 거 같으니까 맞춰서 준
　　　비해 주세요.

다른의사1　환자 내려 갔지? 준비 끝났어? 지금 퍼퓨전 하구 있는데 그
　　　럼 시작한다…그래 그럼 시작하께.(끊고 스탭들 쪽으로)
　　　[대동맥 크래핑.]

박　사망 시간‥

대답　일곱시 28분입니다.
　　　[다 멈춰버린 모니터…삐이이이이이…]
　　　[잘게 부순 얼음 세 대야 배 속에 쏟아부으며 용액 주입하는/(아주 빨
　　　라야 된다고 함)]

S#　수술실 밖
　　　[이 장수 이름이 붙어 있는 수술실]

S#　병원 전경(어둠)

S#　수술실
　　　[떼어내진 장기 얼음에 싸들고 후닥닥 뛰어나가는 간호사.]

S#　다른 수술실

[뛰어 들어온 장기 받아 환자에게 집어넣는 수술팀…]

S# 병원 복도

지방이식팀   (계단 뛰어오르고 있다)········

S# 헬리 포트

[이식팀 헬기에 오르고 헬기 이륙……]

S# 병원 앞

[급히 떠나는 대기 중이던 앰뷸런스…]

S# 심장 수술 방

[심장 수술 마무리 하고…·지켜보는]

[뛰기 시작하는 심장/]

S# 영안실··

[문상 온 아빠 회사 사람들/장수가 버스 회사에 갔을 때 얼쩡거리던 사람들을 비롯해서…]

[경호와 학교 친구들은 이미 빠졌고/]

[시장 여인들 서넛 들어오면서]

여인1   (엄마에게)아유 이게 무슨 일이유 그래애··(잡으며)쯔쯔쯔쯔즈즈

엄마   글쎄요 그러네요··

여인2   할머니 어때 할머니··

엄마   말루 어떻게··그렇지요 뭐··

여인2   할머니 잘 지켜 장수 엄마.가딱하면 줄초상 쳐.

엄마   예에··(하는데)

영안실 직원   (와서)전화 좀 받아 보셔야겠는데요.

엄마   ?나요?

직원 네…서교동이라구‥

엄마 네 고맙습니다‥ 잠깐요.

  [전화 있는 곳으로 온 엄마.]

엄마 네에‥

화정 F (좀 올라서)엄마 지금 집으루 모시는 중이에요. 다 왔어요.

엄마 왜요.

화정 F 왜요 나는 몰라요.

S# 자동차 안(아파트 단지로 들어서는)

화정 (남편이 운전하는 운전대 옆에서 핸드폰)날이면 날마다 하루 진종일 울구 있어서 그냥 애들한테두 챙피하구 아 뭐 잘 됐어요.안 보면 나두 편해요.(집으루 가신대요?)간다니까 모시구 나왔지 그럼 노인네 내 쫓는 줄 알어요? 아무리 말려두 안 들어요. 노인네 쇠고집 몰루? 그런 줄 알어요.(하고 전화 픽 끊는다)미치겠어 정말.

조모 (딸이 전화하는 뒷좌석에서 석상처럼 창밖 보며)

S# 영안실

엄마 (남편에게 움직여 와서)어머니 ‥집으루 가셨다네‥

아빠 (용출과 우두커니 앉아 있다가 아내 올려다보는)‥‥‥

S# 아파트 앞

화정 (아파트 현관으로 엄마 따라가면서)엄마가 더 해 더/나 나쁜 년 만드는데는 엄마가 더 하다구.

조모 …(그냥 걸어 들어가는)

화정 아무두 없는 빈 집에서 노인네 어절려구 그래요 진짜.

조모 (픽 멈춰 서며)아무두 읍는 빈집에서 혼자 실컨 울기라두 할려구 그런다 망할 년. 우는 거두 눈치 보게 만드는 년 빌어먹을 년. 너

이년 장수 놓친 에미 앞에서 니 새끼들하구 해해닥거리면서 어이
그으으으으 인정머리 읍는 년.(해 부치고 들어간다)

화정 (벙찌고)

조모 (들어가며)이년아 너 내가 안 났다구 하구 싶어 이 싸가지 없는 년.

화정 ……(그저 황당)

S# 집 현관 앞

조모 (떨리는 손으로 열쇠 꽂는데)

　　E 전화벨 울리는 소리··

조모 (들어간다)

S# 현관 안(거실)

조모 (들어오다 보면 자기네 집이다. 서둘러서 전화로)

조모 네에 여보세요·····아이구 잔소리 말어들. 얼마나 살 거라구 나
하구 싶은대루 할겨.관둬···그래서 장수는···

S# 영안실 전화

아빠 아직··안 내려 왔어요··· 엄마 혼자 어떡하시려구/······아 밥두
안 먹구 그럴 거 아니에요.엄마 병나면 나 돈 없어요··좀 봐 줘요··

S# 아파트 거실

조모 걱정 마.걱정마라. 애비야. 나 병 안나····내가 병이 나면 어떡해
···늬 두 인간 불쌍해서 병 안난다.안 날테니까 아무 걱정 말구 (울
음 섞이면서)그저 우리 장수나 끼끗하게 해서 보내애···끼끗하구 말
짱하게에에에에··(한 손으로 눈 가리며)···

S# 이식수술 중인 다른 방···

S# 영안실

장수 (들어온다)·····

부부 (아들 시신 내려다보는)·······

장수 ········

엄마 (떨리는 손 뻗혀서 아이 뺨에 손 대보는)······

아빠 (엄마 잡아 떨어지게 하면서)됐습니다···

   [장수 옮겨지고··]

엄마 (아빠 가슴에 얼굴 묻는다)···

박 (시신과 함께 들어왔다가)···모든 것이 다···잘 진행돼서···현재 다
   좋습니다···장수군 상태가 나쁘지 않아서 여러 환자한테 혜택을 주
   게 됐구···수술두 다 순조로왔습니다···

아빠 ··예···

박 ··간은 ··전주에 있는 환자한테 이송됐고 췌장은 서울 딴 병원
   으루 갔어요···신장하구 심장/폐는 우리 병원에서 했구요.

아빠 예··다 들 경과가 좋았으면 좋겠네요.

박 이렇게 선량들 하시니···아마 다 같이 좋을 겁니다.(한편 장수
   시신 안치 끝내주세요)··그럼.

아빠 예··

박 (영정 앞으로 가 꽃 바치고 무릎 꿇고 앉아 기도하는 것처럼 눈 감고)
   ···········

부모 (의사 돌아보며)······

형숙 (들어오는데)····

S# 아파트 거실

조모 E (울음소리)··장수야아 장수야 ···이놈아아아아아아아

S# 장수의 방

조모 (장수의 옷가지 껴안고 퍼 지르고 앉아 우는)이제부터 내 다리는

누가 주물러 주구우우우우우 부자 돼서 애비 버스 회사 사준다더
니이이이이이(사설하며 울다가 멈추고/사설로/옷가지 얼굴에 붙이며)
내 새끼.. 금쪽 같은 내 강아지.. 젖비린내두 채 안 가신 내 강아지이
이이이이이이이(하며 다시 시작)

S# 거실

조모 아이구 아이구우우 나 못살겠네에에에에....할미 못살겠다 장
수야아아아아아아아

S# 산에 뿌려지는 장수의 뼛가루⋯ 아빠와 용출 아저씨⋯

S# 조모의 방

엄마 (기어이 병이 나버린 할머니 일으켜 앉혀 기대게 해놓고 죽 떠먹이는)

조모 (고개 돌리며)됐어..내가 먹으게..

엄마 가만 계세요⋯(떠준다)

조모 물 먼저 먹자⋯⋯

엄마 (물 대어주고)

조모 (마시는)⋯⋯

엄마 (물그릇 놓고 죽 그릇 들며)어떡해요 어머니⋯⋯그래두 살어야
지요⋯⋯

조모 ⋯⋯(물끄러미 며느리 보는)..

엄마 얼른 기운 차리세요. 애비 속 더 아프게 하지 마시구요.

조모 (한숨 토하며)그려⋯그려그려.. 정신 차려야지⋯차려서 순대 채
워 장사 해야지⋯돈 벌어 빚 갚어야지⋯(하며 손이 죽 그릇으로)

엄마 지가 떠 드리께요⋯

조모 이리 내.할 수 있어⋯

엄마 ⋯⋯(보다가 죽 그릇 상에 놓아 상 가까이 대준다)⋯⋯

조모   (먹기 시작)···

엄마   ····(가만히 보다가)우리 빚이요 어머니···장수가 갚어요.···

조모   ?····

엄마   (울먹해지며)교통사고 보상금으루 보험회사에서·····나오는 거
          ···우리 빚··갚구두 남어요···

조모   ?····(엄마 보다가 어깨 떨어지며 고개 옆으로 돌리며 눈이 조금 뜨며
          기가 막히다)······이런 눔을 봤나(아주 작게)······이런 못된 눔을 봤나.···

엄마   (세운 한 무릎에 얼굴 붙인다)·····

          [고부 그대로]

S# 중환자실

박   (심장 수술 받은 연주 앞에서)기분 괜찮아?

연주   네에.

박   오늘 며칠째지?

연주   ····(생각하는)

박   일주일째지?

연주   네···

박   이제 며칠 안 있으면 일반병실로 옮길 거야. 좋지?

연주   네··좋아요. 엄마 저거

엄마   (숨쉬어 공 올라가게 하는 기구 집어 딸 주며)하나두 간신히 올라
          가던 게 올라 가요.선생님. 보여드린다구 선생님 기다렸어요.(벌써
          불고 있는 연주)··

박   네에 흠흠흠··

          [잘 올라갔다 내려오고 하는 기구 안의 공.]

S# 골목골목 산동네를 올라오며 집 찾고 있는 아빠·····

S# 어느 집 앞

아빠 (번지수 나무 조각에 써붙인 것과 종이 조각 대조해보고)‥‥실례합
니다아‥(문 밀고 들어간다)

호철 (마당에서 연탄 풍로에 냄비 올려놓고 미역 빨고 있다가)?‥‥‥(놀라
서 엉거주춤 일어나며)‥‥‥어‥어어떻게‥‥

아빠 (조금 웃으며)미역 만지구 있는 거 보니까 해산했군요‥

호철 예‥오늘 새벽에‥‥

아빠 집에서 낳았어요?

호철 ‥‥예‥(돈이 없거든)‥‥‥주인 아주머니하구 동네 할머니하구‥‥

아빠 순산했구요‥‥

호철 예‥다행이‥예‥

아빠 (들고 있던 고기/미역/장곽으로/과일 바구니/움직여서 툇마루에
놓으며)일두 못하구‥어렵지요‥‥(안 보는 채)

호철 ‥‥(대답 못하고 뒷머리만 쓸면서)에‥뭐‥예(하다가 문득)여보오.
(방 앞으로 내달으며)저기 화순아‥‥저기 자자장수 아버님 오셨는데
너 잠깐

아빠 (오버랩)아니 아니에요 그러지 마쇼. 산모를/그럴 거 없어요.

호철 아니 그래두 이건 도리가 화순아 너 뭐해.

화순 (앉은 채 방문 열고 울 듯한 얼굴로)‥‥오셨어요‥‥

아빠 (얼른 방문 닫아주며)찬 바람 들어가요. 문 닫아요‥‥

화순 E (방 안에서)덕분에 저이 구속두 안되구‥‥정말 ‥어떻게 고마
운 말을 다 해야할지‥‥‥평생‥‥못 잊을 거에요‥‥

아빠 흠흠‥‥예‥‥(하고 주머니에서 봉투 꺼내 호철 손에 쥐어주며)얼마
안되지만 연탄 사구 쌀 사구‥겨울 나요.

호철 ·····선선생님····

아빠 (다른 손으로 어깨 잡아주며)애기 잘 키우구···

호철 /····(무슨 말을 할 수가 없다)

S# 바닷가··· 제방 같은 곳···

아빠 (혼자 앉아서 바다를 마주하고 담배 태우고 있다.)··········(연기 내뿜
으며 문득 시선 하늘로)····

장수 (하늘에 자전거 타며 아빠에게 손 흔들며)······

아빠 ··········

자막 언젠가는 나의 주치의가 나의 뇌기능이
정지했다고 단정 지을 때가 올 것입니다.
살아 있을 때의 나의 목적과 의욕이
정지되었다고 선언할 것입니다.
그 때 나의 침상을 죽은 자의 것으로 만들지 말고
산 자의 것으로 만들어주십시오

나의 눈은 해 질 때 노을을,
천진난만한 어린이들의 얼굴과
여인의 눈동자 안에 감추어진 사람을
한 번도 본 일이 없는 사람에게 주십시오.
나의 심장은 끝없는 고통으로
신음하는 사람에게 주십시오.
나의 피는 자동차 사고로
죽음을 기다리는 청년에게 주어
그가 먼 훗날 손자들의 재롱을

400

볼 수 있게 하여 주십시오
나의 신장은 한 주일 혈액 정화기에 매달려
삶을 영위하는 형제에게 주시고
나의 뼈와 근육의 섬유와 신경은
다리를 절고 다니는 아이에게 주어 걷게 하십시오.
나의 뇌세포를 도려내어
듣지 못하는 소녀가 그녀의 창문에 부딪히는
빗방울 소리를
듣게 하여주십시오
그 외의 나머지들은 다 태워서 재로 만들어
들꽃들이 무성히 자라도록 바람에 뿌려주십시오.
당신이 뭔가를 매장해야 한다면
나의 실수들을, 나의 약함을,
나의 형제들에 대한 편견들을
매장해 주십시오.
나의 죄악들은 악마에게
나의 영혼은 하나님에게 돌려보내 주십시오.
우연한 기회에 나를 기억하고 싶다면
당신들이 필요한 때 한
내가 부탁한 이 모든 것들을 지켜준다면
나는 영원히 살 것입니다. 로버트 테스트.

〈끝〉

은사시나무
(2000)

| 등장인물 |

주요 인물

아버지　경환 남매의 아버지.

한경환　남매 중 첫째.

한경란　남매 중 둘째.

한경택　남매 중 셋째.

한경서　남매 중 넷째.

한경주　남매 중 막내.

경환네 가족

인애　경환의 아내.

한성진　경환 부부의 아들.

초희　성진의 여자친구.

경란네 가족

허무길　경란의 남편.

경택네 가족

김혜자　경택의 아내.

그 외

진호　경주의 애인.

S# 안개가 옅게 낀 집 전경이 은사시나무들 사이로/새벽

S# 비어 있는 침침한 거실

　　[거실을 훑을 필요는 없으나 소박한 응접 세트와 가구들이 새벽빛에 보이든지 말든지.]

S# 아버지의 방

아버지 　(침침한 속에서 이부자리 위에 앉은 채 두 손바닥 비벼서 얼굴을 비벼 올리는 동작이 손바닥 비비는 데서부터 얼굴 만지는 데까지 10초를 넘지 않아 스톱 화면으로)

S# 거실과 주방

아버지 　(가스 불에 찰떡 두 개 얹어서 굽는 중인데 옆에 도마에서 파를 썰고 있는 동작 4, 5초에서 정지 화면)

　　[커튼은 이미 활짝 열려 있고]

S# 거실

아버지 　(소파와 탁자 사이에 앉아서 찰떡에 된장국 마시며 아침 먹는 중인 아버지. 된장국 마시는 데서 정지 화면으로/역시 4, 5초)

S# 안방

아버지 (젖은 걸레로 방 닦고 있는/쭈그리고 두어 번 닦다가 교실 옆 골마
루 닦듯 엉덩이 치켜들고 지이익 하는 데서 정지 화면으로)

S# 집 밖

아버지 (중강아지에 사료 주고 있는/정지 화면으로)

S# 근처 산책길

아버지 (강아지 데리고 산책 중인/정지 화면으로)

S# 마당

아버지 (낙엽 끌어 모으는 중인/정지 화면으로)

S# 마당

[조금씩 흔들리는 낡은 그네 저편 햇빛 속에]

아버지 (담요 같은 것 무릎에 덮고 신문 보다가 고개 숙이고 잠깐 잠들어
있는/정지 화면)

[이 정지 화면에서 시작되는]

E 시장 소음.

S# 시장 노점 거리(오전 10시쯤)

[먹거리 모여서 장사하는 곳. 국수 목판 앞 나무 의자에 걸터앉아서 김
나는 국수 후루룩거리며 먹고 있는 아버지.]

충주댁 ……(아버지 물끄러미 안쓰럽게 보다가 다정하게)한 젓갈 더 말
아 드려유?

아버지 ?‥(잠깐 보고는 다시 먹으며)됐슈…

충주댁 그람(눈웃음치고) 김밥하나 쌜어 드리까?(김밥 집으려 하며)

아버지 (국수 건지며 안 보는 채)됐슈. 많이 안 먹어유.

충주댁 ‥‥(김밥 집으려던 손 멈추고 잠시 보다가 콩나물 그릇 앞으로 옮

408

기면서)이태쨌가유 아자씨?

아버지 ?.....

충주댁 아주머니 지사 시장 보시는 게 말유.

아버지 (그릇 놓고 물 집으며 안 보는 채)시해쩨지유.

충주댁 아이구 발써어….(콩나물 다듬으며)남에 일은 이렇다니까. 이
태쨌가 했네유.

아버지 (그저 잠깐 끄덕이며 물 잔 놓는데)

충주댁 빠트린 거 읍시 다 보셨어유?

아버지 (돈 꺼내면서)읍지 싶은데 모르지유….(돈 챙겨 내밀며 일어난다)

충주댁 (받으며 엉거주춤 일어나면서)든든히 챙겨 입구 나오시지 추우
시겠어유.

아버지 괜찮어유. 자알 먹었어유.

충주댁 야아. 그럼 안녕히 들어가세유.

아버지 (끄덕여 보이고 돌아서는데)

순대 아자씨 안녕히 가세유.

아버지 (잠깐 돌아보고 모자에 손 올렸다 내리고 간다)

충주댁 ……(보다가)몸조심하세유우.

순대 (옆자리/순대 뒤집으며)찌일어야 이 삼년여.

충주 ?

순대 마나님이 잡어 가게 생겼어.

충주 (앉으며)뭘보구 그란댜?

순대 눈에 힘알텡이가 읍잖어. 노인네 눈 멀거니 풀리면 머잖은겨.

충주 ….(보다가)머리가 하얘서 그렇지 무슨, 아직 걸음걸이두 말짱
하구 그런데에…

순대   두구 보자구우.

충주   (퉁명)입초사 떨지 말어. 객작게 자기가 뭐라구 남에 명줄을
          갖구 왈가왈부햐 하기를··

순대   홀애비 영감 혼자 조석 끓여먹구 사느니 얼렁 마누라한테 가
          는 게 낫지 뭘 그랴.

충주   ······(보다가 문득 국수 장국 냄비 뚜껑 열고 국물 더 집어넣으면서)
          어이그 두 양주/ 정두정두 그렇게두 좋더니만. 쯔쯔쯔쯔(멸치 한
          주먹 집어넣으며)

S# 시장 입구 택시 스톱

아버지   (제사 시장 본 보따리들 택시 기사와 함께 싣고 있는 중이다. 보따
            리 보따리. 다 싣고)다 실었나?(두리번거리며)

기사   야 다 실었슈.(뒷문 닫고 운전석 옆문 열며)타시지유.

아버지   (택시에 오르고)

       [택시 문 닫히는 데서.]

S# 집으로 가는 변두리 길을 달리는 택시(그 위에)

기사   E 오늘 일나오는데 집 사람이 말유 아자씨.

아버지   E 으응··

기사   E 아주머니 제수 시장 보러 나오시는 날이니까 워디 먼데 가지
           말구 시장 근처서 꼼작말구 있다 모시라구유.

S# 택시 안

아버지   흠흠흠흠··

기사   지 엄니 지이사가 아줌니 지사 하루 전이잖어유. 어제 지냈거
           덜랑유. 저는 잊어먹는데 집사람은 절대 안 잊어 먹어유··

아버지   (앞 보며 조금 웃으며 끄덕이는)

410

기사   저더러 아자씨처럼 해달라네유.

아버지   ?(돌아본다)

기사   자기가 먼저 죽으면 자기 지사 시장두 자식덜한테 맡기지 말구 꼭 나보구 봐서 지내달래유.

아버지   그래 준다구 했어?

기사   야아. 피차 누가 먼저 죽든 지사 시장은 자식들 안 맡기구 직접 보기루 약속했시유.

아버지   (끄덕이며 얼굴 앞으로)

기사   아자씨 말씀이 맞어유. 며느리가 무신 애틋한 마음이 있어서 지사 시장을 아자씨 만큼 정성시럽게 보겄슈. 자기네 저녁 찬거리 사는 거나 다를 거 읍지유.

아버지   ……(앞 보며)

기사   …(흘낏 보며)시방두 아주머니가 옆에 기신 거 같으세유?

아버지   그러엄… 흠흠흠흠…그려.

기사   …(보다가 고개 앞으로 하며)그렇게 지내시면 외롭지는 않으시겄네유.

아버지   (앞 보는 채 끄덕이며)외롭기는‥ 안 외로워……

S#   집으로 들어오는 택시

　　[울타리 없는 마당으로 들어와 멎는 택시.]

기사   (잽싸게 내려 짐 실려 있는 뒷문과 앞문을 동시에 열려 하는데)

아버지   (이미 내리고 있고)

기사   (짐으로 손 뻗히는 아버지 밀어내며)들어가세유 지가 들여놔 드릴테니까 먼저 들어가세유.

아버지   아 어이 끄내…

[꺼내어지는 짐들······]

S# 아버지의 거실

아버지 (짐들 주방으로 옮기기 시작하는데)

　　　　E 괘종시계 종소리와 전화벨 소리 동시에 울리고

아버지 (고개 돌려 시계 보며 전화 쪽으로)

　　　　(정오를 가리키는 괘종시계 인서트)

아버지 (전화 받는다)예에

경란　F 아부지 저에요. 저 지금 망향 휴게손데요 오빠네 도착했죠?

아버지 아직 안왔어.

경란　F ?아까 일곱시에 뜬다구 했는데 아부지?

아버지 안 왔어. 어이 와 전화는 뭐하러 햐 비싼 돈 버리면서.

경란　F 으이구우우우(앓는 소리 같은 한숨)저 좀 늦어요 아부지. 이
　　　 비참한 심정을 하늘이나 알구 땅이나 알지 누가 알어요. 자세한
　　　 얘기는 가서 하구요 좀 늦어두 기다리지 마세요.

　　　　E 전지 다 돼가는 뚜뚜 소리

아버지 무슨 일여.

S# 망향 휴게소 자동차 정비 공장 앞

　　　[경란의 낡은 엑셀 앞 뚜껑 열려 있고 정비공 붙어 있고]

경란　F (오버랩의 기분)밭데리 다 돼가요 끊어요 아부지. 아부지아
　　　 부지 녹두는 담가 놨죠?(끊긴다. 전화 접고 핸드백에 손 집어넣고 휘
　　　 저으며 스페어 휴대폰 배터리 찾으면서)으이구우우 내 팔짜야.으이
　　　 구으이구.내 주제에 무슨 자가용씩이나 ·····이눔으 바떼리는 어디
　　　 쑤셔박혀 이렇게 안 잽히는 거야 또오오오오오··· 어디 있니 나와
　　　 라 좀·····(하다가 집어내서 휴대폰 배터리 갈아끼는데/쾌 구식 휴대폰)

412

무길 (화면 안으로 들어오며)꽤 걸릴 텐데 놔 두구 내 차 타구 가지.

　　　(양손에 김나는 커피 잔 두 개)

경란 ?(황당하게 보며)……?

무길 (커피 하나 내밀면서 웃는다)몰랐지?·· 당신 뒤 쭈욱 따라왔어.

경란 ?어디서부터?

무길 집 있는 데서부터.

경란 …왜.

무길 장모님 제사갈려구.

경란 ????(처음 듣는 소리다)…(보다가 기막혀) 여드레 삶은 호박에

　　　도레 송곳 안들어갈 소리 하구 있네. 당신한테 장모님이 어딨는데.

무길 (웃으며)이거부터 받어.날이 차. 감기 들겠어.(하는데)

경란 (그 손 탁 쳐내면서)냉수 먹구 속차려. 호박엿으루 보지 말라니

　　　까 정말 말 귀두 못 알아듣는다 응?

무길 (끼얹어진 커피 털어내면서 우물우물)당신을 어떻게 엿으루 볼

　　　수가 있어. 나같은 눔이…그런 거 아냐.

경란 아니면 이게 무슨 수작야.

무길 장모님이 나한테 잘해 주셨잖아…우리 이혼두 끝까지 반대하

　　　셨었구

경란 (오버랩의 기분)귀신 씻나락 까먹는 소리 그만하구 어이 갈길

　　　가셔. 허 참 기막혀 헛김 빠지네··

무길 (오버랩의 기분)나 손 끊었어 여보.(사정하듯)

경란 손 두 개 멀정하게 달려 있는데 무슨 손을 끊어.

무길 정말야 믿어 달라니까.

경란 형!(걸음 빠르게 옮기기 시작하면서)그 말 믿을 시러배 딸년 여

기 없어.(무길 따르고) 손 짤라 없애면 발가락으루 놀 인간인거 내가 몰라? 죽어서 공동묘지 묻히면 당신 거기서두 귀신들 모아놓구 판 벌릴 인간야.

무길 할 말 없어. 할말은 없지만

경란 (팩 멈추고 돌아보며)할말없으면 그만이지 무슨 토는 달아 달길.

무길 ….(보며)여보.

경란 (오버랩)더 험한 소리 나가기 전에 사라져. 나 당신 안 받아. 내 눈에 흙 들어가구 백골이 진토가 돼두 못해 안해.(하고 빠르게 휴게실 쪽으로 간다)

무길 …(잠깐 보다가)똥돼지.(들리게)

경란 ?(픽 돌아보는)

무길 (픽 돌아서 제 자동차 있는 곳으로)…

경란 저 저저저(식닥거리며 보는)

S# 아버지 거실 주방

아버지 (시장 본 것들 처리하고 있는 중이다. 대충 다 처리했고 소쿠리에 사과 배 감들 쏟아놓고 소파 아래 바닥에 앉아서 하얀 젖은 행주로 한 알 한 알 정성스럽게 닦아 종류별로 비닐봉지에 넣고 있다.)……

S# 공주 국도 변 허술한 상점 앞··

S# 자동차 안

인애 (운전대 좌석에서 콤팩트 보며 얼굴 다듬고 있다)…(콤팩트 집어넣고 핸드백 뒷좌석으로 치우고 앞 유리 밖으로 시선 던지면서)……(심란하고 착잡한)……(문득 돌아보면)

S# 인애 시선으로 약국에서 나오고 있는 경환···

S# 차 안

경환   (박카스 같은 것 한 병 들고 운전석 옆자리로 탄다)····(아내 안 보는 채)

인애   ·······(보다가) 먹어요···

경환   (대꾸 없이 기대며 눈 감는다)

인애   안 먹어요?

경환   ······(그대로)

인애   싫다는 사람 어거지루 끌구 오면서 ···그렇게 내꼴이 못봐 주겠으면서 도무지 이해할 수가 없는 사람야.

경환   ·······

인애   ····(보다가 기어 체인지 하며) 아무 일 없는듯이 하구 오자는 사람이 밤새두룩 술은 왜 퍼먹구···(스타트 하는데)

경환   (울컥 구역질하며 입 막는다)

인애   (멈추고)

S# 유리 안 인애 시각으로 따라가는

경환   (입 막은 채 급하게 자동차에서 내려 저만큼 앞 길 섶으로 가서 쭈그리고 앉아 왝왝거리는)····

S# 차 안

인애   ···(잠시 보다가 자동차의 물병 집어 들고 싫증 나는 얼굴로 내려서 경환 쪽으로)···

S# 길 옆

인애   (와서 왝왝 헛구역질하는 남편에게 물병 내민다)···

경환   (구역질하면서 그래도 물병은 받는다)···

인애   ·····

S# 거실

아버지 (흰 행주 펴놓고 그 위에 대추 하나하나 골라놓고 있다가 문득 시

계 돌아본다)

　　(12시 20분 가리키는 시계 인서트)

S# 공주 갑사 대웅전 안

　　[경택은 어정쩡하고 혜자는 진짜 불자처럼 열심히 제대로 된 절을 하
　　고 있다.]

혜자　(팔 모아 엎드리고 엎드린 채 한동안 안 움직이는)

경택　(같이 절하고는 이내 일어나서 안 일어나는 아내 내려다본다)⋯⋯

혜자　⋯⋯(그대로)

경택　⋯⋯(기웃이 보다가)⋯안 일어나?⋯⋯우니?⋯⋯우는 거야?⋯어이(야)
　　⋯(건드리며)어이어이.

혜자　(일어나서 절 마무리하고 돌아서 나가려 움직이며 손끝으로 눈물 닦
　　아내는)법당만 아니라면 진짜 두 다리 뻗구 대성통곡하구싶어⋯

경택　(따르면서)사나이가 잘못했댔으면 끝이야. 밤새도록 잘못했
　　다 소리 칠천번은 했다.

혜자　(멈추고 돌아보며)그래 어제는 칠천번 하구 다음에는 팔천 번
　　하겠지.그 담에는 구천 번 할 거구.(하는데 한쪽 눈두덩이 아예 점백이
　　강아지처럼 둥글게 새까맣다)

경택　(눈 꽉 감고 고개 돌리며)야 얼굴 치워. 가슴 찢어져 차마 못보겠
　　다니까 얼굴은 왜 자구 들이대.

혜자　(흘기며 법당 나간다)부처님 계신 곳야. 베락 떨어져 입에 침이나
　　바르구 거짓말 해.

경택　(따르며)안대 하라니까 너 말 안 듣구 누구 보짱 채울 일 있냐?

S# 대웅전 밖

혜자　(앞서 걸으면서)내가 미친년이지 두말 할 거 뭐 있어.할 말 없어.

416

날구장천 개패듯 두둘겨 패는 인간하구 아직두 이러구 살구 있는 내가 구정물에 튀길 년이지 두말하면 뭐해.

경택 (두어 걸음 처져 따르며 쭝얼쭝얼)하늘이 알구 땅이 알구 니가 좋아하는 부처님두 아신다. 일년에 한 두 번 주먹 한방이 날구장천 개패듯이냐?

혜자 ……(입만 푸푸푸푸)

경택 (괜히 휘둘러보면서)절이 좋은 거 보니까 나두 이제 늙나부다 ……좋은데?…마음이 편아안 하게 가라 앉으면서 너무 좋다 야 여기. 들르기 잘했네 응 잘했어…

혜자 (빗쭉)

경택 그냥 훌쩍 가기 서운한데 우리 잠깐 한 오분만 쉬어가까? 응? (하며 옆으로 아내 어깨 안는다)

혜자 (멈추고 남편 돌아보는/미워서)

경택 야 너는 어째 그렇게 /아 잽사게 피하지 번번이 왜 맞어어··

혜자 (눈 째지게 흘기는)…

S# 절 입구 음식 파는 곳

혜자 (자리 잡고 앉아 전화하는 중이고 도토리묵 같은 먹을 것 한 접시에 소주 한 병이 놓여진다/상관없이)손님은…열심히 해서 이백은 올려 놔……아 토요일이잖아 이 기집애야·· 주말 장사 백 대면 날 샌 거야.백 대루 떨어진 게 바 언제부터니.이러다 이제 백대두 못올리게 생겼단 말야……딴집이 어떻든 무슨 상관야. 니 장사 아니라구 너 태평치는 거 증말 열불나 야……캬베쓰구 단무지구 물색없이 팡팡 내지 말구 좀 애껴애껴·······아 그래 날마다 하는 소리야. 장사 안되는데 줄일 게 뭐 있니 그럼··(경택 달걀 서너 개 비닐에 들고 화면 안으로)

경택   (오버랩)그만 해 그만. 안달 좀 그만해 엉?

혜자   끊어.(전화 끊으며)

경택   야 (앉으며)딴 집에 비하면

혜자   (오버랩)아 딴집딴집 하지 말어. 딴 집이 무슨 상관야 글쎄.

경택   ……(뻔히 보다가)너는 도대체 무슨 욕심이 그렇게 공룡배때지냐 엉? 어떻게 처먹어두 처먹어두 그 배통은 찰 줄을 몰라 밤낮 배고파 밤낮.

혜자   (소주병 따면서)내 배통이 공룡이면 재벌 배통은 뭔데.

경택   ?뭐 너 재벌될려구 그러니?(같잖은)

혜자   (술 따르며)뭐 김혜자는 재벌 되면 안된다는 법이라두 있어?

경택   동까스 장사루?

혜자   딱 한잔야.(술잔 주며)

경택   (받아서 훌쩍 마시고 내려 소주 따르면서)사십평 아파트에 날씬한 자가용에 왕왕 잘 돌아가는 가게에 더 욕심 부릴 게 뭐 있어.(아내 앞에 술잔 놓아주며) 구조조정이니 뭐니에 걸려 넘어가네 안 넘어가네 하는 대기업 우리 하나두 안 부럽잖어‥

혜자   어이구우 증말 거기 달구 있는 거 떼서 나 줘.

경택   바꿔 부쳐 그럼? 그러까?

혜자   (픽 웃으면서)누가 싫달까봐?

경택   ……(물끄러미 보는)

혜자   (안주 하나 집어서 경택 입에 대어주며)담배 하나 줘.

경택   (받아먹으며 담배 꺼내 한 개피 밀어 올려 내밀고)

혜자   (빼서 입에 물면)

경택   (라이터 불 댕겨준다)

혜자 (빨아들이고 푸우우우)그냥 당신하구 데이트 나온 거라면 좋겠
다 여보?

경택 (그동안 비닐의 날계란 한 알 꺼내 혜자 멍든 데다 대면서)문질러 봐.

혜자 (얼굴 피하면서 소주잔 든다)놔둬. 곰방 무슨 효과가 날 거라구.

경택 아 날고기 좀 부치구 자라니까 말 안듣구 쯧.

혜자 (마시고 내리면서)몇시야. 이 기집애 잡아야지.(서둘러 핸드폰 펴는
데)

경택 (핸드폰 뺏으며)놔둬놔둬.

혜자 (질색)몇! 천만원을 퍼넣는데 나둬놔둬/당신때매 뭔일이 안돼
진짜.(핸드폰 꽉 채간다/전화 거는)....엄마야 너 뭐해. 그래 아직 학
곤 거 알어. 너 레슨갈때까지 오분두 놀지말구 죽어라 연습하는 거
알지?

경택 ....(그저 빽하니 보는/못 말리는 여편네)

혜자 E (연결)알아몰라 왜 대답을 안해애.(에서)

S# 방송국 편집실

경주 (다큐멘터리 필름 편집 중이다)......(흘러가는 화면 보고 있다가 손
가락 튀기며)여기서 잘라 주세요.

S# 되돌아가는 화면

경주 (같은 곳에서 튀기며)여기요.

　　[자르는 작업 진행되는데]

　　E 경주 핸드폰 우는

경주 잠깐만요 미안합니다. 네에 한 경줍니다....어 나야....그래? 왜?
....나 시간 없댔는데 남 말할 때 뭐 듣구 있었어? ...한 십분이면 끝
나. 어 알았어.(끊고) 계속합시다.(에서)

S# 작가실

경주 (들어오며)김작가?

김 (자료 보고 있다가 일어나는)다 됐어요?

경주 다 됐네요.(테이프 넘기면서)무슨 일이 있어두 내일 오후 세시까지 원고 빠져야 해요. 세시 정각에 만납시다.

김 한 피디 등쌀에 나 원형 탈모증 생긴 거 알아요?

경주 깔깔 설마 나때문일라구. (벌써 나가며)부탁해요.

S# 방송국 앞 주차장

경주 (빠른 걸음으로 건물에서 나와 제 자동차 있는 곳으로)

S# 방송국 근처 길을 서행하며 오다가 멈추는 경주의 자동차

진호 (제 자동차 세워 놓고 기다리고 있다가 경주 운전석 옆으로 올라타면서)곧장 갈 거야?

경주 (돌아보며)..왜….

진호 (돌아보며)꼭 그래야 하나 그래서.

경주 …왜…뭐하구 싶어서.

진호 같이 점심을 먹든지 아니면

경주 (오버랩의 기분)아냐 피곤해. 어제 거의 못잤어. 들어가 샤워하구 서너시간 자구 출발할 거야..

진호 ….(보며) 나 옆에 있으면 안돼?

경주 (고개 전면으로 하면서)이번 필름이 영 마음에 안 들어. 소재만 망친 느낌이야. 작가가 얼마나 잘 써줄지 모르지만 감이 나빠. 엉성하게 찍은 필름 갖구 씨름하느라 고생 직사하게 했어. 너무 피곤해.

진호 나 따라가까?

경주 ?어딜?

진호　운전 내가 해 주구 가서…갔다가 내일 경주 데리구 오면 되잖아.

경주　……(보다가 쓴웃음)주말이야 집에 들어가 마누라랑 애들 서비스나 해….감시 당하는 거 같다면서. 이혼 못할 거면 수습해얄 거 아냐.

진호　……(보며)안구 싶어.

경주　그런 말 들어두 이제 기쁘지 않아….서서히 지쳐가는 느낌이라니까……

진호　……(안 보며)미안해.

경주　괜찮아….모르구 시작한 일두 아니구…이혼 못 한다구 날 우습게 취급한다구두 생각 안해. ….처음부터 결론은 나 있는 거였으니까 뭐….(쓴웃음)늙어서 곱씹을 추억들은 몇가지는 만들어뒀으니까 아예 안 만났던 거 보다는 좋았다 생각해….늙어서 생각하면 모두 다 아름다울 거야…….(보다가)내려 나 갈래‥

진호　그럼 ….내일 와서 볼까?

경주　시간 안돼…필름 완성시켜야 해…

진호　(끄덕끄덕)….

경주　(보며 끄덕이는데)…..(그러면서도 미련이 아주 없는 건 아니고)

　　E 경주 핸드폰 우는

경주　(정신 난 듯)내려 빨리. 일 잘해. 재판 준비는 다 했어?(하는데)

진호　(불현듯 경주 안는다)

경주　….(안긴 채)

진호　(빠르게 내린다)

경주　(핸드폰 꺼내 열어서 핸즈프리에 걸면서)네에 한경줍니다.

경란　F 아직 방송국이니?안 끝났어?

경주 (조금 앞에 서 있는 진호 쪽으로 손 잠깐 들어 보이면서 동시에 출발하면서)어 끝났어. 집에가 샤워하구 좀 자구 출발할려구. 완전 파김치야. 쪼끔이라두 눈 붙이구 움직여야지 안 그럼 사고 칠 거 같아. 도착했지?아버지 어떠셔?

S# 망향 휴게소

경란 (핫도그 같은 것 먹으며 정비소로 움직여 오며)도착이 뭐니 야 미치구 쨤프 치겠다. 자동차가 고속도로서 퍼져 자빠져 견인 불러대구 지금 고치구 있는 중인데 한시간이 넘었어

S# 경주 차 안

경란 F 여기 망향 휴게소야.

경주 ?뭐야 언니 기어이 그 차 산 거야?

경란 F 샀지이. 칠십만원 짜리가 오죽 꼴꼴나겠니 라지에타가 나가버렸댄다.

경주 (야단치듯)어이 참 사지 말라니까 왜 사아. 칠십만원짜리 차가 차야?

S# 정비소 앞

경주 F 그걸 왜 사.

경란 (열 확 받아서 멈춰 서며)이 기집애야 너 뭐 보태준 거 있어? 없으니까 칠십만원 짜리 샀다 그래. 게두 고동두 다 자가용 타구 다니는데

S# 경주 차 안

경란 F 나두 자가용 한번 타구 싶어서 샀다. 왜.(픽 끊으며)망할 년.

S# 경주 차 안

경주 (싫증 나면서 전화 접고 음악 넣는다)……

M 우울한 첼로 곡···

경주   ······(운전하면서)

S# 아버지의 거실

아버지   (식구들 수에 대충 맞춰서 쌀 씻고 있는데)

E 자동차 바앙 하는 소리.

아버지   ?·····(쌀 씻던 것 멈추고 행주에 손 닦는다)···

S# 마당

경서   (자동차에서 내려 트렁크 열고 작은 여행 가방과 선물 백 꺼내 들고 집
현관 쪽으로 움직이는데)

아버지   (나오면서)왔어?

경서   예 아버지. 어째 제가 일등인가봐요··

아버지   그려 니가 일등여.(가방 받으려 하며)

경서   놔 두세요. 웬일들이죠? 지금 쯤 다 도착해 있을 시간 아니에요?

아버지   (앞서며)글쎄 아까 경란이 망향 휴게소서 전화해 지점장네 도
착 안했냐구 챙기더라만 아직 안왔어··

경서   작은 형은요.

아버지   아홉시에 뜬댔어.오구 있겠지··

경서   예에···(따르다가 문득 마당 휘돌아보면서)공기 정말 좋으네요 아
버지····(숨 끌어들이는)

아버지   공기야 나무랄 데 없지.

경서   서울 사는 사람들 불쌍해요··

아버지   한 대 태구 들어올래?

경서   흠흠 좋은 공기에 담배 연기 섞으라구요?

아버지   워낙 좋아하니까··(궁시렁거리듯)무슨 놈으 의사가 담배 하

나 못 끊구 그러는지 쯔쯔.(집으로 움직이며)

경서　은사시 나무가 벌써 꺼줄해지기 시작 하네요.

아버지　(그냥 집으로 움직이며)이맘때면 그렇잖어‥꼭 내 꼴 같지 뭐‥

경서　(아버지 보는)…

S#　거실

경서　(아버지한테 절하고 앉으면서)전화두 자주 못드리구 죄송합니다 아버지.

아버지　바쁜 사람이니 그러려니 허구 살어…

경서　(괜히 좀 둘러보고)아직두…서울 오시구 싶은 생각 없으세요?

아버지　…(보며 그 대답은 묵살하고)미국 어멈하구 은혜는 잘 있어?

경서　예‥ 잘 있어요.

아버지　이번 파수에는 박사를 따기는 꼭 따는겨?

경서　아마 될 거에요…지난 번에는 건강이 여의칠 못해서 놓쳤지만요.

아버지　그려…이번에는 꼭 따갖구 빨랑 들어오라구 햐. 무신 생고생여. 홀애비 아닌 홀애비 노릇두 일 이년이지 쯔쯔.

경서　예에‥

아버지　(일어서며)저녁 쌀 씻다 놔뒀어. 옷 갈어 입어.

경서　예‥

S#　마당…

경서　(담배 들고 마당으로 나오고 있다…담배 태워 물고 내뿜으며 을씨년스럽다)……

　　[마당으로 들어서는 장남의 자동차…]

경서　(돌아보고 얼른 담배 끄며 자동차 쪽으로)……(내리는 인애에게)오셨어요?

인애 일찍 오셨네요‥(하고 뒷좌석 문 열고 쇼핑 봉투 꺼낸다)

경서 ‥(그런 인애 잠깐 보고 운전석 옆자리에 기대어 눈 감고 있는 형 쪽 문 열면서)자우?

인애 (트렁크 문 닫으며)술병나서 그래요…속이 다 뒤집어졌나봐요. (하며 집으로)

경서 (인애 뒤 잠깐 보고 자동차 문 열고)안 내려요?

경환 (내린다)……

경서 (형 내리자 차 문 닫으며)웬 술을 병이 나도록 마셔요……

경환 웬일루 이렇게 일러‥

경서 (한 손으로 얼굴 쓸어내리는 형 보며)일찍 움직일 거라더니요.

경환 내 맘대루 되는 일 뭐 있니? 담배 있지.

경서 (담뱃갑 내민다)

경환 (갑째 받아들고 의자 있는 쪽으로 가 움직이며 라이터 꺼내 불 당긴 다)푸우우우 (내뿜으며 의자 빼 앉는다)

경서 (다가와 서서 보는/바지 주머니에 두 손 찌르고)‥‥

경환 (둘러보면서)노인네 겁두 없어. 올 때마다 생각하는 건데 무서 워 여기서 혼자 어떻게 지내시는지 모르겠다…

경서 (집 쪽 잠깐 돌아보면서)내년 봄에는 (의자 빼며)페인트라두 새 루 칠해드려야겠어요.

경환 (경서 앉는데)페인트 좀 칠한다구 뭐 크게 나지겠니? 엄마 안 계시니까 허당야…썰렁하니 스산한 게‥밤에 귀신 나올 거 같아.

경서 ‥‥(보다가)뭐…궁리는 하구 있어요?

경환 궁리는 무슨…·할 일 아무 것두 없어…·의욕두 없구.(처지지는 말고 다소 시니컬하게만)

경서 의욕이 없으면 어떡해요… 일어날 때 됐어요 일년이 넘구 있잖아요…

경환 할줄 아는 거 청소밖에 없다….늬 병원 청소부루 취직 시켜줄래?

경서 털구 일어날 때 됐어요..

경환 (안 보는 채)털구 일어나 어떻게 뭐하까. 고시공부해서 판검사 될까 너처럼 의사가 되래.

경서 …

경환 평생 은행에서 썩은 놈 할 거 없어.

경서 아닌 말루 뭐 적당한 장사라두

경환 (돌아보며 오버랩)적당한 장사 뭐 붕어빵?

경서 …(보며)

경환 (고개 돌리며)장사 벌일 주변머리는 되구?

경서 ……(보며)

경환 ……(담배만)

경서 작은 형 돌아가는 거 봐요.

경환 아무나 하는 거 아냐. 자신두 없구 ……고고한 니 형수..음식 장사 싫단다..

경서 싫으면 어떡해요 대책을 세워야지.

경환 ……

경서 ……(보다가)그러지 말구 빨리 추슬러요. 이러다가는 형 진짜 패배자루 끝나구 말아요.

경환 (힐끗 잠깐 보며 일어나 담배 아무렇게나 던지고 집 쪽으로)

경서 ……(따라 일어서 형 보는)

S# 거실

[경환 부부 아버지에게 절하고 있고 경서는 서 있고…]

아버지 (아들 내외 뻐언히 보고 있다가 절하고 일어서는데)앉어 봐.

부부 (앉는다.)

아버지 너두 앉구.

경서 …(앉는다)

아버지 왜 볼 때마다 얼굴이 더 신통찮어….추석 때 보다 더 망했어.

경환 (아내 잠깐 보며)별루 그럴 일 없는데요 아부지.

아버지 ….(뻐언히 보는)

인애 속이 편칠 않으니까 그렇지요 뭐.(아무도 안 보는 채) 편 할 일이 뭐 있어야지요.

아버지 마음먹기 달린 거지 어디 한 두 사람여? 그래두 집 칸은 지니구 있구 애 공부 다 시켰겠다 당장 안 벌어들이면 굶어 죽는 것두 아닌데 뭐 불편할 게 있어.

인애 본인이 그렇게 생각을 안하니까 탈이죠.

경환 (아내 돌아보는데)

인애 밥만 먹으면 다두 아니구요.

경서 (형수 보는데)

인애 E 지점장까지 했대야 별다른 저축이 있는 것두 아니구‥

인애 앞으루 얼마나 더 살지는 모르지만

경서 E (오버랩의 기분)그 걱정은 형님한테 맡기시구(인애 경서 본다)

경서 형수님은 그저 형님 다친 마음이나 위로해 주시구 용기를 주세요.

인애 이이는 걱정 안해요 서방님. 자동차 팔구 스무 평으루 옮겨 앉재요. 자기 차는 벌써 치우구 이 사람 지하철 타구 다녀요. 몇천원

이 아까와 설렁탕두 한 그릇 못 사먹구 졸쫄 굶구 들어오군 하면서/ 사람을 얼마나 스트레스 주는지 아세요? 이제야 말이지만.

경환   저녁이나 해.(오버랩의 기분)

인애   이이 하구 사는 꼴 보면 우리는 벌써 빈민이나 다름 없어요.

경환   밥이나 하라구.

인애   안 굶겨요/(일어나는데)

아버지   (안 보는 채)시애비 앞에서 남편한테 꼴이라니..(혼잣소리처럼) 에미 많이 달라졌구나.

인애   ·····(시부 보며)

경서   ···(바닥 보며)

경환   ···(바닥 보며)

인애   국은 뭘루 끓일까요 아버님.

아버지   (며느리 안 보는 채)생태 사다 논 거 있을겨.

인애   ·····(대꾸 없이 주방으로)

경환   (작은 소리로)경란이 오면 끓이라구 하세요.

아버지   ?(아들 본다)

경환   맛없어 못 먹어요.

아버지   (작은 소리로)왜···· 설렁탕두 못 먹구 댕겨. 뭐가 그렇게 겁이 나.

경환   (쓴웃음)글쎄 그렇게 간이···(시선 내리며) 자꾸만 쫄아드네요··· 무서운 생각이 ··많이 들어요.

아버지   ······ (가만히 보다가)니 엄마 지하에서 통곡해. 배 곯구 댕기지 마 이눔아.

경환   ··예···

아버지   (일어서고)

두 아들 (일어서는데)

경택 E 아부지이 경택이 왔습니다아.

모두 (돌아보면)

경택 (벌써 현관에 들어서고 있다/확 웃으며)아버지 둘째 아들 왔어요 하하.

아버지 그려.

경택 (현관에 선 채) 형 나 왔수. 경서 너(하다가) 오랜만이다.

경서 형 혼자 왔어요?

경택 혼자오기는 야 바늘가는데 실 안오냐? (현관문 열면서)아 안 들 어오구 뭐해.

혜자 (한쪽 안대하고 쭈뼛거리며 들어오면서)늦어서 죄송합니다. 요 즘 장사가 신통찮어서 이것저것 챙기구 뜨느라구

경택 (뒤에서 밀 듯)올라가 올라가.(혜자 내의 같은 것 봉투 들고 /밀려 올 라가듯)

혜자 (밀려 올라오며)아버님 건강하시지요? 너무 정신없이 사느라구 전화두 자주 못드리구

경택 (오버랩의 기분)입에 발린 소리 생략하구/이 사람 눈 빠질 뻔 했어요 아부지. 옆가게 통닭집 여편네하구 끄덩이 잡구 치구받구 쌈판 벌이다 이 사람은 눈팅이 터지구 그 여편네는 코뼈 부러지구 (하다가)아 왜 가만 있어.말씀드려.

혜자 (냉큼 나서며)네에 제가 아주 반쯤 죽여놨어요 아버님 흐흐흐 흐흐.

아버지 (오버랩의 기분)쯔쯔쯔쯔쯔...(혀 차면서 안방으로)

　　[아버지 들어가는 동안 사이 두었다가..방문 닫히자]

경환   (소파로 한 귀퉁이로 가 푸욱 기대어 앉으며 눈 감고 한 손 이마로 올리고)

경서   (바닥의 신문 집어 들며 다른 편 귀퉁이로 가 앉으며 신문 편다)

경택   (눈치 보며 어정쩡 서 있다가)점심 먹어야 하는데 점심 하시는 거에요?

인애   (돌아도 안 보는 채)네에.(경멸) 동서 전꺼리 준비부터 해. 바쁘게 생겼어.

경택   (마누라 쿡쿡 찔러 주방 쪽으로 가라는 시늉하고)

혜자   (주방으로 움직이며)네에…큰 고모 아직 안 왔어요?

인애   (무 썻으며 경택 시각으로)안 왔어.

경서   큰고모 안계시면 일에 두서가 없는데 왜 늦으신대요?

인애   옷부터 갈어 입어.

혜자   네에.(하고 조르르 나와 현관께 놓아두었던 가방 들고 남편 돌아본다)

경택   (빨리 하라는 시늉)

혜자   (방으로 들어가고)

경택   (형들 돌아보며 괜히)큼.크으음.(하고 소파 가운데로 앉으며 형 보면)

경환   (슬그머니 일어나 다른 방으로 움직인다)

경택   (경서 보면)

경서   (고개 돌려 경택 보고 있다)

경택   …뭐 임마…

경서   차암.(혀 차듯/신문 들고 일어나 방으로)……

경택   (어정쩡한 채)

S# 남자들 방

경환   (방 가운데 양반다리하고 앉아서 담배에 불붙이는데)

경서   (신문 들고 들어와 앉다가 방바닥에 담뱃갑 본다)····

    [중간급 담배.]

경서   ?···(형 보는/이 사람 왜 이러나)

경환   저 자식은 저거(하는데)

경택   (들어오면서)왕따 시키지 마슈. 우는 놈두 속이 있어 우는 거구 (퍽 앉으며 담뱃갑 집다가) 이거·····(하고 형 보고)나 참··왜 그러구 사슈 도대체.

경환   분수에 맞게 하구 사는 거야.

경택   아 담뱃값 내가 댈테니까 궁상 좀 떨지 마슈. 니 담배 내놔.

경서   아무 거나 펴요.

경택   (별수 없이 담배 꺼내 물다가 갑자기)아 지점장을 몇 년 씩 하구두 그래 당장 담뱃값 애껴야 할 정도루 그렇게 형편 무인지경이유?

경환   내 걱정 그만두구 니 앞가림이나 제대루 하구 살어. (싫증 나서 야단친다기보다 한심해서)

경택   제대루 못하구 사는 건 뭐유.

경환   너 제수씨 말짱하게 데리구 온 적 있어 없어.

경택   ······(보다가)내 기억에 별루 없시다.

경환   느이끼리 어떡하구 살든 알바 아니지만 어떻게 집에 올 때마다 그게 뭐야··보는 사람 민망하게.

경택   집에 올 때 마다 오장을 뒤집는데 어떡해요.

경서   한 두해 살었어요? 참아 넘기면 되지 꼭 손질을 해야 하우?

경택   야 경서야

경서   (오버랩)야만두 아니구 깡패두 아니구 여자 상대루 힘자랑 좀 그만해요. 형수들보기 정말 낯뜨거워요.

경환 누구는 힘이 모자라 여자 안 때리구 사는 줄 알어?

경택 아 힘 자랑 할 데 없어 여편네한테 힘자랑 해요?

경환 힘자랑이지 뭐야.

경택 힘자랑이 아니구요 형(하는데)

경서 무식하게(혼잣소리처럼)

경택 ?……이 자식. 너 지금 뭐랬어.

경환 (오버랩)무식해서 무식하다는 소리는 아니구

경택 (오버랩)너 이 새끼 공부 좀 했다구 건방지게 어따대구/너 일
     어나.(불끈 일어나며)일어나 짜샤!

경환 왜 이래.(올려다보며/좀 강하게 나무라는)

경택 (경서 내려다보며)

경환 앉어……앉어어.

경택 (퍽 앉으며)그래 너 근본적으루 나 무시하는 거 알어 임마. 너
     형두 무시하는 눔인데 더 말할 거 뭐 있냐 나쁜 눔.

경서 누가 누굴 무시해요.

경택 너 이 자식 무시하잖아. 형 명퇴했단 소식 알리러 전화했을 때
     임마 너 뭐라 그랬는지 까먹었냐? 그럴 줄 알았다구. 살아남을 사
     람으루 생각 안했다구.능력없으면 밀려나는 거라구 너 했어 안 했
     어. 니 눔 원래 싸가지 없는 눔인줄 알구 있었지만서두 /(형 보며)나
     그때 이 자식 아주 오만 정나미 다 떨어졌수.(해놓고 경서 보며)너 이
     자식/ 너는/너느은 형한테 그러는 거 아니지이·· 너 의대 육년 공부
     누가 시켰는데 개소리야 이 자샤.

경서 형 덕은 나만 봤수?

경택 임마 지금 누구는 보구 누구는 안 봤다 소리 하는 거야? 너는 싸

가지다/ 그게 본론이야 지금 임마.

경서   싸가지 있는 작은 형은 형한테 뭘 얼만큼 훌륭하게 했는데요.

경택   얌마 나는그래두 마음 만이라두

경환   (오버랩)그만들 해. 본의든 본의 아니든 너 그 소리는 잘못한 거야. 남한테두 쓰면 안되는 말을 형제한테 하는 데가 어딨어.

경서   ……

경택   잘못했다구 안하잖아아아‥

경서   말이 잘못 나갔어요‥‥

경환   (담배 갑 집으며)문 좀 열어.(담배 필려고)

경서   (일어나 창문 연다)

S# 아버지의 방

아버지   (가운데 양반다리하고 앉아서 두 손 샅에 집어넣고 우두커니 앉아서)……

S# 주방‥

혜자   (고기전 부칠 고기에 파 마늘 기타 양념 첨가하면서 화면 시작과 동시에)고모네 강아지 다섯 마리 칠백오십에 분양나간 거 아세요?

인애   (생태찌개 끓일 무 고춧가루 넣어 볶다가 막 물을 붓는 중이다)?

혜자   모르시는구나아. 에미 두 마리가 하루 이틀 상관에 암놈만 다섯 마리 낳았었잖아요.

인애   벌써 젖 뗄 때 됐나부지?(무치며)

혜자   한 마리 백오십씩 그저껜가 그그저께 한 집에서 몽땅 갖구 갔대요. 보기보다 짭짤하겠어요. 한꺼번에 칠백 오십이 어디에요.

인애   종자가 뭔데 그렇게 비싸.

혜자   조막만한 거 하얀 털 길게 리본 매구 그런 거 있잖아요 왜.

인애 (냄비 뚜껑 닫으며)‥‥

혜자 백오십 씩 갖구가 이백 씩 받는다는데요? 강아지가 귀하대요.

인애 (혼잣말처럼)개 좋은 줄 모르겠드군. 여기 저기 털 날리구 질색야.

혜자 나두요. 그래두 고모한테는 그게 돈줄이구 목숨 줄이잖아요. 고모있는데서는 강아지 싫다 소리하면 안되죠 뭐.

인애 ‥‥(생태 봉지 그릇에 담아 씻기 시작)

혜자 그래두 죽으라는 법은 없어요 형님. 집 날리구 이혼하구 우리가 돈 모아 택시 사준 거까지 홀랑 털리구 파출부 나설 때/진짜 우리 다 같이 얼마나 심난했어요. 그랬는데 운이 좋을라니까 애완견 쎈터 주인 집이 걸려서 그 덕에 아예 들어앉아 강아지 분양으루 먹구 사니 말이에요.

인애 (생태 씻으며)맞으면서 왜 살어 살지 말지.

혜자 (고기 조물조물하면서 피식)사는 사람은 또‥그래두 살만해서 사는 거에요‥

인애 하기는 맞구 사는 재미두 있다드군.

혜자 재미는 무슨… 그냥/…날마다 그러는 거 아니구 일년에 서너 번/ 그것두 두 방두 아니구 딱 한방 씩이니까 넘어가면서 사는 거에요.

인애 (냉장고 문 열고 김치 통 꺼내 싱크대로 움직이며)‥‥

혜자 (문득 얇은 비닐장갑 한쪽 벗고 안대 떼고) 좀 보세요 형님‥

인애 (보고)‥‥‥눈 안 빠진 게 다행이네.

혜자 흉해요? …답답해서요.

인애 아름답지는 않어. (뚜껑 열면서) 뭐 한 두 번이야?

혜자 (안대 아예 떼서 주머니에 넣으면서)촛점 안맞아 불편해 죽겠어요. 안 할래 시이. 아버님 두부 눌러 노셨나?

인애 야채 박스 봐.

S# 남자들 방

경택 아 며칠 전부터 종알쫑알 잠시두 안 쉬구 쫑알거리잖아요. 주
말 장사 팽개치구 무슨/제사 한번 쯤 빠지면 안되냐구. 이게 말이
돼요?

경환 ....(보는)

경택 한두번 쫑알거리구 말았으면 또 몰라요 이건 이틀 전인가 사
흘 전부터 눈만 마주치면 쫑알쫑알 틱틱틱 쫑알쫑알 틱틱틱 사람
부아를 긁는데/ 저 여자 바가지 긁는 소리 안 겪어 봐 모르지 사람
얼마나 신경질 나게 하는데요.

경환 신경질 난다구 사람을 패?

경택 패패 하지 마슈. 한방 쥐어박았수. 내가 팼다구 하면 저 여자 지
금 입관 기다리구 있어야 하구 나는 살인죄루 철창 들어가 있을
거유.

경서 거 말을 꼭 그렇게 무섭게 해야 해요? (싫어서)

경택 무식해서 그렇다 그래··

경환 (오버랩의 기분)한 귀루 듣구 한 귀루 흘리구 말어. 쥐어박어 노
면 뭐 시원한 거 있니. 볼상만 사납지.

경택 시원한 거 없지 뭐.

경환 그런데 그 버릇 왜 못고쳐··

경택 아 나두 참을데까지는 참는다구요 그건 좀 알어주. 참을 데까
지 참구참구 또 참었는데 ...아버지 양모 내의 한벌 사다 드리자
는데 또 쫑알거립디다. 그냥 갈겨 버렸지.

경서 ....(보며)

경환 ......(보며)

경택 (담뱃갑으로 손 뻗으면서)수전노 수전노 저런 수전노는 저건 아
주 병이에요 병. 돈 앞에는 아무두 없어요 아 즈이 친정 부모두 없는
앤데 더 말하면 뭐해요. 저 여자는 돈이 목숨이구 종교에요. 그저 수
미년 하나만 예외에요. 악악거리면서두 그 기집애한테는 쓸 거 쓰
니까.

경환 플롯 바꿔줬다면서.

경택 이천만원 풀 쒔수 자그마치 이천만원. 그래 놓구 시아버지 양
모 내의 한벌 사는 게 아까와 쫑알거리는데 손 안 올라가요? 나 돌
아요 그럼.

경환 ....(방바닥 보며)

경서 ......(경택 보며)

경택 말 마슈. 나두 무진장 썩구 사는 눔이유…(들고 있던 담배 한 개
비 입에 물고 불붙이고 푸우우우 내뿜으며)저번에두 말유, 한 보름 되
나 우리 승용차가 시장 보기 불편하구 바꿀 때두 되구 그래서 승
합차루 바꾸는데 /차 계약하구 가게 들어갔더니 마침 누나가 겟군
들하구 와서 밥먹구 있더라구. 벌써 소식듣구 너 차 바꾼다면서 니
차 나한테 넘겨라 그러길래 아 누나 차 필요하우? 그럼 갖구 가 하
는데…(김새는 쓴웃음)아 이 여편네 카운터에 있다 깜작 소리 지르
잖아.

경환 (경택 보는)....

경택 E 벌써 계약금까지 받구 딴 사람한테 넘겼는데 무슨 소리냐구.

경서 (보는 위에)

436

경택　E 뻔한 거짓말인지 알면서두 그 자리서 어떡해. 어물어물 넘어가구 집에가 조졌는데 한 마디루 시집이구 시누구 나발이구 필요없다 그거야.

경택　남한테 넘기면 제값받구 파는데 뭐때매 시누한테 공짜루 주냐 땅을 백자를 파봐라 천원 짜리 한 장 나오드냐 눈 똥그랗게 뜨고 덤벼드는데 그냥 눈알을 확 파버릴 수두 없구(하다가 보고 있는 경서 보고)미안하다 무식해서. 난 태생이 그래 니가 봐 주라.

경서　작은 형수 짠 거 우리 다 알아요. 그냥 포기하구 살아요…

경택　너 말은 쉬워. 여편네 그런 거 얼마나 징그럽구 미운지 아니? 이게 인간인가 사람인가아아 어처구니가 없다가/ 한 순간 부르르르 치가 떨리면 /나두 모르게 갈겨지는 거야.

경환　너 돈 관리는 어떻게 하구 있니.

경택　? 저여자가 다 움켜쥐구 있지 뭐. 나 하루 만원 씩 용돈 타써요…술이라두 한잔 먹을 일 있으면 사정사정해서 따루 타내구. 나 돈 안 줘요. 줘두 탈이지만.

경환　(오버랩의 기분)그러다가 늙어서 알몸으루 쫓겨나면 어떡할 거야.

경택　? 왜 쫓겨나요.

경환　너야 명퇴같은 거 할 일 없으니까 경우가 다를지두 모르지만‥ 경제권은 쥐구 있는 게 낫겠더라‥돈 벌어 들이다가 그게 없어지니까…딱 돈버는 기계 고장나 서있는 폭 밖에 안돼.

경택　자격지심이?

경환　자격지심두 반은 되겠지.

경서　(보는 위에)

경택　E 형수님이 재미없게 해요?

경환 E 아무두 모르는 비상금 얼마쯤은 만들어 둬.

경환 늙어서 집에 손 안 내밀구 너 혼자 움직일 수 있는 돈은 갖구 있는 게 좋겠더라.

경서 경택 (경환 보는데)‥‥‥

경란 E 무슨 인심이 이래 진짜.(남자들 방문 쪽으로)사람이 늘어지면

S# 거실

경란 (들고 들어온 김치 통과 반찬 통들 쾅쾅 놓으며)어디 쯤 오구 있나 (주방으로)언제 쯤 도착하나 궁금하지두 않단 말야?(식닥거리면서 냉장고로)어떻게 전화 한 통 하는 사람두 없어 그래.

혜자 즈이두 도착한지 얼마 안돼요 형님.

경란 (열었던 냉장고 문 픽 닫으며)물두 없네. (손부채질 하며)얼른 얼음 빼 냉수 한 사발 만들어. 우우우우우 더워. 어이구 미치겠다.아부지 저 왔어요오! (안방으로 움직이며)아부지 어디 계세요.(하다가 나와 선 경택 경서 스치면서)오랜만이다들. 얼굴 잊어버릴 뻔 했다‥ (안방 문 열며)아버지

S# 안방

경란 나 이제 도착했어요.

아버지 (앉은 채 고개만 틀어 보며)도착했으면 했지 왜 이리 시끄러워.

경란 식구 많은데 왜 혼자 그러구 기셔유?

아버지 즘심 기다리는 겨‥

경란 아 즘심을 기다려두 나와서 기다리세요. 청승맞게 그라구 기시지 말구. 우리 아부지 승격두 이상햐 참 나오셔유 얼렁‥ (돌아서 다가 문득 되돌아보며 엄마 사진 보고)엄마 나왔수.(돌아서며)나오세요 나오세요‥

438

S# 거실

경란 (방문에서 떨어져 주방 쪽으로 움직이며)늬덜 뭐하구 있는겨 아부지랑 놀아드리지.

경택 나오세요 아부지!

혜자 (물그릇 들고 와 내밀며)형님.

경란 엉..(물 받다가 보고)? 또야?…끌끌끌끌끌..그렇게 터져두 그래두 눈이 제 자리 박혀 있는 게 용타.(소파 쪽으로 가고 있는 경택 보면서)저 자식 저 손버릇은 어떡하면 고치는 거야 대체.나쁜 놈.

경택 아 물이나 마셔요.

경란 (벌컥벌컥 마시고 대접 퍽 밀어주면서)때리는 눔이나 맞는 기집이나. 매련하니까 맞지 왜 맞어. 벌써 인상 보면 몰라? 이거 아니다 싶으면 후닥탁 튀구 보라니까 왜 마지막까지 얼굴 들이대구 앙알거리다가 터져 터지기는.

혜자 (웃으면서)저는 형님 그게 안돼요 글쎄.

경택 (혜자와 함께)알기는 잘 아네.(앉아 있다)

경란 어이그 미친 눔.(하고 경택의 옆으로 가 풀썩 앉으며 퍽 어깨 갈기며 작게)그 버릇 언제 고칠껴..죽을 때까지 할껴?

경택 개 팔아 횡재했다면서.

경란 횡재 좋아한다.

경택 떼부자 됐다 그러든데 뭘.

경란 돈 칠백 오십이 무슨 코같은 횡재구 떼부자야.. 오줌 똥 치워가며 멕이구 씻기구 빗기구 하루 스물 네 시간 개새끼들한테서 헤어나질 못하구 치다꺼리하는 생각은 안해?

경택 그래두 한 몫에 칠백오십이면 그게 어딘데에..

경란 그래 한달 천만원 우습게 버는 느네들에 비하면 새발에 피지만 벌긴 좀 벌었다 <u>으흐흐흐</u>(갑자기 소리 죽여)왜 팼니.

경택 (주방 흘끔거리며)말 안 들으니까 팼지이.

경란 무슨 말을 어떻게 안 들었는데에.

경택 시키는대루 안하구 극성 떨어서 손 좀 봤어.

경란 (빗쭉)재 극성은 매루 다스려질 극성을 넘어선 극성야 야..

경택 (한숨처럼)맞는 말인 거 같어어.

경란 (쿵 머리 쥐어박으면서)사내 못난 눔이 여편네 매루 다스리려 들더라.

경택 아 왜 그래애애.

경란 이번에는 아주 오방 맞은 거 같으다?(싫지 않다)

경택 어이그…(경서는 형 있는 방으로 아웃되고 없음)

경란 (벌떡 일어나며)아부지 배고프시다. 얼렁얼렁 서둘자구우

S# 집 전경(1시 반쯤)

S# 거실

　　[상 두 개. 여자용 남자용.(화면 시작과 동시에)]

경란 (상추 고르면서/옷 갈아입었고)칠십만원짜리 자동차가 여북하면 오죽하겠냐구우. 요즘 애들 말루 무늬만 자동차지 달구진데/안 퍼지면 이상한 거지 뭐. 칠십만원짜리에 라지에타 가느라 십 이만원 쏟아붓구 왔다는 거 아니니.

경서 그런 차를 뭐하러 사요 그건 사는 게 아니지.

경란 저 녀석 경주 기집애하구 똑같은 소리 하네? 내 형편에 맞췄다 그래.

경서 차가 뭐 꼭 그렇게 필요해요.

440

경란　너 그러면 나 열나 얘.. 심장 나빠서 숨은 찬데 버스타구 지하
철 타구 이십분 언덕배기 올라 다니는 거 너무 힘들구 처량맞어서
내가.

경서　(오버랩의 기분)살려면 좀 쓸만한 걸 사지 칠십만원 짜리가 차
냐구요.

경란　(열 좀 받으며)차 아니구 달구지야 그래. 어느 놈 하나 보태주는
놈 있어 쓸만한 걸 사아. 내 주제에 딱 아니니?

경택　(자동차 문제기 때문에 찔려 있다가)주제 얘기가 아니구 어차피
살 거면

경란　(터지듯)야 시끄러 너는 입 다물어 빙충이 같은 눔.

아버지　?....

다른 사람　(각각 썰렁..사이)

경환　밥상 앞에 놓구 왜 화는 내구 그래.

경란　.....(싸려던 상추는 그만둬 버렸고 아무 거나 집어 먹으며)

경환　내차 갖구 갔으면 좋았을 걸 그랬다.

경란　뭘 몰라두 한참 모르네.(흥분은 하지 말고)안 그래두 그집 차 처
분한다길래 언니한테 그거 할부루 나주면 안되냐구 운 뗐수.

경환　?..(아내 본다)

인애　(차분하게 먹으면서)

경란　E (인애 위에)못 들은 척 딴 얘기하구 맙디다. 드럽구 치사해서
증말.

경환　.....나한테 얘길하지 왜.

경란　아 오빠 지하철 값두 애끼느라 한 두 구간은 걸어다닌다면서.
제값 받구 팔아 돈 챙긴 거 잘한 거야........(먹다가 제풀에)아이구 자

동차 얘기 그만 합시다. 신경질 나 밥 체하겠어.

모두 ….(묵묵히 먹는)

경란 …..(먹다가 새삼스럽게 수저 딱 놓으면서)경택이 너두 빙충이같이 그러구 살지 마 이 자식아.

경택 …

경란 어쩌다 한번씩 눈팅이 밤팅이 만든다구 아주 사내답게 사는 거 같지? 착각하지 마.여편네 손에 꽉 쥐어서 숨두 크게 못쉬구 사는 얼간이가 무슨

경택 (오버랩)아 조용히 밥이나 먹읍시다‥ 유감 많은 건 아는데/그건 누나하구 나하구의 문제구 분위기 흐리지 말구 화기애애 하자구요.

경란 자동차 퍼져 나자빠져 꼼짝 안하는데 내가 얼마나 비참하구 속상했는지 그냥.(목이 메이면서)재수 없는 년 뒤루 자빠져두 앞통수 깨진다구 멀쩡하게 잘 굴러 다니던 게 하필 왜 고속도로서 퍼지냐 말야 퍼지길‥ 수리 하는데는 또 왜 그렇게 오래 걸려. 날은 을씨년스런데 춥기는 하지 버리구 올수두 없구 그냥 덜덜덜덜 떨면서(징징징으로)

경택 (오버랩)아 휴게소 들어가 있지 떨기는 왜 떨구 그것두 한을 만들어. (화나고 속상해서)누나 문제가 뭔지 알어? 그저 뭐든지 한을 만들어 한을…이것두 한 저것두 한/그래갖구 되는 일 아무 것 두 없다구.점점 꼬이지 되는 일 없어요.

경환 가만 있어.

경택 아 누나 장끼 잖아요. 일단 징징거려서 김 팍새게 만들어 놓구 시작하는 거.(불끈 일어나 나가며)어이 대책없어 정말. 무슨 누나가

저래 진짜

경란 (나가는 경택에게)그래애. 이거 밖에 안돼서 미안하다미안해. 이 자식아 니가 나 밥 줬어 옷 줬어. 너 돈 좀 번다구 뵈는 게 없어? 누구한테 벅벅거려 이 자식아.(경택 아웃)

경환 너두 그만해‥

경란 이잉잉잉잉잉 내팔자 한심하구 속상하니까 그렇지이.(징징징 징 징징징징징)

경환 (슬그머니 아버지 보고)

아버지 (묵묵히 먹고 있고)

경서 …(숟가락 놓으며)어떻게 된 게 이집 식구들은 모이면 시끄러워 모이면….먼저 일어나겠습니다.(일어나 남자들 방으로)….

경환 ….

아버지 …..(아무 일도 일어나고 있지 않은 듯)

혜자 (눈치 보다가 부시시 일어난다)…..

S# 마당…

경택 (주머니에 손 찌르고 서서)……..(끓어서 죽겠다)

혜자 (나와서 옆에 서 담뱃갑 내민다)…..

경택 …..

혜자 담배나 펴…..

경택 ….

혜자 아버님 족발 사다 노셨대‥고모가 안쳤어‥

경택 (본다)

혜자 …뭐어.

경택 누나 줬으면 아무 문제 없는 거잖아.

혜자　이백이나 받는 걸 어떻게 공짜루 줘.

경택　이백 없어서 우리 죽어?

혜자　자가용 없어서 죽는 것두 아니잖어.

경택　심장이 나쁘잖어 심장이이이/

혜자　아이구 돌아 다니는 거 보면 심장 나쁜 것두 아냐 뭐.

경택　(주먹 올라가며)이이이이이이..(했다가 내리면서)내 눈깔 내가 쑤셨는데 내 손가락을 잘라 버려야지 그래 엠병할/ 환장하겠다 환장하겠어.(하며 담뱃갑 확 채뜰어 담배 꺼내면서 의자 뺀다)눈 앞에 있지 말구 꺼져 빨리..

혜자　....(보는)

경택　푸우우우우우....너는 어떻게 그렇게 인정머리라구는 좁쌀 알갱이만큼두 없니.

혜자　....(빗쭉)

경택　인간이니 괴물이니...

혜자　맘대루 생각해.

경택　정 떨어져 못살겠다 증말.....계속 이러면 곤란해애....어디 따끈따끈한 여자 없나 찾아보구 싶어진단 말야.

혜자　죽을려면 무슨 짓은 못해. 배고프면 얘기해.(하고 돌아서 움직이는)

경택　(아내 가는 것 보다가 의자 차듯 일어서며)야 이 기집애야 너 무서워 딴 생각 안하는 줄 알아?

혜자　(돌아보며)잠바 갖다 줘?

경택　(의자 냅다 차버린다)

S# 거실

444

[남자들 밥상 치워지는 중. 인애가 밥상 들어 올리는데]

아버지   갔다 줘.

인애   아니에요 됐어요…(밥상 빠지고)

아버지   ……(바닥에 떨어진 것 집어 재떨이에 넣고)

경환   (눈치 보며 걸레 집어다가 닦는다)……

경란   (밥상 앞에 뿌우 앉아서)……

경환   (걸레 원래 바구니로 옮기면서)차 좀 주라.

경란   (일어나면서 부어터진 채)뭘루 디려요 아부지.

아버지   아무거나 뭐…

경란   (주방으로 움직이는데)

혜자   (들어온다)

경란   (움직이다 말고 돌아보며)차 준비하구 설거지 빨리 해 치워··

혜자   네에.

경란   (싱크대로 가서 컵 하나 집어 수돗물 받으면서)아는 척 좀 하구 삽시다.

인애   ?

경란   눈두 안 맞췄잖아요.(벌컥벌컥)

인애   아는 척 할 새 없었어요.

경란   말 되네(컵 딱 놓고 소파 쪽으로 움직이면서)경서야 나와 차 마셔.(하고 마루 문 열고 밖에 대고)야 뭐해 들어와 차 마셔.(문 닫고)너머 신경을 써서 그런지 머리 아퍼 죽겠네. …(안방으로)

경환   (움직이는 경란 보고)

경서   (방에서 나오는데)

S# 안방

경란 (들어와서 장에서 베개 꺼내 퍽 던지고 퍽 쓰러지듯 누우면서 한 손
눈 덮고)……(잠시 있다가 불끈 일어나 전화 다이얼링)………뭐하느라
이렇게 전활 안 받는 거야….애들 밥 줬어?….유끼 좀 어때…코 촉촉
해졌어?…..밥 먹는 건 어떻구….하나 두나는 잘 놀구?..세실이는 아
직두 심통부리구 있어?….그년 진짜 못됐네…무슨 개새끼가 그렇
게 소가지가 나빠 그래…..(펄쩍)그래서…..주의하랬잖아아 신랑 만
날 때 돼서 인사불성인 애 감시 잘하라니까 진짜? 애만 놓쳐 너. 그
거 새끼 벌써 맞춰놨단 말야. 아 그래 신랑두 만나기 전에 벌써 맞췄
다니까. 코코 걔가 혈통서 있는 애잖어. 피터하구 결혼할 거라구 했
더니 서루 달라구 난리다 얘…웅..잘 왔어….아아니 씽씽 잘만 달리
더라 얘. 웅?..아냐아냐 목욕시키지 마. 아직 감기 다 안 떨어졌어 그
냥 둬….그래…그래 문단속 잘하구 자…아침 먹구 산소 들렀다 갈 거
야…잘하면 한시 쯤 들어갈 거구. 엄마 늦어서나 갈 거야..웅 그래
부탁한다 우리 착한 딸…웅 ..안녕…(끊고 밖에서 무슨 얘기하나아 문
께로 움직여 귀 기울이는)……

S# 거실

인애 (녹차 같은 것 내고 있다. 혜자는 설거지 중)…..

모두 ….(묵묵히)…

아버지 애들은 아무두 안오는겨?

경환 성진이 올 거에요..

경택 우리 기집애는 레슨이 있어서요 아버지…

혜자 (설거지하며)콩클 준비하느라구 바뻐요 아버님.

경란 (나오면서)걔는 가망이 있는 거야 없는 거야.

혜자 열심히 하구 있어요.

446

경란 (소파로 가면서)나간다는 소리만 들었지 입상했단 소리는 들은
적이 없어서 말야.

혜자 (불만이고)경쟁이 얼마나 무서운데요.

경택 E (경란에 연결)천재가 아닌 건 분명한 사실이구 그걸루

경택 대학이나 가주면 감지덕지겠는데 모르지이이..

혜자 저이는 말을 해두 꼭 저렇게 재수없게

경택 (오버랩의 기분)순전히 당신 허영심이지 소질두 없는 애 생고생
야 지금.

혜자 소질 없으면 어떻게 플룻으로 고등학곤 들어가요. 예고는 뭐 아
무나 들어가요?

경란 예고두 예고 나름이야.

경환 그러지 마 애 사기 떨어져. 애비가 잘한다 잘한다 그래야지 (남
아 있다)

혜자 (오버랩)그렇죠? 아주버니(아예 나서듯 움직이며)저이 야단 좀
쳐주세요 아주버님.저럴 때보면 지가 어디서 데리구 들어온 자식
이라니까요?

경택 아 시끄러 내 얘기가 정확한 얘기야. 한 판 벌립시다. 화투 어딨
어요 아버지..

경란 어이그으 징그러워. 벌리긴 뭘 벌려. 그냥 놀아.

경택 아 뭐하구 놀아 쎄쎄쎄 해?

경서 오늘은 그냥 얘기나 하면서 보냅시다.

경택 야야야 얘기 골치 아퍼. 얘기하다 보면 왈가왈부 되구 왈가왈
부하다 삣끗하면 또 작은 누나 악악거리구 골치 아퍼요.

경란 빌어먹을 놈. 만만한 게 뭐라구 빽하면 끄어 부치는 게 나더라

저 자식은.

경택 아 나두 대학가게 생긴 자식이 있는 눔이유 이 자식 저 자식 좀 삼가슈.

경란 따따 꼴값을 떤다.

경서 우리끼리는 이해하는데 그래두 애들 있는데서는 좀 조심해 주시는 게

경택 아 시끄러. 당신 빠져. 우리 형제들 얘기에 당신이 무슨 자격으루 껴. 괜찮아 누나. 해.해. 나이 오십 바라보면서 이 자식 저자식 해주는 누나가 있는 게 행복이지 뭘 그래.

경란 (픽 웃으며)니가 하란다구 하구 하지 말란다구 안하니 내가?

경택 그러엄 우리 누나가 누군데에. 곰방 죽어두 한경란인데에에에.

경란 (바닥 빈 찻잔에 녹차 봉지 넣고 주전자 물 따르면서 오버랩)애 대학 가는 건 부모 가랭이가 얼마나 찢어지느냐에 달린 거 아니야. 과외비를 얼마나 때려 넣느냐두 아니구 레슨비루 코피를 얼마나 쏟았느냐두 아니구 결국은 지 기본 실력이야아.

경택 어이구 그래 알었어.누나 딸 과외 한 시간 안하구 과 톱해서 장학금 받어. 아버지 화투 어딨어요 화투.(일어나며)

경서 아 그냥 이렇게 편하게 쉬자구요.

경택 저건 지가 더 좋아하면서 시작할 때는 꼭 초 뿌리더라.

경환 아버지 심심하셔.

경택 아 아버지 구경하는 거 좋아하시잖아요.좋죠 아버지.

아버지 그려… 내 찾아다 주께.(일어나며)

경택 봐 하라시잖아. 형제들이 다같이 모였는데 어떻게 오천만의 오락/ 고스톱을 안 칠수 있어. 여보 깔판 찾아와 깔판. 박아 놓구

끝장을 내는 거야 오늘…너 두둑하지? 형 밑천 얼마나 돼요 내가 좀 밀어주까? 오늘은 딴 거 반 내놓구 그런 거 없기야 다 먹는 거야 알었지? (혜자 안방에 들어가려는데)

아버지 (깔판과 화투 들고 나오는)

경택 (받으면서)자아 어디 한번 땡겨보까?

경란 어이그 징그러 저 늚으 고스톱 판.(불끈 일어나 주방으로)간 맞추는 거 내가 할테니까 언니 딴 거 해요··(인애 큼직한 양푼에 눌러 짠 베보자기의 두부 털어넣고 있다가 물러나고/능숙하게 두부 마저 넣고 간 고기 때려넣고 양념거리 집어넣고 치대 섞기 시작하면서)나물들 다 듬어 씻어 집어 넣구요. 토란두 손질해 놓구 탕국 들어갈 갈비 고기 기름 발라 놓구 수미 엄마. 멀었어?(설거지)

혜자 금방 해요.

경란 (동그랑땡 재료 섞어 치대면서)족발 김 안나요?

인애 (싱크대 치우면서)이제 나기 시작해요.

경택 E (바닥 패 한 장 뒤집으며)밤일 낮장!(하다가)하하 틀림없는 선이네 내가 선이유 형.

경란 감시 잘해. 쟤라구 허무길이 되지 말라는 법 없어.

경택 (때리면서)허무길이 같은 소리 하네.(아버지 와서 기웃이 보고 있고)노름쟁이두 사주팔짜에 있는 거지 내 사주에 그런 건 없으니까 안심하슈.(하면서 때린다/화투는 자유롭게 뒤집히는 대로 지껄여가면서 진행하시기를)

　　E 전화벨··

경택 전화 받어.

아버지 내 받으마.(혜자 움직이려다 말고)··예에 여보세요?·····어 성진이야?

아버지　E　(주방에서 돌아보는 인애 위에)…오냐 잠깐 기다려라.(보고 있는 경환에게)

경환　E　(받아서)벌써 떠났어?……왜 오기 어려워?

S# 병원

성진　(선 채로 뭔가 뒤적이면서)아니에요 아버지. 여덟시 경에는 들어가도록 할께요……그런데요 아버지 …저 …초희 (옆자리 초희 돌아보며)데리구 가요…아버지만 알구 계세요.

S# 거실

경환　……꼭 그래야겠어?……그래 알았어……그래. 해봐 그럼 한번……그래 끊어…아부지 고스톱 쳐.(쓴웃음)응 그래.(전화기 아버지 주고)

아버지　(전화기 받으며)못온댜?

경환　여덟시까지는 댄대요‥

아버지　으음…

경란　그래두 장손이 틀리기는 틀리다. 그 바쁜 와중에두 안 빠지구 꼬박꼬박 오니‥그러구 보면 외손주는 말짱 소용없죠 아버지‥

아버지　에에 잘못 쳤어. 그게 아니지이(진행되는 게임에)

경란　(웃으며)어이그 아버지.낄낄낄 아아이구 참 아부지 왜 녹두가 안 보여요?

아버지　담가서 뒷곁에 내 났어.(화투판 보면서)

경란　깜짝야 잊어버리신줄 알았네…

경택　아 뭐해요.

경환　……낼 게 없어.

경택　아무거나 내요 아무 거나. 내가 다 잡쉬 줄테니까 부지런히 내라구요.

아버지 (내려는 큰아들 패 말리면서)가만 있어봐…그렇게 하는 게 아니야 그러니까 밤낮 깨지지··풍 던져 버려 풍.

경환 (풍 내는데 쪽이다)

경택 이거 뭐야.

경환 하하 한 장 씩 내.(걷는데)빨리.

아버지 청단이야.

경환 ?어 청단이네 야 나 청단 났다.

경택 어이 아부지 가만이 좀 계세요 네?

경서 (화투 패 던지면서)이거 뭐야. 광박 씌우는 건데 아버지때매 밟혔네.

경택 아 훈수누기 없기에요 아버지 에?

아버지 잔소리들 말구 계산들이나 해. 천오백원씩 바쳐.

두 남자 (계산)

경택 에이 첫판부터 이게 뭐야. 여보오 족발 아직 안됐어?

경환 (화투 패 섞으면서 소리 안 들리는 대사들 하면서/다소는 화기 있어진 분위기/ 카메라 빠지면서)

제2회

S# **집 전경(밤)**

S# **거실 주방**

경란 (잔뜩 부쳐놓은 생선전 고기전 동그랑땡. 녹두 빈대떡. 인애와 혜자
　　　두 군데서 각각 마지막 빈대떡 부치는 중이고 김 팍팍 나는 작은 떡시루—
　　　동부고물 묻혀 노랗거나 흰 고물 시루떡—나무 젓가락으로 찔러보는 중/
　　　젓가락 싱크대에 넣으며)떡 자알 익었습니다아·····(시루 불 끄면서)우
　　　리 아버지 떡살에 고물까지 다아 준비해 놔 주시니까 이렇게 간단
　　　하구 쉽지, 아니면 최소한 맏며느리는 하루 전에는 와야 하네. (행
　　　주에 손 닦으면서)우리두 손놓구 족발 좀 뜯까? 이제 메 안치구 탕
　　　국만 데우면 되잖어.

인애 나물 무쳐야죠.

혜자 아직 시간 많아요. 형님들은 잠깐 쉬세요.

경란 아그 아그그그(허리 두드리며 잠깐 바닥에 퍼지르며 발바닥 주먹
　　　으로 때리는)

인애 (다 된 빈대떡 채반으로 내면서)제사 이렇게 모시는 집이 어딨어

요. 전까지 다 부쳐 파는데 정말 안 변하는 집이에요.

경란   ? 제사라는 게 하나서부터 열까지 내손으루 정성껏 차려놓구 맛있게 들구 가세요오 해야지 언니는 백화점 쇼핑 제사가 부러워요?

혜자   바쁜 세상이니까요‥

경란   (일어나며)조상 제사두 제대루 못지내게 뭐가 그렇게 바뻐. 애들 데리구 피서가 노느라 바뻐서 돈주구 제사상 맞춰다 놓구 느닷없는 콘도서 꾸벅거리구 제사 지내는 거야?

인애   비약할 건 없어요.

경란   (족발 소쿠리로/살 바르고 난 뼈와 발가락 부분 소쿠리 뒤적여 큰 접시에 따로 담으면서/감정이 그러니까 고기 건드리는 손도 툭 툭툭)나는 딸년이 제살 맥여줄라는지이 안 맥어 줄라는지 모르지만/ 행어 성진이 듣는덴 그런 소리 마슈. 가리칠 건 딱 부러지게 가르치는 거에요.

인애   ‥‥‥

　　[족발 그릇 들고 마루 쪽으로 움직이면서]

경란   이리 와 먹구 해‥‥‥응?‥‥와서 뜯어어.

혜자   네에.(치우다 말고 싱크대에 손 씻으며)형니임‥

인애   가서 먹어.

경란   (오버랩)안 좋아해. 어이 와 좋아하는 우리나 먹자구(벌써 자리 잡고 뼈 하나 들고 뜯으며)

혜자   (눈치 보며 움직이는데)

경택   (앉은 채 방문 열고)여보 소주 하나 줘‥(방에서 누가 뭐라는지)아니 두 개 줘 두 개.

혜자 알았어요.(하고 돌아서는데)

경택 E (방문 닫으면서 하는 소리 잠깐)그러니까 하루 아침에 (문 닫히고)
[잠깐 혜자 움직이는 사이.]

혜자 (냉장고에서 소주 두 병 꺼내 돌아서는데)

인애 성진 아빠 술 많이 주지 말라구 해.

경란 ?(뼈 뜯다가 돌아보는)

혜자 ……제가… 어떻게요.

경란 (벌떡 일어나며)인 줘 내가 갖구 들어가께….(혜자에게로/ 술병
넘어오고/받으면서)이거까지 네병 째유. 술고래 경택이 목축일 정
돈데 오빠가 먹어봤자 얼마나 먹을 거라구

인애 (오버랩)거의 알콜중독이에요. 말짱한 정신일 때가 있는 줄 아
세요?

경란 ……(보는)

인애 (여전히 보지도 않고 움직이며)술병나 못 일어나 늦은 거에요.

경란 ……(보다가 돌아서는)

인애 지긋지긋해 정말.(혼잣말처럼)

경란 ?(되돌아보는)……(보다가 좀 눙쳐서)누구처럼 주정을 하는 사
람두 아닌데 너무 그러지 마슈. 그 속은 오죽해서 그러겠수 에?

인애 ……

경란 (술병 들고 못마땅하면서 안방으로 돌아서는데)

S# 안방

아버지 (밤 쳐서 맑은 물에 집어넣고 있고)

경택 (화면 시작과 동시에)그러니까 여러 말 할 거 없어. 내가 알어서
할테니까 형은 그저 나와라 그럼 나와서/ 이 자리다 하는 거 계약

454

만 하구/ 그 뒤는 다 나한테 맡기라구.(경란 들어온다) 인테리어구

뭐구 알아서 싹 다 꾸며주구/ 고기/ 야채 사입/ 주방 애들/알아서

맞춰줄테니까 형수님하구 번갈아 카운터 보면서

경란 (술병 들고 쭈그리고 앉으며 오버랩의 기분)오빠 장사할라구?(놀

라운 건 아니고 하기는 할 건가)

경택 (술병 하나 빼서 따면서)동까스하라구 누나. 내가 노하우가 있

잖우. 팍팍 밀어줄테니까 용기를 내요··

경란 그거 괜찮을 거야 오빠··경택이하구 얘기했었어. 나는 하구 싶

어두 밑천없어 못하지만 오빠네는

경환 (오버랩)술 따러.

경택 (따라주면서)어떠우·····(경환 마시는)·····(보다가)음식 장사가 그

래두 승부가 제일 빨라요.딴 거 없거든. 목하구 맛이면 땡이야. 내

가 안해 본 거 있수? 별 지랄 다하다가 결국 동까스루 일어서구 있

잖우.

경란 아부지 땅 팔아 올려서. 너 그 빚은 언제 갚을 건데.

경택 지금 그 얘기는 왜 해.

경란 너 갚는다구 했잖아.(그런데 왜 안갚어)

경택 아 갚어. 아부지 그건 꼭 갚을 거니까 걱정 마세요.

경란 이자는 꼬박꼬박 내구 있니?

경택 말씀 좀 하세요오.

아버지 꼬박꼬박 와.

경택 아 누나 나가나가 남 중요한 얘기하는데 찟.

경서 (여태 상 내려다보며 우두커니 있다가 형 보며 오버랩의 기분/약간

풀어진 상태)내 생각에두 작은 형 말이 최선인 거 같아요. 넥타이 매

구 지점장까지 하다가 음식 장사 노동이 웬말이냐 하겠지만 말유 /
까짓 상관하지 말아요. 세상이 바뀌었어요. 멀쩡한 집 멀쩡한 자식
들이 무슨 까페다 퓨전 레스토랑 이태리 레스토랑 숱하게 차리구
돈 버는 거 모르세요? 동까스 뭐 어때요 손님만 끌면 되는 거지. 안
그래요? 누나?

경란 괜찮지이. 괜찮을 거야 아마…

경환 ….

경택 육개월만 고생하면 돼요 육개월만 어금니 꽈악 물구 기다리면
칠개월 째부터는 내 말 듣기 잘했다 하게 만들어 주께요. 자신있
어. 고기가 죽이거든. 동가스라구 다 동까스가 아니라구.

경환 ….(술상만 내려다보면서)

경서 형수님이 싫다구 해서요?

경란 ?….뭐를?

경서 음식장사 싫다구 하신대요.

경택 (비운 경서 잔에 술 따르며)? 나 원 지금 찬밥 더운 밥 (하는데)

경란 (오버랩)고상 떨구 있네. 귀천 어딨어어? 몸은 좀 고되겠지
만 지점장 월급보다 훨날텐데에‥

경택 낫기만. 꿩 잡는 게 매지 고상이 밥 먹여줘요?

경서 (훌쩍 마시고 내리면서)아아아아 다 시끄럽구 형님이 결심하면
돼요 까짓. 형이 나는 이걸 하겠다 그러면 고상한 형수/ 싫어두 따
라와야지 별 수 있어요?(술병 집어 제 잔에 따른다)동까스를 하든 돼
지까스를 하든 암튼 빨리빨리 시작해요. 그러구 죽치구 집에만 처
박혀 있다가는 진짜 형 폐인되구 말아요.(또 훌쩍 마시고 내리며)폐
인이 별 거 에요? 처박혀서 친구 안 만나 혼자 야금야금 술이나 마

456

서/ 말 수 줄어들어 그게 바루 폐인 되는 첫걸음이라구요 (다시 따르며)우리집에서 폐인 나오는 거 나 못견뎌요 그러니까. 아무 거나 해요 아무거나.형제 중에 폐인이 있으면 그거 보통 (술잔 집으며)골아픈 일 아니에요‥

아버지   경서 천천히 햐.(오버랩의 기분)

경서   ? (술잔 들다가)저 ‥몇잔 안 마셨어요.

아버지   아들 눔들 술 버얼겋게 올라서 지내는 제사 늬 엄마 좋다구 안햐. 끝내구 마셔.

경택   예 알았슈 아부지.(경서 술잔 빼내 제 앞에 놓으며)쉬었다 마셔‥

경서   아 별루 안 마셨다니까요.

경택   그러니까 형(하는데)

경환   (경택 앞의 술잔 집어 훌쩍 마신다)

경택   ?

경서   하하 형 내건데 벌써 취했어요? 하하

경란   (경환 술잔 빼 치우면서)오빠두 경서두 그만 줘 (나머지 술병 집어들고 일어나면서)너 혼자 그것만 비우구 말어‥

경택   아 왜 그래애. 이거 벌써 다 먹었어(아주 조금 남은 술병 들어보이며)

경서   어이 누나. 누나.(경란 술병 뺏으려 하며)

경란   (오버랩)오빠 술 먹는 거 언니 싫대. 저녁들 안 먹어서 속 비었어. 너 벌써 약간 갔어.

경서   나요? 허허(말도 안된다)

경란   너만 말짱해 어떻게.

경택   얘기하느라 못 마셨지이.

경란   아부지 애들 야단 한번 더 쳐유‥

아버지　그만들 햐(밥 다 쳤다/그릇 밀어내면서)몇시여.

경서　아직 일곱시 밖에 안 됐어요.(시계 보며/경택이도 같이 손목시계 보는)

아버지　경주가 어째 안와.

경란　어딘지 알어 보께요/(하고 나가다가 문득 되돌아서 경택의 모자 쳐서 훌렁 벗기며)아이구 답답햐 아이구 답답햐.

경택　(질색)아 왜 그래애. 남에 뚜껑을…(얼른 집어서 도로 쓰는)

경란　잠자면서두 모자 쓰구 자는 눔 천지에 하날 꺼다.

경택　이거 웁으면 고추 내놓구 있는 거 같단 말여.

경서　하하하하하

경란　니 고추는 장바구리에 달렸냐?

경택　아 나가 빨리. 남 중요한 얘기하는데 괜히 끼어들어와서는…

경란　(흘기며 나간다)

S# 주방

경란　(주방으로)

인애　(사인용 식탁에 앉아 조용히 커피 마시고 있고)

혜자　(치우고 있고)

경란　(소주병 냉장고에 넣고 거실 전화 있는 곳으로)….(핸드폰 돌리는)

　　F 벨 가는 소리

경주　F 네에 한경줍니다.

경란　네에 한경란입니다.

경주　F (조금 웃는 소리)알었어 언니 이십분··

경란　다 왔구나.

경주　F 어엉.

경란 빨리 와 아부지 기다리셔.

경주 F 알았어.

경란 (끊고 안방으로 가 문 열고 고개만 디밀고) 경주 다 왔대요 아부지.

아버지 E 그려…(문 열려 있는 동안 경택 얘기하는 소리 들렸다가)

경란 (문 닫고 주방으로/밥솥 뚜껑 열고 담가놓은 쌀 집어넣고 물 맞추는데)

인애 얼마나 마셨어요.

경란 ?….별루 안 마셨어요….(솥 뚜껑 닫고) 물 볼 거 없어. 내가 봤어. (스위치는 넣지 말 것)

혜자 네에.

경란 (가스 쿠커 위에 있는 주전자 구멍에 불 켜면서) 술 좀 먹는다구 너무 싫은 얼굴 하지 말어요….싫어싫어하면 역심나서 더 마시게 돼요…(마주 앉으면서) 그게 남자 오기 아니겠수? (감정 난 건 아니지만 좋지도 않다)

인애 술 안 먹구 말짱한 날.. 한 달에 며칠 안 돼요..

경란 ……(보다가) 워낙에두 활달한 사람은 아닌데다 하루아침에 날개 부러져 그러구 있는데 술 먹구 싶지 왜 안 먹구 싶겠어요. (이해 좀 해 주구려)

인애 이해할 한계를 넘었어요.. 좀 훌쩍 나가서 (경란 보며) 친구두 만나구 선후배두 만나구/ 어떻게든 발전적인 쪽으루 좀 움직이면서 지내면 좀 좋아요?…. 집에만 처박혀서 하루 종일 홀짝홀짝..깰만하면 또 마시구 깰만하면 마시구……(외면하며) 이틀 돌이 냉장고 뒤지구 장롱 뒤지구/음식이 썩는다느니 옷이 좀 먹는다느니 ⋯⋯ 있는 잔소리 없는 잔소리….나두 어려워요….이루 다 말루 할 수가 없어요…

경란 ……(보다가)어렵겠죠오…어려울 거에요…그렇지만 이해해야
지 어떡해요··

인애 (고개 옆으로 돌리며 /얘기하기도 싫다)

혜자 (주전자의 끓는 물 들고 와 같이 들고 온 커피 잔에 물 부어 저으며 눈
치 보며)남자가 갑자기 퇴직하구 실업자되면 성격이 변하나부더
라구요··괜히 벌컥벌컥 화만 내는 사람두 있구 우울증으루 자살기
도 하는 사람두 있구 아예 행방불명되는 사람두 있대요.

경택 (문 열고)야 술 한병 갖구 와.

경란 (좀 올라서)그만해. 술 없어.

경택 아 딱 한병만 줘/

경란 없어 글쎄. 말 들어. 문 닫어.

경택 어어이 시(하며 문 닫는)

경란 ……(경택 쪽으로 돌렸던 고개 틀어 인애 보면)

인애 (일어나서 찻잔 싱크대로 갖고 가 씻는다/ 혜자는 제법 부지런히 치
우는 중)…

경란 (한 모금 마시고 내리면서)평생 은행하구 집 밖에 모르던 사람이
잖아요. 원래 사교적인 성격두 아니구 적응되는데 좀 오래 걸리는
걸 거에요.

인애 ……

경란 (좀 가볍자고)아 나가서 이 친구 저 친구 물색없이 펑펑 쓰면서
취해 들어오는 거 보단 집에서 먹는 게 낫겠네요.뭐

경서 (안방에서 변소 가려고 나와 움직이는데 연결)

경란 F 그리구 하루 종일 혼자 술만 먹는 거 아니구 이 구석 저구석
청소두 하구 옷장 정리두 하구 그러는 모양입니다.(경서 멈추고 듣

는/시선은 바닥으로/고개는 약간 삐딱해져서)··

S# 주방

경란 도움되구 좋지요 머···먼지 하나 없이 집 깨끗하드구만. 솔직히 그집 뭐 그렇게 깨끗하던 집이유? 언니 뭐 잘 치우구 사는 사람 아니잖아요.

인애 (싱크대 앞에서 행주 집어 손에 물기 닦으며)나는 이상한 결벽증은 없어요··사는 데 불편없으면 되는 거지 호벼파면서까지 그런데 시간 낭비하면서 살구 싶진 않아요.

경란 (안 보는 채 차 마시며)솔직히 말해서 그 집 어수선했어요···그 동안은 오빠가 그냥 포기해 버리구 산 거지 그 스트레스두 보통 아니었을 거에요. 그러다 일없이 쉬니까 자기가 대신 들어서 쓸구 닦구 치우구 소일하는 건데 잔소리 좀 하면 어때요. 들어줘요··

인애 얼마나 무능하면 보자는 사람두 딱 끊어지구 자리 있다구 나오라는데 한 군데 없이 저러구 있어요···

경란 ?·····(보며 좀 뒤틀리기 시작한다)

인애 친구들 보기두 자존심 상하구 친정에두 들 낯이 없어요.

경란 ······(보며)

인애 그것두 좋아요. 능력없어 불러주는데 없는 거까지두 좋아요 스트레스나 주지 말아야죠오오.

경란 ····(보며)

인애 커어다란 사람 스물네 시간 집에 있는 거 만으루두 벌써 스트레슨데 술내 풍기면서 흔들흔들··· 알어듣지두 못하는 소리 혼자 중얼중얼/··· 얼마나 보기싫은지 안 겪는 사람 몰라요··(하는데)

경서 E 어이 씨이.

경란   ?

혜자   ?

인애   ?

경서   E 그러니까 형을 왜 종일 혼자 둬요오!! (경란 벌떡 일어나 소리 나는 쪽으로)형수님은 뭐하구 다니느라

S# 거실

경서   날마다 집 비우구 없구 우리 형님 혼자 집에 처박아 두냐구요!

경란   (달라붙으며)얘가 왜 이래.

경서   형님이 집에 있으면 형수두 같이 있어야잖아 이거!!

S# 안방

아버지 경택   (이미 ? 하고 있는 상태)

경환   ....(그저 방문 보고)...

경란   E 얘 취했네. 얘 취했어.

경서   E (상관없다)형님이 집에 있는데 저 아주머니는 무슨 사무가 바빠서 밤낮 집 비우구 없냐구!!(경택 일어나고)

S# 거실

경란   (끌며)들어가 들어가.

경서   나 그거 불만야 엄청 불만이라구우우?!!

경란   이놈아 너 취했어 들어가자구우우우(발 구르듯)

경택   (나오며 이 자식 술버릇은 정말)

경서   (아무 상관없다)어쩌다 전화하면 항상/ 항상 형 혼자 있어. 형수 어디 갔냐/ 헬스 갔대. 엠병할 그눔으 헬스는 그렇게 죽어두 날마다 가야 하는 거야?

경란   (경서 때리면서)들어가 들어가.

경서 그 빌어먹을 헬스는 하루 왼종일 해? 아침부터 저녁까지 하루 왼종일 하냐구우.

경란 (소리 죽여)아 원래 집에 안 있던 사람이잖아아.(질색을 하겠는)

경서 뭐 돈 벌러 다녀요? 돈 벌러 다니느라 집에 없어요?

경택 (경서 등 가볍게 밀면서)왜 이래 시끄럽게.

경서 염병할 평생 뼈빠지게 벌어 먹여 살려 놓구 큰형 같은 대우 받으려면 장갈 왜 가.

경택 (경서 대사 대우 받으려면에서 오버랩/이번에는 엎어질 뻔할 정도로 퍽 밀면서)이 자식이 어디서 건 주정야 건 주정이!

경란 (질색)아 애 다쳐. 왜 그래애.

경택 (경서 끌고 남자들 방 쪽으로)들어 와 들어 와 빨리.

경서 형이 챙피하대요 무능해서 챙피하대애.

경택 들어가아!(방으로 밀어넣고 꽈앙)

경란 (그 방 보며)·····(이 갈 듯하고 있다가)수상하더라 수상해···어이 그 어이그으으으..(주방으로 돌아서는데)

S# 안방

아버지 ·······(우두커니)····

경환 (우두커니)······

아버지 ·······(그대로 있다가 가만히 시선 들어 아들 보는)·······

경환 ··········(가만히)·····

아버지 ······(한참 더 보다가 외면하는)······

경환 ·····(그대로)······

S# 남자들 방

경택 ······(경서 보며)

경서 .....(방바닥 보며)....

S# 주방··

혜자 (한옆에 제기들 꺼내 쌓고 있으면서··가볍게 행주질하면서)....

경란 (물 벌컥벌컥 마시고 컵 놓고 다른 컵과 물병 챙기면서)과했다 하면
누구든 찍자 한번 붙어야 하는 녀석..... 이해 하슈.(하고 움직이고)

인애 (의자에 앉아서).......

S# 거실

경란 (움직여 남자들 방으로)

S# 남자들 방

경란 (들어와 쟁반 놓고 앉아 물 따라주면서)못들은 척 넘어가지 어이
그으으

경서 .....

경택 물 먹어.(퉁명)

경서 ......

경란 빨리 먹구 깨애···깨야 제사 모실 거 아냐.

경서 (받아서 물 잔 비우고 내리고 방바닥 보며).........

경란 (경서 보며)어디서부터 들었니.

경택 지금 그게 중요해?

경란 ?(경택 보고)

경택 안 그래두 우리 집안 우습게 아는 거 기본인데 콩가루 집안 소
리까지 듣게 생겼다.(경택 보며)어디 주정할 데가 없어 형수한테 해
임마.

경란 맞어.

경서 .....

464

경택 차라리 나나 형한테 하지.우리는 형제니까 상관없지만 너

경서 (별안간 주먹으로 방바닥 내리치면서)혀엉!(울부짖듯)

경란 (펄쩍)아이구 얘애…(얼른 방석 하나 끌어다 놔주면서)손다쳐 수술 못할려구 그래? 여기다 해.

경서 (방석 내리치면서)누나아!

경란 그래 물좀 더 먹어. (따르며)더 먹어 응?

경서 (내미는 컵 팔로 밀어버리면서)나 정말 큰형 말…두 못하게 속상해애애애.(우는)…말두 못하게 속상해애. 너무너무 속상하다구우.

경택 (휴지통 밀어주면서)이하 동문야 임마/

경란 마찬가지지 그럼.

경서 (휴지 뽑으면서)큰형 불쌍해요··말두 못하게 불쌍한 사람이야아.(한숨과 억장 무너지는 것 몰아 후우우우 내뿜으며 코풀고/ 휴지 아무렇게나 던지며)삼십년을 산 부분데 그래·· 이날까지 헬스루 쇼핑센터루 문화 생활루/ 자기 하구싶은대루 하구 살았으면 형 저러구 있는데 그만 집에 좀 들어앉아 둘이 같이 있으면 안되는 거유?(둘 보며 슬프다)

경란 누가 아니라니

경서 식구 아아아무두 없이 형 혼자 뭐해. 걸레 빨어 마루나 닦구 있지 뭐하냐구. 그러구 있다보면 한심해서 술 먹게 되는 건 당연한 거구 /안 그루?

경란 후우우우 그려.(외면하면서)

경서 부부라는 게 뭐유. 작은 형 부부라는 게 뭐라구 생각해요. 좋을 때만 부부구 나쁠 때는 남보다두 못한 게 부부유? 작은 형은 느끼구 있수? 형수 형 대하는 태도가 달라진 거 알어요?

경택 (외면한 채)바람 잡지 마 임마. 내가 터지면 수습 못해.

경서 (새삼스레 버럭)아 집에 좀 붙어 있으면서 형하구 같이 보내면 좋잖아요. 우리 형을 왜 저렇게 불쌍하게 만들어놓냐 말야아아.

경란 마음이 없어서 그래 마음이…마음이 있어야 하루 아침에 참 이 남자 얼마나 황당하구 기가 막힐까아 참 평생 참 고지식하게 한 길에서 성실했는데 명퇴루 마감하다니/ 내 남편 참 안됐구 측은하다…그러는 건데…원래 찬 사람이잖아.

경서 작은 형은 형수 믿어요?

경택 ?….

경란 ?….(경서 보는)

경서 작은 형수는 어려워져두 형 잘 봐줄 거 같아요?

경택 글쎄 …우리야 워낙 둘이 어려운 고비 여러번 넘었으니까 뭐…. 그런데 모르겠다 …살만해지면서 저 여자두 옛날 김혜자는 아닌 거 같아‥(누나 보며)좀 변한 거 같지 않우?‥저렇게까지 극성맞지는 않았었거든?

경란 니가 너무 좋아좋아해서 그래 이 빙충아.

경택 뭘 좋아좋아/죽구 못사는 건 저지. 그러니까 쥐어터져두 찍쩍 소리 안하구 살지.

경란 (흘기며)그것두 자랑이다 그래.

경택 애 비개 줘요. 한 삼십분이라두 자구 일어나게.

경란 (베개 갖다놓자)

경서 (피시시 옆으로 누우며)어어이 씨이이 부부가 뭐유 부부가. 부부가 뭐냐구!

경택 정가면 웬수가 부부다.

466

경서 큰형은 작은 형이 책임져요.

경택 (벌써 일어나면서)알았어 책임지게 너는 술이나 깨…

경란 (가볍게 덮을 것 챙기는)

S# 거실 주방

경택 (나와서 주방 쪽으로)….

혜자 (행주질한 제기 크기대로 정리하고 있다가 본다)

경택 형수님은.

혜자 (고개 틀면서 입 만으로)방에.

경택 …(잠깐 어째야 하나 생각하고 돌아서며)상 치워.

혜자 ?…갖다 줘어.

경택 (픽 돌아서며)시익/(눈 부라리며)서방을 뭘루 보는 거야 너.

혜자 어이구 알았어…괜히 그래…(안방으로)

경택 (아내 돌아보는 한편)

경란 (남자들 방에서 나오는데)…

S# 집 전경(밤/잠시 두었다가)

S# 거실

아버지 (아버지 서서 보고 있고)

경택과 경환 (제대로 된 병풍 펴놓고 마른걸레로 먼지 닦고 있다)…….이건 언제 봐두 좋더라. 우리 집에 물건 같은 거 하나 있어요 엉?

아버지 나두 마음에 들어.

경란 (저쪽에서 옻칠 제사상 행주질하면서)대물려두 돼요 그건 아부지.

아버지 그려.

경란 제기랑 젯상두 바꿔놓길 잘했지. 얼마나 이쁘구 깨끗해. 밤낮 새거 잖아.돈이 좋긴 좋은 거야.

혜자 흐흣 돈 보다 더 좋은 게 어딨어요 형님.

경란 이거 보게 나 돈 좋다는 거하구 수미엄마 좋다는 건 의미가 다르네 엉?

혜자 그게 그거지 다르긴 뭐가 달라요 우후후후후

[병풍 펴지고]

아버지 상 들어다 놔.

경택 예.

두 남자 (상 들어다 병풍 앞에 놓고)

경택 이걸루는 모자라잖어.

경란 이거 갖구 가야지이.(밀어주는 네모난 밥상)

경택 (밥상 갖다 큰 상 옆에 붙이면서)금방 온다는 애 왜 안와.어디 쯤 온다 그랬는데.

경란 몰라 이십분/그랬는데에?

경택 (담뱃갑 꺼내면서 현관으로)삼십분두 넘었겠다…성진이는 왜 안 오구 있구··

경란 아직 시간 있어.(아버지는 방으로 경환도 슬그머니 경택 따라 움직이는데)

경란 오빠.

경환 ?(돌아본다)

경란 (옆에와서)좀 들어가 봐.

경환 뭘.

경란 언니한테에에….

경환 (그냥 움직이려)

경란 (잡으며)어쨌거나 기분 상했을 거 아냐….수미 엄마 있는데 민

468

망하기두 할 거구 응?…

경환　뇌둬.(도로 나가려)

경란　(도로 잡으며)들어가서 달래갖구 데리구 나와아아(소리는 죽여서) 사람이 다 지 잘 못은 없는 거야. 그게 인간이라는 동물야. 분해 죽을 거란 말야 시방··오빠가 달래야지 누가 달래.

경환　달랠 건덕지두 없구 달래구 싶지두 않아. 뇌둬.(하고 나간다)

경란　……(별수 없이 보다가)세수들 안해?(그냥 나가고 나서)아이구 나두 모르겠다. 골아퍼.맘대루 하라 그래…나 세수하구 나오께.

혜자　네 그 담에 저 씻을께요오.

S#　마당

경환　(나와서 담배 피고 있는 경택 옆에 서는 것과 동시에)

경택　(담뱃갑 준다)

경환　(뽑아 물고)

경택　(불 붙여 주고)

경환　…·(푸우우우우)

경택　푸우우우우우····우리끼리는 늘 말해요···형수가 해두 너무 하는 거 아니냐구···

경환　(담배 태우면서)생긴대루 살다 죽는 거야아…

경택　왜 그렇게 처량맞게 살아요···몇십년 먹여살렸는데 제 때 밥두 못얻어 먹어요? 그만 돌아다니구 집에 좀 있으라구 해요.그거 하나 마음대루 못해?

경환　너두 더 살어 봐…그게/ 우러나서 스스루 돼야 하는 거지…우러나질 않는데 어떻게 해…돌아 다니는 건 포기하구 산지 오랜데 뭐. 전에는 붙어 있던 사람이냐?

경택 전에는 어쨌든 지금 형 놀잖아요. 그럼 옆에서 같이 시간 보내면서 밥두 챙겨주구 같이 부부가 할수 있는 /그동안 못하구 살았던 구수운한 대화두 조용조용 나누구 그럼 좋잖아요.

경환 상대두 안해애….짜증부터 피는데 뭐….

경택 ?

경환 돌아다니거나 말거나….상관없어. 혼자 있는 게 차라리 나두 편해. 피차 좋을대루 하는 거야.

경택 외롭잖아아아.

경환 흐응 자기가 더 외롭다는데 뭐‥

경택 (곁눈으로 보는/말도 안되는 소리)‥‥(보다가 고개 돌리며)나같으면 애초에 길두 그렇게 안들였을 뿐 만 아니라 가만 안돼요‥‥우습게 알어두 분수가 있지 형 혼자 처박어 두구 ‥‥(말을 더 못 잇고)

경환 무용지물 그래두 /쓰레기 차에 실어 안 보내는 게 다행이다 야…

경택 아 두말할 거 없어요. 가게 열자구 가게.형수 싫다면 빠지라구 해요. 형하구 나하구 합시다. 사람이야 돈 주구 쓰면 돼 까짓. 어려울 거 하나두 없어. 돈 벌어서 형 골프두 계속 치구 하구 싶은 거 다하면서 신나게 살어요.(보며)

경환 ‥‥‥(앞의 어둠 보며)

경택 에?

경환 의욕없어어어.

경택 아 의욕이 없으면 (하는데)

　　[라이트 켠 자동차 한 대 들어와 선다]

경택 (그쪽 돌아보며)경주 오네/(그쪽으로 움직이며)야 니 이십분은 왜 이리 긴(에서 멈춘다)?

[차에서 내리는 틀이 여자가 아니다‥]

경택   누구세요.

무길   (운전석에서 돌아 나오며)어 ‥나 진이 애비야 작은 처남.

경환   ?

경택   ?…아니 (무길 쪽으로)매형이란 말예요?‥

무길   어 나야…형님 면목없는 눔 왔습니다‥형님이시지?

경택   예 (형 돌아보며)매형 오셨네 형…(손 내밀며)이게 도대체 을마
       만이유 응? 우리 엄마 장례 때 보구 첨 아뉴 매형.

무길   (손잡으며)만 삼년 째지….허허‥

경택   그동안 어디서 어떻게 뭐하구 지냈어요 그래…어째 사람이 전
       화한통 없이/ 누나하구야 어떻든 그럴 수가 있는 거에요 에?

무길   면목이 없으니까아. 족제비두 낯이 있지 연락을 어떻게 해애‥

경택   어두워 잘은 모르겠는데 신수는 괜찮은 거 같수?

무길   살만 해. 손 끊었거든…

경택   혀엉 매형이라니까?

경환   (담배 던지면서)귀 안 먹었어.

무길   (벌써 경환 앞으로 움직여 굽벅하면서)소식은 들었어요. 많이 힘
       드시지요.

경환   (손 내밀며)소식을 어디서 들어.

무길   (잡으며)다 듣는 수가 있지요 하하.

경환   (오버랩의 기분)그런데 여긴 웬일야.

무길   장모님 제사 모시는 날이잖아요. 금년 따라 자꾸 마음이 쓰여
       서…반가와 안하시겠지만 제사 참석 좀…하구싶어서요‥아버님께
       정식으루 사죄두 드리구….안된다구 하시겠지요?…

경환 ………(경택 본다)

경택 ………(형 보다가)아버지 보다 누나가 어떻게 나오는가가 관건 아니겠수?(에서)

S# **거실**

경란 (세수하고 나왔다. 수건으로 머리 싸 올리고 세수하고 걸레 든 김에 나와 주저앉아 걸레질하는 중이다)

경택 (들어오다가 누나 보고 괜히 조금 살금거리는 걸음걸이가 돼서 누나 등 뒤로 해서 안방 쪽으로)

경란 ?(문득 보고)쥐잡니?

경택 ?…엉?

경란 왜 까치발은 들구 그랴?

경택 내가 언제.

경란 오빠는 안들어오구 뭐해…

경택 담배 펴요 들어올꺼..

경란 (걸레 들고 일어나 걸레 보며)우리 아부지 깔끔하신 거 좀 봐라. 닦을 게 없네..

혜자 (앞 스치면서)저 씻어요.

경란 이거 갖구가 빨어..(걸레 주고)

혜자 (받아들고 욕실로)

경란 (한편 여자들 방으로)

경택 (안방으로)

S# **안방‥**

아버지 (양말 갈아 신으려고 뭉친 양말 풀고 있는데/자식들 선물로 보이는 꾸러미 방 한쪽에 놓아둬 주시구요)

472

경택 (들어오면서)저기요 아부지‥(톤 낮춰서)아부지……매 매형에 대해서 어떻게 생각하세요.

아버지 ?‥

경택 진이 아버지요. 노름쟁이 매형 말이에요오.

아버지 (신으며)불쌍한 눔으루 생각햐‥

경택 예에.불쌍하지요‥‥그런데 그 불쌍한 눔/아니 불쌍한 매형이/‥ 왔어요 아부지.

아버지 ?……(머엉하니 보는)…

경택 손 끊구 정신 차렸대요‥정신 차리구 보니까 자기가 한짓이 아마 많이 후회되나봐요…엄마 제사‥‥참석두 할겸 아부지한테 사죄두 드릴 겸 왔다는데요‥

아버지 ……니 누이는 뭐랴.

경택 누이 아직 몰라요……누이가 들여노라 그러겠어요? 생난릴 필 텐데…

아버지 ……그래서‥‥ 어디 있는데‥

경택 밖에 ‥큰형하구 얘기하구 있어요.

아버지 ………

경택 …….(아버지 보는)

아버지 ……….(한 화면에서)

경택 ‥‥손 털었대요…거지 꼴은 아닌 거 같아요…

아버지 들어오라구 햐.

경택 ……누나는 아버지가 책임지실뀨?

아버지 들어오랴.

경란 ‥야아…

S# 거실

경택 (나와 사방 살피면서 현관 쪽으로)

S# 여자들 방

경란 (밑 화장 하면서/골동품 거울 앞에 놓고)술 깨면 사과할 거에요…
팔이 안으루 굽는다구 형제들이니까 그냥/오빠한테 더 좀 신경 좀
써주면 얼마나 좋을 까 그런 맘에서 그러는 거에요.

인애 (두 무릎 아래 두 손 찌르고 고개 틀고 앉아서)

경란 나만 해두 같은 여자 입장에서 꽁생원 오빠하구 사는 언니 힘
든 거 반짐작은 하지만/(아예 화장하던 손 내리고 돌아보면서)우리끼
리 말이지만 오빠가 답답은 하잖어요. 이건 무슨 남자다운 박력이
있길 한가 분위기가 있기를 한가‥하나하면 하나 밖에 모르는 사람
하구 살기/ 언니두 엄청 갑갑했을 거에요‥더구나 언니같이 화려한
성격에.

인애 ?(돌아보며)내가 뭐가 화려해요?

경란 그만하면 화려하지 아니에요? 월급쟁이 마누라가 곧 죽어두
메이커만 입구 살었으면 오빠두 할만큼은 한 거네요.

인애 메이커 입기 시작한 게 얼마나 됐다구 그런 소리 해요.시집 온
날부터 작은 서방님 작은 아가씨 등록금에 하숙비에/ 지금 아파트
차구 앉은 게 이제 겨우 육년 째에요.(하다가 새삼) 아니 고모두 우리
신세 안 졌다구는 말 못할 처진데 말을 어떻게 그렇게 해요오?

경란 장남이 아우들 치다꺼리 당연한 일 아니유?

인애 당연한게 어딨어요. 성진 아빠가 무슨 소년 가장이었어요?

경란 체신 공무원 월급 뻔하잖아요. 아버지 대신 맏이가 동생들 학
비 좀 댔기로서니 뭘 그렇게 생색내구 그래요. 난 쥐뿔두 받은 거두

474

없지만서두.

인애 (어처구니 없이 보는)····(없다는 거 봐)

경란 (한 화면에서)그리구 언니가 됐수? 왜 언니가 생색이에요?

인애 나 오빠 안사람이에요.오빠 월급에서 나간 거는 내 꺼 나간 거구 오빠가 진 빚은 내빚이기두 한 거에요···· 왜 저렇게 불안초조 설렁탕두 못 먹구 다니는데요··퇴직금 말구 손에 쥔게 너무 없어서 겁이나 그러는 거라구요. 오빠 불쌍한 사람이에요.

경란 ?(입 딱 벌리는)····(우리 때매란 말야? 불쌍한 게 뭔지 알기나 해?)·· ···(보다가) 그만 둡시다. 더 계속하다가는 감정만 더 상하겠수. 그만 두자구요···

인애 ······

경란 (대충 머리 픽픽 손질하고 불끈 일어나 나간다)

S# 주방 거실

경란 (나오면서 쭝얼거리는)콧구멍 막혀 귓구멍으루 숨쉬게 생겼네··돈 좀 부서졌으면 그래 뭐. 이 땅 다 누구 차진데/

혜자 (혼자 앉자 족발 뜯다가)아버님 땅 파신대요?

경란 (안방으로 움직이면서)자다 봉창 뜯지마 팔긴 뭘 팔어. 불쌍해? 불쌍한 거 아는 사람이 서방알기를 개털루 알어? 애들은 왜 안오구

혜자 ?······(들으며 땅 소리한 거 아닌가?)

S# 안방

경란 (문 픽 열면서)속 썩여어(하다가)····???·····

무길 (아버지 경환 경택과 앉아 있다가 올려다보며)진이 엄마 나왔어···

경란 (말이 안 나와서 입이 뜨운뜨운 벌어지면서/붕어처럼)·····아니··아니 ····아니 여기가 어디라구 들어와 앉었는 거야 저 화사아앙앙?

경택   엄마 제사 모시러 왔대요.

경란   (오버랩의 기분)울엄마 제사랑 당신이랑 무슨 상관인데에에/

경환   (오버랩)아버지가 들어오라셨어. 조용히 넘어가.

경란   (풀석 쭈그리고 앉으면서)아부지이(강력하게)

경환   상관따지지 마.제사 상에 절하러 왔다는데 하라면 돼.

경란   울엄마가 왜 이 남자 절을 받냐구우. 울엄마 속을 얼마나 썩여
       줬는데 누가 반갑단다구우.

아버지   (오버랩/ 조용히)속은 썩였지만 그래두 죽는 날까지 못내 안
       타까와 했어. 그라지 말어.

경란   .....(아버지 보다가 안되겠다 남편 팔 잡아 일으키려 하면서)일어나
       요.나가서 나하구 얘기합시다.(안 일어나려고 버둥거리며 경택 잡는
       무길)일어나 일어나아아!

경택   아 난리칠 거 뭐 있어. 절만하구 가겠다는데!

경란   오늘은 절만하구 가구 다음에는 뭐할 건데. 알지두 못하구 그
       래 진짜‥밀구 들어와 앉을라구 그런다구‥‥‥벌써 반년 째 치근덕거
       리구 다니는 거란 말야‥

경택   ?...뭐 누나 오늘 첨 보는 거 아유 그럼?

무길   아냐 가끔 만나구 지냈어.

경택   ?

경환   가끔?

무길   예 보름에 한번 꼴은 만나서 밥두 먹구 영화두 보구.(경란 황당
       해 미치겠고)

경란   여보오!

무길   (씨익 웃는)그래 알었어 더 말 안하께

경란 (다시 잡아끌며)나가 빨리 나가나가.

경환 니가 나가…만나서 밥먹구 영화보구 다닌다면서 펄펄 뛸게 뭐 있어.

경택 글쎄 말유.

경란 안 만나주구는 못 배기게 난릴 치는데 그럼 어떡해/동네 남부끄러 몇번 나가줬더니 아주 떴다봤다 (남편 보며)밥 다 된줄 알구 그라는 거지? 숟가락 들구 퍼먹기만하면 될 거 같아서?

무길 밥은 벌써 먹는데 뭐.(중얼거리듯)

경란 ??(더 황당/무길 어깨 퍽 갈긴다)

경택경환 ?(서로 보고)

아버지 …(묵묵히)

경란 이 인간이 진짜아?

무길 무안하니까 괜히 이래요 장인어른…저 정신 차린 거두 알구/ 인정하구 잘 대해 줘요…단지 앞으루를 못믿어서 이러는데…. 그거야 뭐 시간이 지나면서 믿게 될 거구 저 정말 화투장 안 쥔지 일년이 넘었어요…우리 어머니…(머뭇머뭇 어렵게)노농약 잡숫구 넘어가시는데··내가 죽일 놈이구나…정신이 번쩍 들더라구요…다행이 돌아가시지는 않았지만 지금두 속을 버려서 고생하세요.

경란 말은 번드르르 나는 약 안 먹어서?··연탄 불 펴놓구 거품 안 뿜어서?

무길 그러니까 내가 죽일 놈이라구우.

아버지 그래서 생업은 뭘해서 먹구 사는겨.

경란 그런 거 물을 거 뭐 있어요 아부지.

아버지 거 참 시끄러워 죽겠네.너 애 좀 치워.얘기를 할 수가 없잖아.

경란 (오버랩의 기분)뭘해 먹구 살든지 죽든지 그딴 거 물을 거두 알 거두 없어요 글쎄 아부지.(아버지 말에 일어나 끌러내려는 경택 뿌리 치면서)나 이사람 안 믿어요 콩으루 메주 쑨대두 안 믿구 내 이름이 한경란이래두 안 믿어요 그러니까/아 왜 이래.

경택 말씀을 못하시겠다잖어.

경란 말씀하실 거 없다니까 정말?

아버지 (오버랩 좀 화나서)우리가 무길이 당장 받어들인댜? 우리가 받는다구 너 싫은데 살 껴? 엄마 제사 참석하러 왔다니까 참석하구 가게 하면 되는 거 아녀.진이 애빈데 진이 외할머니 제사에 참석 못할 건 뭐여..

경란 ....

아버지 사람이…속을 때 또 속더라두 진심으루 뉘우쳤다면 뉘우친 사람으루 받어 주는 게 도린겨. 아무리 죽을 죄를 진 죄인이래두 니 에미 제사 보러 왔다니까 나는 반갑구 고마워.

경란 (야단맞고 있다가 중얼쭝얼)잔머리 도사 그거 노리구 온 건데 뭐.

경택 나가 나가. 일단 나가..(누나 등 밀어 나간다)

무길 (눈치 보고 있다가)..죄송합니다..저 사람 잘못이 아니에요…저는 이 대접두 너무 …황송합니다.

경환 그래서 뭐하구 사냐구.

무길 친구하구 영양보조식품 총판/(하고는 저만큼 옆에 들고 들어온 큰 봉투 집어 아버지 앞에 내밀면서)이거 아버님 좀 드셔보세요. 저녁에 주무시기 전에 한 봉씩만 드시면 그렇게 좋다네요..표고버섯에서 추출한 엑기스를 과립으루 만든 건데…이게 암두 고친대요.…값두 무지 비싼 거니까 신통찮게 생각마시구 꼬박꼬박 드세요. 일

주일만 드셔 보시면 컨디션 달라진 거 스스루 느끼실 수 있을 거에요…

아버지 그려 고마워.먹어 볼껴.

무길 예 <u>흐흐흐흐흐</u>

경환 외판 사원야 뭐야.

무길 아이 아니에요.이 나이에…영업 전반적인 일 하면서/ 세일즈 사원 교육두 하구…제가 원래 말이 좋기 때문에 하하 …<u>흐흐흐흐</u>

S# 거실

경란 (팔짱 끼고 소파에 앉아서)

경택 (옆에 앉아 옆으로 보며)…..

혜자 (물 한 잔 갖다준다/눈치 보며)

경란 (받아서 벌컥벌컥 마시고 내리면서)어이구우우우우 웬수. 증말..

경택 노름버릇 빼면 나무랄 데 없잖아.

경란 나무랄 데 너머 없지이이.(그려 그래서)

경택 만나면..돈은 누가 써….매형이 써?

경란 밸 빠졌니? 돈까지 써가며 그 짓하게…

경택 으응 돈은 매형이 쓰는구먼.

경란 매형 매형 하지 마 야.누가 매형이야.

경택 ….외로웠수?

경란 ?….

경택 남자 필요해?

경란 미친 녀석.

경서 (하품하며 나온다)어이..(얼굴 쓱쓱/빈 상 보고)뭐야 끝난 거야? 나 빼 놓구 한 거야?

경택	(일어나며)시계 봐라. 시계는 장식이냐?

경서	(시계 보고)어 아니구나..깜박 졸았네...어어 양치하구 씻어야지 (화장실로 움직이며)애들은 왔어요?

경택	기다리는 애들은 안오구 대신 매형이 오셨다..

경서	?(돌아보며)....누가 와?

경택	매형.

경서	(누나 잠깐 보고)우리한테 매형이 어딨어.

경택	(주방으로 움직이며)전 매형..전 매형 오셨다구/

경서	?....

경택	(돌아서 보며)아부지하구 기셔..신수 훤언하다 야.(하고 주방으로)

경서	전 매형이 여길 무슨 볼일루 와.

경택	엄마 제사상에 절하러 왔대.(아내 엉덩이 스윽 만지면서 냉장고로)

혜자	뭐 줘요.(경택은 대구 없이 냉장고 열고 뭔가 지범거리고)

경서	뻔뻔스럽기는/ 우리 엄마 돌아가신 거에 반은 책임져야 할 사람이 염치없이 여기가 어디라구

경란	(오버랩)아무리 미워두 야 그렇게 잡지는 마라. 수십년 당뇨를 왜 허서방이 책임지니.

경서	속을 얼마나 썩여드렸는데에.

경택	(주방에서 뭐가 우물거리며 나오면서)너 말 조심해애...누나/ 매형하구 데이트 중이랜다.

경서	?........뭐라구요?(경란 보는데)

경란	(이미 불끈 일어나 남자들 방으로 가면서)내가 미쳐 미쳐.

경서	뭘 해요?

경택	데이트...너는 데이트두 모르냐? 거기다 아부지 대환영야. 초치

480

지 말구 가만 있어.(하는데)

경주 (들어오면서)경주 왔습니다아아.

혜자 (주방에서 내다르며)어서 오세요 아가씨…저녁 어떡하셨어요?

경주 햄버거 반개 먹었어요/괜찮아요. 작은 오빠 /(아는 척)

경택 웰컴.

경주 세째 오빠 술 먹구 깨는 중이구나. 얼굴이 말해.(안방 쪽으로)

경서 쪽집개다.

경택 술보다두 경서 전기 먹어 그래/

경주 ?응?(안방으로 가다가 돌아보며/무슨 말?)

경택 들어가 봐.들어가 보면 너두 전기 먹을 거다.

경주 (찡그리고)아부지 방에 누전 되는데 있어?

경택 들어가 보라구.

경주 (아부지)경주 왔어요.

아버지 E 그려 들어와.

S# 안방

경주 (들어오면서)일해 놓구 오느라구 늦었/…?….

무길 흐흐 나야 처제…

경주 ?…..(오빠 보고 아버지 보고에서)

S# 집 전경(밤)

S# 마루 주방

[젯상 가까운데 모든 제사 음식 바구니들 다 나와 있고 경란과 혜자 한 접시씩 담아 경택과 경환에게 넘기면 남자들 자리 잡아 놓는 중이다. 인애는 밥 뜰 그릇과 탕 그릇들 챙기고 있고/주방에서.]

[모두 정장‥]

아버지 …(보고 있는데)…

경택 (과일이든 약과든/받아 옮기다가 미끈하면서 거의 엎을 뻔)

아버지 야야야야 늬들 비켜. 허서방 더러 하랴.

경환경택 ?(서로 보고)

경서 ?(아버지 보는/세 아들 위에)

아버지 E 허서방이 잘햐…허서방 시켜.

무길 (좋으면서 무안하고)

경란 아 왜 허서방이 해요. 아들들 두구.

경주 (옆에서 뭔가하면서 언니 기색 보는)

아버지 허서방이 제격이야…자네 나서.

무길 예 장인어른…(여자들한테서 받아들어 옮긴다)

  [음식 받아 옮기는 솜씨가 상당히 유연하면서도 정중한…]

아버지 …(흡족한)…

  [사이….]

경란 (형 쿡쿡 찔러 담배나 피고 오자는)

경환 (그냥 있으라는 눈짓)…

경서 ….(보다가 김새서 남자들 방으로 가는)

아버지 어디 가.

경서 차릴려면 꽤 걸리잖아요. 성진이두 아직 안왔구요.

아버지 그려…허서방하구 채려 노께 이따 나와.

  [경환 경택 서로 보구 슬그머니 빠져서 경서 따라 방으로]

S# 남자들 방

경서 (들어와 창 열면서 기분 나빠서)……(들어오는 형들 돌아보며)어떻
  게 삼년만에 나타난 사람 앞에서 우리를 꿔다논 보릿자루 세자루

482

야 이거.

경환   (쓰게 웃으며)무길이가 제대루 하잖아.

경서   제대루가 별거에요?

경택   (담배 밀어 형한테 내밀며 오버랩)앉읍시다.야 우선 앉어.(둘 앉
는) 제사는 제사구 누나 문제에 대해서 우리 삼형제 의견조율 좀
합시다.

경서   조율은 무슨/ 뭐 어떡하자구‥

경란   데이트하구 있대잖어.

경서   밸두 없어 정말‥뭐 더 바라볼 희망이 있어 데이트야 데이트가‥

경환   정이 남었으니까 그러는 거겠지.

경서   정이 아니라 주책인 거에요…결혼하는 날부터 헤어지는 날까
지 /(하다 말고)다 아는 얘기 할 거 없구/아 두 번 다시 그 얼굴이 보
구 싶어요? 난 도오저히 이해 못하겠어. 전셋집 그거 날리구 또 거
리루 나앉구 싶대요?

경환   끊었대.

경서   끊어요? 도루 합치면 아마 강아지 한자루에 뭉뚱거려 들구 나
가 고스톱 방 가 털어널걸요?

경택   아무리 설마

경서   우리 집 식구는 이게 문제에요. 우리 한씨네 설마설마에 누나 인
생 이십년 죽쑤게 했어요. 일찌감치 이 삼년에 못살게 했어야 하는
건데

경환   (오버랩)지가 헤질려구 들지를 않었지.

경서   헤지라구 강력하게 밀어부친 사람은 있었구요.

경택   너 있었잖아.

경서 우리 식구들 맘에 안들어요 정말.

경택 그럴 게 아니구 남녀는 너 /..나이 들수록 서로 필요한 존재야. 젊을 때보다 더 필요한 게 짝이란 말야... 아부지 보기 너 좋으니? 이 구석에서 홀로 얼마나 외롭구 쓸쓸하시겠냐 말야.

경서 차라리 아버지한테 마나님이나 한 분 얻어줘요.

경환 아버지가 하신대야 말이지.

경택 얘가 별종이라 뭘 몰라요. 별종이니까 마누라 애 딸려 유학 보내놓구 독수 공방이 오년이지. 어림이나 있는 소리야? 이 놈은 신부됐어야 하는 놈인가봐. 어떻게 그러구 살지? 난 그러구 사흘두 못살어 야. 여자 생각 안나? 뭐 해결하는 상대가 있는 거야 아니면 고장이 나버린 거야.

경서 (쓸데없는 소리 한다는 반응/그런 말 자체가 무시되는)

경택 누나 조건을 보자...나이 이미 끝나버렸어, 몸은 절구통이야 누가 좋다구 데려가니. 데이트라두 해주구 도루 살자는 매형이 고마운 거야 경서야. 나는 솔직히 고맙다. 형은 안 그러우?

경환 버릇만 고쳤다면 없는 거 보다는 있는 게 백 번 났지. 경란이한테 잘하잖아 또.

경택 아 잘하지 잘해애. 우리 한씨네는 맨발루 뛰어두 못 따라가지 이 마누라한테 잘하는 걸루느은.

경서 어이그어이그, 세상에 제일 어리석은 게 똑! 같은 잘못 되풀이하는 거에요.

S# 거실 주방

[상차림 거의 끝나가는 중이고]

무길 (촛대에 초 꽂으면서)어머님 모시구 나오셔야죠..

아버지 어 그래…(방으로)….

무길 ….(상 둘러보면서)……(있다가 음식 바구니들 혜자한테 집어주면서 바닥 닦고 있는 아내 돌아보며 비죽이 웃는)…..

경란 (닦으며)왜 웃어 왜 웃어.

무길 흠흠 참 대단한 사람이야…안보구 어떻게 알어.

경란 발바닥에 흙묻히구 사는 게 억울하지 내가.

무길 흠흠 담배 한 대 피구 들어오께.

경란 들어올 거 없어.그냥 차타구 사라져 버려.

혜자 형니임.

경란 (걸레 바구니에 넣어 한구석으로 치우고 주방으로)…..

무길 (조금 소리 내어 웃으며 현관으로)

경주 (커피 마시면서 움직이는 언니 보다가)어떻게 된 얘기야.

경란 뭐가..

경주 형부우….너무 뜬금없잖아….전혀 소식 없다 웬일이냐구 홍두깨처럼.

혜자 에이 그동안 쭈욱 데이트 하셨었대요.

경주 ?

경란 ?..(혜자 보는)이거야 원 쭈욱은 무슨 쭉이야 쭉이.

혜자 (얼른 모른 척 돌아서고)

경주 데이트?

경란 ….

경주 형부랑 데이트를 했단 말야?

경란 시끄러 조용해. 나두 하자면 너한테 할말 많어.

경주 (보는)

경란 　내가 등신같어?

경주 　무슨 말하는지 모르겠다아.(거실로 나가는)

S# 안방

아버지 　(아내 사진 앞에 쭈그리고 앉아서).........성진이가 아직 안 왔어...얼추 다 왔다......무길이가 왔어.....지말루는 완전히 손썼구 돈벌이 착실하게 하구 있다......믿어야 좋을지 어쩔지 모르겠어.........끄으응 (일어나며)그려 잠을 못자서 그런지 고단햐....(사진 집고 손바닥으로 유리 닦듯 하면서)...나가자구....자알 많이 먹구 가...

S# 거실··

아버지 　(나오는데)

무길 　(들어오며)성진이 도착했습니다 장인 어른.

아버지 　그려?

경란 　아들 도착했대요(인애에게)

인애 　(일하면서).....

경란 　아직두 골나 있는 거유?

아버지 　애들 나오라구 햐··

혜자 　네에···(남자들 방으로 뛰고)

경주 　언니 뭐 골낼 일 었어요?

경란 　얘기하자면 길다··국솥 이제 꺼두 되겠어요.(하며 거실 쪽으로 움직이는데)

무길 　(앞서 들어오며)아버님 기뻐하세요.손주 며느리 감두 같이 왔네요··

아버지 　이잉?

인애 　(주방에서)?

경주 결혼할 애 있었어요?(경란 혜자도 땅)

인애 (거실로 나오는데)

성진 (앞서 들어와서 뒤에)들어와….

인애 (나서며)어딜 들어와…들어오지 마..내 나갈테니까 들어오지
　　　말라구.

경란 언니이.

성진 들어와 괜찮아 들어와.

인애 (현관으로 내달으며)어딜 들어오냐구.

경환 (조금 전에 경택 경서와 같이 나와 있다가 오버랩)내가 데려 오랬어.
　　　(경택 경서 영문을 알 듯 모를 듯 형 보고/한 화면)

인애 ?(돌아본다)

경환 들어와 들어와라 초희야…

인애 여보…

성진 (초희 잡아끌어 들이면서 오버랩의 기분)각오했잖아. 바보처럼 굴
　　　지 말아.

초희 (끌려 들어와 서고)

성진 올라가.

초희 …

성진 먼저 올라가라구.

경란 올라와 올라와 초희/초희라구 했지?초희씨.

초희 (올라오고)

성진 (올라와서 현관께인 채)늦어서 죄송합니다 할아버님…그리구
　　　인사 여쭙게 하려구 한사람 데리구 왔어요..

인애 (오버랩의 기분)성진아.

성진 죄송해요 엄마 (해놓고)··(모두에게)이름은 초희구요 저 근무
하는 병원 간호사에요···엄마 아부지 다 반대시지만···아버지는 져
주실 걸루 믿구··· 작은 아버지 고모들 한 자리 다 모이시는 기회 안
놓칠려구···제 맘대루 이렇게 ···했습니다. 죄송합니다···

경란 왜 반대해?

성진 기대에 못미치셔서요. 인사드려. 할아버님.

초희 (목례)

성진 작은 아버지 둘째 작은 아버지.

경란 어 잘왔어요 잘 왔어.

인애 너 나좀 보자.(아들에게)

성진 (엄마 보는)

인애 (아들 손 잡아끌며)이리 들어와.

아버지 제사 지내야지 어딜 데리구 들어가.

인애 아버님 저 애하구

아버지 나중에 햐····(사진 놓으려 움직이며)촛불 당겨···향 부치구

무길 (얼른 사진 놓는 아버지 돕고)

경택 (촛불 댕긴다)······

무길 (향 맡고)

경란 메하구 탕 올려 얼른(주방으로 뛰며)

경서 약주 갖구 오구요.

경란 어 그래애··

인애 (다른 사람들 움직이는 것과 상관없이 아들 노려보는 눈에 눈물이
가득하다)······

성진 (자신도 어쩔수 없는 심정으로 보며)····

초희   (옆에서 죄인이고)

인애   (횡하니 여자들 방으로 들어가버린다)

아버지   ….(들어가는 며느리 보면서 착잡한)………

S# 마당에서 집(밤)

S# 거실

　　[진행되고 있는 제사. 남자들 절 구부린데서 일어나는]

경환   허서방 음복해.

무길   예‥(술 조금 먹고 비우고 잔 채우고 돌려서 놓고 일어나는데)

경란   (슬그머니 양복 뒤 아랫단 당겨 펴준다)

경주   ?(옆으로 보고)

경란   (딴전 피우고)

무길   (동시에 잠깐 뒤돌아보는 듯하고/다 같이 절로/)

　　[여자들은 인애만 빼고 다 같이 뒤에 서 있고‥‥]

성진   (나서서 무릎 꿇고 음복하고 술 따르는)

　　[장손이 사위보다 순서가 앞인가요?]

S# 여자들 방

인애   (입 꽉 다물고 혼자 울고 있는)……

S# 집 전경

　　[마루문 현관문 열리고 있는/불도 꺼지고]

S# 거실

　　[촛불만 켜져 있고 어두운 데 앉아 있는……]

　　[아무도 아무 말 없이……]

경란   (그 틈을 비집고)몇살야?(속삭이는)

초희   여덟이에요.(작게)

경란 어이구우우 나이배기네…동갑 아냐?

무길 아 조용히 해…잡수시는 중이잖어어어.(작게 야단치는)

경란 (약간은 찔금/자신도 모르게 나이스하게/)알았어어.(했다가 아
      차/통통)자격두 없는 사람이 기어들어서는

S# 마당……

      [그 상태로 한참 동안 두었다가 불 환하게 켜지면서 누군가에 의해 문
      닫아지는]

S# 거실

      [상 두 개 놓고 남자들 여자들‥인애는 빠져 있고…]

      [모두 묵묵히 먹는……남자들……]

경주 (별 관심 없이 먹고)

혜자 (초희 살피느라 바쁘고)

경란 (초희한테 뭔가 집어주고 하면서)

초희 ‥(주눅 들어 죽겠다)…

경서 그러니까 요컨대 아버지는 떼넘길 수 있을 거 같으니까 그렇
      다 치구 엄마 허락 받을 일이 난감했던 차에/제삿날 빌어 우리한
      테 다 보이면서 기정사실화 하자 그거니?

성진 다같이 좀 도와 주셨으면 해서요‥

경택 흥흥‥요오상한 날이구먼 요상한 날이야. 하하 아부지 그렇쥬?

경서 그런데 너 우리는 아무 권한 없는 사람들이다…직접 느이 아버
      지 엄마가 허락하셔야지 우리 의사는 소용없어. 의견을 말할 수는
      있지만 가부 결정은 우리 권한 밖이다.아‥

성진 네 알아요…

경서 형은 허락한 거에요?

490

경환 허락이구 뭐구 처음부터 내 의사는 펼 기회두 없었다. 즈 엄마 난리지 애 녀석 반대루 난리지 /틈바구니에서 골만 아팠어…

경란 그러니까 반대유 찬성이유. 태도를 분명히 해요.

경환 나보다 오래 살 녀석 하구 싶은 대루 하는 게 정석 아니겠니. 지가 살 사람 선택이구.

경택 형수는 왜 난리치는 거유.

경환 흥흥 함부루 얘기하면 속물 근성이구….품위있게 얘기하면 아들 하나 공들여 키웠는데 ……자기 기대에 못미친다 싶어 실망스러 그러는 거구..

경란 요새두 의사하구 결혼하려면 열쇠 다섯 개 준비해야 하니 성진아?

성진 전 그런 여자 의심들어서 싫어요 고모…

경주 무슨 의심?

성진 멀쩡한 딸 내노면서 뭐가 꿇려 몇억씩 싸발라 보내나 수상해서요.

경란 낄낄 혹시 유전 병 있는 각시 아닌가 싶어서?

혜자 뭘 그렇게 생각해애? 몇억씩 싸들고 오면 빨리 자리 잡구 좋지. 유전 병 없는 딸두 있는 집에서 의사 사위 보면 다 그런다드라.

경택 그래애 혜자는 돈만 싸들구 오면 덮어놓구 다 좋을 거다 다. 머리가 둘 달렸어두 오케이 할 걸?

경주 부모님은 계셔?

초희 ··엄마만 계세요…

성진 아버지 일찍 돌아가셨어요.

혜자 엄마가 뭐 일하시는 있나?

초희 서점 하세요.

혜자 어 서저엄··점잖은 거 하시네··· 어디서?

초희 동네서요··

혜자 으응.대학은 나왔어?

초희 네··

경란 그러니까 병원에서 만난 거구나.

초희 ···네···

혜자 너무 얌전 떤다. 으ㅎㅎㅎㅎ. 실제는 안 이럴 텐데···

성진 주눅 들어서 그래요. 밝아요. 일 아주 잘하구요···

인애 (어느 틈에 나와 서서) 아직 멀었니?

성진 (잠깐 보고)··조금만 더 먹구요··· 저 배 고팠어요··

인애 (들어가려고 돌아서는데)

혜자 탕국 아주 맛있는데 조금만 잡수세요 형님.

인애 (그냥 들어가고)····

경택 ···(먹으면서 성진 잠깐 보고)너 죽었다····일 났어 임마. 니 엄마
너 가만 내버려 둘 거 같어?싸그리 무시하구 니 멋대루 임마 엄마
뒤통수 갈겼는데 엄마 가만 넘어가겠다.

성진 ····(먹으며)네에···

경서 얼마나 사겼니.

성진 오년 됐어요.

경란 오래 됐네에.

무길 여보 나 탕국 좀 한 번 더 줄래요?

경란 먹을 거 많은데 왜 국으루 배를 채워요···(일어나는 혜자 말리며)
나둬 내가 하께.(주방으로 움직이며)국두 억세게두 좋아하니까 암

492

튼…

무길 (괜히 헤식게 웃는/둘러보며)…

S# 전경 인서트

S# 안방

경란 (아버지 이부자리 펴 손으로 들어가기 좋게 해주면서)일직 주무셔
유. 아부지 얼굴이 꺼매. 고단하신개벼.

아버지 그려 고단햐….(옷 벗은 것 경란 개키고/아버지는 내의 바람으로
자리로 들어가 앉는다)……(앉아서 우두커니)

경란 ?(문득 보고)뭐 필요한 거 있어요?

아버지 아녀……

경란 ……(보다가)그럼유.

아버지 아녀….(눕는다)

경란 ….(보다가 이불 잘 여며주고)…….(보며)

아버지 ……(눈 감고)

경란 작년 다르구 금년 다르지유?

아버지 …..

경란 고집 피지 말구 오빠네루 올라가세요오··

아버지 ……

경란 에?

아버지 수족 아직 멀쩡 햐. …..어디 올라 가겄어?…. 여기가 편햐….

경란 …..(보며 있다가 아버지 다리 주무르기 시작.)……

아버지 놔둬 괜찮어….

경란 주무세유…

아버지 성가셔 나가봐…..

경란   (멈추고)그럼 주무세요·······(일어서 문으로 가서 열다가 시선 문
       짝에·····처음부터 붙어 있던 것이고 처음 보는 것도 아니다)

       [누짝에 붙어 있는 세필 붓글씨.]

       1-가스불은 잠갔는가.

       2-문은 잠갔는가.

       3-똘이 밥은 주었는가

       4-세탁기 빨래는 꺼냈는가.

       5-빨래는 걷었는가.

       [기타 등등 있을 수 있는 항목 첨가 요망]

경란   (문짝에 등 기대며 자는 아버지 쪽으로 돌아서는데 눈물이 투투투툭
       떨어진다)········하아아아·····(하며 그대로 주루룩 바닥에 두 다리 세우고
       앉으면서 눈물 닦아내는)·····

S# 거실

       [과일과 차 놓고 가족들 앉아 있고 자유롭게 잠깐.]

인애   (나와서)언제 들어올 거야.

성진   ····(보고) 예 들어가요(하며 일어서며 눈짓으로 초희 일으킨다)

초희   (일어나는데)

인애   너는 들어올 거 없어. 안 들어와두 돼···(하고 들어가고)

성진   (일어선 채)·····(바닥 보며)

초희   (일어서서 성진 보면서)

다른 사람   ·····(앉아서)

       한 화면에 다 같이······

494

제3회

S# 집 전경(밤)

S# 마루

　　[모두 우두커니 앉아서/한동안 긴 사이….]

경란 ‥왜 이렇게 조용한 거야….

　　[아무도 대답 없고….]

경서 좀 들어가 보죠.(형 보며)

경환 ‥‥‥

경서 뒤루 빠질 일 아니에요. 형님 며느리문제 아니에요‥

경환 둘이 알아서 하겠지…나는 중립이야.(일어나며)한잔 하자‥

경택 그럽시다.(같이 일어나며)술상봐.

혜자 (일어나며)알았어요.

경환 (앞서고)

경택 (따르다 돌아보며)너 안 일어나? 매형두 들어오구요‥

무길 어…(일어나는데)

경서 (일어나 현관으로)

경란   어디가?

경서   바람 좀 쐬구요. 띠잉해요‥

경택   춰 뭐 걸치구 나가…

경서   ‥(그냥 현관 내려서는데)

무길   (옷걸이에 걸려 있는/제사지낼 때 입었다 벗어놓은 상의들 중 경서 것 떼어내면서)잠깐/(옷들 뒤적이며)어떤 게 처남 거야‥하나 입구 나가 감기 들어.

경서   아무 거나 주세요.(상의 받아들고 나가고)

무길   (남자들 방으로 돌아서는데)

경란   술 먹지 마. 자러 나가얄 거 아냐.

무길   ?…

경란   음주 운전할 거야?

무길   아무 데서나 자지 뭐.

경란   어디서 자 잘 데두 없는데?

무길   아 그 전에두 다 잤어. 별걱정 다해.(하며 남자들 방 쪽으로)

경란   착각하지 마 그 전이 아니구 그후야. 나가서 자.

무길   (돌아보며)당신 나가서 자구 싶어?

경란   ?…머머머머 내가 미쳐.

무길   걱정마 아무 데서나 자께…마루 넓은데 무슨 걱정야.(하고 방 쪽으로)

경란   재워준다는 사람 누군데!(무길 그냥 들어가고)…(무안해서 괜히 경주 보면)

경주   (조용히 차만 마시고 있다)……

경란   ……(좀 보다가 여자들 방 쪽 돌아보며)뭐 종이에 써서 얘기하구 있

나아? (혜자는 술상 보고 있고)

경주　(일어나 옷걸이의 남자 상의 아무 거나 벗겨 걸친다)

경란　너는 왜애?

경주　나두 띠잉해…(현관으로)

경란　(왜 다들 저래. 괜히 고개 한번 갸우뚱하고 먹을 것 하나 집어 올리며)
바늘 방석이지? (초희 보며)

초희　….

경란　시어머니 재목이 반대하면 해두 문제야. 결혼 전 반대보다 더 끔
찍할 수두 있지……(눈치 보듯 하고)자신 있어?

초희　….(그냥)…

경란　아 그런데 정말 이상하네에에? (돌아보다가 술상 들고 나오는 혜
자 보고 일어나며)내가 갖다주께.

혜자　그러세요.(상 넘기고)

경란　(상 받으며)너무 조용하니까 진짜 불안하다.

혜자　(같이 돌아보며)네에‥

S# 여자들 방

인애　(단정하게 앉아서 고개 틀고 눈 찌그려 감고 하염없이 소리 죽여 울
고 있다)…크큭‥크큭‥큭……크큭큭….(얼굴이 거의 눈물로 다 젖어 있
다시피)

성진　…………(속이 찢어지면서도 시선 안 떼고 보면서)……(엄마 앞에 크리
넥스 통)……

인애　……(가슴이 무너지는 소리 죽인 울음)……

성진　…………(목소리는 잠겼지만 물러설 생각은 없다 조용히)그만 하
세요……

인애　.....

성진　......(가만히 보며)

인애　(수습해야겠다/다잡고 휴지 몇 장 뽑아 얼굴 닦으며)....너한테 이렇게.... 무시당하구/ ...이런 기막힌 대접 받게 될줄은 정말 꿈에두 몰랐다......

성진　(보며)......

인애　늬 엄마 등신 만들어 놓구 좋아?... 기쁘니?

성진　그 동안 수없이 여러차례 얘기했어요...이해하려는 노력 조금두 안해 주셨어요. 시간 낭비라는 생각이 들었어요. 초희 더 이상 서럽게 만들구 싶지 않았구요.

인애　에미 슬프게 만드는 건 상관없구.

성진　엄마가 만들어논 내 인생 설계 /도저히 수용 못해요··

인애　(조금 터지듯)그래서 좋은 혼처 다 싫다구/

S# 방 밖

혜자　(문에 귀 대고 듣고 있다)

인애　E 고작 밥만 먹는 홀어머니 외딸야? 내가 나 위해서 이러느냐 말야 이녀석아. 애 똑똑하구 재기발랄해/집안 좋아/유학보내준대

성진　E 엄마아.(왜 그러세요)

인애　E (연결)아들없는 집에 너 들어가면 니가 아들인데/

성진　E (오버랩)그게 나랑 무슨 상관이에요. 내가 싫은데에.

S# 방 안

인애　...(잠깐 보다가 반격처럼)그럼 선은 왜 보러 나갔어.

성진　소원이니까 나가기만 하라 그랬잖아요. 그쪽에 미안한 일이니까 안하겠다는데 기어이 나가라 그러셨잖아요.

인애   사랑? 너 사랑을 믿니? 늬 아버지하구 나는 사랑 안하구 결혼
     했는줄 알어?

성진   사랑은 씨앗이나 묘목같은 거에요. 끊임없이 마음 써 돌보지
     않으면 말라죽어 버리죠·· 사랑이 믿을 수 없는 게 아니라 엄마 아버
     지는 사랑을 죽여버린 거에요··

인애   뭘 안다구 나 가르쳐 건방진 녀석아. 부부 평생 사는 건 니가 알
     구 있는 거 보다 훨씬 복잡하구 미묘한 거야. 알기나 해?

성진   저는 복잡하게 생각 안해요. 내가 선택한 단 하나 내사람/날마
     다 편안한 마음으루 잠들게 끝없이 애끼면서 그렇게 살 거에요.

인애   (같잖다)결혼할 땐 누구나 하는 약속야 이 어리석은 것아.

성진   ······(그냥 보면서)

인애   (새삼스레)도대체 뭐에 홀려서 그러는 거냐구우/뭐 보잘 거 있
     다구우.

성진   ····(보며)

인애   (밀어붙이는)너만한 조건이면 얼마든지

성진   (오버랩의 기분)결혼의 첫째 조건은 엄마····마음(마음 강조)이에
     요···내 마음이 초희를 원해요. 초희 마음은 저를 원하구요.

인애   당연하겠지 어디서 너같은 봉을 잡아.

성진   모욕하지 마세요. 내가 더 좋아해요.

인애   ······(노려보다가)벽창호같은 눔.

S#   집 밖····(밤)

     [긴 나무 그네에 나란히 앉아서]

경주   으흐흐흐 저번에 진짜 잘본다는 사주쟁이한테 가서 사주를 봤
     는데 오빠··나 /사주에 관이 세 개나 있어서 결혼하기 진짜 어렵다

그러드라. 고개를 설레설레 흔들면서 댁은 결혼하기 진짜 어렵습니다 어려워요 어려워요 그러드니 그냥 연애나 실컨하래.

경서 관이 뭔데.

경주 몰라 관이라는 게 있나봐. 암튼 그렇대…근데 나보다 더 쩍인 건 같이 갔던 작가/ 나하구 일 같이 하는 작가 있어. 걔 곧 결혼하거든? 약혼자 사주를 넣었는데 글쎄 그 남자는 사모관대를 세 번 쓸 사주라드라…

경서 세번 장가간다구?

경주 (끄덕이며)결혼하면 여자가 죽거나 도망가거나 미쳐서 병원 들어가거나 그런대··낄낄 사주 집에서 나오면서 걔 얼굴이 원래 하얗거든. 하얀 얼굴이 퍼래져서 나 뭘까 죽는 걸까 미치는 걸까 도망일까 그래서 낄낄거리구 웃기는 했는데/ 영 찜찜한 모양이더라. 그저 껜가는 심각한 얼굴루 죽구 미치는 거 보다는 도망가는 여자가 그중 나니까 결혼 깨 버릴까부다구.

경서 그런 게 뭐 다 헛소리지.

경주 헛소리길 바래…결혼두 못해 보구 죽긴 싫거든

경서 만나는 사람 없니?

경주 없어…

경서 그럼 사주쟁이 말대루 연애라두 실컨 해…

경주 놈이 없어.으흐흐흐………(어둠 보고 잠시 있다가)그런데 오빠··(돌아보며)올케언니는 괜찮은 거니?

경서 뭐가…

경주 아니이··저번 세현이 생일 나알·· 해피버스데이 전화했는데에…

경서 그런데

경주 왜 있지…뭐라구 꼭 집어서 이거다 할 수는 없는데 전해지는 느낌…별루 안 반가와하는 거 같은 느낌….

경서 …피곤했겠지.

경주 피곤하다구 해서 그 동안 주욱 유지됐던 관계에 있는 정감까지 빠지지는 않거든…그런 게 없는 느낌이더라구…으음 전화 끊구 생각해보니까 언제부턴가 조금씩 달라졌던 거 같아. 뭐랄까 식는 거 있지 물이 식는 거처럼 그렇게….(하며 보는)

경서 ….(그냥 어둠 보며)…..

경주 뭐….있어?

경서 ?….뭐가 있어. 없어.

경주 오빠한테는 안 그래?

경서 아니.

경주 나한테 뭐 삐진 거 있나?…그렇더래두 이상해. 삐지면 삐진다구 얘기할 사람이잖아.

경서 글쎄… 오버한 거 아냐?

경주 …그런가?

S# 거실

혜자 (바닥에 앉아 있는 초희 쪽으로 오면서)오늘 안에 안 끝나겠다.

초희 (혜자 보는)

혜자 (두 다리 세워 모아 잡고 앉으면서 초희 보며)잘난 아들 둔 입장에서는 저러실 수두 있어. 아가씨 조건이 너무 그렇다아··

초희 …

혜자 간호사 일은 계속할 거야?

초희 네 그럴 거에요.

혜자 두 사람 월급이면 살만은 하겠네. 그런데 성진이 아직 군대는
　　　언제 간대?

초희 좀 천천히 갈 건가봐요.

혜자 결혼하구 나서?

초희 네.

혜자 그런데 그 결혼 죽어두 안된다시니 일 났네‥ 뭐 눈밖에 난 일
　　　있어?

초희 그저 다…못마땅하신가봐요.

혜자 그렇겠지…욕심에 안 차는데 뭐는 이쁘게 보일라구….아우 피
　　　곤해 죽겠는데 누울 자리두 없구…(엉금엉금 소파로 가는데)
　　　　[경서와 경주 들어온다.]

혜자 (얼른 일어나며)안 추우세요?

경주 어 기분 좋게 쌀쌀해요.

경서 (오버랩의 기분으로)아직두 안 나왔어요?

혜자 오늘 안에 안 끝나겠어요.(하는데)

성진 E (버럭 터지는)네에! 끝까지 하겠어요!

모두 ?

성진 E 끝까지 할 작정으루 데려왔어요! 엄마가 뭐라시든 상관 안
　　　해요!!!

경서 저 자식 저거 (버릇 개판이다)(경주 방 쪽으로 움직이는)

S# 여자들 방

성진 (연결)할만큼은 했어요.더 이상은 안해요. 지쳤어요!

인애 (소리 눌러서)어디서 악을 써. 사람이 몇인데 악을 써‥

경서 E (오버랩)성진아.(야단치는 건 아니고)

502

인애 저리 가세요.

S# 방 밖

경서 (방문 앞에서)임마 여기서 너 젤 쫄짜 군번야. 혼나구 싶어?

인애 E 참견하지 말구 비키세요.

경서 너 그러다 작은 삼촌한테 맞어‥ 애 답답하게 만들지 말구 잘
해 보세요 형수님.

S# 방 안

인애 (다시 시작한다)애 먼저 보내‥보내구 얘기하자구.

성진 같이 갈 거에요.

인애 ?

성진 (울음 터질 듯 하면서)나 여자들 무서워요 엄마.(이제는 애원이
다)삼년 연애해 결혼한 내 친구/결혼식 도중에 쓰러졌는데 머리에
혹 생겨서 수술해야 했어요. 수술 날자 받아 놓구 기다리는 동안 무
슨 일 있었는지 아세요? 여자가 카나다루 가버렸어요.수술 끝나는
거만 보구 가라구 친구 부모가 사정사정 하는데두 /(비웃는)가슴
이 너무 아파 도저히 못본다 그러구 그냥 가버렸어요. 쟤만은 그럴
애 아니에요. 당장 당장 내가 장애인이 돼두 쟤는 나 떠날 애 아니
에요.

인애 방정맞게 무슨 입방정이야.(질색/야단치는)

성진 그걸 믿어요 엄마. 그 걸 믿는데 엄마 정말 왜 이렇게 속상하게
해요 네에?

인애 애 보내구 얘기하자구.

성진 ……(보며)

인애 ‥그래서 그 친구는 수술받구 어떻게 됐는데.

성진   …(감정 수습하며)다행이 양성이라 순조롭게 회복되구 있어요
   …우리 모두 식장에서 쓰러진 게 운 턴거라구 해요.

인애   …(아들 안 보는 채/그래도 다행이구나)

S# 남자들 방

경택   (화면 시작과 동시에)아 좀 가봐요오··(경서 경주 다 들어와 있다)

경환   (무길에게 따라주면서)·····

경택   나 참…무슨 아버지가 이래애. …아 가서 형수 편을 들든지 애 편
   을 들든지 양단 간에

경란   (오버랩)오빠 성진이 편여.

경환   (경란과 동시에)둘 다 내가 필요하질 않아…필요하면 부를텐데
   안 부르잖아. 즈이끼리 해보라 그래애.

경란   아 왜 그루. 가장이잖아아. 가서 빨리 교통정리 하구 애 풀어노
   라구.

경환   난 척하지 말구 술이나 마셔.

경택   ·····(형 보다가 좀 올라서)아 왜 그러구 살어어.

경환   (오버랩으로 술잔 탁 놓으면서/올라서)못나서 이러구 산다 왜애!
   (눈 질끈 감는)

경택   ?····(다른 사람도 찔끔하도록)

경란   (경택 직신거리고)

경택   아 왜 역정은 내요오(꼬리 내리는)누가 뭐랬다구···

경환   ·····

   [분위기 썰렁.]

경란   (경택과 눈 맞추고 흘기며 구박 주는)

경택   (제스처만으로 내가 뭐 어쨌는데에)

504

무길   (경란 건드린다)

경란   ?

무길   (나가자는 눈짓)

경란   (입으로만)어디이.

무길   (고갯짓으로 나가자구우)

경란   (흘기며 입만으로) 가만 있어어어.

경환   (눈 지그려 감은 채)

경주   나 한잔 더줘.

경서   (술병 들어 따르며 형 보는)…

S# 다시 여자들 방

성진   ‥‥(보다가)나는 엄마/ 저한테 이럴 자격 없다구 생각해요.(차

  갑게)

인애   ?…뭐??

성진   아버지하구 이혼하구 엘에이루 가실거잖아요.

인애   ……늬 아부지가 그래?

성진   두 분 말씀하시는 거 들었어요.

인애   니 아버지가 이민은 안간다잖아.

성진   이민을 왜 가셔야 하는데요.

인애   할일없이 술이나 마시면서 사느니 외삼촌 신문사에 들어가면

  생활은

성진   (오버랩)아버지 안가실 거 알잖아요.

인애   그 옹고집을 누가 말려.

성진   엄마 /아버지‥‥ 버리구 싶은 거에요.

인애   ‥‥‥(보는)

성진 삼십년 산 아버지 버리는 엄마 말…나 안들어요…

인애 버리는 게 아니라 합의한 거야. 늬 아버지두 나 필요없대.

성진 엄마같은 아내 필요없죠.(일어나며)

인애 뭐야?

성진 (묵살하고)우리 월요일에 혼인신고 하구 합쳐요.

인애 ?????(오직 황당할 따름)

성진 올라갈께요.(나간다)

인애 …‥(숨만 몰아쉬어지면서…‥어떻게 할지를 모르겠다)

S# 거실

초희 (나오는 성진 보고 일어난다)

혜자 얘기 잘 됐어?

성진 아니요…‥(남자들 방 쪽으로 가서)아버지.

　　　[잠시 사이 두었다가]

경택 (문 열며)그래 들어와 들어와라.

성진 (들어간다)

S# 남자들 방

성진 (들어오는데)

경란 이겼니? 허락 받았어?

경택 (경란과 함께)앉어 우리 집 장손 앉어(앉으며) 너두 한잔 해.

성진 (오버랩의 기분)아니에요 저 내일 새벽 근무에요 올라가야 해요.

경란 이 밤에에?

성진 아버지.

경환 그래 말해.(하며 마시는)

성진 …‥죄송해요. 월요일에 혼인신고 일요일에 식 올려요…‥

경환　……(안 보는 채)

경란　?…(이 사람 저 사람 두리번거리며)얘 좀 봐. 너 니 엄마랑

성진　(참혹하면서)이렇게까지는 안하구 싶었는데 /초희가 너무 힘들 어해요…할짓이 아니에요.

모두　(경환에게 시선 집중)

경환　……

성진　아버지라두 와 주시면… 좋구요‥ 안 오신대두.

경환　(오버랩)운전 조심해서 올라가…(일어나며)천천히 가 천천히… (아들 앞으로 가 어깨에 팔 두르며)나는 가께…

성진　(터지는 울음 이 악물며 아버지 한 어깨에 이마 붙인다)…

경환　…(잠시 있다가 슬며시 떼어내며 문으로 밀 듯이)…(나가는 부자)

S#　거실

　　　[나오는 부자 뒤로 적당히 나오는 방 안 어른들]

경환　(돌아보며)애 가는데 뭐하러 나와 나올 거 없어.

경란　장손인데에 대접해 줘야지이.

성진　할아버진 못뵙구 가요.

경환　됐어 말씀드리게‥

성진　이리 와.

초희　(성진 옆으로)

성진　저 먼저 올라가요 그럼.(친척들에게)

경주/경란/무길　(각각)그래/운전 조심해./배웅은 제가 하죠 제가 하 께요.

경환　아냐 내가 나가.(먼저 앞서며)…

성진　인사드려.

초희   (목례하고)

둘   (나가는)

경란   (기다렸다가 무길 잡아 당기며)사둔 집에는 못 데리구 가 암튼.
아무데나 나서기는.

무길   아 나 형님 안나가실 줄 알았지이.

S# 현관 밖

경환   (앞서 나오고)……

두 아이   (따라 나오는)……

　[성진 자동차 세워져 있는 곳까지 ··묵묵히···]

성진   (리모컨으로 차 문 열면서)들어가세요.

경환   그래.(하고)후-우-우-우-우우·······(내뿜고)초희야······(하고 또 침묵)

초희   (보며)······(기다리다가) 네에··(말씀하세요)

경환   많이 ···아프지?····그런데 성진엄마는 너보다 더 아플 거야···너
는 아프면서 대신 성진이를 얻지만 ··성진 엄마는 아프면서 아들
까지 잃는 셈이니까······얼마쯤은 미안하게 생각하면서······세월을
벌어···· 늬들이 부모가 돼서야 깨달을 수 있는 일이거든···

초희   저 때문에 불편하게 만들어드려서····죄송합니다··

경환   가.(아들 돌아보며)

성진   ···(운전석 옆자리로 돌아 문 열고)타.

초희   그럼.(하고 고개 숙여 인사하는데)

경환   (손 내밀며)악수 한 번 하자.

초희   (그 손 잡는다)

경환   (잡고)····(왠지 뭉클하는)··전석 못난 꼴 보여두····잘 봐 주는····
착한 아내였으면 좋겠다··

508

초희 죽을 힘을 다하겠습니다…

경환 (손 놓고)그래 (끄덕이며)

성진 (초희 태우고 운전석에)…

　　　[두 아이 벨트 매고]

경환 (아이들 보면서)……

　　　[화안하게 켜지는 라이트‥]

경환 (조금 비켜주고)

　　　[출발하는 자동차…]

　　　[경환 옆을 돌아서 꽁무니로 빠지는 자동차…]

경환 ……(보며)

　　　[멀어져 가는 자동차.]

S# 거실

모두 (방에 있는 인애도 부담이 되고 느닷없는 일이 좀 그렇기도 해서)……

경주 (혼자만 신문 들여다보고)……

　　　[경택 경서 소파에 적당히/무길 혜자-쭈그리고―경란-두 손 무릎 아래 찔러놓고 바닥에 앉아 있고]

경주 (문득 일어나며)커피 필요한 사람…

무길 어 나두 줘.

경란 (힐끗 보는)

무길 뭐어.

경서 내꺼두 만들어.

경주 알았어…(커피 준비 시작하는)

경란 배고플 텐데….

혜자 차려다 드려 볼까요?

경택 지금 밥이 넘어 가?

무길 안 넘어가죠오‥

사이 ‥‥

경택 (나지막히/좀 은밀한 기분)그런데 우린 식장에 가 줘야하는 거지?

무길 아 그럼요 당연하죠 형님.

경란 허씨 아자씨 좀 빠지세요. 아자씨 나설 자리 아냐아‥

무길 ‥‥‥(무색하고)

경란 누구 무서워 못가. 가야지.

혜자 우리는 이달에 차 바꾸구 가게 히타 바꾸구 여유 없는데에‥

경택 ?(아내 보는데)

경란 언젠 그 집에 여유 있었던 적 있어?(미워서)

혜자 이달에는 정말

경택 입 못 닫어?

혜자 거짓말 아니잖어. 차 바꾸는데 천만원이나 들어가구 히타두
      그게

경택 (부라리며)시이잇(혀 사이로 바람 끌어들이는)

혜자 (그만두고)

경란 강아지 판돈 꿔주께 삼부 이자만 내.

무길 이 사람 형제간에 이자는 무슨

경란 모르면 가만 있어요 엉?

무길 아 야박하게 형제간에 이자 챙겨?

경란 형제간에 오부 내라는 사람이에요 저 사람.

경택 ?(아내 보는데)

경란 나는 근거 없는 소린 안하네.

510

경택 언제 그랬어.

혜자 우리 돈 아니구 장미네서 돌려줄려구/장미네는 그렇게 받는 단 말예요.

경택 어이그으으(하며 달려드는데)

경서 왜그래요.(막는다/경택 앉은 자리가 혜자한테 경서보다 멀리)쓸 데없는 소린 왜 해요.

경란 아 우리 다 아는 사실이잖아아.

혜자 그러는 형님은 뭐 강아지 한 마리 키워보라구 준 적 있어요?

경란 ?

경택 강아질 왜 줘.

혜자 수미가

경택 (오버랩)수미가 필요하다면 누나한테 돈 주구 사다 줘. 누구 강 아질 탐내 이 여자가.

경주 (커피 들고 오며)강아지 꿍짜는 곤란하죠오오. 언니 생업인데…

혜자 말이 그렇다는 거에요.(하는데)

인애 (가방 들고 서울 갈 차림으로 방에서 나온다)

모두 (돌아보는)

인애 (그냥 현관으로)

경란 (일어나면서)뭐하는 거유?

인애 나 먼저 올라가요.(신발장 열면서)

경란 말두 안돼. 언니이.(내달으며)

인애 속 불편해서 더는 못 있겠어요. 먼저 올라가요.

경란 (가방 집어 들며)이러지 말아요. 여기 언니 맘 이해 못하는 사 람 아무두 없구 자식 내맘대루 되는 부모두 천지에 없는 모양입디다.(신 신는 인애 팔 끼고 끌어올리려 하면서)올라와요 올라와.

인애 (밀어내면서)이리 내요.

경란 언니 언니이(여전히 애쓰면서)

인애 (조금 터지면서)이리 내요 글쎄·· 가구 싶어요 이리 내요.

경택 (일어서 있다가 현관으로 움직이며)어이 참 형수 이러면 안되는 거 아니에요? 아무리 속이 상하셔두 어떻게 혼자 가신다구 나설 수가 있어요 이 밤중에.형은 어떡하구요.

인애 차편 있잖아요.

경택 누가 차편 얘기에요? 아부지한테 뭐라구 말씀드려요··형수님 맏며느리 아니세요? 맏며느리가

인애 (오버랩)맏며느리 노릇 제대루 못해서 미안해요.주세요 고모.

경서 형수님.

인애 나 한씨네 사람들 얼굴 보구 싶지 않아요··여기 누구 한 사람 내 편 있어요?

경란 아니 언니(시작하려는데)

경주 (오버랩)가구 싶으면 가라 그래. 사정할 거 뭐 있어. 맏며느리구 뭐구 상관없다는데.(커피 쟁반 놓으며)

경택 야!(야단치는)

경주 (여자들 방 쪽으로 움직이며)언젠 뭐 그렇게 믿음직한 맏며느리 였수? 붙잡지 마아.

인애 맏며느리 노릇 못한 게 뭐가 있어요 내가.

경주 (돌아보며)네에. 귀찮아귀찮아 하면서 그 동안 애 많이 쓰셨어 요.이제는 그것두 하기 싫다는 거 아니에요? 왜요 오빠 실직자라 서요?

512

경택 너 왜 그래!

경주 (하다 보니까 열난다/언성을 높일 필요는 없음)우리 다 그렇게 우스워요? 우리 오빠 우스워요? 우리 아버지두 우습구요? 언닌 뭐가 그렇게 대단한데요.

경란 경주야아.

경주 그러는 거 아니죠오…아무리 별 볼일 없어두 시집은 시집이에요. 왜 언니 편이 아무두 없는데요. 언니가 씨를 그렇게 뿌렸어요 모르시겠어요?

아버지 E 왜들 이래

모두 (돌아보고 황당한)….

아버지 (파자마에 화장실 가려고 나왔던 참이다)무슨 일이야..

모두 ….

아버지 경주 왜 그래. 대체 무슨 일이냐구.

경주 (그냥 여자들 방으로 들어가버리는데)

무길 아니 저 별일은 아니구요 아버님..(아버지 곁으로)아주머니가 내일 일찍 서울에 중요한 약속이 있다구

인애 (경란에게서 가방 빼내는 위에)

무길 E 먼저 올라가신다는데 밤길에 위험하다 차라리 새벽에 동트면 움직이는 게 좋겠다 지금 막 서루 그러는 중이에요 하하하..

무길 (인애 쪽 보며)아 그렇게 하세요.(하다가 버엉)…당신 뭐해.

경란 몰라 놔둬.

경택 어어이 참.(하며 잡으려고 나가는)

S# 집 밖

경택 (자동차 쪽으로 가는 인애 쫓으며)형수님 형수님.

경환 (저쪽 의자에 앉아 담배 태우고 있다가 돌아보는 위에)

경택 E 아 진짜 이러지 마세요. 성진이 녀석은 녀석이구 (그쪽 보며 경환 일어선다)

경택 (잡고 달랜다)이러지 마세요.(인애는 입 꾹 다물고 벗어나려 하는) 하루 밤만 참으세요. 아 형하구 같이 올라가셔야지 야밤에 혼자 이 게 뭐에요.

경환 (저만큼 다가와 서서)왜 올라간대?

경택 아 좀 어떻게 해요. (형수 팔 잡은 채)모양새 너무 그렇잖아요.

인애 (오버랩)아파요.이것 좀 놔요.(정말 아파서 소리치듯)

경택 ?‥(해서 손 놓고)

인애 (놓여지자마자 빠르게 움직여 운전대 옆자리 문 열고 가방 집어넣고 문 닫고 운전석으로 움직이는데)

경택 혀엉.(뭐해)

경환 (오버랩)기어이 이래야겠어?

인애 (운전석 문 열다가 돌아보며)도대체 애한테 무슨 말을 어떻게 해 논 거에요.

경환 무슨 말을 뭐얼‥

인애 비겁하게 자식한테 중상모략이나 하구

경환 무슨 중상모략을 해.(좀 올라서)

인애 당신같은 사람한테 바친 삼십년 세월이 너무너무 한심하구 허 무하구 억울해요.

경환 (오버랩)그래?피차 일반야. 나 역시 그래.

인애 ……(노려보다가 자동차에 올라 문 꽈앙 닫는다)

경택 ?혀엉.

514

경환   놔둬.

경택   놔두면 어떡해.

경환   놔둬.(그 동안 시동은 걸리고)

경택   어이 참.(차에 붙으며)형수님형수님 (하는데)

  [거칠게 출발하는 바람에]

경택   (펄쩍 뒤로 물러서고)

경환   (담배 꺼내 문다)

경택   ....(가는 차 보다가 형 돌아보며)아 그러니까 좀 들어가 보랬잖
  아요.

경환   (불붙인다)

경택   ....(보다가)아부지 나오셨어요.

경환   ....(묵묵히 담배만)

S# 거실

아버지   .....(바닥 보고 있는)......내일 산소들 가야하는데 무신 약속이
  있다는겨...(아무도 안 보는 채)

경란   (경서 잠깐 보고)...사실은 아부지 그게 아니구

경서   (오버랩)성진이 녀석 때문에 그래요. 형수님은 절대 반대하시
  는 결혼을 하겠다구...아까 그 아가씨두 지맘대루 데리구 왔더라
  구요.

아버지   ...(그대로/그건 감지하고 있다)

경서   지맘대루 데리구 와 인사시킨 거두 형수님으로서는 못 마땅한
  데 이 녀석이 다음 주 일요일루 결혼식 날짜 잡아 놓구

아버지   ?....(보는 위에)

경서   E 일방적으루 /통고형식으루 그래놓구 올라갔거든요...

경서 그래노니까 형수님 몹시 언짢으시죠오. 실망두 크구 화두 많
　　이 나구

아버지 (오버랩의 기분)큰애는 어디 있는겨.

경서 성진이네 배웅하러 나가서 아직 안 들어왔어요.

경란 성진이두 방금 떴어유 아부지.

아버지 왜 그렇게 반대를 하는겨.

경란 욕심이쥬 머..

아버지 ……(가만히)…

　　E 전화벨

경서 (받는다)네에…어 그래 누나.

경란 나?(하고 받는다)여보세요?..어 왜…왜 밥을 안먹어.

아버지 (일어나고 다 같이 일어나고/경란의 통화는 통화대로/아버지 화
　　장실로)

경란 변은 어떤데…코는….콧물 안흘려?…그럼 속이 탈난 거 같다…
　　안 먹으면 놔둬..애기 아니라 한 두끼 굶어두 돼. 밥 멕일려구 애 쓰
　　지 말구 야구르트나 멕여 봐…어 그래…그러엄 다 지냈지..다 끝났
　　어…그래..문 잘 잠갔어?..그래..그래 끊어…(전화 끊는 데서)

경환경택 (들어온다)…..

모두 (돌아보는)

경란 왜 둘이만 들어오는겨?

경환 (남자들 방 쪽으로 움직이고)

경란 엉?

경택 아 보구 몰라요?

경란 아니 남자들 둘이 여자하날 못 잡었어?

516

경택 아 몰라.(소파로 가 벌렁 누으면서)야 뭐 덮을 거 좀 내와.

혜자 왜 여기서 누워어.

무길 들어가 누워. 내가 여기서 자께.

경택 매형이 들어가요.나 답답해요‥‥

아버지 (화장실에서 나온다)

모두 (돌아본다)‥

아버지 (안방으로)

S# 안방

아버지 (들어와 자리에 앉아서)‥‥‥‥(우두커니 앉아 있다가 아내 사진
으로 시선)‥‥‥(중얼거리듯)편안한 놈이 한 눔두 읍서‥‥‥한 눔두 읍
서‥‥(우두커니 그러고 있다가 눕기 시작한다)

S# 집 전경(밤)

S# 거실

경택 (소파에서 잠들어 있고)

혜자 (남편이 잠든 소파 밑에 엎드려 바닥에서 졸고 있다)‥‥

S# 여자들 방‥

경주 (엎드려서 문고판 같은 책 보면서)뭐얼‥

경란 (팔뚝에 로션 바르면서)빨리 자백햐 이 지지배야‥ 내 이번에 아
주 자백 받을라구 벨르구 왔다는 거 아냐. 수미엄마 들어오기 전에
빨리 털어 놔.

경주 털어놓을 거 없어.

경란 이혼남이니?

경주 ?(돌아보지는 말고)

경란 아니면 상처한 눔야?

경주　뭐가아.

경란　이 지지배가 증말? 너 오피스텔로 끌어들이는 녀석 있는 거 다 안다구. 말 안할 거야?

경주　그런 거 없어. 넘겨짚기 좋아하다 팔 부러져.

경란　너 저번에 김치 담아갖구 갔을 때두 나 왜 안 들여놨어. 그 전 전번에두 그랬구.

경주　피곤해서 잔다구 했잖아.

경란　그때 안에 누구 있었어 야. 누구 등신여?

경주　생사람 잡지 말구 일 끝낫으면 잠이나 자요 피곤하지두 않어?

경란　너 당황해서 디디거렸잖어 지지배야.

경주　그런 적 없어…알아주는 상상력이라니까 암튼

경란　괜찮어 얘기 해. 이혼남이면 어떻구 상처한 자리면 어때. 나이가 있는데 차례 올 총각이 어딨어. 그건 우리두 다같이 포기해야하는 거구 아니 말은 안하지만 벌써 다들 포기하구 있을 걸? 그러니까 내놔. 빨리 내놓구 아부지 걱정 덩어리 면해 이것아.

경주　……

경란　애가 딸려있는겨?

경주　….

경란　애까지 딸려 있으면 좀 곤란한데…전실자식 키우는 자리에 가는 건 좋달 형제 없을 거다 아마.

경주　…

경란　몇이나 달려 있는데…하나?…둘?….셋이니?

경주　그런 거 없어 언니. 무슨 전실자식까지 나오구 그래. 아무두 없다니까.

경란 히익/(경주 쪽으로 돌아앉으며)혹시 유부남 아냐 너?

경주 ?

경란 아니면 왜 그렇게 잡아 떼에. 있는 거 확실한데에.

경주 (벌떡 일어나 앉으면서)대체 무슨 근거루 확신하는 거야. 아무 두 없다니까아.

경란 있잖아아.

경주 없어어어어. 없다구 없어없어.

경란 ……(보는/진짜 없어?)

경주 있으면 왜 안 내놓겠어. 벌써 내놨지.

경란 유부남이니까 못내놓는 거 아니냐구.

경주 ……(보는)

경란 부적절한 관계니까아.

경주 내 사생활야 언니. 형부 문제나 신경써.내 일은 내가 알아서 할 테니까.

경란 어머머 얘 진짠가부네에?너 진짜 유부남하구 노는 거 아녀?

경주 (오버랩 기분)유부남 아냐. 이혼남야…애가 넷이나 있어. 됐어?

경란 야아아아 하나두 많은데 네엣?……아니 그 남자는 알만 깠다니? 그런데 애를 넷식이나 난 여자랑 왜 헤진겨?…엉?

경주 그만 얘기할래.

경란 (오버랩)너 당장 끝내. 그 자식 그거 인간성이 아주 형편없는 눔여. 자식을 넷이나 나 준 여자랑 이혼한 눔 그거 볼 거 읎다 너. 자식이 넷이면 아닌 말루 여자가 아무리 개차반이라두 애들 봐서 이혼은 하는 게 아녀. 애덜 생각을 해야지이이 응? 안 그려? 당장 끝내.

경주 끝냈어 걱정마.

경란   ….?‥언제.

경주   오늘…오늘 끝내구 왔어.

경란   잘햇네 너 그건 잘했다. 그건 희망없는 눔여. 강아지 새끼 키우

　　　는거두 아니구 전실 자식을 넷이나 아이구야아아아 미치겠네‥

경주   ….(도로 눕는)

경란   야 니 방송국에서 건질만한 눔 그렇게 읍냐?….잘난 여자는 연

　　　하두 잘 낚더구만 누구 없어?(하는데)

무길   E 여보(마루에서 자는 사람들 때문에 소리 죽여서)

경란   ?…왜애.

S# 거실

무길   E 잠깐 나와 봐.

경란   (문 열고)왜 속살거리구 그래? 왜애‥

무길   잠깐 나가서 바람이나 쐬자구.

경란   잠잘 시간에 그리구 춘데 무슨 바람이야…

무길   형님이랑 처남 술 마시구 있는데 잘 수가 있어야지.

경란   아 그럼 같이 마셔…

무길   둘 다 아무 말 안하구 숨통 막혀 술두 안 받어‥

경란   둘 다 벙어리야?

S# 남자들 방

경서   …..(마시고 형한테 술잔 놓아주고 따른다)……

경환   …..(술잔 내려다보면서)…….

경서   …….(가만히 형 보는)…

경환   …….

경서   (술상으로 시선 내리며)형만 재미없는 거 아니에요…..

경환 뭐가··

경서 형수 말이에요···

경환 (술잔 들어 한 모금 마시고 내리고)····(또 묵묵히)·····

경서 사람 차암 재미없어요····관계라는 거두 참···별볼일 없는 거구
  ·····사람들이 ····언제 이렇게들 망가졌는지 모르겠어요·····이기적
  이구 무책임하구····몰인정하구 뻔뻔스럽구····

경환 (문득 돌아보며)허서방 어디 갔니.

경서 좀 전에 나갔어요···

S# 집 밖

S# 무길의 자동차 안

  [경란 껴안으려 애쓰는]

경란 (밀어내면서)미쳤어어어. 누구 나오면 어떡할라구

무길 나오기는 누가 나오와아 나올 사람 없어어··

경란 아이 차암?

무길 가만 있어어어 가만 있으면 되잖아아.

경란 받자아하니까 아주 싸구려 취급야. (밀어내며) 떨어져어. 얘기
  나 하자더니 이게 얘기야아? ···(무길 손이 기어들어 오는지)아아/싫
  다니까아? (손 때리며)

무길 얘기는 나중에 하면 돼애. 가만 있어어.

경란 점잖지 못하게 이게 뭐야아. 엄마 제사 모신 날 이러는 거 아니
  잖어어.

무길 장모님두 좋아하실 거야.당신 딸 이렇게 사랑하는데 싫어하실
  게 뭐야.(하다가 손 물려서)아아아악.

경란 덤벼. 닥치는 대루 물어줄테니까 덤비라구

무길 하아아아(아파서)

경란 덤비라니까? 덤벼.

무길 개 어멈이라 그러니 정말 독하게 문다. 피나는 거 아냐 이거?
 응(물린 데 들여다보고)(룸 라이트 켜며)당신 광견병 주사는 맞었어?

경란 ? 허/내가 개야?

무길 어 참 개는 아니지..피는 안나네…(쓱쓱 비비고 돌아보며)당신두
 싫지는 않잖아.

경란 주책 떨지 말구 할 얘기 없으면 나 들어가 잘겨.(내릴 테세다)

무길 (잡으면서)특별하구 좋잖아아

경란 들키면 무슨 개망신인데에.

무길 망신은 무슨 내 마누라 데리구 내 차에서

경란 누가 당신 마누라야 누가.

무길 아 아버님두 허서방 허서방 하시는데

경란 (오버랩)정신 차려. 아부지 허서방허서방 하구 애들 매형 형부
 하니까 다 끝난 거 같어? 여보세요 왜 이러세요. 당사자는 납니다…
 소란 떨기 뭐해서 눈 꽉 감구 참어주니까 아주 /서울 가면 국물두 없
 어 만나 주기나 할 거 같어?

무길 …..(보며)

경란 아 징그러 왜 그렇게 능글맞게 봐아?

S# 남자들 방…

경환 ……(술잔 비우고 잔 경서 앞에 놓는데)

경서 (술상 내려다보는 채)혀엉…….

경환 (술병 놓고 본다)……

경서 ..

522

경환   ?……뭐.

경서   세현 엄마……딴 사람 생긴 거 같아요…

경환   ?……

경서   ……

경환   설마아…

경서   ……

경환   근거가 있는 소리야 아니면 너 혼자 괜히 ……너무 오래 떨어져 있었어…부부두 너무 길게 떨어져 있으면 감정적으루 서먹해질 수 두 있구

경서   그런 거 아니에요.

경환   ?……딴 사람 생겼다구 본인이 그래?

경서   그런 건 아닌데 여름에 나/·· 갔다가 나흘만에 온 적 있죠.

경환   …병원 일 때매 온 거 아냐?

경서   사람이 변했더라구요.…전하구 달라져 있었어요…대하는 태도며 말하는 거며.……아무 거두 없이…의무만 하는 거 같은 느낌 있죠 왜…

경환   글쎄 너무 오래 떨어져 있으면

경서   그런 거 아니라니까요… 도착한 날 한밤중에 자다 일어나 보니까 거실에서 혼자 소리 죽여 전화를 하구 있는데.…그랬어요…예사 전화가 아니드라구요.

경환   ……(보며)안 물어 봤어?

경서   모르는 척하구 일정 당겨 들어왔어요.…

경환   그냥 그렇게 들어와 찝찝해서 너 어떻게 살어.

경서   (쓰게 웃으며)아는 척 하기가 겁나서요…그 사람 거짓말 안하

거든요…추궁했다가 사실이라면 내가 추태부리게 생겼구….형 나
는/ 실패하구 싶지 않아요.

경환 ….(보며)

경서 남 못 줘요….헤지자는 소리 할까봐 전화할 때마다 떨어요..

경환 나두 못났지만 너두 참 못났다…

경서 …..

경환 누가 보내는 돈으루 공부하구 있는데 그래…애까지 딸려 유학
보내는 거 누구나 하는 짓야?

경서 잠시 방황할 수두 있다구 생각해요.

경환 뭐?

경서 절대 있을 수 없는 일은 아니에요.

경환 야

경서 …

경환 얌마

경서 내가 그 사람/ 많이 사랑하는 모양이에요.

경환 …..(보며)

경서 헤지자 그럼 ‥죽여버리구 말 거에요….

경환 …..(보며)

경서 (쓴웃음)지금 마음은 그래요…

경환 (고개 옆으로 틀면서)후우우우우우우(답답한 숨 토해내는)

S# 차 안

[엉겨 붙어 있는 두 사람‥]

S# 남자들 방

경서 (경서 한손 눈에 붙이고 울고 있는/간간이 호흡만 새는)

경환　(술상 문께 치워놓고 이부자리 펴는 중이다)야..야 누워...취했어.. 자. 응?(건드리며)

경서　스으으으으(숨과 울음 들이마시는)

경환　(어깨 잡아서 쓰러트리면서).......

경서　(쓰러트려져서)....

경환　(바지 벗기는)

경서　(벗기도록 도와주면서)응응응응....

경환　(상의 벗기는)

경서　응응응응..

경환　(덮어주는데)

경서　(울면서)지가 나한테 어떻게 이럴 수가 있어요 형..응? 어떻게 이럴 수가 있냐 말야아

경환　다시는 입 밖에 내지 마....괜히 난리나..

경서　(불끈 일어나 앉으며)이 시. 나는 왜 술만 들어가면 울구 싶으냐 구우시이..

경환　.....(보다가 측은해서 동생 어깨 안아 두드리면서).......

경주　잉잉잉잉..잉잉잉잉....

S#　거실

　　[한동안 사이 두었다가]

경환　(술상 들고 나와 주방으로 가져다 놓고 되돌아 나오다가 문득 멈추어 바닥 내려다보면서).......(우두커니....있다가 움직이려다가 경택 내외 보고 그쪽으로) 경택아..애 경택아(좀 건드리면서)

경택　어?...어...(하고 깨서는 엎어져 있는 아내 흔들며)이 사람.여보 여보.

혜자 (깬다)응··어 왜 뭐줘요.

경환 들어가 자.왜 방 두구 왜 그래. 제수씨두 들어가 자요.

혜자 네에 안녕히 주무세요··(아웃)

경택 (상관없이 얼굴 비비며)어어어 잤네에··(일어난다)또 딴 일 벌어 진 건 없죠?

경환 없어··

경택 술 또 마셨수? 냄새나.(하고 움직이는데)

경환 야 잠깐 있어····(냉장고로 가서 물병 꺼내고 컵 하나 집어서 나와 경 택 주며)갖구 가.

경택 어.(받아들고 남자들 방으로)······

경환 ····(잠시 보다가 마루문 현관문 문단속하는)·······

S# 집 밖

경란 (웅크리고 집으로 움직여 오면서)어림없는 소리 마. 천하없어두 한 집에서 사는 건 안해.

무길 쓸데없이 여관비 내면서

경란 (집 보고 깜짝)어머 불 꺼졌어 여보. 문 잠그구 다 들어갔어. 어떡해애.

무길 삼초전에두 켜져 있었어. (하고는) 아아아아아 신라에 바암이 여어어어

S# 거실

경환 (거실 불 끄고 아버지 방으로 가다가)?···(현관으로 가서 문 여는)

무길 (노래 경환 움직임과 상관없이 계속하다가 문 열리자 헤헤 들어온 다) 형님이셨어요?아직 안 주무셨어요?

경환 안 줘?

526

무길　예 싸알쌀 한데요? 기온이 팍 떨어졌나봐요…들어와 뭐해.

경란　(시침 뻑/들어오며)밤낮 씨두 안 먹히는 얘기/체.(하고 여자들 방으로)

무길　헤··하하하 흐··

경환　어이 자.(안방으로)

무길　네 주무세요··

S# 안방

경환　(들어와서 어둠 속에서 조용히 이부자리 꺼내―조심조심 아버지 깰까 봐―펴고 이부자리 위에 앉아서 우두커니)………(언제까지라도 그러고 있을 듯)……

아버지　눕지 왜 그라구 있는겨··

경환　…안 주무시구 계세요?

아버지　(일어나며)늙은이 잠 젓들리면 쉬이 안와……(스탠드 켠다)…

경환　……(보며)

아버지　금방 잘겨?

경환　아뇨··왜 그러세요.

아버지　침침햐. 불 좀 켜….

경환　(일어나 전체 등 켠다)

아버지　자꾸 침침해져 자꾸…

경환　….(앉으며 보는)

아버지　(담배 그릇 당긴다)…

경환　(얼른 라이터 들어 켜주고)

아버지　(불 댕기는)……

경환　……(아버지 보는)……

아버지 성진이 눔은 으뗳게 된겨.

경환 에미가….극구 싫다네요‥

아버지 ….자식 이기는 부모 어덨어….저 좋다는데 말려봤자 기운만 빠지구 지 마음이나 다치지 쯔쯔쯔쯔….

경환 ….

아버지 (한 모금 내뿜으며)섭섭하게 굴어두……그러려니 하구 살어….

경환 (보는/한 화면에서)

아버지 에미는 에미대루 또…. 할말이 많을껴….

경환 …예에‥

아버지 세상에 지가 나쁘다는 사람 봤냐?…읍서어….저 마다 다…저는 잘못한 게 하나두 읎구…저마다 다 지 인생만 불쌍하구….나아 딴 사람이 나 몰라 주는 게 섭섭한겨.

경환 ….(바닥으로 시선 내리며)…..

아버지 술은 좀 줄여…(아들 돌아보며)‥뭐 존 거라구 술을 그렇게 먹어댜…

경환 많이 먹지는 않어요.

아버지 누가 좋댜…경란이두 걱정햐…

경환 …에에‥

아버지 ……마음 먹은대루 되는 게 어디 있어?…..마음대루 되는 거 하나두 읎어….인생이라는 게……길게 살다보면…참…평생 짐만 나르다 죽는 당나구나‥소나….똑같구나아 그려….너머 많이 고생하구 수고하구…..애 끓이면서 죽을둥살둥 당나구모양 허덕거리다가 무릎 꺾어져 주저 앉어두 …….수고했다는 이두 읎구 안됐다는 이두 읎구…..뭐 때매 뭐 위해서 그라구 살었나아아….참 헛김 빠지는 일이지만 그게 인생여…너남 할 거 읎이 누구나 다 그려…

경환   ⋯⋯(가만히 보며)

아버지   그런 거려니이….그저 이런 거려니이 하구⋯끌탕말구 담담하게 살어….몸 상하구 마음 상할 거 읎어…섭섭할 거두 분할 거두 읎구⋯섭섭해 하려거던⋯한 평생 너머 많이 수고만 하게하구 …서글픈 마음 밖에 받는 게 없는 인간으루 너를 만들어 내보낸 …하늘에다 섭섭해 햐.

아버지   (두 사람. 마주 앉지는 말고 아버지가 한 무릎 앞/아들 한 무릎 뒤옆)나는 다시 태어나두 사람은 안될껴….나무루 태어나구 싶어…은사시나무루⋯

경환   ⋯⋯(가만히 보며)

아버지   재미읎는 거 그만 살구 얼렁 떠나구 싶은데‥그거두 마음대루 안되는 일이구 ⋯두구두 못생긴 게 부모라⋯북망 갈 날 코앞에 두구두 니덜이 걱정여.

경환   ⋯(시선 내리며)죄송해요 아부지‥

아버지   경란이⋯몸 약한 늬 어머니 대신‥중학교 일학년 때부터 집 살림하면서 큰 애여‥경택이 늠은 공부에는 뜻이 없던 늠이었지만 경란이는. 힘두 부치구 살림할 사람두 읎구 그래서 주저앉혀 꺾어 버린 게 ⋯늘상 미안하구 안됐어…내가 보면 니덜 경란이한테 잘못햐.

경환   ⋯⋯

아버지   (아들 쪽으로 고개 조금 틀면서)나 죽으면 경란이 뭋이 니덜 생각보담 많을껴⋯⋯

경환   ⋯(보는)

아버지 그거때매 형제간 의나지 않게 역할 자알 햐. 특별히 부탁하는겨.

경환 알어들었어요 아부지.

아버지 ……(가만히)

경환 ……

아버지 ……

부자 ……

F.O

S# 집 전경(아침)

[혜자 밥상 하나 들고 나와 놓고/무길 바닥에 어질러진 것 한편으로 치우고/경택/좀 큰 상 들어다 놓고 목에 건 수건으로 귓구멍 닦아내고]

경란 (쟁반에 반찬들 들고 나와 큰 상에 놓기 시작하고)

혜자 (쟁반 들고 나와 작은 상에 반찬 놓고)…

경택 경주 안 일어났어?

혜자 (늘어놓으며)일어났어.(작은 소리로)

경택 기집애가 /가만 앉어서 똑딱똑딱 받어먹기만 하구 저러니까 시집을 못가지 저거.

경란 애 개두 피곤하구 슬퍼.내버려 둬.

경택 뭐가 슬퍼.

경란 아 시집 못가구 있는 게 슬프지이…(두 여자 다음 일을 위해 주방으로)

경주 (나오면서)굿모닝/안녕 /화장실 비었어?

경택 경서 들어가 있어.

경주 어 (도로 들어가려)

530

경택　상차리는데 어딜 들어가.

경주　경서오빠 있다면서/가방 먼저 챙기려구(하고 방으로 들어가는데)

경서　E 으애액 으애액/(칫솔질하면서 구역질하는)

경택　저 저식은 저거‥

무길　왜 그러죠? 과음했나?

경택　아 쟤 칫솔질 하면 저래요.

무길　아 그럼 간이 나쁜 거야…간 체크하라 그래애.

경란　(다른 쟁반 국 쟁반 들고 나오며)혀바닥 닦는다구 칫솔을 목구멍
　　까지 디리밀어서 그래. 구역질 안할 재간 없어.

경서　E 왜액‥왜애액‥

경택　야 대충 해둬어 밥상 나왔어 임마아‥

무길　저 간이 나쁜 건데에에/

경란　자기가 의사해라. 아니라니까아? 경서야 빨리 나와아.

경서　E 나가요오.

경란　오빠아…아침 먹어요오.

경환　E 그래 알었어어.

S# 안방

경환　(아버지한테 폴라 스웨터 입혀주고 있다)‥‥‥

아버지　‥‥‥누구 꺼야…

경환　경서가 갖구 온 거 같아요…(세트로 가디건까지…가디건 집으며)물
　　건이 그래요. 따듯하겠어요.

아버지　홀애비아닌 홀애비 그눔두 딱하구우우‥

경환　…(목 언저리 만져주며 보는)…

아버지　그래두 다 됐댜. 이번에는 끝낸댜.

경환   네에..

아버지   경주년은 무슨 기미 읎는겨?

경환   별 소리 못들었어요…

아버지   답답한 물건……(하고 일어나려 궁둥이 들썩하는데)

경환   저기요 아버지…

아버지   ?……

경환   저…내려와 있으면 어떨까 하는데요……

아버지   ……왜….

경환   그저 ··그러구 싶어서요…서울에 뭐 딱히 할 일두 없구··(남아 있
는데)

아버지   (오버랩의 기분)그러지 말어…여기 내려와 있기에는 아직 일
러…오기 부리지 말구 에미 잘 다독거리면서 잘 하구 살어.(하고 일
어나 나간다)

경환   (따라 일어서 나가는 아버지 보며)……

S# 거실

경란   성진이 잘 도착했다는 전화 왔수?

경환   아니.

경란   나쁜 눔. 벌컥 뒤집어놓구 갔으면 전화라두 해얄 거 아냐. 잘
도착했다 죄송하다.

경택   그눔두 속상하지이이.

경란   언니는.

경환   ….

경란   운전경력 십년에 잘 갔겠지 뭐··

경택   (오버랩 뜬금없이)저기요 아부지…진짜 여기 이러구 계실 게 아

532

니라 서울루 옮기시는 문제 심각하게 한번 생각해 보세요…

경란 어디 가 계시구…오빠네 더더구나 썰렁하구 뭐

경택 (오버랩)그래서 생각해 봤는데요 /

아버지 필요없어. 혼자 사는데 지장읎는데 뭐하러 서울엘 가.

경택 그러니까요 아부지 혼자서두 잘 하구 사시니까 그걸 고대루 서울루 옮기자구요. 즈이두 뭐 장사하면서 아부지 시중들기 솔직히 어렵구 형네 그렇죠 경서 홀애비죠 그렇다구 경주 오피스텔루 가시겠어요 개천지 누나네 가서 개똥이나 치우시겠어요. 우리 집 근처에 아파트 하나 만들어서 파출부 아줌마 한 사람 부르구 아버지 혼자 사세요. 그러면 되잖아요?

경택 그거 괜찮겠다아.그럼 우리 아부지 보러 다니기두 편하구 응? 오빠.

경환 (그냥 아버지 보는)

경택 서울가시면요 아부지 티비두 수십개가 나와요.케이블 티비가 있어서 하루 왼종일 영화만하는 채널두 있구요 아 바둑채널두 있어요 아부지.

경란 반찬 해 나르기두 좋구 그리구 일주일에 하루는 다같이 모여 밥두 먹구요.

경택 애들두 보시구 좋잖아요 네? 편찮으시면 경서가 제까닥 병원으루 모실 거죠 /입원실 없는 게 어딨어요. 들어 있는 환자 내 쫓구라두 아버지 병실은 있지 너 왜 암말 안해.

경서 아버지가 하신다겠어요? 형들 집으루 모신대두 안 움직이실 텐데 아파트에 아부지 혼자 뻘쭘하니‥그러려면 여기 계시는 게 차라리 낫지 답답해서 못 사세요.

경택 이 자식 초치는데는 좌우간··

무길 집 사람하구 합치면 장인어른 제가 모시구 살어두 되는데요.

아버지 쓸데없는 소리들 말구 어이 먹구 느이 어머니한테나 가봐··· 바짝 쳐진댜···얼렁얼렁 하구 올라가 들··

경택 아부지

아버지 (오버랩)나는 새소리 바람 소리 안 듣구는 못 살어. 서울 좋다 소리하는 거 들어봤어? 사람 살 데 아녀······아 그리구 늬 엄마하구 평생을 보낸 여기를 어떻게 떠····이 구석 저구석····니 엄마가 다 배어 있는데····그 사람 쓸쓸해서 안댜.

자식들 ·····(아버지 보며 있는데)

혜자 어머님은 차암 행복하신 분이에요···돌아가시구두 저렇게 사랑을 받으시니 얼마나 행복하세요··

경택 우리 엄마 아부지는 원래 평생을 서루 바라마아안 봐두 좋은 분들이었어.

경란 흐흥 참 평생 골골하는 아내 우리 아부지처럼 떠받들구 산 양반 안 흔할껴··딸 팔자는 엄마 닮는다는데 나는 어떻게 된 게 그런 건 안 닮구 사고뭉치 만나 오그랑쪽박인가 몰라.

무길 당신은 우선 아프지를 않잖어어어··

경란 ?(흘기고)

혜자 흐훗/····

S# 집 밖

 [모두 다 타고 있다/각각.]

경택 (운전석 유리문으로)그럼 제가 먼저 출발하께요.

아버지 그려.

534

경택 해 바뀌어 구정에나 뵙겠네요. 서울 올라오시구 싶으면 언제라
두 오세요. 지가 때깔나게 모시께요.

경란 아부지 춰. 얼렁 떠.(제 차에서)

경택 (유리 열고)경서 너 산소가는 길 알지?

경서 왜 그래애.(운전석에서)

경택 너 밤낮 헤매잖어.

경란 오빠 있잖어 빨리 떠.

경택 오케이 갑니다 아부지.

아버지 가아.(부웅 경택 차 뜨고)

무길 (제 차에서)아버님 건강하십시오.

아버지 (끄덕이며) 그려.

  [경란 무길 차 나가고]

아버지 너두 어이 타‥

경환 감기 조심하세요‥

아버지 걱정 말구…

경환 (자동차로)

경서 (운전석에서)오늘은 산책하지 마세요. 갑자기 추워져서 감기 들
기 십상이에요‥

아버지 알었어 하라는대루 하께‥

  [경서 경환 마저 부우우웅/…나가는……]

아버지 ………(보면서)…………

  [멀어져 가고 있는 차들…]

아버지 ………(한정 없이 보다가) 똘아아….똘이 어디 있는겨어….

S# 청소하는 아버지/‥ 정지 화면으로///

S# 쓰레기봉투 들고 집에서 나오는 아버지… 정지/

S# 낙엽 태우는 아버지…… 정지……

S# 똘이 데리고 산책하는 아버지…… 정지

S# 티브이 켜놓은 채 앉아서 졸고 있는 아버지…· 정지……

S# 은사시나무 사이로 보이는 집 전경……··

〈끝〉

부록

TV 드라마

〈무지개〉
1972년, MBC, 주간 드라마.

〈상록수〉
1972년, TBC, 주간 연속극(문예물 각색).

〈새엄마〉
1972~1973년, MBC, 일일 연속극.
재혼한 여성이 대가족을 자신의 의지로 슬기롭게 끌고 나가는 이야기.
가족 중심 일일 연속극의 새 지평을 열다.

〈심판〉
1972년, KBS무대, 단막극.

〈강남가족〉
1974년, MBC, 일일 연속극.
고지식하면서도 정직하고 단란하게 살아가는 공무원 가정의 서민적 일상생활 이야기.

〈수선화〉
1974년, MBC, 일일 연속극.
여성을 중심으로 지혜롭게 살아가는 가정살이 이야기, 세칭 '김수현표

드라마'로 평가받기 시작.

〈하얀 밤〉
1975년, KBS무대, 신년 특집극.

〈안녕〉
1975년, MBC, 일일 연속극.
가정과 부부 윤리의 변화를 그림.

〈신부일기〉
1975~1976년, MBC, 일일 연속극.
시골서 갓 시집온 영리하고 해맑은 새 며느리 중심의 부드럽고 화목한
가정 개혁.

〈아버지〉
1975년, TBC, 토요무대(단막극).

〈탄생〉
1976년, MBC, 신년 특집극.

〈여고 동창생〉
1976~1977년, MBC, 일일 연속극.
여고 시절 단짝이었던 다섯 명의 동창생들이 사회와 부딪치며 살아가는
이야기.

〈말희〉
1977년, KBS무대, 작가 스스로가 드라마 선집에 추천한 대표 단막극.

〈보통 여자〉
1977년, TBC, 단막극.

〈당신〉

1977~1978년, MBC, 일일 연속극.

새 며느리가 겪는 주변의 질투와 멸시 등의 어려움을 극복하고 부부애를 되찾는 홈드라마.

〈후회합니다〉

1977~1978년, MBC, 주말 연속극.

가족의 오해와 갈등 속에 인생을 살아가는 중년 여인 이야기.

〈청춘의 덫〉

1978년, MBC, 주말 연속극.

배신한 남자를 응징하는 애정 복수극. 1999년 SBS에서 리메이크되어 "당신 부숴버릴 거야"라는 유행어를 낳았다.

〈불행한 여자의 행복〉

1978년, TBC, 단막극.

〈행복을 팝니다〉

1978~1979년, MBC, 일일 연속극.

한 집안에 모여 사는 일곱 세대의 애환.

〈엄마, 아빠 좋아〉

1979년, MBC, 주말 드라마.

〈고독한 관계〉

1980년, TBC, 주말 드라마.

〈입춘대길〉

1980년, KBS, 신년 특집극.

〈잃어버린 겨울〉
1980년, TBC, 주말 드라마.

〈아롱이다롱이〉
1980년, TBC, 주간 드라마.

〈옛날 나 어릴 적에〉
1981년, KBS, 신년 특집극.
1993년 KBS 설날 특집극으로 리메이크.

〈첫 손님〉
1981년, MBC, 신춘 특집극.

〈안녕하세요〉
1981년, MBC, 주말 드라마.

〈사랑의 굴레〉
1981년, MBC, 〈사랑의 계절〉 100회 특집극.

〈불타는 다리〉
1981년, MBC, 육이오 특집극.

〈사랑합시다〉
1981~1982년, MBC, 일일 연속극.

〈야상곡〉
1981~1982년, MBC, 주말 드라마.
비교적 진한 애정극.

〈아버지〉

1982년, MBC, 신년 특집극.

중년 가장의 남자 이야기.

〈어제 그리고 내일〉

1982~1983년, MBC, 일일 연속극.

〈다녀왔습니다〉

1983년, MBC, 일일 연속극.

밝고 경쾌한 홈드라마.

〈딸의 미소〉

1984년, KBS, 신춘 특집극.

〈사랑과 진실〉

1984년, MBC, 주말 드라마.

대조적 성격과 엇갈린 운명의 자매 이야기.

〈사랑과 진실〉 2부

1985년, MBC, 주말 드라마.

인기가 높아 속편, 즉 시즌 2가 나온 셈이다.

〈사랑과 야망〉

1987년, MBC, 주말 드라마.

2006년 SBS 주말 드라마로 리메이크. 시대적 배경과 함께 서로 다른 두
형제가 살아가는 이야기.

〈모래성〉

1988년, MBC, 미니시리즈.

자신의 원작 소설을 극화한 멜로드라마.

〈배반의 장미〉

1990년, MBC, 주말 드라마.

식물인간에서 깨어나는 남편과 아내 이야기.

〈사랑이 뭐길래〉

1991~1992년, MBC, 주말 연속극.

전통적인 가정과 비교적 개방적인 두 가정 사이의 문화적 갈등과 충돌 이야기로, 주인공 아들 '대발이 아버지'로도 유명.

〈두 여자〉

1992년, MBC, 미니시리즈.

〈어디로 가나〉

1992년, SBS, 창사 특집극.

병든 아버지와 자녀들 간의 갈등과 삶과 죽음 이야기.

〈산다는 것은〉

1993년, SBS, 주말 드라마.

미혼 여성이 가정을 책임지는 생활 전선 이야기.

〈작별〉

1994년, SBS, 주간 드라마.

시한부 인생의 의사와 그 가족의 슬픔.

〈인생〉

1995년, SBS, 창사 특집극.

〈목욕탕집 남자들〉

1995~1996년, KBS, 주말 연속극.

목욕탕을 하며 삼대가 함께 사는 서울 변두리 집안의 전통과 현대가 섞인 이야기.

〈사랑하니까〉

1997~1998년, SBS와 HBS(케이블 현대방송) 동시 방송.
김수현 드라마 가운데 유일하게 우리 곁을 떠난 죽은 영혼이 드라마 속
에 등장.

〈아들아 너는 아느냐〉

1999년, SBS, 창사 특집극.
주로 남자(아버지) 중심의 이야기.

〈불꽃〉

2000년, SBS, 주간 드라마.
프리랜서 커리어우먼의 생활과 애정 편력 드라마.

〈은사시나무〉

2000년, SBS, 창사 특집극.
현실 속의 부모 자식 간의 관계 다시 생각하기.

〈내 사랑 누굴까〉

2002년, KBS, 주말 연속극.
자녀들의 짝 찾기를 중심으로 펼치는 홈드라마.

〈완전한 사랑〉

2003년, SBS, 주말 드라마.
희귀병에 걸린 연상의 아내와의 애틋한 사랑.

〈혼수婚需〉

2003년, KBS-2TV, 추석 특집극.
결혼의 현실과 이상에 대하여.

544

〈부모님 전상서〉
2004~2005년, KBS, 주말 연속극.
경기도 여주를 배경으로 매일매일 살아가는 이야기를 돌아가신 부모님
께 그날그날 보고하는 형식의 드라마.

〈홍소장의 가을〉
2004년, SBS, 창사 특집극.
경제 위기로 퇴직에 내몰린 중년 남자가 끝내 극단적 선택을 하는 비극
으로 '홍소장'은 그의 형이다.

〈내 남자의 여자〉
2007년, SBS, 미니시리즈.
가까운 친구가 남편과 불륜에 빠진 이야기.

〈엄마가 뿔났다〉
2008년, KBS, 주말 연속극.
살림에 지친 주부가 휴가를 선언하는 홈드라마.

〈인생은 아름다워〉
2010년, SBS, 주말 드라마.
제주도 배경의 성소수자를 포함한 가족 이야기.

〈천일의 약속〉
2011년, SBS, 미니시리즈.
알츠하이머에 걸린 아내를 보살피는 순정극.

〈아버지가 미안하다〉
2012년, TV조선, 개국 특집극.
환경미화원 가장이 겪는 애환.

〈무자식 상팔자〉

2012~2013년, JTBC, 주말 연속극.
한 집안 삼대의 세대별 우여곡절.

〈세 번 결혼하는 여자〉

2013~2014년, SBS, 주말 연속극.
결혼의 의미를 되새겨 보는 젊은 층의 풍속도.

〈그래, 그런 거야〉

2016년, SBS, 주말 연속극.
아버지와 아들 세 형제가 살아가는 이야기.

라디오 드라마

〈저 눈밭에 사슴이〉

1968, MBC라디오 공모 당선 연속극.

〈약속은 없었지만〉

1968, MBC라디오 연속극.

〈지금은 어디서〉

1968, MBC라디오 연속극.

영화 시나리오

〈잊혀진 여인〉(1969), 〈아빠와 함께 춤을〉(1970), 〈필녀〉(1970), 〈미워도 다시 한번〉 3편(1970), 〈미워도 다시 한번〉 4편(1971), 〈보통 여자〉(1976), 〈불행한 여자의 행복〉(1979), 〈어미〉(1985)

소설

『상처』,『겨울로 가는 마차』,『안개의 성』,『포옹』,『유혹』,『청춘의 덫』,『여자 마흔 다섯』,『겨울새』,『결혼』,『모래성』,『그늘과 장미』,『망각의 강』,『눈꽃』(이 가운데 일부는 다른 작가의 각색으로 TV 드라마로 방송됨)

산문집

『미안해, 미안해』(1979),『生의 한 가운데』(1979)

영화화 된 원작들

『눈꽃』,『유혹』,『겨울로 가는 마차』,『마지막 밀회』,『내가 버린 남자』,『청춘의 덫』,『상처』,『약속은 없었지만』,『죄 많은 여인』,『욕망의 늪』,『버려진 청춘』,『너는 내 운명』,『나는 고백한다』,『이 밤이여 영원히』

1943   3월 충북 청주에서 출생.

청주여자고등학교, 고려대학교 국문학과 졸업.

잡지사 기자로 잠시 활동.

1968   MBC 문화방송 개국 기념 라디오 연속극 공모에 「그해 겨울의 우화」(〈저 눈밭에 사슴이〉)가 당선. 방송 드라마 작가로 공식 등단 이후 두어 편의 라디오드라마를 더 집필.

1969   〈잊혀진 여인〉 1970년 〈미워도 다시 한번〉(3, 4편) 등 10편 안팎의 영화 시나리오를 직접 썼고, 이 가운데 '필녀'는 1971년 제8회 청룡영화상 시나리오 각본상을 받았다. 이밖에 〈눈꽃〉 등 원작만을 가져가 영화화한 작품도 10여 편 더 있다.

1972   MBC-TV 주간극 〈무지개〉 집필 도중 일일 연속극 작가로 전격 발탁. 그 해 8월 말에 시작한 일일극 〈새엄마〉가 폭발적인 인기로 무려 411회나 방송되어 당시로서는 최장수 드라마의 기록을 남겼다. 이는 곧 현실적 일상생활을 바탕으로 하는 일일극 패턴의 시작을 알림과 동시에 일일극 중흥을 예고하는 '김수현 드라마'의 화려한 등장이었다. 〈새엄마〉는 1973년 한국 방송 사상 최초로 제1회 한국방송대상 극본상 수상. 1974년 〈강남가족〉, 〈수선화〉 등 쓰는 연속극마다 시청률 1위는 계속되었고, 앞서 〈새엄마〉 때부터 1980년대 초까지 약 10년 동안 거의 하루도 쉬지 않고 쓰는 실로 초능력의 작가가 되었다. 매일 또는 주간 연속극이라는 특징도 있지만 단순히 집필량으로만 치자면 아마도 이 지구상에서 가장 많은 원고를 쓴 작가로 기록될 것이다.

1975   〈신부일기〉 때부터는 '시청률 제조기'라는 별명과 함께 명실

공히 TV 드라마 일인자 자리를 굳혔다. 덕분에 MBC는 그때부터 한동안 '드라마 왕국'이라는 소리를 듣기도 했다. "김수현 드라마라면 죽은 시체도 벌떡 일어난다"는 말도 이때 나왔다. 실제로 김수현 드라마가 방송되는 저녁 시간에는 거리가 한산했고, 그 시각 설거지를 미루고 TV 앞에 앉는 주부들 때문에 전국의 수돗물 사용량이 줄어든다는 말까지 나왔다. 〈신부일기〉는 제3회 한국방송대상 최우수 작품상을 받았고, 1980년 TBC-TV를 통해 방송한 주말극 〈고독한 관계〉는 제16회 백상예술대상 극본상을 받았다.

1977   월간 여성 잡지 연재소설 「상처」를 시작으로 1990년까지 드라마와 별개로 무려 13편 이상의 소설을 발표. 단행본으로 출간된 이들 소설들은 단번에 베스트셀러 반열에 올랐다. 소설 『겨울로 가는 마차』, 『여자 마흔 다섯』 등이 모두 이 시기에 나왔다.

1980   컬러 TV 방송 시대가 열린 후 2000년대까지, 긴 연속극에 비해 상대적으로 작품성이 뛰어난 각 방송사의 명품 단막극 또는 순도 높은 2, 3부작의 특집극을 사실상 도맡아 집필하며 TV 드라마의 또 다른 진수를 보여주었다. 모두가 인간의 본질을 끊임없이 추구하는 내용들로, 3부작을 하룻밤에 연속 방송하는 집중 편성을 통해 더 많은 시청자들에게 전율에 가까운 충격과 감동을 안겨주었다. 이들 특집극 가운데 〈옛날 나 어릴 적에〉는 1981년 또다시 제17회 백상예술대상 극본상을, 〈어디로 가나〉는 제20회 한국방송대상 TV 드라마 부문 작품상과 그해 한국방송작가상을 받았고, 〈은사시나무〉는 다시 한번 제37회 백상예술대상 TV 부문 극본상을 수상했다.

1984   5월부터 11월까지 방송된 〈사랑과 진실〉은 최고 시청률을 76%까지 끌어 올리며 김수현 드라마 '사랑 시리즈'의 신호탄이 되기도 했다. 이 무렵부터 일일극에서 빠져나와 TV 드라마의 흐름을 주간 연속극 위주로 바꿔놓았고, 1987년에는 '사랑 시리즈' 제2탄이라 할 수 있는 〈사랑과 야망〉을 써서 또 한 번 최고 시청률 70% 이상이라는 선풍적인 인기를 안방에 몰고 왔다. 1988년

제24회 백상예술대상에선 TV 부문 대상을 차지했고, 2006년 SBS에서 리메이크되어 또다시 폭발적인 인기를 얻었다.

1988   사단법인 한국방송작가협회의 이사장직을 맡아 이후 8년여 동안 방송 작가들의 권리 찾기에 앞장서 투쟁과 헌신으로 저작권 확보를 완성했다. 후진 양성을 위한 '방송작가 교육원'도 개설해 향후 이곳 출신 작가들 대다수가 방송 프로그램을 거의 장악해 방송 콘텐츠 향상을 주도함으로써 드라마를 비롯한 방송 발전에 크게 공헌하였다.

1990   11월부터 1992년 5월까지 방송된 주말극 〈사랑이 뭐길래〉는 코믹 홈드라마라는 새로운 장르를 개척함과 동시에 TV 드라마의 수준과 흥미를 한 단계 높였다는 평가를 받았다. 기왕의 수식어인 '언어의 연금술사'에 이어 TV 드라마에 관해 드디어 '신神의 경지'에 이르렀다는 극찬을 세상 사람들과 언론으로부터 들었다.

1992   〈사랑이 뭐길래〉는 한국 방송 사상 처음으로 중국에 진출, 한류의 원조 또는 효시로 최초의 수출 드라마가 되었다. 당시 〈사랑이 뭐길래〉가 방송되는 주말 저녁 8시 시간대에 남의 집에 전화하는 일은 크게 실례라고 할 정도로 온 국민이 이 드라마에 빠져드는 일종의 '김수현 신드롬'을 낳았다. 중국 역시 그 반응이 엄청나 당시 10억이 넘는 인구의 온 대륙이 들썩였다는 중국 CCTV 관계자의 증언이 있었다. 국내 최고 시청률 64.9% 또한 결코 그저 그냥 넘길 만한 수치가 아니었다.

1993   〈산다는 것은〉과 〈작별〉과 같은, 주로 삶과 죽음에 대해 진지하게 접근하는 작품들을 SBS 주간 드라마를 통해 선보였다. 번뜩이는 재치와 시청자의 말문을 트이게 하는 생생하고 맛깔스런 대사, 언어 문학의 상승 효과, 빠른 전개와 충만한 리얼리티, 인물들의 다양한 캐릭터와 상황 반전에 지치지 않는 서사 구조를 거침없이 쏟아냈다.

1995   KBS 주말 연속극 〈목욕탕집 남자들〉은 수많은 '김수현표 가족 드라마' 가운데 또 하나의 전범을 보여준 경우다. 이 드라마 한

편으로 그때까지 상대적으로 다소 열세에 있던 KBS 드라마들을 단 한 방에 강세로 돌려놓는 마법을 보여주었다. 1995년 당시 한 유력 월간지가 해방 후 '한국을 바꾼 100인' 가운데 방송계에서는 유일하게 드라마 작가 김수현을 선정 발표했다. 가령 시청률 30%면 대략 1천만 명, 70% 안팎이면 아무리 깎아도 2천만 명 이상이 한꺼번에 동시 시청한다는 계산이다. 게다가 이와 같은 특정 작가 드라마에 대한 꾸준하고 열광적인 시청 행태는 1970년대 초 김수현의 드라마가 처음 등장한 때부터 2010년대 초까지 약 40여 년간 견고하게 유지됐다. 그간의 '김수현 드라마'가 한국인의 생활양식이나 의식과 문화, 대중적 가치와 정서에 미친 긍정적인 영향을 올바르게 평가한 결론으로 볼 수 있는 일이었다.

2000   SBS 주간 드라마 〈불꽃〉을 시작으로 〈완전한 사랑〉(2003), 〈내 남자의 여자〉(2007)까지 시대의 변화와 함께하는 〈청춘의 덫〉 리메이크를 비롯해 새로운 감각의 멜로드라마를 모색해 동시대의 사회 윤리적 문제와 정서적 도덕 방향을 정리해보기도 했다. 2004년 KBS 주말 연속극 〈부모님 전상서〉는 두 번째로 한국 방송작가상을 받았고, 〈엄마가 뿔났다〉(2008), 제주도를 무대로 한 〈인생은 아름다워〉(2010)와 JTBC의 주말 연속극 〈무자식 상팔자〉(2012)까지 2000년대에 들어 괄목할 만한 '가족 드라마 4종 세트'를 내놓으며 역시 김수현 드라마의 기본 단위는 '가족'이라는 점을 상기시켰다. 계속된 여러 편의 '국민 드라마'로 여전히 많은 시청자의 공감을 이끌어내는 데 성공했다.

2008   한국방송협회 주관 '서울 드라마 어워드'에서 '올해의 대한민국 대표 작가'로 선정됐다.

2012   대한민국 대중문화예술상 은관문화훈장을 수여받았다.

김수현 드라마 전집 1
김수현 단막극 1

1판 1쇄 인쇄	2020년 4월 3일
1판 1쇄 발행	2020년 5월 4일

지은이	김수현
펴낸이	임양묵
펴낸곳	솔출판사

편집	최찬미, 윤정빈
디자인	오주희
마케팅	김홍대, 이원지
제작관리	송선심

주소	서울시 마포구 와우산로29가길 80(서교동)
전화	02-332-1526
팩시밀리	02-332-1529
홈페이지	www.solbook.co.kr
이메일	solbook@solbook.co.kr
출판등록	1990년 9월 15일 제10-420호

© 김수현, 2020

ISBN	979-11-6020-121-5	04680
	979-11-6020-120-8	세트

· 이 도서의 국립중앙도서관 출판예정도서목록(CIP)은 서지정보유통지원시스템
  홈페이지(http://seoji.nl.go.kr)와 국가자료종합목록 구축시스템(http://kolis-net.nl.go.kr)에서
  이용하실 수 있습니다. (CIP제어번호:CIP2020005484)
· 잘못된 책은 구입한 곳에서 바꿔드립니다.
· 책값은 뒤표지에 표시되어 있습니다.